海岛
利用及保护管理法律问题研究

马金星 ○ 著

中国社会科学出版社

图书在版编目(CIP)数据

海岛利用及保护管理法律问题研究 / 马金星著. —北京：中国社会科学出版社，2019.10
ISBN 978-7-5203-5317-5

Ⅰ.①海… Ⅱ.①马… Ⅲ.①岛-保护-法律-研究 Ⅳ.①D993.5

中国版本图书馆 CIP 数据核字(2019)第 222115 号

出 版 人	赵剑英
责任编辑	许　琳
责任校对	季　静
责任印制	郝美娜

出　版	中国社会科学出版社
社　址	北京鼓楼西大街甲 158 号
邮　编	100720
网　址	http://www.csspw.cn
发行部	010-84083685
门市部	010-84029450
经　销	新华书店及其他书店

印刷装订	北京市十月印刷有限公司
版　次	2019 年 10 月第 1 版
印　次	2019 年 10 月第 1 次印刷

开　本	710×1000　1/16
印　张	24.5
插　页	2
字　数	430 千字
定　价	128.00 元

凡购买中国社会科学出版社图书，如有质量问题请与本社营销中心联系调换
电话：010-84083683
版权所有　侵权必究

序

　　岛屿，是大自然托付给人类的宝贵财富。利用好、保护好、管理好这些岛屿，是所有拥有岛屿、对岛屿负有责任的国家必须认真考虑解决的大议题。

　　岛屿分为一国陆地包围的岛屿和遍布世界海域、四周被海水包围称作海岛的岛屿。这两类岛屿的形成和自然形态基本一样，但因为地理位置、权属关系等差异，国家对它们的利用、保护和管理存在许多不同之处。其中最大的不同在于陆地包围的岛屿完全处于岛屿所属国的主权管辖范围之内，专属该国国内法的管制；而海岛往往涉及岛屿所属国与其他国家的关系，除受国内法的管制外，还是国际法调整的对象。这就是说，海岛的利用、保护和管理更为复杂，既是国内法问题，又是国际法问题，需要从国内法和国际法两个维度去进行观察、研究和规制。

　　我国是海陆兼备国家，在濒临海域中，除台湾、海南等庞然大岛外，还散布着属于我国的11000余座海岛，其陆域总面积近8万平方千米。其中大多是无居民海岛，也有有居民海岛，海岛人口约547万人。在这些海岛周围，蕴藏有丰富的自然资源。在一些海岛上，设立有领海基点，由这些基点构成的领海基线是测量中国领海和其他管制、管辖海域宽度起始线。这些海岛许多位于国际航线上，守护着、支撑着这些航线的安全和顺通。合理地开发利用、保护好海岛及其生态环境，管理好海岛的利用和保护活动，对于维护国家主权和领土完整、保障国家持久发展、促进与邻近国家的友好合作关系，具有极其重要的现实意义。

　　中华人民共和国自成立以来，一贯重视海岛的利用和保护，以及它们在国家安全中的地位和作用，采取了国家立法、外交行动、行政执法、民事调节等措施，对海岛进行了应有的适当管理。与此同时，学术界和涉海管理部门，对海岛问题进行了大量研究，出了许多成果。然而，毋庸讳言，我国的海岛法制建设尚处于不断完善的过程中，有关问题的研究还有待更加全面和深入。

马金星呈现在读者面前的这本书，是他在博士后出站报告的基础上，作了进一步研究以后推出的，用于论述海岛的利用与保护管理法律制度的专著。与现有的关于岛屿问题的众多论著比较，除研究主题不尽相同外，还具有以下特点。第一，鉴于海岛的涉外性，将海岛的利用与保护管理问题如实地看作既是国内法问题，又是国际法问题，从这两个维度对它进行了研究。第二，本书的主题是海岛利用与保护管理法律制度，而明确海岛的法律属性是构建有关法律制度的基础，因此在安排上，给予了海岛的法律属性问题比较多的篇幅。第三，他山之石可以攻玉，为了进行比较和吸取其他国家海岛管理的有益经验，本书对美国、加拿大、澳大利亚等20余国的有关立法，进行了粗细不一的考察。第四，出于理论服务实践的理念，本书辟出专章，对我国海岛的利用与保护管理现状进行了分析，为完善我国有关法律制度提出了建议。

马金星是一位法学博士，他的博士论文作的是海事法题目，岛屿问题对他来说是个新领域。他法学底蕴比较深厚，学识兴趣相当广泛，具有一位青年学者应有的创新精神，跨行研究不仅没有给他带来精神上的负担和工作上不可克服的困难，而且成了督促他更加勤奋努力的动力，也为我国的岛屿研究带来了一些新的启示。我国以往的岛屿问题研究，历来主要是由海洋法工作者在做的，他们从马金星的这部著作中，或许可以看到一些新鲜东西。

今年是《海岛保护法》出台10周年，它的面世标志着我国海岛法制建设迈上了一个新台阶，推动了我国海岛研究更加繁荣发展。马金星博士这部新著的出版，喜逢其时，希望它能受到关心和从事海岛工作的各界人士的关注和欢迎，也希望它能在我国海岛法制大厦的建设中起到添砖加瓦的作用。

2019年4月12日

写在开卷

本书是在博士后研究工作报告基础上形成的。在写作过程中，有三个思路或认识贯穿其中。

一是海岛法律问题既是国内法问题，也是国际法问题。海岛是散布于海洋中的小块陆地，不同类型的海岛在维护国家主权、海域划界、巩固国防、发展经济、保护环境等方面，具有不同的法律地位和现实意义。海岛法律问题纷繁复杂，具有跨学科特征。探讨海岛法律问题，不是某一学科的专利。站在不同学科角度审视同一问题，可能更容易发现问题背后的"问题"。在国内外海岛利用及保护法律规制中，国内法与国际法相互交融的现象并不罕见，穿梭于国内法与国际法之间，有助于看到海岛法律问题的本源，也可以提供综合性的解决方案。

二是海岛法律问题既牵涉资源利用，也牵涉环境保护。海岛具有稀缺性、环境脆弱性，不同类型、区位海岛的生态环境和资源禀赋各有不同。海岛作为资源与环境的综合体，其利用与保护不是对立的，而是统一的。开发利用海岛资源必须有良好的保护措施，保护海岛是为了长期稳定地利用海岛资源。依据生态环境、自然资源标准，对海岛各要素采取分而治之的立法或管理模式，不符合海洋（自然资源）综合管理的发展趋势。尽管不同类型的海岛管理立法或海岛管理立法的不同方面，或许对于海岛法律属性认识存在不同，对于规制资源利用、保护生态环境也各有侧重，但是，讨论海岛管理法律问题必须兼顾到海岛资源与环境一体化特征，平衡利用与保护之间的规制关系，实现二者的相洽性。

三是海岛管理法律制度具有差异共存与和谐共生的特征。海岛利用及保护管理法律制度存在显著的国别差异，它们立足于不同的法律传统或法律文化，既不存在主导范式，也不存在孰优孰劣之分。不同国家推进海岛治理能力建设的过程，是寻求法制供给、科学治理和现实需求协同均衡的过程。在这个过程中，各国致力于建立适合本国法治国情、政治体制、自然条件、地理环境和经济状况的海岛管理法律体制。在国别法比较和经验借鉴中，应当慎重对待法律移植问题，避免法律工具主义观。

作为初入法学研究门径的一只"菜鸟"，上述认识或许不甚成熟，或许逻辑不周延或存在其他硬伤，但是，笔者希望借由这样一种讨论能够拓展对海岛法律问题的认识。此外，笔者尽可能地网罗海岛利用及保护相关国别法资料，并将其融入写作之中，直至付梓。如果研究内容不甚了了，也希望这些资料对读者有所裨益。

博士后研究报告几易其稿。我的合作导师中国社会科学院荣誉学部委员、国际法研究所刘楠来研究员对于本研究报告倾注了大量心血，先生所有文稿皆手书之。从研究内容到研究方法，从篇章结构到正文内容，从语言表达到引用脚注，先生逐稿以手书批注的方式进行指导，无一不提出修改建议或意见，一老一小，面对面商榷。对于耄耋之年的老人而言，其中辛苦，可想而知。在研究报告开题及中期检查阶段，陶正华研究员、赵建文研究员、沈涓研究员、刘敬东研究员、柳华文研究员、廖凡研究员给予了非常多的教诲，不断引导研究报告走向完善。在出站答辩阶段，自然资源部海洋发展战略研究所贾宇研究员和中国社会科学院国际法研究所朱晓青研究员、孙世彦研究员、蒋小红研究员，对研究报告提出了许多修正意见和完善建议。这些意见和建议在研究报告成书之际，均被吸纳其中，虽名为专著，然实不敢私昧诸位老师之智力贡献。在博士后期间，由衷感谢中国社会科学院国际法研究所、法学研究所老师的教诲，尤其是国际公法研究室的各位老师，在专业学习、日常生活、科研安排等方面，他（她）们给予我非常多的支持和帮助。最后，还要感谢本书责任编辑许琳老师、责任校对季静老师，她们对本书进行了细致的修改、编辑、校对，在内容及文字方面提出了许多宝贵的意见和建议。

限于笔者水平，书中谬误和不妥之处恐在所难免，敬请专家和读者不吝赐教。

春江澎动，竞引弄潮之儿；桑榆暖照，映送鸥鹭逐波。先哲嘉谟，企者不立，跨者不行，学问之路漫漫，终当自勉。

马金星

2019 年 10 月，北京

目 录

绪论 …………………………………………………………………… (1)

第一章 海岛的界定及法律属性 ……………………………………… (11)
    第一节 海岛的法律定义 …………………………………………… (11)
    第二节 界定海岛的法律标准 ……………………………………… (22)
    第三节 海岛类型的立法划分 ……………………………………… (30)
    第四节 海岛的法律属性 …………………………………………… (44)

第二章 海岛在实现国家海洋战略中的作用 ………………………… (54)
    第一节 海岛在海域划界中的作用 ………………………………… (55)
    第二节 海岛在海洋资源开发利用中的作用 ……………………… (63)
    第三节 海岛在海洋军事利用中的作用 …………………………… (72)
    第四节 海岛在深化海洋国际合作中的作用 ……………………… (77)

第三章 海岛利用及保护管理的权属基础 …………………………… (86)
    第一节 海岛权属的界定及其地位 ………………………………… (86)
    第二节 海岛所有权的构造及内容 ………………………………… (93)
    第三节 海岛使用权的构造及内容 ………………………………… (105)
    第四节 海岛权属登记的基本内容 ………………………………… (115)
    第五节 权属对海岛利用及保护监督管理的影响 ………………… (123)

第四章 海岛利用与保护及其监督管理机制 ………………………… (128)
    第一节 利用与保护在海岛管理中的相洽关系 …………………… (129)
    第二节 海岛利用及保护管理遵循的基本原则 …………………… (138)
    第三节 海岛利用及保护统计调查机制 …………………………… (161)
    第四节 海岛利用及保护监督管理模式 …………………………… (170)
    第五节 海岛利用及保护综合管理机制 …………………………… (184)
    第六节 无居民海岛有偿使用及价值补偿法律机制 ……………… (199)

第五章　海岛资源及生态环境治理的法律规制 …………………（205）
　第一节　海岛功能区规划制度及内容 ……………………………（205）
　第二节　海岛保护区立法国家实践及发展趋势 …………………（215）
　第三节　海岛生态环境管制及其法律路径 ………………………（241）
　第四节　海岛生态环境风险法律监管 ……………………………（254）

第六章　海岛生态环境损害的法律责任 ……………………………（261）
　第一节　海岛生态环境损害的诱因及后果 ………………………（262）
　第二节　海岛生态环境损害的国内法责任 ………………………（272）
　第三节　海岛生态环境跨界损害的国家责任 ……………………（291）

第七章　我国海岛利用及保护管理法制现状及完善 ………………（300）
　第一节　我国海岛利用及保护管理法制现状 ……………………（301）
　第二节　我国海岛利用及保护管理立法面临的问题 ……………（310）
　第三节　完善我国海岛利用及保护管理立法的思路 ……………（320）
　第四节　完善我国海岛利用及保护管理立法的路径 ……………（331）

结论 ……………………………………………………………………（337）

附录 ……………………………………………………………………（339）

参考文献 ………………………………………………………………（349）

绪　论

一　研究背景

海岛是陆地但却为海洋所环绕，是自然资源却也是生态环境的组成部分。海岛作为当事国实现其海洋权利的重要支点，在发展海洋经济、维护国家安全和海洋权益方面有着重要的地位。在全球主权国家中，内陆国家仅有44个，① 其余均为沿海国和岛屿国家（群岛国），海岛是复合型自然资源，兼具海洋与陆地属性，其利用及保护管理既不同于土地管理，也不同于海域管理，因此有必要将海岛管理从一般自然资源管理中剥离出来，探讨出海岛利用及保护管理法律原则与规则。

海岛法律问题具有特殊性。从自然属性看，海岛大多处于海陆相互作用的敏感地带，地理位置与生态环境特殊，由于海岛所处空间相对封闭，很多海岛拥有特有的动植物资源，形成了独特的海岛生物圈，由此也导致海岛生态系统具有脆弱性，一旦受到人为或其他外部力量的破坏，其生境将很难修复，甚至无法修复。就海岛法律属性而言，根据1982年《联合国海洋法公约》（以下简称《海洋法公约》）第121条，基于海岛可以主张12海里的领海，12海里的毗连区，200海里的专属经济区或大陆架；即便是不能维持"人类居住"或其"本身的经济生活"的岩礁也可以主张相应的领海。② 部分海岛还可以作为国家领海基线的基点，影响相关国家之间海洋权益的划分，以及沿海国与国际社会整体之间的海洋权益的分配。据不完全统计，全球85个国家之间存在83处岛屿争端，涉及岛屿

---

① 其中，非洲有15个内陆国，亚洲有12个内陆国，欧洲有15个内陆国，南美洲有2个内陆国。See Organization for Economic Co-operation and Development, *The Development Dimension Succeeding with Trade Reforms: the Role of Aid for Trade: The Role of Aid for Trade*, Paris: OECD Pub., 2013, p.68.

② 参见《联合国海洋法公约》第121条第3款。

(群岛) 410 余个（处），其中亚洲 35 处涉及岛屿（群岛）343 个（处），欧洲 10 处涉及岛屿（群岛）10 个（处），非洲 14 处涉及岛屿（群岛）30 个（处），美洲 18 处涉及岛屿（群岛）20 余个（处），大洋洲 6 处涉及岛屿（群岛）7 个（处），[①] 海洋成为当代国家领土争端的"主战场"。海岛在国内法中属于自然资源，具有财产属性，但又不完全等于大陆法系中的"物"，领土的内涵决定了国内法中海岛属性的法律边界，海岛在国内法中的属性反映国家主权内部自主性。

利用与保护法治化是海岛治理的核心内容。如何依法监督管理海岛开发利用、保护海岛资源、发挥其既有价值，是当事国普遍关注的焦点问题。一些西方国家至晚在 19 世纪末已经开始针对特定海岛进行立法，时至今日，在海岛利用及保护管理方面存在大量国内立法成果，例如美国《罗得岛海岸带开发法》、爱沙尼亚《经常居住型小岛法》、马绍尔群岛《岛屿海洋资源法》、越南《海洋岛屿资源环境法》、日本《小笠原诸岛振兴开发特别措施法》等，一些国家已经建立了相对成熟的海岛利用及保护管理法律制度。利用与保护的关系是构建海岛管理法律制度的基础，但自然资源管理中利用与保护的内涵是有所区分的，利用管理强调合理实现资源实体的财产价值，即经济价值和使用价值，保护管理侧重于维护自然资源的环境价值以及生态完整性。海岛资源具有稀缺性、环境脆弱性，开发利用海岛的同时即面临保护问题，利用海岛资源必须有良好的保护措施，保护海岛是为了长期稳定地利用海岛资源。一些国家立法中，保护也属于利用范畴，如美国《海岸带管理法》对陆地和水域利用活动做出了进一步定义，将"保护"作为一种利用活动。[②] 概言之，保护是开发利用的前提，保护是为了更好地开发海岛资源，开发利用是保护的必要体现，合理的开发本身就是一种保护。因此，在海岛管理法律制度中利用与保护不是对立的，而是统一的。

讨论海岛利用及保护管理法律问题需要兼顾国际法与国内法两个层面。海岛是国家领土组成部分，也是重要的自然资源，对一国的经济、军

---

① 朱文泉：《岛屿战争论·上卷》，军事科学出版社 2014 年版，第 14—15 页。
② 美国的海岸带系指邻接若干沿岸州的沿岸海线和彼此间有强烈影响的沿岸水域（包括水中的及水下的土地）及毗邻的滨海陆地（包括陆上水域和地下水），包括岛屿、过渡区与潮间带、盐沼、湿地和海滩。See Article 1453（10）（18）Coastal Zone Management Act of 1972, as amended through Pub. L. No. 109-158, Energy Policy Act of 2005.

事和政治影响巨大。海岛是稀缺自然资源,兼具陆地与海洋特征,海岛利用及保护的重要性在于经济发展与环境保护的需要,同时也涉及国家领土与国防安全,对海岛无序、无度开发会造成岛屿生态被破坏甚至消失,也会威胁到国家权益。1982年《海洋法公约》第八部分规定了岛屿(海岛)制度,对海岛拥有主权的国家可以基于海岛主张相应的领海、毗连区、专属经济区及大陆架,以及依据海岛主权在海洋划界中主张相应的权利。国际法中的岛屿制度深刻影响了国内法中有关海岛管理法律制度的构建,有关环境及资源的国际立法及理念不断推动海岛利用及保护管理国内立法革新。仅从国内法层面分析海岛利用及保护管理,其后果只能是"只见树木不见森林",而国际法中有关海岛的诸多制度设计,需要通过国内法方能"落地生根",加以实现。故此,国内法与国际法在海岛利用及保护管理中是相辅相成的。需要指出的是,海岛利用及保护管理既涉及国内法又涉及国际法,并不意味着在讨论海岛利用及保护管理法律问题中存在国内法与国际法的"混同"。尤其是在类似法律问题研究过程中,学者普遍的做法是,先行区分待研究的问题究竟属于国际法抑或国内法范畴,即对于所研究的问题予以定性,之后再根据其性质,分别在国际法或国内法层面予以研究分析。国际法与国内法是不同的法律体系,上述研究方法并无不妥。然而,应当看到国际法与国内法在海岛利用及保护管理方面发挥着相互联系、彼此渗透、互相补充和互相促进的作用。从国际法与国内法两个视角,研究海岛利用及保护管理中涉及的法律问题,不仅有助于从宏观层面完善海岛管理法治化体系,而且能反映相关国际法在国内适用或执行的多样性,为国家完善海岛利用及保护管理提供可资借鉴的法律空间。

海岛利用及保护管理趋向于综合管理。1992年联合国环境与发展大会通过的《21世纪议程》(*Agenda 21*)明确指出,包括海洋及其临近的沿海地区在内的海洋环境构成一个环境整体,需要以一种综合的方式来进行保护和管理,综合管理代表了目前海洋资源利用及保护管理的发展趋势。海岛是陆地也是自然资源,海岛利用及保护管理同时受到自然资源综合管理(Integrated Natural Resource Management)和海洋综合管理(Integrated Ocean Management)的影响,在上述综合管理理论的推动下,以国家管辖范围内海岛整体利益为目标,通过战略、政策、规划、立法、执法和协调等行为,对国家管辖海岛及其周边海域实施统筹协调管理,是提高海岛开发利用的系统功能、保护海岛生态环境、维持海岛资源的可持续利用的发展趋势。2017年《全国海岛保护工作"十三五"规划》指出，以生态系统为基础的海岛综合管理正成为当今全球海岛保护管理的发展趋势。① 综合管理作为一种理念或方法，其映射到海岛利用及保护管理立法层面，需要明确两方面内容：一方面，以生态系统为基础提升我国海岛综合管理立法的层次和水平，推行合作治理，实现多元主体的合作共治，以法治的方式管理海岛，在海岛利用及保护管理中推动公开制度、社会协商制度和责任制度等制度的建构；另一方面，立法引导海岛综合管理体制走向完善，在顶层设计层面对海岛利用及保护管理部门的法定职责、综合管理决策机制、事务管理协调机制等予以规定，推进海岛治理体系及治理能力现代化，实现海岛综合管理法治化。

二 研究意义

海岛是沿海第二经济带，是国家海洋经济发展、海防安全和海洋权益维护的重要依托。随着沿海国经济发展需求和陆上自然资源短缺，海岛资源的重要性日益显现，海岛开发利用活动也越来越多。就我国而言，研究海岛利用及保护管理法律问题具有显著的现实意义。

海岛是我国领土的重要组成部分。我国是一个海陆兼备的国家，拥有18000多千米的大陆海岸线和14000多千米的岛屿海岸线。② 2018年7月自然资源部公布的《2017年海岛统计调查公报》显示，我国共有海岛11000余个（未包括香港特别行政区、澳门特别行政区、台湾省和海南岛本岛），海岛陆域总面积近8万平方千米，约占我国陆地面积的0.8%，浙江省、福建省和广东省海岛数量位居前三位。我国海岛分布不均，呈现南方多、北方少、近岸多、远岸少的特点。按区域划分，东海海岛数量约占我国海岛总数的59%，南海海岛约占30%，渤海和黄海海岛约占11%；按离岸距离划分，距大陆小于10千米的海岛数量约占海岛总数的57%，距大陆10—100千米的海岛数量约占39%，距大陆大于100千米的海岛数

---

① 参见《全国海岛保护工作"十三五"规划》（国海岛字〔2016〕691号）。
② 参见沈跃跃《全国人民代表大会常务委员会执法检查组关于检查〈中华人民共和国海洋环境保护法〉实施情况的报告——2018年12月24日在第十三届全国人民代表大会常务委员会第七次会议上》，中国人大网（http://www.npc.gov.cn/npc/xinwen/2018-12/25/content_2067967.htm），最后访问时间：2019年4月4日。

量约占4%。① 其中，无居民海岛占海岛总数的94.4%，面积大于500平方米的海岛7300多个（不包括海南岛及台湾、香港、澳门诸岛）。全国海岛人口约547万人（不包括海南岛及台湾、香港、澳门诸岛），其中98.5%居住在市县乡中心岛上。② 1996年5月15日③、2012年9月10日④我国政府相继公布了94个领海基点，其中位于大陆的领海基点只有2个（山东高角1、2），其余92个领海基点均位于海岛（包括海南岛）之上，领海基点所在海岛中有50%以上属于无居民海岛。⑤ 如何有效管理海岛开发利用、保护海岛生态环境，不仅仅是维护国家领土主权，对保障国家海洋安全、实现国家海洋权益也具有重要的现实意义。

修正我国海岛利用及保护管理法律路径。《全国海岛保护工作"十三五"规划》指出，以生态系统为基础的海岛综合管理已经成为当今全球海岛保护管理的发展趋势，提出到2020年我国海岛综合管理能力取得新进展的阶段性目标。对海岛利用及保护实施综合管理，已然成为我国海岛管理法治化建设的趋势。自2010年3月1日《海岛保护法》实施以来，我国已对无居民海岛实现综合管理，有居民海岛利用及保护则由不同部门分工负责。2018年新组建的自然资源部负责履行全民所有土地、矿产、森林等各类自然资源资产所有者的职责，对自然资源开发利用和保护实施统筹监管。由于有居民海岛管理事权分散在多个部门，各职能部门之间在有居民海岛事务管理中存在事权交叉的现象，2018年国家机构改革后，亟须通过立法解决海岛管理中的事权交叉问题，统筹有居民海岛与无居民海岛监管。迫于（无居民）海岛开发利用的现实需求，许多省市已经出台海岛管理地方性法规，在海岛开发利用方面进行"先行先试"，初步统

---

① 《2017年海岛统计调查公报》有关海岛的统计数据与国家海洋局908专项调查（2003—2011）、2012年《全国海岛保护规划》存在差异。908专项调查及2012年《全国海岛保护规划》显示，我国有10312个海岛，距大陆岸线10千米之内的海岛数量占总数的70%，10—100千米的占27%，100千米之外的占3%，面积在500平方米以下的海岛和岩礁近万个。参见2018年7月《2017年海岛统计调查公报》第1部分、2012年《全国海岛保护规划》第1.1部分。

② 参见2012年《全国海岛保护规划》第1.1部分。

③ 1996年5月15日，中国政府正式发布了77个领海基点，连接了大陆领海的部分基线和西沙群岛的领海基线。

④ 2012年9月10日，中国政府公布了钓鱼岛及其附属岛屿的17个领海基点和相应基线。

⑤ 曹宇峰等：《浅谈领海基点岛的调查与保护——以福建大柑山为例》，《海洋开发与管理》2013年第7期。

计显示，已经公布或生效实施的海岛管理地方性法规共计 19 部。① 针对我国海岛利用及保护管理中存在的问题，应当整合我国有居民海岛与无居民海岛管理机制，以科学立法为基础，从立法目的、立法原则、立法内容等制度设计上全面强化海岛综合管理。

落实共建"21 世纪海上丝绸之路"倡议有赖于对海岛的充分利用。共建"21 世纪海上丝绸之路"倡议（以下简称"共建海上丝绸之路"）是着眼世界大局、面向长远发展的重大战略建设，② 其不仅是商品物资"经贸之路"，也是不同文明"交流之路"，更是海洋强国"战略之路"，共建海上丝绸之路需要多方面的合力。③ 2015 年《推动共建丝绸之路经济带和 21 世纪海上丝绸之路的愿景与行动》提出共同建设通畅、安全、高效的运输大通道。④ 2016 年《南海及其周边海洋国际合作框架计划（2016—2020）》积极配合"一带一路"倡议实施，为"十三五"期间中国与南海及其周边国家、地区、国际组织等合作伙伴，在海洋经济、政策、环境等 7 个方面开展合作确立了实施框架。⑤ 2017 年《"一带一路"

---

① 截止 2019 年 9 月 15 日，已经公布或生效实施的国内地方性法规包括：2016 年《山东省无居民海岛使用审批管理办法》、2016 年《山东省无居民海岛使用权招标拍卖挂牌出让管理办法》、2011 年《山东省无居民海岛使用金征收使用管理办法》、2018 年《山东省海域、无居民海岛有偿使用黑名单管理办法（试行）》、2018 年《青岛市无居民海岛管理条例》、2019 年《连云港市海岛保护条例》、2008 年《浙江省无居民海岛名称管理工作细则（试行）》、2011 年《浙江省无居民海岛使用金征收使用管理办法》、2019 年《浙江省无居民海岛开发利用管理办法》、2005 年《宁波市无居民海岛管理条例》、2019 年广东省自然资源厅《无居民海岛使用权市场化出让办法（试行）》、2019 年《珠海经济特区海域海岛保护条例》、2019 年《珠海经济特区无居民海岛开发利用管理规定》、2012 年湛江市《湛江湾海岸及海岛严格控制开发利用管理规定》、2013 年《福建省海域使用权和无居民海岛使用权抵押登记办法》、2018 年《厦门市无居民海岛保护与利用管理办法》、2017 年《广西壮族自治区无居民海岛保护条例》、2013 年《海南省无居民海岛使用申请审批试行办法》、2018 年《海南省无居民海岛开发利用审批办法》。

② 尤权：《打造 21 世纪海上丝绸之路重要枢纽》，《求是》2014 年第 17 期。

③ 参见《推动共建丝绸之路经济带和 21 世纪海上丝绸之路的愿景与行动》第 4 部分。

④ 《推动共建丝绸之路经济带和 21 世纪海上丝绸之路的愿景与行动》从时代背景、共建原则等八个方面，阐述了中国建设"一带一路"的主张与内涵，提出了共建"一带一路"的方向和任务。国家发展改革委、外交部、商务部：《推动共建丝绸之路经济带和 21 世纪海上丝绸之路的愿景与行动》，商务部网（http：//zhs.mofcom.gov.cn/article/xxfb/201503/20150300926644.shtml），最后访问时间：2019 年 4 月 4 日。

⑤ 《南海及其周边海洋国际合作框架计划（2016—2020）》，中国政府网（http：//www.gov.cn/xinwen/2016-11/05/content_5128785.htm），最后访问时间：2019 年 4 月 4 日。

建设海上合作设想》①对合作内容作出指引性安排，提出维护海上安全是发展蓝色经济的重要保障。共建海上丝绸之路两个重点方向存在大量海岛，这些海岛主要包括大陆国家的沿海岛屿（群岛）、岛屿国家（群岛国）②的海岛和大陆国家的洋中海岛（群岛）三类。海岛是共建海上丝绸之路沿线重要的枢纽节点，它不仅是沿线人员及物资周转的平台、海事安全保障的基地，而且，海岛国家或地区也是共建海上丝绸之路多边合作机制中的重要参与群体。因而，建设高效、安全、绿色的21世纪海上丝绸之路，需要我国在海岛管理立法层面因应当前海洋安全形势，修正立法理念及制度设计，充分发挥海岛在共建海上丝绸之路中的实际效用。

三 研究路径

本书从海岛的界定及其法律属性入手，梳理相关理论和学术观点，在界定研究对象"四至"基础上，分析海岛在实现国家海洋战略中的作用，突出海岛利用及保护的现实价值，探讨围绕海岛资源产生的各种财产性权利构造，从监督管理机制、生态环境治理、法律救济及法律责任层面，讨论海岛利用及保护管理中的法律问题。在写作过程中，本书梳理了中国、美国、加拿大、澳大利亚、新西兰、日本、爱沙尼亚、越南等20余个国家近80部海岛管理相关立法，并结合相关国家海岛管理实践，综合运用不同研究路径开展研究工作。

第一，国内法与国际法相结合的路径。海岛问题具有国内法与国际法双重性，涉及领土主权、海洋权益维护等方方面面，海岛利用及保护管理需要兼顾国际法与国内法。国际法中的岛屿（海岛）制度深刻影响了国内法中有关海岛管理法律制度的构建，有关环境及资源的国际立法及理念不断推动海岛利用及保护管理国内立法革新。领土的内涵决定了国内法中海岛属性的法律边界，海岛在国内法中的属性反映国家主权内部自主性。无论是理论研究还是立法实践，仅从国内法层面分析海岛利用及保护管

---

① 国家发展和改革委员会、国家海洋局：《"一带一路"建设海上合作设想》，中国政府网（http://www.gov.cn/xinwen/2017-06/20/content_5203985.htm），最后访问时间：2019年4月4日。

② 《联合国海洋法公约》第46条（a）项将"群岛国"定义为，"全部由一个或多个群岛构成的国家，并可包括其他岛屿"。构成公约所指"群岛国"需要符合该条（a）、（b）的定义，还需要当事国宣布其为"群岛国"。日本、新西兰、英国等，在地理形态上符合群岛国特征，但是其并未明确宣布本国为"群岛国"。

理，其后果只能是"只见树木不见森林"，故海岛法律问题具有国内法与国际法双重性，讨论海岛利用及保护管理法律问题需兼顾国际法与国内法两个层面。

第二，利用与保护相结合的路径。利用与保护的关系是构建海岛管理法律制度的基础，海岛在国内法中属于自然资源，而自然资源管理中利用与保护的内涵是有所区分的，利用管理强调合理实现资源实体的财产价值，即经济价值和使用价值，保护管理侧重于维护自然资源的环境价值以及生态完整性。海岛资源具有稀缺性、环境脆弱性，开发利用海岛的同时即面临保护问题，利用海岛资源必须有良好的保护措施，保护海岛是为了长期稳定地利用海岛资源。一些国家立法中，保护也属于利用范畴，如美国《海岸带管理法》对陆地和水域利用活动做出了进一步定义，将"保护"作为一种利用活动。[①] 概言之，保护是开发利用的前提，保护是为了更好地开发海岛资源，开发利用是保护的必要体现，合理的开发本身就是一种保护。因此，海岛利用管理与保护管理不是对立的，而是统一的。

第三，海洋综合管理与自然资源综合管理相结合的路径。海岛是陆地但却为海洋所环绕，海岛是自然资源也是海洋的一部分，自然资源综合管理与海洋综合管理中的理念和准则是推动海岛利用及保护综合管理的理论基础。在自然资源综合管理和海洋综合管理理论的推动下，对海岛利用及保护实施综合管理是必然趋势。《21世纪议程》指出，包括海洋及其临近的沿海地区在内的海洋环境构成一个环境整体，需要以一种综合的方式来进行保护和管理。综合管理代表了目前海洋资源利用及保护管理的发展趋势，海岛是位于海洋中的自然资源，海岛利用及保护管理同时受到自然资源综合管理和海洋综合管理的影响，在上述综合管理理论的推动下，以国家管辖范围内海岛整体利益为目标，通过战略、政策、规划、立法、执法和协调等行为，对国家管辖海岛及其周边海域实施统筹管理，是提高海岛开发利用系统功能、保护海岛生态环境、维持海岛资源可持续利用的发展趋势。

[①] 美国的海岸带系指邻接若干沿岸州的海岸线和彼此间有强烈影响的沿岸水域（包括水中的及水下的土地）及毗邻的滨海陆地（包括陆上水域和地下水），包括岛屿、过渡区与潮间带、盐沼、湿地和海滩。See Article 1453 (10) (18) *Coastal Zone Management Act of 1972*, as amended through Pub. L. No. 109-158.

四 研究框架

本书从海岛的界定及价值出发,以海岛利用与保护之间的相互关系为逻辑主线,以相应的管理内容构成为铺陈序位,从国际法与国内法两个视角,探讨海岛利用及保护管理法律问题,反映海岛利用及保护管理国际立法发展趋势和脉络,反思我国海岛利用及保护法制现状及存在的问题,为完善我国海岛利用及保护管理制度体系及相关立法,推进海岛治理体系及治理能力现代化,提供理论支持。

本书包括七章内容。第一章界定海岛的概念及其法律属性,从国际法与国内法两个维度梳理海岛的定义,分析相关国际公约及不同国家国内法中的海岛定义;依据"四要件"说,归纳界定海岛的法律标准;依据不同标准讨论海岛类型立法划分;剖析海岛在国际法与国内法中的属性,以及二者之间的关系。第二章分析海岛在实现国家海洋战略中的作用,探讨海岛在领海、专属经济区及大陆架划界中的作用,从矿产及能源、动植物资源、空间资源和文化资源四方面梳理海岛在海洋资源开发利用中的作用。从维护国土安全、控制海上通道及海上中转补给三方面分析海岛在军事利用中的价值。结合共建"21世纪海上丝绸之路"倡议,分析海岛在深化海洋领域国际合作中的多重作用。第三章讨论海岛利用及保护管理的权属基础,在界定海岛权属内涵与外延基础上,分析权属在海岛利用及保护中的地位,从所有权与使用权两部分解析海岛权属的构造及内容,从国际法与国内法两个层面分析海岛所有权的含义及法律属性,讨论海岛使用权的构成要素、性质、特征、取得及变动。从范围、效力及形式三方面概括海岛权属登记制度。第四章分析海岛利用与保护监督管理机制,从内容、方式和价值三个方面分析利用与保护在海岛管理中的相洽性,论证海岛利用与保护的统一关系,分析权属对海岛利用与保护公权力运行的影响,归纳出海岛利用及保护管理应遵循的基本法律原则,探讨海岛利用及保护统计调查机制,从比较法视角归纳并讨论海岛利用及保护监督管理体制模式,从自然资源综合管理与海洋综合管理视角探讨海岛综合管理,分析无居民海岛有偿使用及价值补偿法律机制。第五章研究海岛资源及生态环境治理的法律规制,从海岛功能区划、保护区立法、环境管制和风险监管四方面,逐一分析了海岛利用及保护管理法律规制的实施路径。第六章讨论海岛生态环境损害的法律责任,本部分立足于海岛生态环境损害的诱因及后果,从国内法与国际法两个层面讨论因海岛生态环境损害产生的法律责任。第七章分析我国海岛利用及保护管理法制现状及完善,我国海岛利用及保护管理立法建立在自然资源公有基础上,本部分在总结我国海岛权属、利用及保护行政管理及立法现状基础上,从问题视角出发,分析了我国海岛综合管理及立法中存在的问题,提出完善我国海岛利用及保护管理立法的思路,并给出相应的建议及解决方案。

第一章

海岛的界定及法律属性

海岛是位于海洋中岛屿的统称，是国家领土的重要组成部分及国家拓展海洋权利的重要来源。国内外对海岛的定义多种多样，地质学与法学对于海岛的界定各不相同。在地质学领域，有学者将海岛定义为"比大陆面积小并且完全被海水包围的陆地"，[①] 还有学者将海岛定义为"散布在海洋中的小块陆地"。[②] 在法学领域，1958年《领海及毗连区公约》和《海洋法公约》中的"岛屿"（Island）定义最具有代表性，公约定义中的"岛屿"实际上就是海岛，而非内河、内湖等其他水域中的岛屿。分析海岛利用及保护管理首先需要在法律层面明确海岛的定义，浓缩界定海岛的法律标准，将海岛从其他"海洋地物"（Maritime Features）中剥离出来，继而通过立法划分不同类型的海岛，制定及实施差异化的海岛利用及保护法律措施，统筹海岛利用与保护之间的关系。

第一节 海岛的法律定义

海岛属于合取概念（conjunctive concept），即根据一类事物中单个或多个相同属性达成的概念。国际社会有关海岛法律概念的讨论始于1930年国际法编纂会议，在此之前，相关国家的国内法已经着手定义海岛。从时间跨度上看，20世纪30年代之前，海岛的立法界定是纯粹的国内法问题；1930年国际法编纂会议至1982年《海洋法公约》通过前，海岛问题

[①] 中国大百科全书出版社《简明不列颠百科全书》编辑部译编：《简明不列颠百科全书（中文版）》第2卷，中国大百科全书出版社1985年版，第464页。

[②] 参见夏征农、陈至立主编《辞海（第6版）》，上海辞书出版社2010年版，第299页；国家海洋局908专项办公室编《海岛界定技术规程》，海洋出版社2011年版，第1页。

被擢升至国际法层面,海岛的立法界定由国内法层面向国际法层面过渡,《领海及毗连区公约》第 10 条第 1 款对海岛(Island)作出定义,标志着国际社会对海岛概念的法律范畴达成共识。《海洋法公约》通过后至今,众多国家认可和接受公约第 121 条岛屿制度的约束,并在国家实践层面予以肯定。《海洋法公约》确立的岛屿制度及海岛定义在国内法层面产生了示范效应,反哺国内立法,反映了习惯国际法。① 因此,定义海岛需同时从国际法与国内法两个层面进行讨论。

一 国际法层面的海岛

20 世纪 30 年代国际社会便开始着手对海岛进行法律定义。② 1930 年国际法编纂会议第二委员会第二分委会(Sub-Committee Ⅱ of the Second Commission)在其草案规则中首次对海岛(Island)进行了定义,即"为水所环绕,且永久位于高潮线之上的一片陆地"。③ 1956 年联合国国际法委员会关于海洋法条款草案第 10 条规定,"每个岛屿都有其自己的领海。岛屿是四面环水并在正常情况下永久高于高潮标的陆地区域"。④ 该条款基本遵循了 1930 年对于海岛的定义,但添加了"正常情况"(in normal circumstances)几个字,⑤ 国际法委员会在对该条款的评注中指出,低潮

---

① See Myron H. Nordquist and William G. Phalen, "Interpretation of UNCLOS Article 121 and Itu Aba (Taiping) in the South China Sea Arbitration Award", in Myron H. Nordquist, John Norton Moore and Ronán Long eds., *International Marine Economy: Law and Policy*, Leiden and Boston: BRILL, 2017, p. 7; Tullio Treves, "UNCLOS and Non-Party States before the International Court", in Carlos Espósito *et al.* eds., *Ocean Law and Policy: Twenty Years of Development Under the UNCLOS Regime*, Boston: BRILL, 2016, p. 372.

② [斐济]萨切雅·南丹、[以]沙卜泰·罗森主编:《1982 年〈联合国海洋法公约〉评注(第三卷)》,毛彬、吕文正主编(中译本),海洋出版社 2016 年版,第 295 页。

③ See Hiran Wasantha Jayewardene, *The Regime of Islands in International Law*, Leiden and Boston: Martinus Nijhoff Pub., 1990, pp. 3-4.

④ Article 10: "Every island has its own territorial sea. An island is an area of land, surrounded by water, which in normal circumstances is permanently above high-water mark". See Report of the International Law Commission on the Work of its Eighth Session, July 1956, Official Records of the General Assembly, Eleventh Session, Supplement No. 9 (A/3159).

⑤ A/C. 6/L. 378, 1965, 大会正式记录第 11 卷,附件 a. i. 53, 第 13 页。

高地和海床上的技术设施不视为岛屿。① 1958 年第一次联合国海洋法会议后形成的《领海及毗连区公约》第 10 条第 1 款规定，"岛屿是指周围环水并在高潮时高出水面的自然形成的陆地"，其中，岛屿是"自然形成"陆地区域的提法，最先是由美国提出的，它排除了将本条适用人工岛屿的可能性。② 在海底委员会 1971 年会议上，马耳他提交的海洋空间条约草案在定义"岛屿"时采纳了《领海及毗连区公约》第 10 条第 1 款的定义，1972 年海底委员会会议讨论后编制的主题和问题清单之中，岛屿制度被列在议题 6.6.5 和议题 19 下。1973 年海底委员会会议上，乌拉圭提案建议维持《领海及毗连区公约》第 10 条第 1 款的岛屿定义，而马耳他提案引入了对"岛屿"和"岩礁"的区分，指出"岛屿是指周围环水并在高潮时高出水面的自然形成的面积大于 1 平方千米的陆地区域，岩礁是指周围环水并在高潮时高出水面的自然形成的面积小于 1 平方千米的陆地区域"。③ 在第二分委会讨论中，希腊坚持使用《领海及毗连区公约》第 10 条第 1 款的岛屿定义，反对对岛屿的特征做量化处理，认为"若使岛屿制度在法律上以大小、人口、地理位置或地质格局为依据，恐不免危及主权平等和领土完整原则"。④ 在 1974 年会议上，14 个非洲国家提议，应当对岛屿（Island）、小岛（Islet）和岩礁（Rock）分别进行定义，其提议将"岛屿"定义为"一片广阔的自然形成的，且被水包围，高潮时高于水面的陆地"；将小岛定义为"较小的自然形成的，且被水包围，高潮时高于水面的陆地"；将岩礁定义为"自然形成的岩石性的，且高潮时被水包围的高地"。⑤ 罗马尼亚提交的草案认为，应当从"可定居性"（habitability）和"经济生存力"（economic viability）角度，区分"岛屿"和"小岛"。该提案将小岛定义为"面积小于 1 平方千米的，且为水环绕，并且在高潮时高于水面自然形成的高地"，将岛屿定义为"与小岛相似

---

① See *Report of the International Law Commission on the Work of its Eighth Session*, 4 July 1956, Official Records of the General Assembly, Eleventh Session, Supplement No. 9, UN Doc. A/3159.

② ［斐济］萨切雅·南丹、［以］沙卜泰·罗森主编：《1982 年〈联合国海洋法公约〉评注（第三卷）》，毛彬、吕文正主编（中译本），海洋出版社 2016 年版，第 302 页。

③ 同上书，第 303 页。

④ See the Statement of the Representative of Greece in the 67th Meeting of Subcommittee II, A/AC.138/SC.II/SR.67（1973）.

⑤ ［斐济］萨切雅·南丹、［以］沙卜泰·罗森主编：《1982 年〈联合国海洋法公约〉评注（第三卷）》，毛彬、吕文正主编（中译本），海洋出版社 2016 年版，第 308 页。

的，自然形成的，四周环水，高潮时高于水面，面积在1平方千米至……（空白）平方千米之间，没有或不能被（经常性）居住，没有或不能维持其自身经济生活的高地"。①1975年会议上虽然没有新提案提交，但是对于岛屿制度的处理思路已经大大收窄，其结果是非正式单一协商案文重复了《领海及毗连区公约》第10条第1款的岛屿定义，此后，争议点主要集中在何种岛屿或岛屿在何种情况下不能拥有专属经济区和大陆架，《领海及毗连区公约》第10条第1款"四面环水并在高潮时高于水面的自然形成的陆地区域"的海岛定义，②一直延续至《海洋法公约》第121条第1款。

从1930年国际法编纂会议第二委员会第二分委会讨论过程，以及《领海及毗连区公约》和《海洋法公约》的海岛定义看，该定义囊括了海岛最基本的地理特征，淡化了海岛的其他非地理特征，并且从维持人类居住或其自身经济生活角度对基于海岛可主张的权利范围做了限制。在《领海及毗连区公约》出台前，国际社会对于海岛法律概念的认知，几乎就是从国内法中平移而来的。从1930年至1958年《领海及毗连区公约》出台，国际社会对于海岛定义的讨论趋于精细化，海岛的自然属性被逐步突出，③人工岛被排除于海岛概念之外。最终《领海及毗连区公约》定义的海岛是在美国代表团建议基础上修改形成，④与1954年公约草案中的定义相比，该定义删除了前一稿定义⑤中的"一般情况"（in normal circumstances）和"永久性"（permanently），该定义后来又被《海洋法公约》吸纳，延续至今。

---

① Hiran Wasantha Jayewardene, *the Regime of Islands in International Law*, Leiden and Boston: Martinus Nijhoff Pub., 1990, p. 5.

② An island is a naturally-formed area of land, surrounded by water, which is above water at high-tide. See Article 10 (1) Convention on the Territorial Sea and the Contiguous Zone, 1958.

③ Michael W. Reed, "Litigating Maritime Boundary Disputes: The Federal Perspective", in Dorinda G. Dallmeyer and Louis De Jr. Vorsey eds., *Rights to Oceanic Resources: Deciding and Drawing Maritime Boundaries*, London: Kluwer Academic Pub., 1989, p. 66.

④ Clive Ralph Symmons, *The Maritime Zones of Islands in International Law*, Leiden and Boston: BRILL, 1979, p. 42.

⑤ Island means "an area of land, surrounded by water, which in normal circumstances is permanently above high-water mark". See Clive Ralph Symmons, *The Maritime Zones of Islands in International Law*, Leiden and Boston: BRILL, 1979, p. 10.

从第一次海洋法会议至今，国际社会以面积标准划分海岛类型的争议始终未能达成共识，这种争议在第一次海洋法会议时已经显现出来，① 即使在相关国际法学术研讨层面也没有一个被普遍接受的观点，而国际组织和各国立法（技术规程）在以面积划分海岛类型时更是存在较大差异。在1974年6月20日至8月29日"加拉加斯会议"（Caracas Session）期间，加拿大、塞浦路斯、斐济、希腊、新西兰、汤加、特立尼达和多巴哥、委内瑞拉和西萨摩亚提出《领海及毗连区公约》第10条对海岛的定义不需要任何修改或补充，而其他标准只会妨碍达成共识。相反的意见称，《领海及毗连区公约》的海岛定义过于模糊，涵盖了从大岛到岩礁或珊瑚礁的各种陆地形态，因此，既不明智，也不充分，应该更详细地加以解决。罗马尼亚、土耳其、阿尔及利亚、几内亚、利比里亚、马达加斯加、马里、摩洛哥、毛里塔尼亚、塞拉利昂、苏丹、赞比亚等国提出了旨在对各类海岛进行一些区分的提案。② 哥伦比亚代表建议将海岛分为"大岛"（islands）、小屿（islets）、暗礁（reefs）等，③ 土耳其提议区分"至少占其所属国家土地面积和人口十分之一的岛屿""没有经济生活的岛屿及岩石"，非洲国家建议区分岛屿、小屿（最小的自然形成的陆地区域）、岩礁（源自海床的自然形成的岩石）。④ 但该建议以及之后其他国家类似提案，均没有被参与会议的大多数国家所接受。⑤ 在国际组织层面，联合国教科文组织（UNESCO）下设的"岛屿发展国际科学委员会"（International Scientific Council for Island Development）在以面积和人口划分岛屿类型时，将面积小于10000平方千米，人口少于500000人的岛屿称为"小型岛屿"（small islands），但这一划分方式也仅仅是在该委员会工作层面加以贯彻，并没有被国际社会普遍接受。

---

① Nikos Papadakis, *The International Legal Regime of Artificial Islands*, Leiden: Sijthoff International Pub., 1977, pp. 96-97.

② Janusz Symonides, "The Legal Status of Islands in the New Law of the Sea", Hugo Caminos ed., *Law of the Sea*, London and New York: Routledge Pub., 2017, p. 116.

③ Third United Nations Conference on the Law of the Sea, Revised Single Negotiating Text, UN Doc. A/CONF. 62/WP. 8, 7 May 1975.

④ Janusz Symonides, "The Legal Status of Islands in the New Law of the Sea", Hugo Caminos ed., *Law of the Sea*, London and New York: Routledge Pub., 2017, p. 116.

⑤ Sun Choon Park, *The legal status of Dokdo under article 121 of the 1982 UNCLOS: Is Dokdo entitled to generate EEZ or continental shelf?*, World Maritime University Dissertations, 2009, pp. 9-10.

二 国内法层面的海岛

各国立法定义的海岛具有趋同化特征。已检索到二十余例国家立法中,海岛定义的立法表述存在诸多类似之处。根据立法表述内容的差异,这些海岛定义大致可以分为三类:

第一类是国内立法中的岛屿定义与《海洋法公约》第121条第1款表述一致。即将海岛定义为"四面环水并在高潮时高于水面的自然形成的陆地区域",例如我国《海岛保护法》第2条第2款[①]、爱尔兰1959年《海事管辖法》第1条第5款[②]、苏格兰2017年《岛屿法案》第1部分第1条第1款[③]、帕劳1978年第982号法案(Bill No. 982)第2条第10项以及2015年《国家海洋保护区法》第102条第15项[④]、瓦努阿图2010年修订的《海洋区域法》第1条第2款[⑤]、《密克罗尼西亚联邦法典》第24卷第102节第30项[⑥]、马绍尔群岛1997年《岛屿海洋资源法》第102条第42项[⑦]。还有一些国家的地方(州)立法同样将海岛定义为"四面环水并在高潮时高于水面的自然形成的陆地区域",如密克罗尼西亚的波恩

---

① 《海岛保护法》第2条第2款:"本法所称海岛,是指四面环海水并在高潮时高于水面的自然形成的陆地区域,包括有居民海岛和无居民海岛。"

② "Island" means a naturally formed area of land surrounded by water which is above water at high water. See Maritime Jurisdiction Act, No. 22/1959, Ireland.

③ "Island" means a naturally formed area of land which is (a) surrounded on all sides by the sea (ignoring artificial structures such as bridges), and (b) above water at high tide. See Article 1 (1) Part 1 Islands (Scotland) Bill, 9 June 2017.

④ "Island" means a naturally formed area of land, surrounded by water, which is above water at high tide. See Section 2 (10), Bill No. 982, 1978; "Island" means any land entirely surrounded by water. See Article102 (15) Palau National Marine Sanctuary Act, RPPL No. 9-49, October 2015.

⑤ "Island" means a naturally formed area of land, surrounded by water, which is above water at high tide. See Maritime Zones Act, No. 23 of 1981 Revised ed. No. 6 of 2010, Republic of Vanuatu.

⑥ "Island" means a naturally formed area of land surrounded by water, which is above water at high tide. Section 102 (30) of Title 24 of the Code of the Federated States of Micronesia, Congressional Bill No. 11-105, C. D. 1, Public Law No. 11-57, 2000, Micronesia.

⑦ "Island" means a naturally formed area of land surrounded by water, which is above water at high tide. See Article 102 (42) Marshall Islands Marine Resources Act 1997, 51 MIRC Ch. 1 § 102, amended by P. L. 2011-63.

佩州 1995 年《渔业保护法》第 3 条第 21 项。① 值得注意的是，上述国内立法中，部分法律的制定或修订要早于 1982 年，但在海岛定义上却与《海洋法公约》中的海岛定义保持一致。

第二类是在《海洋法公约》第 121 条第 1 款定义基础上进一步明确潮汐标准。该类海岛立法定义与前类国家立法中有关海岛的定义几乎相同，只是对立法适用的高潮标准做了进一步限定，要求构成海岛的陆地部分必须要在大潮平均高潮位（mean high-water spring tides）② 时露出水面，将海岛定义为，四面环水并在平均大潮高潮时高于水面，自然形成的陆地。如英国 1964 年 9 月 25 日《建立不列颠直线基线体系的枢密令》第 5 条第 1 款③，1989 年《福克兰群岛（领海）规则》第 4 款（a）项④和 1989 年《特克斯和凯科斯群岛（领海）法令》第 5 条（a）项⑤，伯利兹 1992 年《海洋区域法》第 2 条第 1 款⑥，特立尼达和多巴哥 1969 年颁布、1986 年修订的《领海法》第 2 条⑦，西萨摩亚 1971 年《领海法》第 2 条

---

① "Island" means a naturally formed area of land surrounded by water, which area of land is above water at high tide. See Article 3 S. 21, Pohnpei State Fisheries Protection Act of 1995, S. L. No. 3L-114-95 Article 3 Repealing provision has been omitted, Pohnpei.

② 大潮平均高潮位（mean high-water spring tides），是指半日潮大潮期间高潮位的平均值。通常在朔望日附近取潮差最大的连续三天高潮位计算平均值，作为一次大潮的高潮位，然后计算多年各月朔望大潮高潮位的平均值。大潮平均高潮位因为随月相变化，所以只有在半日潮为主的港口其大潮平均高潮位才有意义。参见暴景阳、许军、关海波《平均大潮高潮面的计算方法与比较》，《海洋测绘》2013 年第 4 期。

③ "Island" means a naturally formed area of land surrounded by water which is above water at mean high-water spring. See Section 5 (1) the Order-in-Council of 25 September 1964 establishing the British straight baseline system.

④ "Island" means a naturally formed area of land surrounded by water which is above water at mean high-water spring tides. See the Falkland Islands (Territorial Sea) Order, No. 1993, 1989, United Kingdom.

⑤ "Island" means a naturally formed area of land surrounded by water which is above water at mean high-water spring tides. See Section 5 (a), Turks and Caicos Islands (Territorial Sea) Order, 1989, United Kingdom.

⑥ "Island" means a naturally formed area of land surrounded by water which is above water at mean high-water spring tides. See Maritime Areas Act, 1992, Belize.

⑦ "Island" means a naturally formed area of land which is surrounded by and above water at mean high-water spring tides. See Art. 2 Territorial Sea Act 1969, No. 38 of 1969, amended by 22 of 1986, Republic of Trinidad and Tobago.

第1款①，斐济1978年《海洋空间法》第2条第1项②，新西兰1965年《领海及渔区法》第2条第2款③和1977年颁布、2005年重述的《领海、毗连区和专属经济区法》第2条第1款（c）项④，所罗门群岛1978年《海域划界法》第2条第1款⑤，汤加《领海及专属经济区法》第2条第1款⑥，等等。美国《水下土地法》虽然没有定义岛屿，但是美国联邦法院在判例中澄清了岛屿的概念，作了与上述内容相同的定义。⑦

第三类是对海岛做了简单或列举式定义。如美国2011年康涅狄格州法典第22a卷（环境保护）第444章（海岸管理）第22a—93节第7款（J）项将岛屿定义为"四周环水的陆地"。⑧南非1973年《鸟类和海豹保护法》第1条第2项将岛屿定义为"任何岛、礁石，或岛群、礁石群"。⑨

---

① "Island" means a naturally formed area of land which is surrounded by and above water at mean high-water spring tides. See Territorial Sea Act, 1971, Western Samoa.

② "Island" means a naturally formed area of land which is surrounded by and above water at mean high-water spring tides. See Marine Spaces Act, Chapter 158A, Acts Nos. 15, 1978, Republic of Fiji.

③ "Island" means a naturally formed area of land which is surrounded by and above water at mean high-water spring tides. See Section 2 (2) an Act to make provision with respect to the territorial sea and fishing zone of New Zealand, 1965, New Zealand.

④ "Island" means a naturally formed area of land that is surrounded by and above water at mean high-water spring tides. See Article 2 (1) (c) Territorial Sea, Contiguous Zone, and Exclusive Economic Zone Act 1977, Reprint as at 15 December 2005, New Zealand.

⑤ "Island" means a naturally formed area of land which is surrounded by and above water at mean high-water spring tides. See Delimitation of Marine Waters Act, Act No. 32 of December 21, 1978, Solomon Islands.

⑥ "Island" means a naturally formed area of land that is surrounded by and above water at mean high-water spring tides. See Article 2 (1) Territorial Sea and Exclusive Economic Zone Act, CAP. 01.21, 1 October 2007, Tonga.

⑦ In the First Supplemental Decree, the Supreme Court clarified some of the uncertainties within the marine boundary community regarding terms used within the Submerged Lands Act (43 U.S.C. § § 1301 et seq) . a) "Island" means a naturally-formed area of land surrounded by water, which is above the level of mean high water. See United States Supreme Court, United States v. California, 1947, No. 5639 (Decided in June 23, 1947); also at 382 U.S. 448, 450.

⑧ "Island" means land surrounded on all sides by water. See Sec. 22a-93 (7) (J), Chapter 444, Title 22a, 2011 Connecticut Code.

⑨ "Island" means any island or rock or any group of islands or rocks specified in Schedule I or any island specified in Schedule 2. See Article 1 (2) Sea Birds and Seals Protection Act No. 46 of 1973, South Africa.

法属甘比尔岛地方信托委员会（Gambier Island Local Trust Committee）第114号法案第1.1条将岛屿定义为"被水包围的陆地区域，包括在暴露于海洋自然边界之上的小岛和礁石"。①

三 对海岛法律定义的分析

梳理上述定义海岛的国际公约与国内法可以发现，《海洋法公约》中有关海岛的定义与众多国内法中的海岛定义存在一致性或相似性，甚至可以说，国内法与国际法中的海岛定义没有多大差异，形成了法律耦合。

从时间维度上看，国际法中海岛定义最初是由国内法渗透至国际法中，20世纪中叶后国际公约对于海岛的规范化定义又反哺国内法。目前可以检索到的、最早定义岛屿的国内法为英国1881年《冲积地法案》(Alluvion Bill)，岛屿（Island）在该法中被定义为"四面环水且能被用于耕作、放牧或其他用途的陆地区域，但不包括感潮河、湖和海中存在的、经年没于平均潮位之下的上述区域"。②虽然该定义将海岛排除在"冲积地"之外，但其对于岛屿的定义与《领海及毗连区公约》第10条第1款、《海洋法公约》第121条第1款，在语言结构上非常相似。之后，英国在1923年御前会议（Imperial Conference）上试图精简其立法时，将岛屿（Island）限定为"所有在通常情况下永久位于高潮之上的领土部分"，并增加了"具有使用或居住能力"的表述。③英国上述观点在1930年国际法编纂会议期间主导了相关问题的讨论，④第二委员会第二分委会将岛

---

① "Island" means land surrounded by water, and includes islets and rocks exposed above the natural boundary of the sea. See Article 1.1 Law No. 114, 2011, Gambier Islands.

② "Island" means land surrounded by water and capable of being employed for cultivation, pasture or other useful purpose. It includes such land arising in a river or lake, submerged in the wet season and visible only in the dry season; but it excludes land arising in tidal rivers, tidal lakes or the sea, submerged by the flow of ordinary tides throughout the year. See Lal Mohun Doss, *The law of Riparian rights, alluvion and fishery*, Charleston: Nabu Press, 2012, p. 408.

③ Edward Duncan Brown, *The International Law of the Sea: Introductory Manual: Documents, Cases and Tables Vol. 1*, Brookfield: Dartmouth, 1994, p. 151.

④ See Gilbert C. Gidel, Le droit international public de la mer: le temps de paix Vol. 3, Mellottée, 1932, p. 670; quoted in Erik Franckx, "The Regime of Islands and Rocks", in David Attard, Malgosia Fitzmaurice and Norman A. Martinez Gutierrez eds., *The IMLI Manual on International Maritime Law: Volume I: The Law of the Sea*, Oxford: Oxford University Press, 2014, pp. 105-124.

屿定义为"四面环水高潮时永久高于水面的陆地区域",实际上只是从最低标准出发,对海岛做了界定。① 在大会报告准备期间,赫尔施·劳特帕特(Hersch Lauterpacht)曾试图在岛屿的定义中增加一个条件,即具备"有效占领及控制的能力",② 但该建议并未被大会报告起草人接受。③ 即便如此,《领海及毗连区公约》第 10 条第 1 款和《海洋法公约》第 121 条第 1 款的定义依然有着浓厚的英国法色彩,公约在定义海岛时使用的几个关键词,如"四面环水""陆地区域""潮汐",与上述英国国内立法并无二致。从第一次联合国海洋法会议至 1982 年《海洋法公约》出台,有关海岛定义的讨论也未脱离上述框架。④

《领海及毗连区公约》中的海岛定义在国内法层面被普遍接受。从上述搜集到国内立法例看,在《领海及毗连区公约》定义海岛后,该定义跨越过了法系的阻隔,被不同政治制度且发展程度各异的国家普遍接受,并纳入本国立法,以至于在第三次联合国海洋法会议后,《海洋法公约》依然延续了《领海及毗连区公约》海岛的定义。究其原因,可能包括如下几方面:一是,公约定义的海岛具有中性化色彩。尽管公约定义的海岛脱胎于英国法,但该定义本身并没有附加政治或文化色彩,几乎是对海岛外部特征的客观描述,将公约中的海岛定义纳入国内立法,不存在文化或制度方面的冲突,并且可以节省国内立法资源。二是公约中的海岛定义简洁明确。从造法性国际公约生效及实施的一般规律看,越是内容简洁、规定明确的公约,越容易生效实施,也越容易被缔约国接受并通过"纳入"

---

① An island is an area of land, surrounded by water, which is permanently above high-water mark. See 1930 Hague Codification Conference, *Report of the Second Commission (Territorial Waters)*, C. 230. M. 117. 1930. V, 13.

② International Law Commission, *Summary Record of the 260th Meeting: Law of the Sea-Régime of the Territorial Sea*, A/CN. 4/SR. 260, Yearbook of the International Law Commission Vol. I, 1954, p. 92.

③ International Law Commission, *Summary Record of the 260th Meeting: Law of the Sea-Régime of the Territorial Sea*, A/CN. 4/SR. 260, Yearbook of the International Law Commission Vol. I, 1954, p. 94. The Rapporteur was of the view that "[a]ny rock could be used as a radio station or a weather observation post. In that sense, all rocks were capable of occupation and control. The provision seemed either unnecessary or confusing." Mr Lauterpacht withdrew his proposition immediately afterwards.

④ Derek W. Bowett, *The Legal Regime of Islands in International Law*, New York: Oceana Publications, 1979, p. 9.

或"转化"方式在国内法中适用。《海洋法公约》以"自然形成""陆地区域""四面环水""高潮时高于水面"四个关键词组,用最简洁的方式准确地勾勒出海岛应当具备的基本条件,符合上述造法性公约生效实施的一般规律,也给予了当事国在该定义基础上进一步补充、完善海岛法律定义的空间。三是受到历史及政治现实因素的影响。几乎全球所有的群岛国家(区域)在历史上均受到过英国、美国等西方海洋强国的侵略或殖民统治,这些国家或地区获得独立后,在法律制度上依然延续着英美法传统。英美国家在海洋法领域长期把持国际话语权,主导国际公约的制定和修订,其国内海洋立法在某种程度上俨然是国际海洋法律制度的缩影,对其他沿海国或群岛国的国内立法具有引领作用,以至于有观点认为,《海洋法公约》中的海岛定义暗含了西方国家话语权,① 事实上参加第三次海洋法会议的国家中不乏菲律宾等存在珊瑚礁的国家,认为公约中的岛屿是由温带国家定义,未免论据不足,但不可否认,公约有关岛屿的定义确实没有反映包含潟湖的珊瑚岛礁的地理特征。②

从内容维度上看,国际法与国内法层面关于海岛的定义趋于中性化。在不同地理区位标准下,岛屿可以被分为海岛、内河岛屿、湖中岛屿等不同类型,换言之,海岛至少应当是被"海水"(sea water)包围的陆地区域,而非淡水(fresh water)包围的陆地区域,然而从国际法及国内法中有关海岛(岛屿)定义的条款内容看,并没有哪一部条约或国内立法在定义海岛(岛屿)时,刻意表明海岛"四面环水"是环绕的海水,以至于在忽略该定义所在条约或国内法名称的情况下,可以将该定义视为对于岛屿的一般定义。从这一点出发,似乎可以得出结论,即立法者更倾向于采取客观描述的方式对海岛(岛屿)进行定义,不认为地理区位的差异会对岛屿概念本身产生实质影响,在立法上对地物形态客观描述与基于地

---

① 一种观点认为,《联合国海洋法公约》第121条第1款的海岛定义是来自温带国家的人们做出的定义,因为温带海洋没有珊瑚,只有大陆岛和火山岛,温带海洋周边的国家从没有见过珊瑚岛,没见过水下一个个巨大的、由珊瑚建造的礁盘,没见过渔民在珊瑚岛中的捕捞作业,他们却给出了"岛屿"的定义。单之蔷:《三沙市版图的历史记忆》,环球网(http://old.globalview.cn/ReadNews.asp?NewsID=34154),最后访问时间:2019年4月5日。

② 珊瑚岛的分布主要集中在南、北纬度20°之间,以太平洋分布最广,大部分位于太平洋中部偏西的广大海域中。参见冀海波《海上明珠:魅力天成的奇趣海岛》,河北科学技术出版社2015年版,第20页。

物可主张权利范围作出区分处理。如此一来，该定义置于涉海立法中则为海岛的定义，置于非涉海立法中则为内河岛屿、湖中岛等其他类型岛屿的定义，置于一般立法中则为国内法对于岛屿的概括式定义，如美国《华盛顿州行政法典》第332卷第30章第106节第32条将岛屿定义为"完全或惯常被水包围的陆地部分"。① 中性化的立法定义产生的积极效果是，海岛的立法定义的意识形态色彩被淡化，最大限度减少了法律体系差异导致的"适用"问题。尽管国际公约中海岛概念的雏形来源于西方国家国内法，但是抽象性、法律性与客观性的定义特征，是《领海及毗连区公约》和《海洋法公约》中的海岛定义在国内法层面被广泛接受的重要原因，深刻影响了各国国内法中有关海岛的定义。

第二节　界定海岛的法律标准

定义是界定海岛法律标准的来源。尽管既往国际法文件均没有针对《海洋法公约》第121条第1款定义的海岛给出具体的界定标准，国际社会对该条款的解释尚未达成共识，但《海洋法公约》中的海岛定义被国际社会普遍接受，并且在国内法层面得到充分实践，却是不争的事实。在"南海仲裁案"之前，② 国际司法及仲裁只是在个案中排除了部分海洋地物作为岛屿的属性。因此，《海洋法公约》第121条第1款海岛定义包含的各项标准，是界定海岛的基础。

在《海洋法公约》第121条第1款定义基础上，有学者认为构成国际法意义上的海岛需要符合七方面的标准，即"陆地区域""自然形成""一定的面积""被水环绕""高潮时高于水面""已经或具备人类定居能

---

① "Island" means a body of land entirely and customarily surrounded by water. See Title 332 Chapter 30 Section 106 (32) Washington Administrative Code, WAC.

② 在菲律宾单方面提起的"南海仲裁案"中，仲裁庭一反既往国际司法与仲裁实践有意避开直接解释与适用《联合国海洋法公约》第121条第3款的现实，从条约解释的路径出发，在《裁决书》中对该条款进行解释并得出结论，对此，无论是中国政府还是中外学者都给予了相应的批评。国内外学者对于岛礁裁决部分的批评，参见 Bill Hayton, "When Good Lawyers Write Bad History: Unreliable Evidence and the South China Sea Territorial Dispute", *Ocean Development and International Law*, Vol. 48, No. 1, 2017, pp. 17-34；戴宗翰、姚仕帆《析论太平岛法律地位对南海仲裁案之影响》，《国际法研究》2016年第4期。

力""具有经济生存力或防御价值"。① 也有学者认为，可以从四个标准界定海岛，即"自然形成""陆地区域""被水环绕""高潮时高于水面"。② 界定海岛时应当从客观角度厘定相应标准，剔除其中的主观要素标准，诸如"定居能力""防御价值"等主观因素标准只影响海岛的权利延展，并不影响海岛具有的基本法律特征和地理特征，故采用"四标准"说界定海岛更为合理。

一　自然形成

自然形成（naturally formed）是与人工构造相对应的，将自然形成作为海岛的界定标准意在使其区别于人工岛、海上钻井平台等海上人工构造物。20世纪30年代，国际社会关于海上人工构造物是否属于海岛曾出现过不同观点，德国与荷兰在1930年海牙国际法编纂会议期间就主张海上人工构造物应属于海岛范畴，③然而类似主张在之后的国际会议及学界主流观点中都没有得到支持。联合国国际法委员会（ILC）针对1956年《领海及毗连区公约（草案）》第10条的说明中指出，"即使在低潮高地上建造的设施永久地高于水面，如灯塔，该高地也不属于该条款中定义的岛屿"。④ 此后，《海洋法公约》第60条第8款明确指出，人工岛屿、设施和结构不具有自然形成的海岛（《海洋法公约》第121条第1款）地位，不得据此主张领海及其他管辖海域，它们的存在也不影响当事国（之间）划定领海、专属经济区等管辖海域的界限。⑤ 公约的规定只是否定了人工岛屿的领土地位，对基于"非自然形成"的海上构造物的海洋权利主张做了限制，但依然没有指明"自然形成"标准的明确含义。

---

① Clive Ralph Symmons, *The Maritime Zones of Islands in International Law*, Leiden and Boston: Brill Pub., 1979, p.20.

② John Robert Victor Prescott, Clive Schofield, *The Maritime Political Boundaries of the World*, Leiden and Boston: Brill Academic Pub., 2nd Edition, 2005, p.58.

③ Clive Ralph Symmons, *The Maritime Zones of Islands in International Law*, Leiden and Boston: Brill Pub., 1979, p.30.

④ Even if an installation is built on such an elevation low-tide elevation and is itself permanently above water-a lighthouse, for example-the elevation is not an "island" as understood in this article. See Shunmugam Jayakumar, Tommy Koh and Robert Beckman, *The South China Sea Disputes and Law of the Sea*, Cheltenham: Edward Elgar Pub., 2014, p.14.

⑤ 参见《联合国海洋法公约》第60条第8款。

学术界讨论"自然形成"标准时,存在"单要件论"和"两要件论"两种观点。①"单要件论"又包括"材料论"和"过程论"两种,坚持"材料论"者认为,只要使用泥土、砂石、珊瑚礁等自然界存在的天然材料,通过填埋低潮高地,形成高潮时高于水面的陆地,就满足了自然形成的要件;"过程论"主张借由人工的加入促进陆地区域的自然过程,②也属于自然形成标准。"两要件论"认为,自然形成的陆地区域,不仅需要材料是天然的、自然界存在,而且形成高潮时高于水面的陆地的过程也必须具备自然属性。

　　本书赞同"两要件论",即无论是海岛的性能或其结构,都应当是在非人工干预下是自然形成的。其原因在于,单要件论中的"强调材料要件论"只是反映了海岛的物理构成,没有反映海岛形成的自然规律。"强调过程要件论"实际上是移植了填海造陆(围海造陆)理论,事实上,填海造陆(围海造陆)与建造海上人工构造物只是行为的表象相同,二者行为的法律后果存在显著差异。填海造陆(围海造陆)的法律后果是陆地面积向海洋延伸,如果一国未划定领海基线,则该国领海基线可能随陆地的延伸向外推移;如果已经划定领海基线,则填海造陆(围海造陆)只会压缩该国领海面积,建造海上人工构造物则完全是存在创设或扩充领土的权利范畴。在尼加拉瓜诉哥伦比亚"领土及海洋争端案"中,国际法院认为"国际法在定义岛屿时只提及其是否为自然形成,是否是高潮时高于水面,并未提及其地质构成……事实上地物由珊瑚构成是不相关的"。③ 因此,自然形成不仅要求形成海岛的外部力量来源于自然界,也要求形成海岛的物质非为人工制造,至于该自然物质是岩石、泥土、珊瑚砂等,在此不论。

　　自然形成标准将人工岛排除于海岛范围外。根据存在状态,人工岛可以被分为两类:一类是类似于船舶或海上平台设施,漂浮在海面上的人工

---

① 参见[日]山本草二《海洋法》,三省堂1992年版,第83—95页;金永明《岛屿与岩礁的法律要件论析——以冲之鸟问题为研究视角》,《政治与法律》2010年第12期。

② 参见金永明《岛屿与岩礁的法律要件论析——以冲之鸟问题为研究视角》,《政治与法律》2010年第12期。

③ Territorial and Maritime Dispute (Nicaragua v. Colombia), Merits Judgment, ICJ Reports 2012, p. 624, at p. 645, para. 37.

构造物；另一类是定着于海底或低潮高地的人工构造物，① 对于后一种有学者又提出"混合岛礁"，② "混合岛礁"与海岛在法律领域交织最为密切。《海洋法公约》中并未赋予人工岛拥有领海的权利，但允许沿海国在人工岛周边建设安全区域，③ 就概念界定角度看，海岛中高潮时高于水面的部分是自然形成的，而人工岛高潮时高于水面的部分是人工添附的。④ 也就是说，定着于海底或低潮高地的人工构造物的法律地位从属其定着的海洋地物，该海洋地物不会因为人工建设为有关国家扩展其海域空间提供机会，也不会因其可以满足保障人类居住和自身的经济生活的条件而改变原地物的法律地位，成为《海洋法公约》第121条第1款规定的海岛。

二 具备一定的陆地区域

"陆地区域"是与"自然形成"紧密相连的一个标准。对于陆地区域是"自然形成"的结果，一种观点认为"陆地区域"标准必须满足三个要件：一是海岛所具有的陆地区域必须定着海床之上；二是陆地区域必须是可自然干燥的区域；三是这种干燥应当保持一定程度的持续性。⑤ 陆地区域可以是地质变迁过程中形成的坚硬岩石，也可是经长期地质作用后又未经胶结硬化的沉积物，而不论其是否具有肥力、能生长植物的疏松表层。形成海岛的陆地区域与国际法学说或国际条约中定义的国家领土和最近陆地（the nearest land）不同，国家领土是指一国主权支配下的地球的确定部分，⑥ "最近陆地"通常指领海基线向陆一侧的空间，⑦ 国家领土和最近陆地都包括水域等非陆地自然地理形态。而形成海岛的陆地区域不

---

① 由于岩礁也属于《联合国海洋法公约》第121条第1款定义的海岛，故本部分对人工岛的讨论不包含基于对岩礁的扩建而形成的大面积地物。

② 又称"混合海洋地物"（hybrid geographic features），参见邹克渊《岛礁建设对南海领土争端的影响：国际法上的挑战》，《亚太安全与海洋研究》2015年第3期。

③ 即从人工岛礁外缘的每一点测量，人工岛礁周围的安全区域距离不应超过500米，普遍认可的国际标准许可或者一些国际组织建议除外。参见《联合国海洋法公约》第60条第5款。

④ 参见1958年《大陆架公约》第5条。

⑤ See Jonathan I. Charney, *Lewis M. Alexander ed. International Maritime Boundaries Vols. I and II*, The Hague: Martinus Nijhoff Pub., 1993, p. 995.

⑥ ［英］詹宁斯、瓦茨修订：《奥本海国际法（第1卷第1分册）》，王铁崖等译，中国大百科全书出版社1995年版，第284页。

⑦ 类似定义，参见《国际防止船舶造成污染公约》附件I第1条第10项。

存在法律拟制，是以自然地理形态存在的陆地区域。虽然构成陆地区域的材质可能包括泥沙、岩石、珊瑚礁等不同材质，但是通常认为不包括自然形成的冰盖等物理性质不稳定的物质，诸如地球两极地区的冰盖、大陆上的冰川、漂浮在海中的垃圾岛（包括人工或自然垃圾），均不具有陆地属性，不符合构成海岛的陆地标准。

三 四周为海水环绕

必须为海水环绕，是海岛区别于江、河、湖泊、水库等其他水域中岛屿的地理标准。从时间标准上看，海岛周围环绕的海水应当是持续存在的，对于那些邻近海岸线、平均潮位时与岸线大陆相隔且高出水面，而海水退潮后与岸线大陆为一体的陆地区域（如中国锦州市的笔架山），是大陆的一部分，不属于海岛范畴。将海水环绕作为界定海岛的标准有两方面的作用。一方面是将海岛与其他类型的陆地区域（主要是半岛）加以区分。半岛与海岛陆地区域形态最为接近，是指陆地伸入海洋的部分，半岛三面为海水包围、一面与大陆连接，处在大陆的边缘地带。并非所有的半岛都如同"T"字形伸入海洋，有一些半岛向海洋延伸时与大陆形成较近的夹角，如美国长岛（Long Island）、俄罗斯堪察加半岛（Kamchatka Peninsula），甚至在一些半岛与大陆夹角处有河流注入，但只要该陆地区域四面没有被海水持续包围，就不属于海岛。另一方面是为部分大陆向海岛蜕变留有理论空间。从地质变迁角度看，当今部分被公认为属于海岛的陆地区域曾经均为大陆的一部分，如台湾海峡曾经为陆地区域，台湾岛的形成是气候与地质变迁造成的。[①] 因而，不排除一些大陆陆地或半岛在人工开挖、地震、海平面上升等外力作用下，由陆地演变为海岛。

四 高潮时陆地区域高于水面

海潮是海洋水面发生的周期性涨落现象。在新月和满月，当太阳、月球和地球在一条线上，也就是朔望的时刻，太阳和月亮的潮汐力叠加，出现最高的高潮或最低的低潮。潮汐的潮差会达到最大，称为大潮（Spring Tide），[②] 大潮时海水能到达陆地的最高界面为高潮面。海岛与低潮高地

[①] 参见蔡保全《晚玉木冰期台湾海峡成陆的证据》，《海洋科学》2002年第6期。

[②] Maurice Schwartz, *Encyclopedia of Coastal Science*, Berlin and New York: Springer Science & Business Media, 2006, p.954.

是自然形态最为接近的海洋地物,《海洋法公约》第121条第1款以高潮时是否高于水面作为区分低潮高地和岛屿的标准。

高潮时陆地区域高于水面是区分海岛和低潮高地的核心标准。《领海及毗连区公约》第11条、《海洋法公约》第13条第1款将低潮高地定义为,低潮时四面环水并高于水面但在高潮时没入水中的自然形成的陆地。《海洋法公约》中的低潮高地与海岛的定义表述相似,公约中的低潮高地定义具有三方面的特征,即低潮高地是自然形成的,而非人工设施或构造物;低潮高地属于陆地,而非海域或海底区域;低潮高地在低潮时露出水面,在高潮时完全没于水面。《海洋法公约》中海岛与低潮高地的定义在语言结构上相似,陆地区域高潮时是否高于水面成为区分海岛和低潮高地的标准。海岛与低潮高地关联法律问题中,有两个问题最受关注。一是低潮高地能否如同海岛一样具有领土地位。《领海及毗连区公约》和《海洋法公约》并未明确赋予低潮高地本身具有领土属性,低潮高地是否能够成为国家领土,受到公约其他条款的限制。① 二是海岛与低潮高地的法律地位能否互相转换。具体而言,一些海岛经过采石挖沙后,海平面以上陆地区域消失,② 而一些低潮高地通过人工填埋,可以形成高潮时高于水面的大面积地物。可见,仅就海岛自身法律地位而不考虑其他外部因素的前提下,③ 海岛海面以上陆地部分消失,无法在高潮时露出水面情况,其领土地位即行消失,其法律后果类同于土地灭失。导致海岛灭失的原因可能为采石挖沙等人为原因,也可能是海平面升高、海啸、地震、火山爆发等自然灾害,此后,如果该地物符合低潮高地的各项特征,并不妨碍以低潮高地继续主张权利。低潮高地通过人工填埋无法形成《海洋法公约》第121条第1款规定的岛屿,其原因在于通过人工方式形成的高潮时高于水面的陆地区域,不符合《海洋法公约》第121条第1款中的"自然形成"标准。因此,海岛可以"弱化"为低潮高地,而低潮高地不可能借助"加权"构成海岛。即便如此,依然存在一种可能,即某些海岛因为自然灾害而丧失"高潮时高于海面自然形成的陆地"后,海岛的权利人(例

---

① 参见《联合国海洋法公约》第7条第4款、第13条第1款。
② 胡念飞、周游、汤凯峰:《炸岛取石 高山变深渊》,《南方日报》2010年7月2日第A07版。
③ 如海岛位于沿海国领海基线以内,即使因为采石挖沙致使海岛海面以上陆地区域消失,其海面以下部分依然是国家领土的一部分。

如国家、岛上居民)为了"恢复家园",通过填埋、建设构造物等方式,恢复海岛的陆地部分,此类"海岛"究竟为自然形成的岛屿还是人工岛、如何主张权利等问题,依然存在深入探讨的空间。

"高潮"是"高潮时陆地区域高于水面"标准的关键词。首先应当承认的是,"高潮"是个科技名词,在海洋潮汐学中有其特定的科学界定。《海洋法公约》第121条第1款以"高潮时陆地区域高于水面"作为界定海岛的法律标准,是以法律的形式将"高潮"概念确定化。对此,可以从技术与立法两方面厘清"高潮"的含义。

一是潮汐基准面(tidal datum)是确立高潮的参考标准。海岛界定标准中不存在国际认可的唯一高潮潮面标准,国际上主要有两种高潮潮面选择标准:一种是美国等国家采用的平均高潮面标准;① 另一种是中国、英国采用的大潮平均高潮面标准。② 二者不存在孰优孰劣之分,由各国基于对海面以上可视要素的表示、助航和碍航信息相比于水深对航行安全的影响,自主选择适用。由于《海洋法公约》未规定缔约国应当适用或禁止适用哪一种高潮标准,③ 一方面,基于对潮汐基准面选择多样化的国家实践,不可能识别出任何习惯国际法;④ 另一方面,相关国家在《海洋法公约》第121条框架下,判断海岛陆地区域是否在高潮时高于水面,可以自主选择高潮潮面测量标准。

二是岸线是"高潮时陆地区域高于水面"的客观形态。海岸线是指海水面与陆地接触的分界线,海岛是海中的陆地区域,存在陆地区域即意味着存在海岸线。有关岸线的定义通常规定在当事国涉海立法或海洋测绘国家标准中,如美国《水下土地法》(Submerged Lands Act)规定,海岸线(coast line)是指沿着与开阔海域直接接触的海岸部分的普通低潮线和

---

① See Don Evans, C. Conrad and W. Richard Spinrad et al., *Computational Techniques for Tidal Datums Handbook. NOAA Special Publication NOS CO-OPS* 2. Silver Spring, Maryland, September 2003.

② 《中华人民共和国国家标准:海道测量规范》(GB 12327—1998)第3.3节。

③ 世界各国常用的潮汐基准面有17种,如平均大潮低潮面、平均低潮面、平均低低潮面、略最低潮面、平均海面、理论深度基准面和最低天文潮面等。See Nuno Marques Antunes, "The Importance of the tidal datum in the definition of maritime limits and boundaries", in Rachael Bradley and Clive Schofield eds., *Maritime Briefing*, Vol. 2, No. 7, 2002, p. 5.

④ See Clive R. Symmons, "Maritime Zones from Islands and Rocks", in S. Jayakumar, Tommy Koh and Robert Beckman eds., *The South China Sea Disputes and Law of the Sea*, Cheltenham: Edward Elgar Pub., 2014, pp. 80-81.

标记内陆水域与海洋的边界线。① 我国《海域使用管理法》中对于海洋与陆地的区分也是以海岸线为标准，② 国家标准《1∶5000、1∶10000 地形图图式》（GB/T 5791—93）规定，"海岸线是指平均大潮高潮时水陆分界的痕迹线，一般可根据当地的海蚀阶地、海滩堆积物或海滨植物确定"。我国类似国家标准还包括《1∶5000、1∶10000 地形图图式》（GB/T 5791—93）、《1∶500、1∶1000、1∶2000 地形图图式》（GB/T 7929—1995）、《中国海图图式》（GB 12319—1998）、《海洋学术语　海洋地质学》（GB/T 18190—2000）、《地籍图图示》（CH 5003—94）等。③《海洋大辞典》也认为"海岸线是海洋与陆地的分界线，即海水大潮平均高潮位与陆地（包括大陆和海岛）接触的界线"。④ 在当事国适用潮汐基准面不明确的情况下，或海事、海洋、渔业等国内管理部门在适用多年平均海面与理论最低潮面的差值（L 值）、多年平均海面与理论最高潮面的差值（H 值）标准不统一的情况下，通过寻求当事国国内立法（如《海岸带管理法》）或海洋地质测绘中"海岸线"测量标准，同样能够区分海岛与低潮高地。

---

① The term "coast line" means the line of ordinary low water along that portion of the coast which is in direct contact with the open sea and the line marking the seaward limit of inland waters. See 43 U. S. C. §§1301（c），1988.

② 我国《海域使用管理法》第 2 条第 1 款规定，"本法所称海域，是指中华人民共和国内水、领海的水面、水体、海床和底土"；第 2 款规定，"本法所称内水，是指中华人民共和国领海基线向陆地一侧至海岸线的海域"。

③ 类似国家标准还包括《1∶5000、1∶10000 地形图图式》（GB/T 5791—93）规定，海岸线是指平均大潮高潮时水陆分界的痕迹线，一般可根据当地的海蚀阶地、海滩堆积物或海滨植物确定。《1∶500、1∶1000、1∶2000 地形图图式》（GB/T 7929—1995）规定，海岸线，指以平均大潮高潮的痕迹所形成的水陆分界线，一般可根据当地的海蚀坎部、海滩堆积物或海滨植被来确定。《中国海图图式》（GB 12319—1998）规定，海岸线是指平均大潮高潮时水陆分界的痕迹线。一般可根据当地的海蚀阶地、海滩堆积物或海滨植物确定。《海洋学术语　海洋地质学》（GB/T 18190—2000）规定，海陆分界线，在我国指多年大潮平均高潮位时的海陆分界线。《地籍图图示》（CH 5003—94）规定，海岸线以平均大潮高潮的痕迹所形成的水陆分界线为准，一般可根据当地的海蚀坎部、海滩堆积物或海滨植被来确定。

④ 国家海洋局科技司、辽宁省海洋局：《海洋大辞典》，辽宁人民出版社 1998 年版，第 85、217 页。

第三节　海岛类型的立法划分

海岛类型立法划分具有双重意义。就国际法而言，海岛类型划分是国家基于海岛主张相应海洋权利的基础；就国内法而言，海岛类型划分是制定及实施海岛利用及保护管理立法的前提。就二者关系而言，国际法首先区分了海岛与非海岛地物，[①] 之后在《海洋法公约》第 121 条第 3 款的基础上将海岛划分为全效岛屿（fully entitled islands）[②] 和岩礁（rock），[③] 这是海岛分类利用及保护的国际法基础。国内法对海岛类型的划分是在国际法框架内，从实用角度对海岛的类型化处理，没有逾越国际法对海岛的分类，国内法对海岛类型划分呈现多样化特征。

一　群岛与孤岛

《海洋法公约》第 46 条第 2 项、第 121 条第 2 款分别定义了群岛和岛屿。《海洋法公约》第 46 条第 2 项将"群岛"定义为，"指一群岛屿，包括若干岛屿的若干部分、相连的水域和其他自然地形，彼此密切相关，以致这种岛屿、水域和其他自然地形在本质上构成一个地理、经济和政治的实体，或在历史上已被视为这种实体"。《海洋法公约》第 121 条第 1 款的规定，实际上就是对单个岛屿的定义，即孤岛必须是四面环水，高潮时高于水面自然形成的陆地。至于孤岛属于全效岛屿还是岩礁，则在此不论。鉴于孤岛与群岛在概念上的对应性，可以从《海洋法公约》第 46 条第 2 项关于"群岛"定义的规定，反向界定孤岛的含义，即孤岛是指单个岛屿，包括其附属水域或其他自然地形，在地理、经济和政治被视为一个独立的实体，或在历史上已被视为独立的实体，而不从属于邻近该岛屿

---

① 参见《联合国海洋法公约》第 13、121 条。

② Permanent Court of Arbitration, "In the Matter of the South China Sea Arbitration before an Arbitral Tribunal Constituted under Annex VII to the 1982 United Nations Convention of the Law of the Sea between the Republic of the Philippines and the People's Republic of China" (PCA Case No. 2013-19), Award, 12 July 2016 (in short of AWARD), pp. 472-474, para 280, PCA (http：/www.pcacases.com/pcadocs/PH-CN%20-%2020160712%20-%20Award.pdf) (last visited March 10, 2019).

③ 《联合国海洋法公约》第 121 条第 1、3 款。

的大陆、岛屿或群岛。至于《海洋法公约》第 46 条第 2 项定义的群岛，仅仅指的是构成群岛国的群岛，抑或是一般意义上的群岛？本书赞同以下观点，即《海洋法公约》第 46 条在界定群岛时，已明言"为本公约的目的"（for the purposes of this convention），而非"为本部分的目的"（for the purposes of this part）[①] 或"为本条的目的"（for the purposes of this article），[②] 说明公约关于群岛的定义不仅适用于群岛国制度，也适用于岛屿制度等公约其他部分，[③]《海洋法公约》对群岛的定义并非单指构成"群岛国"的群岛，群岛的定义对群岛国及大陆国家普遍适用。[④]

群岛（Archipelago）有地理含义和法律含义之分。地理上的群岛通常被定义为"海洋中彼此距离较近的成群分布在一起的岛屿"，[⑤] 也就是说，属于同一群岛的各个岛屿通常具有相同的成因和相似的地质构造。但是，在同一群岛中各个岛屿未必具有地质构造上的同一性，如库克群岛中约有一半的岛屿是珊瑚岛，而该群岛的主要岛屿拉罗加通岛却是火山岛。此外，构成群岛的各岛屿之间距离的远近也无法形成国际社会认可统一的标准。[⑥] 法律层面群岛的含义以《海洋法公约》第 46 条第 2 项的界定最为典型，从公约的定义分析，群岛并非单个海岛的累积叠加，还包括海岛间相连的水域和其他自然地形。海岛的界定具有较强的地理特征，更趋近于对某一类海洋地物的客观描述，定义本身具有中性化特征，海岛地理上的邻近只是群岛界定标准的一方面，更重要的是构成群岛的一组岛屿、水域和其他自然地形，应当在本质上构成一个地理、经济和政治的实体，或在

[①] 《联合国海洋法公约》第 133 条。

[②] 《联合国海洋法公约》第 221 条第 2 款。

[③] 如 1975 年《非正式单一协商案文》除"群岛国"规定外，第 131 条还规定"第 1 节（群岛国）的规定不影响构成一个大陆国家领土的完整部分的海洋群岛的地位"。陈德恭：《现代国际海洋法》，海洋出版社 2009 年版，第 117 页；傅崐成、郑凡：《群岛的整体性与航行自由——关于中国在南海适用群岛制度的思考》，《上海交通大学学报（哲学社会科学版）》2015 年第 6 期。

[④] 陈德恭：《现代国际海洋法》，海洋出版社 2009 年版，第 117 页。

[⑤] 国家海洋局 908 专项办公室编：《海岛界定技术规程》，海洋出版社 2011 年版，第 2 页。

[⑥] 刘楠来主编：《国际海洋法》，海洋出版社 1986 年版，第 157 页。

历史上已被视为这种实体。① 群岛的定义与海岛的定义相比，群岛的定义增加了经济、政治和历史标准。从《海洋法公约》第46条第2项规定可以看出，一方面，地理构造仅仅是界定群岛的一个方面，地理标准要与经济、政治表述相结合，才构成法律意义上的群岛；另一方面，公约尊重历史上已被视为实体的一组岛屿（礁）构成的群岛，"地理、经济和政治"标准和历史标准是界定群岛过程中两个并列的标准。然而，在海洋法会议上没有对"在历史上已被视为这种实体"一句做出澄清，② 从逻辑推演角度看，依照历史标准构成"群岛"的海洋地物，一定是那些适用"地理、经济和政治"标准不构成群岛的海洋地物。

孤岛（isolated island）又称单岛，概指海中孤立存在的岛屿。国内外立法中鲜见关于孤岛的定义，我国《海岛界定技术规程》对于面积小于500平方米的海岛，以海岸线为基线为起点，以50米间距划定扩展区，当某海岛扩展区与大陆或面积大于等于500平方米海岛的岸线均不相交时，则界定该海岛为独立地理统计单元的孤岛。③《海岛界定技术规程》关于孤岛的定义适用于海岛地理统计，该定义是否可以"平移"至立法中，则需要进一步讨论。在法律层面，孤岛首先应当是《海洋法公约》第121条第1款定义的岛屿，其次孤岛被视为一个独立的实体，对此可以依据地理、经济和政治标准界定。地理、经济和政治标准中的地理要素要求孤岛必须与大陆或其附近其他海洋地物之间被海水分隔，孤岛是否与大陆或其附近其他海洋地物位于同一大陆架、环礁等海底地形构造之上，在《海洋法公约》第121条第1款中并没有体现，不应当纳入地理要素考虑范畴。经济因素具体内容应当为《海洋法公约》第121条第3款所指的"人类居住或其本身的经济生活"，该条款规定对于判断孤岛拥有的海洋

---

① 在缔约准备期间，挪威学者简斯·伊文森（Jens Evensen）在1957年《关于划定群岛领水的一些法律观点》中，将群岛分为沿岸群岛（coastal archipelagos）与洋中群岛（outlying/mid-ocean archipelagos）两类。沿岸群岛指其位置非常靠近大陆，以至于可合理地将之视为大陆的一部分。洋中群岛指其位置位于洋中，鉴于其距离大陆海岸的距离，可将之视为一个独立的整体而不是大陆海岸的一部分。Jens Evensen, "Certain Legal Aspects Concerning the Delimitation of the Territorial Waters of Archipelagos", U. N. Doc. A/CONF. 13/18, 1957, *Official Records of the United Nations Conference on the Law of the Sea*, Vol. I, pp. 290, 292.

② ［斐济］萨切雅·南丹、［以］沙卜泰·罗森主编：《1982年〈联合国海洋法公约〉评注》（第二卷），毛彬、吕文正主编（中译本），海洋出版社2014年版，第379页。

③ 国家海洋局908专项办公室编：《海岛界定技术规程》，海洋出版社2011年版，第2页。

权利依然适用。政治因素可以从行政区划角度加以考虑，即海岛与大陆或其附近其他海洋地物间距离大于12海里的情况下，仍有部分海岛被纳入群岛或大陆沿岸行政区划中，比如中国长山群岛由200多个海岛组成，最外围的海洋岛距离主岛长山岛约34海里。① 英国自治领地皮特凯恩群岛（Pitcairn Islands）由四个海岛构成，主岛皮特凯恩岛距离其他三个海岛约90海里至256海里不等。② 在此种情形下，该海岛也不能归入孤岛之列。至于历史标准能否被视为地理、经济和政治标准下的例外情形，即某海岛依据《海洋法公约》第46条第2项可以与其他海岛或海洋地物构成群岛，但历史上被长期视为孤岛。在逻辑上，将历史标准视为地理、经济和政治标准下的例外情形是可行的，不排除某一海岛可能因为国内行政管理、民族、宗教、经济等因素，被从某一群岛中剥离出来，将其作为孤立存在的岛屿，但是在国家实践层面却鲜有实例。孤岛与日本、中国台湾地区立法中所称的"离岛"（Remote Islands）不同，离岛是相对于本岛而言的。③ 我国台湾地区《离岛建设条例》第2条将离岛定义为"与台湾本岛隔离属'我国'管辖之岛屿"，日本国土交通省将构成日本的6852处岛屿分为本岛和离岛两部分，本岛包括本州岛、北海道、四国、九州岛和冲绳（琉球），除本岛及与本岛之间有桥梁或隧道等公共交通设施相连接的岛屿之外，其他6847处岛屿属于离岛，离岛中不仅包括孤岛，也包括诸如宫崎县的南那珂群岛、熊本县的天草诸岛等群岛。④

二 岛屿与岩礁

《海洋法公约》第121条第1款定义的海岛（岛屿）是集合概念。在此基础上，依据《海洋法公约》第121条第2、3款，可以将海岛分为两类：一类是能够"维持人类居住或其本身的经济生活"的岛屿；另一类

---

① 《梦幻的海洋之旅——长海县海洋岛》，中国网（http://ocean.china.com.cn/2012-12/17/content_27438293.htm），最后访问时间：2019年3月20日。

② Government of the Pitcairn Islands, "Relocating to Pitcairn", http://www.immigration.gov.pn/ (last visited March 10, 2019).

③ 参见《离岛振兴法》，日本国土交通省网（http://www.japaneselawtranslation.go.jp/law/detail/?vm=04&re=01&id=644），最后访问时间：2019年3月22日。

④ 日本国土交通省：《離島振興法の概要》，日本国土交通省网（http://www.soumu.go.jp/main_content/000166444.pdf），最后访问时间：2019年3月22日。

是不能"维持人类居住或其本身的经济生活"的岛屿，即岩礁（rock）。根据《海洋法公约》第 121 条第 3 款，不能"维持人类居住或其本身的经济生活"的海岛不应享有专属经济区或大陆架。① 能够"维持人类居住或其本身的经济生活"的海岛则可以主张领海、毗连区、专属经济区和大陆架，有观点又将此类海岛称为"全效岛屿"（fully entitled islands）。② 显然，"全效岛屿"一词是从海岛的权利主张出发，指向的是能够"维持人类居住或其本身的经济生活"的岛屿，表示的是海岛基于《海洋法公约》第 121 条第 2 款主张海洋权利的"应然状态"，在海域划界实践中，能够"维持人类居住或其本身的经济生活"的海岛是否必然会享有领海、毗连区、专属经济区和大陆架，则并不尽然，需要受制于多重因素。但是，从《海洋法公约》第 121 条第 2、3 款出发，岩礁与岛屿在概念上具有从属关系，岩礁属于岛屿的一种。有关"维持人类居住或其本身的经济生活"法律标准，目前尚存在争议。主流观点认为，通过文本解释厘清《海洋法公约》第 121 条岛屿与岩礁的确切含义，几乎是不可能的。③

一种观点认为，"维持"有基础、时间和质量三个层面的含义。基础层面是指支持或提供必需品，时间层面指不应当是一次性或一时的，质量层面指根据适当的标准，必须保持人类生存且健康地"持续度过一个时期"（over a continue period of time）。④ 居住不仅仅是简单的存在，"人类居住"标准要求主体已经选择以定居方式存在且居住在地物上，而非短暂的存在，并且地物上存在满足人类居住的所有基本要件，能够支持、保持以及提供食物、饮水及遮蔽条件。尽管《海洋法公约》未对居住人数进行规定，单独个体（a sole individual）显然不能满足上述要求，居住的人数要求应当是一群或一个团体的人。⑤ 经济活动是由人实施的，人类很

---

① 《联合国海洋法公约》第 121 条第 3 款："不能维持人类居住或其本身的经济生活的岩礁，不应有专属经济区或大陆架。"

② AWARD, pp. 6, 119, paras. 21, 280.

③ Clive H. Schofield, "The Trouble with Islands: The Definition and Role of Islands and Rocks in Maritime Boundary Delimitation", in S-Y Hong and J. M. Van Dyke eds., *Maritime Boundary Disputes, Settlement Processes, and the Law of the Sea*, Hague: Martinus Nijhoff, 2009, pp. 19, 27; A. G. Oude Elferink, "Clarifying Article 121 (3) of the Law of the Sea Convention: The Limits Set by the Nature of International Legal Processes", *Boundary and Security Bulletin*, Vol. 6, 1998, pp. 58-59.

④ AWARD, pp. 207-208, para. 487.

⑤ AWARD, p. 208, paras. 489-491.

少居住在没有经济活动或生计来源的地方是可能的，不认为《海洋法公约》第 121 条第 3 款因为 "或"（or）字，而存在两类判断海洋地物权利的标准。因此，《海洋法公约》条款中 "或" 字前后的两个概念是联系在一起的。① 维持 "自身经济生活" 的资源必须是当地的，而不是依赖外来资源或纯采掘业的经济活动，那些源自潜在专属经济区或大陆架的经济活动必须被排除。② 事实上，该述观点依然没有厘清 "维持人类居住或其本身的经济生活" 的法律标准。其原因在于，"维持" 的解释缺少可执行性标准，持续度过一个时期是一年、十年还是一百年？适当标准的具体参数是什么？均未给予回答。在解释 "人类居住" 标准时对主体范围进行了限缩，却未能给出国际法依据，③ 刻意强调补给的外来输入性，而回避了环境承载力与岛上人员数量在比例上的客观联系。在解释 "自身经济生活" 时，将 "从可能的专属经济区或大陆架衍生的经济活动必然被排除在外"，④ 却无视古今众多海岛居民以从事外海捕鱼作为维持生计的最主要活动的现实，这些居民在从事生计活动时无一不是从自身历史传统和惯常生活习惯出发，而不会考虑从离岸 12 海里外取得渔获是否属于 "自身经济生活" 的范畴。关于 "人类居住" 与 "自身经济生活" 关系的讨论（《海洋法公约》第 121 条第 3 款中 "或" 一词），实际上从《海洋法公约》第 121 条第 3 款起草伊始就已经在学术界存在。⑤ 因此，上述观点未解释清楚 "维持人类居住或其本身的经济生活"，甚至将相关界定标准引向苛责。

另一种观点认为，"不能维持" 是指对海岛此方面能力的评估，而非 "维持或不能维持此类生活" 的事实状态，所指的是海岛的不可定居性（uninhabitable）。"维持" 其经济生活需要依据资源转换价值（shifting resource value）加以判断。⑥ 还有观点认为，经常性居住或经年（year-long）经济使用（economic use）不是必要的，而仅仅是证明岛礁具有人

---

① AWARD, p. 210, paras. 495–496.
② AWARD, pp. 211–212, paras. 500–503.
③ AWARD, p. 252, para. 618.
④ AWARD, p. 212, para. 501.
⑤ Erik Franckx, "The Regime of Islands and Rocks", Malgosia Fitzmaurice, Norman A. Martínez Gutiérrezthe eds., *IMLI Manual on International Maritime Law*, Oxford: Oxford University Press, 2014, pp. 105–124.
⑥ Harry N. Scheiber, *James Kraska and Moon-Sang Kwon. Science, Technology, and New Challenges to Ocean Law*, Leiden and Boston: Brill Pub., 2015, p. 418.

类定居或经济价值能力的证据。① 该观点是否能够站得住脚，依然需要国家实践予以检验。从条约解释角度出发，厘清《海洋法公约》第 121 条岛屿与岩礁的确切含义，至少应当遵循如下路径。

第一，在尊重国家主权的基础上对《海洋法公约》第 121 条第 3 款作整体解释。根据 1969 年《维也纳条约法公约》（以下简称《条约法公约》）第 31、32 条，条约解释的目的是确定缔约国的共同意图而非某国或某些国家团体的个别意图，②《海洋法公约》缔约过程中的会议材料已经清晰地表明，在第 121 条第 3 款磋商过程中，与会各国始终未就该条款的含义形成过共同意图。缔约磋商过程中的共同意图都不存在，更不要说针对公约第 121 条第 3 款形成共同目的及宗旨。共同缔约目的不存在，以及缺少国家实践，是国际法院在处理相关案件过程中，始终回避解释公约第 121 条第 3 款的重要原因。③ 在缺少缔约国的作准解释，无法从《海洋法公约》第 121 条第 3 款用语的通常意义、条约背景及国际法一般规则推知缔约国共同意图的情况下，④ 应当承认缔约国就第 121 条第 3 款的共同意图存在空白，由此证明目的解释方法（intention approach）太过主观，从目的上也无法推知缔约国共同的意图，故整体解释方法（integration approach）更有助于条约含义的明确。《条约法公约》第 31 条第 2 段所规定的条约解释规则就是对整体解释的阐释。⑤ 在承认缔约国有关《海洋法公约》第 121 条第 3 款未形成过共同意图的前提下，基于一国对潮汐基准选择的自主权，只要该国领土主权范围内的海洋地物，依据其立法或国家海洋测绘标准中采用的高潮面界定标准，高潮时高于水面，均应当被认定为《海洋法公约》第 121 条第 1 款的海岛，除非该认定标准违反国际强行法或国家弃权。

第二，对"维持人类居住或其本身的经济生活"应作演变性解释。演变性解释（evolutive interpretation）与当时意义解释相对，即通过《条约法

---

① Natalie Klein, *Dispute Settlement in the UN Convention on the Law of the Sea*, Cambridge: Cambridge University Press, 2005, p. 274.

② *China-Measures Affecting Trading Rights and Distribution Services for Certain Publications and Audiovisual Entertainment Products*, WT/DS363/AB/R, 21 December 2009, p. 164, para. 405.

③ AWARD, pp. 225-226, paras. 534-535.

④ AWARD, p. 215, para. 512.

⑤ *Territorial Dispute (Libyan Arab Jamahiriya v. Chad)*, Judgment, ICJ Reports 1994, Separate Opinion of Judge Ajibola, pp. 64-69, paras. 59-78.

公约》第 31 条和第 32 条提到的各种条约解释资料，确定赋予条约术语以能够随时间演变的含义。① 根据解释之时存有的解释资料确定当事国意图时，必须回答当事国签订条约中的"术语"（term）含义是否可随时间演变，② 即条约是应当根据其缔结时的情况和法律来解释，还是应当根据使用之时的情况和法律来解释。③ 术语并不限于具体措辞（如商业、领土地位或投资），而是还可能包含更为相互关联和相互交叉的概念，如依法④、必须⑤等。⑥ 纪尧姆（Guillaume）专案法官在"航行权和相关权利争端案"中总结指出，更倾向于"当时意义"解释的法院裁决，大多涉及相当具体的条约术语（如分水岭、主航道或河流最深线、地名、河口）。⑦ 而演变性解释的案件涉及更一般的术语，如"现代世界的艰难条件"或"这些人民的福祉和发展"等。⑧《海洋法公约》第 121 条第 3 款中的"岩礁"显然属于纪尧姆法官所指具体的条约术语，"不能""维持""人类居住""自身经济生活"会随着人类社会的发展与科学技术的进步呈现出不同的形式与内容，属于一般术语。在《海洋法公约》长期有效的前提下，则需要通过在个案的基础上考虑某些标准，在使用各种解释资料中得出此种演变解释。⑨ 国际法院在

---

① Report of the International Law Commission, *Subsequent agreements and subsequent practice in relation to the interpretation of treaties*, A/68/10, 2013, p. 25.

② Ibid., p. 27.

③ See M. Fitzmaurice, "Dynamic (Evolutive) Interpretation of Treaties Part I", *Hague Yearbook of International Law*, Vol. 21, 2008, p. 101ff.

④ 参见《公民权利和政治权利国际公约》第 9 条。

⑤ 参见《公民权利和政治权利国际公约》第 18 条。

⑥ Report of the International Law Commission, Subsequent agreements and subsequent practice in relation to the interpretation of treaties, A/68/10, 2013, p. 30.

⑦ *Dispute regarding Navigational and Related Rights* (Costa Rica v. Nicaragua), Judgment, ICJ Reports 2009, Declaration of Judge ad hoc Guillaume, pp. 294-300, paras. 9-18; Report of the International Law Commission, *Discussion on the Study on the interpretation of treaties in the light of "any relevant rules of international law applicable in the relations between the parties" [Article 31 (3) (c) of the Vienna Convention on the Law of Treaties], in the context of general developments in international law and concerns of the international community*, A/60/10, 2005, para. 479.

⑧ 参见《国际联盟盟约》第 22 条。

⑨ Report of the Study Group of the International Law Commission Finalized by Martti Koskenniemi, *Fragmentation of International Law: Difficulties Arising from the Diversification and Expansion of International Law*, A/CN. 4/L. 682 and Corr. 1, 2006, para. 478.

"航行权和相关权利争端案"中,认为"在一些情况下,当事国缔结条约的意图是……赋予所用术语……一种能够演变的含义或内容,而非一旦设定即永不改变的含义或内容",以便"为国际法的发展留出余地"。① 对于一般术语"当事国必然意识到其含义……很可能随时间演变",意识到"缔结的条约要持续很长时间",并得出结论认为"必须推定当事国……意图使"该术语"具有演变的含义"。②

第三,全效岛屿和岩礁只是对其权利能力的描述。在《海洋法公约》等规范性国际法律文件中,海岛经常被以第一人称的方式作拟人化处理,借用民法上的权利能力和行为能力理论,以及国际法院及仲裁机构对海岛在海洋划界中的效力的实践看,称某海洋地物为全效岛屿或岩礁,只是说明其权利能力,即是否有资格主张领海、毗连区、专属经济区和大陆架,属于应然范畴,并非实然地指其已经获得上述海洋权利。也就是说,是否具备主张领海、毗连区、专属经济区和大陆架资格是一个问题,在海洋划界中是否能够取得12海里领海、12海里毗连区、200海里专属经济区和大陆架是另一个问题,由此,过分纠结在海岛维持人类居住或其本身的经济生活的基础、时间、质量、人数等标准上,③ 希望通过条约解释建立一个固定的、类似数学公式的参数标准,是不可能且不现实的。对于该海岛是否能够维持人类居住或其本身的经济生活,应当通过个案考察的方式加以厘定。即使认定某海岛属于全效岛屿或岩礁,依然可以通过谈判协商、国际司法或仲裁等方式,限制、缩减乃至不赋予其在海洋权利主张中的效力。

三 无居民海岛与有居民海岛

无居民(Uninhabited)海岛与有居民(Inhabited)海岛的立法定义存在国别差异。我国以居民户籍管理的住址登记地为标准,无居民海岛是指不属于居民户籍管理的住址登记地的海岛,④ 反之,则为有居民海岛。⑤

---

① *Dispute Regarding Navigational and Related Rights*(*Costa Rica v. Nicaragua*),Judgment,ICJ Reports 2009,p. 242,para. 64.

② Ibid.,p. 243,paras. 66-68.

③ AWARD,pp. 207-208,paras. 487,489-491.

④ 参见《海岛保护法》第57条第2款。

⑤ 我国2015年被废止的《无居民海岛保护与利用管理规定》第34条第1款,曾将无居民海岛定义为,"在我国管辖海域内不作为常住户口居住地的岛屿、岩礁和低潮高地等"。

韩国《无居民海岛保护及管理法》第2条第1款将无居民海岛定义为，"自然形成的四面环水高潮时高于水面的、无人生活（包括持续地定居及进行经济活动；此后将适用）的陆地；只因总统令规定的原因致使有人生活在海岛有限的面积上，比如管理灯塔，上述规定中的海岛被视为无居民海岛"。① 在苏格兰立法中，无居民海岛指没有常住居民、不存在用于人类居住常设构造物或建筑的海岛，或者不存在30天周期内用于2天以上暂时居住或停留的临时性建筑的海岛。② 总结相关国家立法内容，关于有居民海岛和无居民海岛的区分标准可以分为两类。③

一类是形式要件标准，即以户籍住址为标准，如我国《海岛保护法》第57条第2项以居民"户籍管理的住址登记地"作为区分有居民海岛与无居民岛的唯一标准，"住址登记地"应为居民身份证登记的常住户口所在地住址，④ 且我国法律规定，一个公民只能在一个地方登记为常住人口。⑤ 也就是说，法律并不要求该公民必须实际住在住址登记的海岛上，"无居民海岛"不等于"无人海岛"，"无人"仅表明海岛上人类居住活动的实际状况，不能说明该岛户籍管理住址登记状况。

---

① Uninhabited island, means naturally formed land which is surrounded by the sea and appears above the surface of the sea at flood, where no person lives (referring to settling and doing economic activities continuously; hereafter the same shall apply): Provided, That an island on which people live in the limited area only for reasons prescribed by Presidential Decree, such as the management of a lighthouse, shall be deemed an uninhabited island. See Article 2.1 Act on the Conservation and Management of Uninhabited Islands, Act No. 11806, 2013, Republic of Korea.

② Uninhabited island means an island with no (a) permanent resident; (b) permanent structure or building used as a dwellinghouse; (c) temporary structure capable of such use, or of use as accommodation, that is occupied for more than 2 days in any 30 day period. See Declaration of a Vaccination Zone, S. S. I. 2008/11, http://www.gov.scot/Resource/Doc/972/0078395.pdf (last visited March 11, 2019).

③ 还有国家以人口稠密度和开发程度划分岛屿类型。如克罗地亚《岛屿法》(*Islands Act*)第2条将岛屿分为两类：一类是未开发或未完全开发的人口稠密或阶段性人口稠密岛屿；另一类是人口稠密岛屿。In view of the demographics and economic development, islands are divided into two groups. The first group includes undeveloped and insufficiently developed populated or periodically populated islands, the second group includes all populated islands that have not been included in the first group. See Article 2 (1) Islands Act, the Republic of Croatia.

④ 参见《居民身份证法》第3条。

⑤ 参见《户口登记条例》第6条。

另一类是实质要件标准，即不仅要求公民户籍管理的住址登记地为海岛，而且还要求其惯常居所在海岛。对此，英国法院认为，不管法律如何规定，所有案件中的惯常居所应该包含相同意义，并曾将惯常居所定义为"持续一定期间的经常的事实居所"。① 苏格兰《岛屿法案》中规定，"有居民海岛"是指惯常居住不少于1人的海岛。② 澳大利亚2016年修订的《豪勋爵岛法》（Lord Howe Island Act）第1部分第3节第1条将居住定义为，"是指某人在岛上持续且善意地居住，而且相关情况表明，其将岛上住所视为家庭所在，此外再无其他习惯居所"。③ 爱沙尼亚2015年修订的《经常居住型小岛法》（Permanently Inhabited Small Islands Act）第2条第6款，将"经常居住"定义为，"经常性且绝大部分时间居住在小岛上，并且其居住地被录入以定居小岛人口为统计单元的人口数据登记中"。④ 也就是说，在有居民海岛实质要件标准中，除户籍登记系统中的住址外，一个人在一段时间内生活的中心和居住的处所也必须位于海岛之上。

可见，有居民海岛与无居民海岛的区别标准包括两类：一类是以户籍住址为标准，而不区分户籍住址的登记人是否在海岛上实际居住；另一类是以"户籍登记+居住"为标准，要求有居民海岛的"居民"不仅户籍登记地为该海岛，而且在岛上还必须有实际居住行为。但是以上两类标准中，居住之"人"是平民、军人或其他类型居住者，上述立法定义并没给予回答。仅就认定有居民海岛与无居民海岛而言，应属于国内法问题，然而，如果国家依据该居民海岛主张相关海洋权利，还需要遵循国际法的规定。

---

① See IN Re J. (A Minor) (Abduction: Custody Rights), 2 A. C. 562, HL 1 July 1990, p. 578.

② "Inhabited island" means an island permanently inhabited by at least one individual. See Article 1 (2) Part 1 Islands (Scotland) Bill, 9 June 2017.

③ "Reside" and "residence" mean a residing by the person referred to in the context continuously and in good faith on the land indicated by the context as his or her usual home, without any other habitual residence. See Part 1 Section 1 (1) Lord Howe Island Act (Act No. 39, 1953), as amended at 15 January 2016, Austrian.

④ "permanent inhabitant, a person who permanently and predominantly resides on a small island and data on whose residence are entered in the population register to the accuracy of a settlement unit located on a small island". See Article 2.6 Permanently Inhabited Small Islands Act (RT I 2003), 2003, Republic of Estonia.

四 特殊用途海岛与非特殊用途海岛

根据用途差异可以将海岛分为特殊用途海岛与非特殊用途海岛。我国立法中的特殊用途海岛指具有特殊保护价值的海岛,① 其他国家立法中规定的特殊用途海岛,还包括特殊风景、历史、考古、科学研究、生物学、休闲等其他特殊资源价值需要额外保护或其他特殊用途的海岛。② 此外,有一些海岛还被专门用于宗教、监狱、墓地等特殊用途。非特殊用途海岛一般只用于居民生活、居住的海岛。③ 通常情况下,以下三类海岛被归为特殊用途海岛。

第一,作为领海基点的海岛。领海基点是确定国家管辖海域范围的重要标志,是沿海国确立本国领海、毗连区、专属经济区和大陆架范围的起点。因为人类活动干扰或自然灾害造成领海基点消失,不仅意味着领海基点所在海岛周围国家海洋权益的丧失,而且还会改变沿海国领海基线的走向,直接影响沿海国可主张的领海、毗连区、专属经济区和大陆架范围。对于领海基点所在海岛的保护,范围包括海岛及其周围海域。尤其是适用直线基线划定领海的国家,立法中普遍禁止对领海基点海岛及其邻近海域实施开发利用,以避免造成海岛的消失或形态破坏,损害国家海洋权益。例如,印度尼西亚已划定的183个领海基点中,有92处领海基点位于外岛(outer islands)上,这部分岛屿中又有12处岛屿被视为"前哨小岛"(outpost small islands),对于其与邻国海洋划界尤为重要。为此,印度尼西亚政府于2002年颁布第3号法案、第38号政府规章(Government Regulations)、2008年第7号总统法令(Presidential Act)和2010年第41号总统法令、第62号政府规章,予以特别保护。④ 2007年,爱沙尼亚在修订《经常居住型小岛法》第3条时增加一款,将经常居住型岛民活动及其利益与国家对领海、国家边界及环境的保护,作为国家及地方政府管理

---

① 参见《海岛保护法》第36条。

② See Special Use Land (11 AAC 96.014), State of Alaska Department of Natural Resources, http://www.dnr.state.ak.us/mlw/sua (last visited March 11, 2019).

③ 参见《土地基本术语》(GB/T 19231—2003) 第4.2.3.5项。

④ Tirton Nefianto et al., "Implementation of Policy of Outpost Island Managemnet in National Resilience Perspective" (Case Study in Sebatik Island North Kalimantan Province), *Public Policy and Administration Research*, Vol. 4, No. 9, 2014, pp. 214-216.

经常居住型小岛的内容。① 我国《领海基点保护范围选划与保护办法》第 2 条第 3 款和第 6 条规定,为保障领海基点安全,依法在领海基点周围划定的特别保护区域,领海基点保护范围外边界距离领海基点所在位置原则上不小于 300 米。在省级海岛保护规划中,部分省份扩大了领海基点所在海岛的保护范围,将领海基点岛附近的海岛也纳入保护范围。② 可见,领海基点所在海岛作为国家主张海洋权利的地理坐标和权利起点,对沿海国划定本国可管辖海域范围及与他国进行海洋划界至关重要。沿海国在立法及国家行政管理层面特别保护领海基点所在的海岛,被保护的客体不仅仅是海岛本身,更是海岛蕴含的海洋权利价值。

第二,用于军事及国防的海岛。海岛是沿海国的外部屏障、国防安全的前哨阵地,对于所处位置特别重要的海岛,沿海国普遍将其建设为军事基地或设置军事设施,并通过立法给予特别保护。国内法在保护用于军事及国防的海岛时,大致有两类处理方式。一类是概括性规定军事及国防用途海岛的特殊保护与管理。我国《海岛保护法》第 36 条规定,当海岛的全部或部分存在国家直接用于军事目的特定建筑、场地和设备时,国家对国防用途海岛实行特别保护。③ 具体如何保护用于军事及国防的海岛及设置何种禁止性规定,则由更为具体或针对性的法律、行政法规、部门规章等规范性法律文件予以明确。另一类是针对性规定用于军事及国防的特定海岛的使用管理。如《美国联邦法规》第 33 篇第 334 部分(33 CFR Part 334)第 10 条至第 1480 条,分别对圣克利门蒂岛(San Clemente Island)、瓦胡岛(Oahu)、瓦勒普斯岛(Wallops Island)等岛上军事危险区域和限制区域,规定了特别要求、限制性进入条件及活动管制,④ 该区域专属于军事利用,任何人、船舶、航空器或其他未经允许不得进入。⑤

第三,海洋自然保护区内的海岛。海洋自然保护区内海岛的特殊用途体现在其生态环境价值上,不同区域海岛的岛体、海岸线、沙滩、植被、

---

① See § 3.7, Permanently Inhabited Small Islands Act, Passed 11.02.2003, RT I 2007, 25, 133, entry into force 01.01.2008.

② 参见《福建省海岛保护规划(2011—2020 年)》第 4.2 部分。

③ 参见《海岛保护法》第 36 条。

④ See 33 CFR Part § 334.10–1480, 58 FR 37607, July 12, 1993.

⑤ See 40 Stat. 266 (33 U.S.C. 1) and 40 Stat. 892 (33 U.S.C. 3).

淡水和周边海域的各种生物群落和非生物环境，共同形成了各具特色、相对独立的海岛生态系统，一些热带、亚热带地区的海岛还具有红树林、珊瑚礁等特殊生物环境。我国《省级海岛保护规划编制技术导则（试行）》将海洋自然保护区内的海岛，定义为是指位于国家和地方海洋自然保护区内的无居民海岛，① 该定义实际上将位于国家和地方海洋自然保护区内的有居民海岛，排除在《海岛保护法》第36条规定的特殊用途海岛范围外，其合法性与合理性值得进一步商榷。域外国家立法及实践中，并不截然以有、无居民作为标准，区分是否给予海洋自然保护区内的海岛特别保护，而是更注重海岛上是否具有需要受到特别保护的生物、植被、景观等因素。例如，新西兰现有44处海洋保护区中，② 相当一部分是以海岛为中心、经由专门立法③建立的海洋保护区，这些立法中并没有区分保护区中的海岛是否属于无居民岛屿，而是着重表达了海岛与周边海域在生态构成上的一体化特征，保护海岛与保护海域内的珍稀动物、植物、自然景观等密不可分。④ 澳大利亚《环境与生物多样性保护法》第344节规定了赫德岛和麦克唐纳群岛海洋保护区，⑤ 保护对象包括岛上的文化遗产、独特的底栖和浮游环境特征、不同海洋生物环境类型的代表性部分及陆地生物的海洋觅食区。⑥ 可见，将海洋自然保护区内的海岛定位于特殊用途海岛加以保护，是基于海岛与其周围海域在生态构成上的密切联系，目的在于保护海岛及周边海域代表性的自然生态系统、珍稀野生物种天然集中分布区、海洋生物多样性等具有特殊保护价值的区域。

---

① 参见2011年《省级海岛保护规划编制技术导则（试行）》"海岛分类保护体系及说明"第2.1项。

② Ministry for the Environment New Zealand, "A New Marine Protected Areas Act: Consultation Document", http://www.mfe.govt.nz/publications/marine/new-marine-protected-areas-act-consultation-document (last visited March 15, 2019).

③ For example, Kaikōura (Te Tai o Marokura) Marine Management Act 2014, Subantarctic Islands Marine Reserves Act 2014, Fiordland (Te Moana o Atawhenua) Marine Management Act 2005, Sugar Loaf Islands Marine Protected Area Act 1991.

④ Ministry for the Environment New Zealand, "A New Marine Protected Areas Act: Consultation Document", http://www.mfe.govt.nz/publications/marine/new-marine-protected-areas-act-consultation-document (last visited March 15, 2019).

⑤ See Section 344 Environment Protection and Biodiversity Conservation Act 1999.

⑥ See Department of the Environment and Energy, "Marine reserve", http://heardisland.antarctica.gov.au/protection-and-management/marine-reserve (last visited March 15, 2019).

总体而言，上述三类海岛只是具有代表性的特殊用途海岛，由于海岛用途的多元化和国家用岛需求的差异化，且海岛用途因时因地而异，很难对特殊用途或非特殊用途给出一个明确的定义，显然也不可能就何谓特殊用途海岛，形成一个国际社会普遍认可的法律标准。

第四节 海岛的法律属性

海岛是客观的物质实体，同时具有自然属性和社会经济属性。作为独立的地理单元，海岛是不可再生资源，具有不可移动性，海岛的不可移动是其最重要的自然属性。海岛的法律属性往往与其社会属性相互融合和作用，这是国内法和国际法所赋予的属性。在海岛利用及保护管理中，海岛法律属性的研究是不可或缺的，只有透彻地了解海岛的法律属性，才能从根本上制定适合海岛利用及保护的规范。

一 国际法中海岛的属性

无主地与领土是国际法中海岛两种属性。无主地（terra nullius）是指在法律上不属于任何主体的土地，1975年国际法院在"西撒哈拉案"咨询意见中提出，凡是由部落或有社会及政治组织人民所居住之地，均不具"无主地"之性质，认为西班牙取得西撒哈拉之主权，不是先占，而是与当地酋长缔结协定所取得。① 无主地与国家领土的最大区别在于，无主地"先占"创设领土权利，而历史上的"先占"往往通过"发现"无主地最初实现。② 在18世纪之前，各殖民国家实践证明，国际法认可单纯地发现无主地即可取得领土主权；18世纪以后，发现只构成在一定时间内阻止他国占领的初步权利，取得领土主权必须要有实际占有。先占取得对取得海岛领土主权具有特殊意义，原因在于陆地文明与海洋文明有着不同的领土取得路径。在陆地文明长期主宰之下，陆上领土取得的历史溯源通常基于国家行为或地区部落行为，国家间或部落间往往通过自然地理标识彼此的管辖范围，换言之，无人居住的陆上领土极少通过私人发现、国家

---

① Western Sahara, Advisory Opinion, ICJ Reports 1975, pp. 38-39；王铁崖等编著，王人杰校订：《国际法》，台北五南图书出版公司1992年版，第168—170页。

② 白桂梅：《国际法（第三版）》，北京大学出版社2015年版，第349—350页。

主张的方式，被收编为一国领土。根据与沿海国大陆位置关系，海岛可以被分为近岸岛屿与远洋岛屿，沿海国普遍对近岸岛屿有着较强的控制力，远离大陆沿岸的海岛通常是作为沿岸国居民从事捕捞与航海的作业基地或地标，渔民、航海者等私主体通常是这些海岛的发现者和主要使用者，国家主张海岛领土取得证据时，私人发现和使用通常被作为确立国家领土主权的补充证据。① 因此，尽管单纯的"发现"行为在当代不能构成海岛领土取得的方式，但主张通过"先占"取得海岛领土，必须通过"发现"行为加以佐证。

领土是国际法中海岛最重要的属性。领土，是一国主权支配下的地球的确定部分，② 是国家行使最高权威和排他权力的空间范围。③ 领土是国家存在的物质基础和国家主权存续的基础要素，包括国家主权支配和管辖的陆地、水域及其底土和它们的上空。国际法并未要求国家领土大小必须符合某一标准才可构成国家，但国际法上不可能存在一个没有领土的国家，④ 国家的领土可大可小，但是其法律地位并无不同。同样，虽然基于全效岛屿与岩礁可主张的海洋权利不同，但是并不妨碍二者作为国家领土一部分的权利资格和法律地位。国际法中海岛的领土属性主要体现在两方面。

第一，海岛是国家领土的重要组成部分。国际法上国家不可能没有领土，尽管国家间边界可能没有明显的标志，或是存在领土的争端，但是这并不影响国家的法律地位与存在。⑤ 当代国际法建立在以国家为中心的制度之上，而国家体制是建立在国家占据地表某一特定部分的中心概念上，一国领土的边界决定该国领域主权行使的范围。对于沿海国而言，其拥有的海岛是构成该国领土的重要组成部分，也是主张海洋权利的基点；对于

---

① Sir Humphrey Waldock, "Disputed Sovereignty in the Falklandb Islands Dependencies", *British Yearbook of International Law*, Vol. 24, 1948, pp. 312-313.

② [英] 詹宁斯、瓦茨修订：《奥本海国际法（第1卷第1分册）》，王铁崖等译，中国大百科全书出版社1995年版，第284页；王铁崖主编：《国际法》，法律出版社1995年版，第51页。

③ 梁淑英：《论国家领土主权》，《法律适用》1997年第5期。

④ Robert Jennings and Arthur Watts eds., *Oppenheim's International Law*, Vol. 2, London: Longman Pub., 9nd ed. 1992, pp. 563-564.

⑤ 周鲠生：《国际法（下册）》，商务印书馆1983年版，第320、419页。

群岛国而言,①海岛不仅是其陆地领土的全部,也是其主张群岛水域、确认其在群岛水域的主权并及于群岛水域的上空、海床和底土,以及其中所包含的资源的基础。②海岛作为国家领土重要组成部分的意涵,可以做两方面理解:从积极方面看,《海洋法公约》第121条第2款确认海岛可以拥有领海,实际上也确认海岛可以拥有内水,这构成国家领土主权的组成部分;从消极方面看,领土是具有主权排他性的空间,一旦海岛的领土地位确定,则享有海岛领土主权的国家在不损害他国领土主权和国际共同利益,以及遵守其缔结、参加的相关条约义务的前提下,对海岛的使用、管理及保护享有绝对的权利。

第二,海岛是国家拓展海洋权利的重要基础。一般而言,陆地领土取得后,除非依据海岸陆地向外主张领海、毗连区、专属经济区和大陆架,否则国家对该区域享有主权或管辖权仅以陆上领土的空间范围为界,陆地领土取得通常不会在该空间区域外对领土取得国带来额外权利。但是,根据陆地支配海洋(Land Dominates the Sea)原则,海岛领土取得的法律效果不仅限于对该海岛领土主权的取得,还意味着对海岛周边海域权利的取得。国际法院在"海域划界与领土问题案"中强调,无论地物有多小,岛屿都应当像陆地那样形成同样的海洋权利。③按照《海洋法公约》第121条第2款的规定,有学者统计,围绕一个100平方米普通的岩礁划定宽度为12海里的领海,则该小岛可以拥有面积约1550平方千米的领海海域,④相当于三个新加坡的领海海域。如果该岛可以主张专属经济区,则其就拥有约43万平方千米的可管辖海域,相当于我国福建省管辖海域面积的三倍多。⑤陆地支配海洋原则是国家基于海岛拓展其海洋权利的法理

---

① 1974年"加拉加斯会议"(Caracas Session)期间,一些代表团表示他们主张群岛国地位,包括巴哈马群岛、佛得角、斐济、荷属安德列斯、巴布亚新几内亚、菲律宾和所罗门群岛。See *United Nations Convention on the Law of the Sea* 1982: *A Commentary* II, Dordrecht: Martinus Nijhoff Pub., 1993, p.403.

② 《联合国海洋法公约》第49条第2款。

③ *Maritime Delimitation and Territorial Questions between Qatar and Bahrain* (*Qatar v. Bahrain*), Judgment, ICJ Reports 2001, p.61, para.185.

④ 孔志国:《中国海上崛起之路》,国务院新闻办公室网(http://www.scio.gov.cn/ztk/wh/slxy/31215/document/1377598/1377598.htm),最后访问时间:2019年3月22日。

⑤ 福建省管辖海域面积约为13.625万平方千米。纪雅宁,等:《福建省海洋经济的海域使用需求评估》,《海洋开发与管理》2013年第8期。

基础，其意义在于，海洋权益是从领土主权中衍生而成，领土主权是海洋权益的基础，基于海岛主张领海、毗连区、专属经济区和大陆架是一个正向逻辑，一国不得因享有某种海域权利，进而主张与其相关的领土主权，那将是一种因果错置的主权主张。

二 国内法中海岛的属性

海岛属于法律客体中自然形成、具有经济价值的物。一般认为，法律客体是指法律权利以及相联系的法律义务共同指向的对象，包括物、智力成果（非物质财富）、行为三种基本形式，[①] 物在不同法律关系中的属性不尽相同，由于本文主要分析海岛利用及保护管理问题，故仅聚焦于海岛作为自然资源的法律属性。

自然资源（Natural Resources），指一定的时间和技术条件下，能够产生经济价值以提高人类目前及未来福利的自然因素和条件。[②] 一种观点认为，"自然资源"并非法律术语，[③] 事实上一些国家在立法或司法判决中已经对自然资源做了界定，实现了"自然资源"概念的法律化。如美国《综合环境反应、赔偿和责任法》将"自然资源"定义为，"土地、鱼类、野生动物、生物群、空气、地表水、地下水、饮用水来源，以及其他此类，为美利坚合众国、州或地方政府、外国政府、任何印第安部落所有、管理、信托受领、归属或以其他方式控制的资源。上述资源如果受到转让

[①] 葛洪义：《法理学》，中国政法大学出版社2002年版，第339页。有的学者认为，物不是权利、义务指向的对象，不是法律关系的客体。物只是行为的对象，而特定行为才成为权利、义务指向的对象，成为法律关系的客体。参见漆多俊《经济法基础理论（第3版）》，武汉大学出版社2000年版，第230页。

[②] 在上述联合国环境规划署的定义外，《辞海》将自然资源定义为，指天然存在的自然物（不包括人类加工制造的原材料）如土地资源、矿产资源、水利资源、生物资源、气候资源等，是生产的原料来源和布局场所。参见夏征农《辞海》，上海辞书出版社1979年版，第3286页。《不列颠百科全书》将自然资源定义为"人类可以利用的、自然生成的及其生成源泉的环境能力。前者为土地、水、大气、岩石、矿物、生物及其积聚的森林、草原、矿床、陆地与海洋等；后者为太阳能、地球物理的循环机能、生态学的循环机能、地球化学的循环机能"。《不列颠百科全书国际中文版·第4卷》，中国大百科全书出版社1999年版，第424页。

[③] 谢鸿飞：《通过解释民法文本回应自然资源所有权的特殊性》，《法学研究》2013年第4期。

限制性信任、印第安部落任何成员的支配，亦为本法定义的自然资源"，①"土地"包括"任何不动产"。② 美国《海岸带管理法》中调整的"海岸带"系指特定地理范围内的土地和水域，"向海延伸至州辖区的外界，包括所有沿海岛屿"。③ 保加利亚《环境保护法》将"自然资源"定义为"用于或可能用于满足人类需要的有机和非有机自然部分"。④ 肯尼亚《宪法》第 260 条将"自然资源"定义为"物理性的非人为因素，无论其是否可再生，包括阳光、地表及地下水、森林、生物多样性及基因资源，以及岩石、矿物、化石燃料和其他能源来源"。⑤ 还有些国家在立法中明确规定海岛属于自然资源，如克罗地亚《宪法》第 52 条第 1 款规定，"海、海岸、岛屿、淡水、空域、矿产财富等自然资源，以及土地、森林、动植物以及自然其他部分，不动产，特殊文化、历史及经济物，或法律特别规定属于共和国利益的生态价值，享受特殊保护"。⑥ 上述国家立法例表明，

---

① The term "natural resources" means land, fish, wildlife, biota, air, water, ground water, drinking water supplies, and other such resources belonging to, managed by, held in trust by, appertaining to, or otherwise controlled by the United States [including the resources of the fishery conservation zone established by the Magnuson-Stevens Fishery Conservation and Management Act (16 USC 1801 et seq.)], any State or local government, any foreign government, any Indian tribe, or, if such resources are subject to a trust restriction on alienation, any member of an Indian tribe. See Article 9601 (16), 42 U. S. C. 103 Subchapter I.

② See Article 2201(7), 25 U. S. C. 24.

③ A "coastal zone" is defined as the "coastal waters and the adjacent shorelands, as well as includes islands, transitional and intertidal areas, salt marshes, wetlands, and beaches". See 16 U. S. C. § 1453.

④ "natural resources" mean those parts of organic and inorganic nature that are used or may be used for satisfying human needs. Article 35 (1) Environmental Protection Act, Promulgated State Gazette No. 86/18 October 1991, Bulgaria.

⑤ "natural resources" means the physical non-human factors and components, whether renewable or non-renewable, including (a) sunlight; (b) surface and groundwater; (c) forests, biodiversity and genetic resources; and (d) rocks, minerals, fossil fuels and other sources of energy. Article 260 Constitution of Kenya, 2010.

⑥ The sea, seashore, and islands, waters, air space, mineral wealth, and other natural resources, as well as land, forests, fauna, and flora, other parts of nature, real estate, and things of special cultural, historical, economic, or ecological significance which are specified by law to be of interest to the Republic, enjoy its special protection. See Article 52(1) the Constitution of the Republic of Croatia, 1990.

将海岛定位于自然资源存在国家实践基础。

海岛属于复合型自然资源。自然资源的数量及种类具有开放性，必须精细确定其范围。从自然属性讲，海岛属于天然生成物，具有复合性特点，不能一概将海岛归入土地资源。例如，一些海岛处于矿脉之上，还有一些海岛自身就由高品质珊瑚砂、花岗岩等构成，属于矿产资源。部分面积较大、长有植被的海岛，还蕴含有丰富的生物资源、农业资源、森林资源、矿产资源等，其具体资源属性需要就个案具体而定。就法律属性而言，在不存在无主地的前提下，所有的海岛都可明确产权，这一点有别于公海资源、国际海底区域资源等非专属性资源。概言之，海岛作为自然资源呈现四方面的法律特性。

一是海岛资源具有可分割性。海岛不完全等于民法中的"物"，海岛资源具有可分割性是相对于民法中的物而言的。在大陆法系"一物一权"原则的约束性下，民法中的"物"必须是所有权人可以从形体上予以控制的、确定的标的，故民法中所有权和他物权只针对单个物设定，而不针对由许多单一物组成的集合体。① 海岛是不同类型自然资源的集合体，是由地面部分、上层空间及地下空间，以及海岛附属海域部分组成的集合体，构成海岛各类自然资源的聚合或分离是可以通过法律设定的方式加以实现，不受"一物一权"的限制。

二是海岛资源具有公益性。自然资源承载的公共利益是其开发利用法律保障中公法与私法调整的分割依据，② 同时也是海岛属性在公法与私法中的主要差异。物权支配的客体具有排他性，"凡物权范围之内是私人活动的空间，物权范围之外是公权力的活动空间，《物权法》已明确地划分了公权与私权的界限"。③ 海岛作为自然资源负担着不特定多数人的利益，主体开发海岛资源、进行各种活动时，不得超出权利的界限，在依法追求自己利益时不得损害公共利益。

三是海岛资源具有物的属性。海岛不完全等于民法中的"物"不代表其不具有民法中物的属性，原因在于，将自然资源纳入民法中"物"

---

① 例如，德国《民法典》第93、94条规定，"物的重要组成部分"不能单独成为特定权利的客体，即其与主物的法律归属不可分割。

② 朱冰：《自然资源物权立法的逻辑基础——资源与物的比较分析》，《资源科学》2012年第10期。

③ 参见梁慧星《如何理解物权法》，《河南社会科学》2006年第4期。

之概念的范畴,是各国实现自然资源经济价值的普遍路径。物权的本质是物的排他性支配获得了普遍的承认,海岛资源的可分性不影响其成为物权的客体,即在通过法律设定方式实现海岛自然资源的聚合或分离过程中,是可以划定私主体占有、使用、收益和处分等权利支配范围的,此种支配既可能是直接支配,也可能是间接支配。当海岛资源具有支配形态与直接支配可能时,法律为了保护私主体对自然资源的支配及自然资源在市场的流转,确保基于海岛资源产生的各种支配权不相冲突或重叠,就需要赋予海岛资源以物的属性及资源支配权的排他效力。[1]

四是空间资源是海岛资源的组成部分。空间资源是指与海岛开发利用有关的地面、地上和地下的地理区域的总称,海岛作为海洋开发的前哨和基地,具有优越的地理位置和特殊的战略位置,海岛及其周围海域蕴藏着丰富的空间资源,可以用作交通、生产、储藏、军事、居住和娱乐场利用。空间资源与海岛资源的权属应当是一体的,而使用权与所有权是可分的,海岛所有权的范围就包括了地表、地上、地下空间的所有权,这是从海岛资源的上下延伸角度作出的分类。当海岛空间资源为海岛使用人或非海岛所有人和使用人享有时,权利人对海岛空间的权利就体现为对他人海岛的地表上下一定范围空间的支配和利用,这时的权利人并没有享受对海岛的所有权,自然也就不能享受对空间的所有权。

三 两类属性之间的关系

主权和管辖权是一国对海岛占有、使用、收益和支配的基础。领土的内涵决定了当事国基于海岛可以主张的权利边界,为国家主权和管辖权划定了地理和法律边界。一国取得海岛主权后,可以在国内法层面对其实施占有、使用、收益和支配行为,也可以在国际法层面将海岛管辖权部分或全部让与其他国际法主体。一国对他国的海岛实施占有、使用、收益或支配,不得逾越领土主权原则,否则即构成国际不法行为。

海岛纳入国家领土是讨论国际法中海岛属性的前提。海岛纳入国家领土,是指国家依据国际法认为有效的途径与方式取得海岛领土主权,传统国际法上的领土取得方式主要有先占、时效、割让、征服和添附,其理论

---

[1] 参见朱冰《自然资源物权立法的逻辑基础——资源与物的比较分析》,《资源科学》2012年第10期。

依据可以追溯到罗马法中有关财产的取得理论。① 现代国际法在此基础上对领土取得方式进行了发展，包括民族自决、恢复领土主权、全民公决、领土交换等。② 相关领土取得方式在具体适用中还要受到时际法、禁反言等原则的约束，③ 以割让、征服方式取得海岛领土不再合法，以添附方式取得海岛领土也很少见。④ 实际上，有关海岛领土取得方式的列举式表达，只是出于表达内容的方便，而非严格的学术分类，⑤ 而且不同领土取得方式之间还存在概念上交叉。⑥ 由此，一方面，说明国际法中缺少对于海岛领土取得理论的抽象概括，尤其是对于海岛领土取得原则与规则之间的运行机制缺少一种整体性的建构。另一方面，也说明国际法中海岛领土取得方式是开放的、发展的。在海岛领土主权存在争议的情况下，国际裁决和当事国谈判协商达成协议是确定海岛领土归属的主要方式。排除无主地先占和添附取得海岛的情况，国家已然不可能通过原始取得的方式，将海岛纳入本国领土范围。某一特定海岛的领土归属存在三种情形：一是只

---

① Malcolm N. Shaw, *International Law*, Cambridge and New York: Cambridge University Press, 2003, pp. 410-413.

② 廉思、孙国华:《台湾"公投"的法理学辨析》,《中国人民大学学报》2008 年第 2 期。

③ 《联合国宪章》没有使用"战争"一词，而代之以"武力的威胁或使用"（Threat or Use of Force）及"威胁和平、破坏和平与侵略行为"（Action With Respect to Threats to the Peace, Breaches of the Peace, and Acts of Aggression）等词语代替。See Malcolm Nathan Show, *Malcolm. International Law*, Cambridge and New York: Cambridge University Press, 1997, p. 558.

④ 通过"添附"方式取得海岛领土的典型事例，如沿海国或群岛国领海、专属经济区内的海底火山喷发形成火山岛，或海底地壳运动使海床露出水面。2013 年 9 月 24 日，巴基斯坦西南部俾路支省地震后，在瓜达尔（Gwadar）地区近海出现一个长约 200 米、宽约 100 米、高约 20 米的小岛。2013 年 12 月，日本小笠原群岛中的西之岛附近（北纬 27°14′，东经 140°52′），因海底火山喷发形成新的小岛，该岛面积约 0.15 平方千米，高出水面 20—25 米，并随火山喷发不断扩大。该岛距最近的有居民海岛约 70 海里。2012 年 12 月 20 日，汤加首都努库阿洛法西南 65000 米处出现两个火山喷发口，一个位于无人岛，另一个在离岸水下约 100 米处，火山喷发形成一个面积约 1000 米宽、2000 米长、100 米高的新岛屿。参见施歌《巴基斯坦地震为何"震"出小岛》，新华网（http://news.xinhuanet.com/photo/2013-09/26/c_125451617.htm），最后访问时间：2019 年 3 月 25 日；NASA, "New Island in the Ring of Fire: Natural Hazards", http://earthobservatory.nasa.gov/NaturalHazards/view.php?id=82607 (last visited March 15, 2019).

⑤ See Ian Brownlie, *Principles of Public International Law*, Leiden and Boston: Martinus Nijhoff Pub., 1998, pp. 127-128.

⑥ Martti Koskenniemic, *From Apology to Utopia: The Structure of International Legal Argument*, Cambridge and New York: Cambridge University Press, 2006, p. 283.

有当事国一国主张海岛领土主权,该岛处于当事国完全控制下;二是海岛被不同当事国主张领土主权,处于一国或多国控制之下;三是海岛的领土主张被条约冻结,该情况仅存在于南极。① 故而,通常情况下,既存海岛领土归属只有"存在争议"与"不存在争议"两种状态。

领土的内涵决定了国内法中海岛属性的法律边界。领土概念自确立以来,一直处于不断发展和完善之中,② 从区域延伸标准看,传统意义上的领土主要指陆地,16世纪荷兰法学家肯基利斯(Gentilis)主张沿海海域是毗连海岸所属国家的领土的延续后,③ 领水(Territorial Water)的概念逐步进入国际法领域。之后的国际法编纂中,直到1930年海牙会议才正式使用领海(Territorial Sea)的概念,④ 并在1958年《领海及毗连区公约》进行了定义,⑤ 该定义伴随《海洋法公约》中群岛国制度的确立,又被加以补充。⑥ 领海制度形成和发展的同时,直接影响了国家领土的含义和地理边界,使陆地领土的狭义化界定,过渡至包括以地表差异或形态为要素、自然连接的区域,即领陆、内水、领海、领空等形态的整体。⑦ 可以说,领海制度的形成和发展将国家领土由陆地引向海洋。具体到海岛的属性而言,领土的内涵对当事国在国内法中定位海岛的属性既有约束作用,也有延展作用。约束作用表现为,无论当事国如何界定海岛的法律属性,领土永远是海岛最根本的属性,无论是将海岛定位为物、自然资源抑或其他客体,基于海岛主张的权利不得超过一国基于领土能够主张的权利。延展作用表现为,在领海制度的作用下,海岛兼具陆地与海洋的属

---

① 参见《南极条约》第4条第1款、第2款。

② 当前伴随网络虚拟技术,还有部分学者开始将领土的含义拓展至网络空间,对此,本书不做延伸讨论。参见王春晖《互联网治理四项原则基于国际法理应成全球准则——"领网权"是国家主权在网络空间的继承与延伸》,《南京邮电大学学报(自然科学版)》2016年第1期。

③ [澳] 普雷斯科特:《海洋政治地理》,王铁崖、邵津译,商务印书馆1978年版,第26—27页;转引自刘中民《领海制度形成与发展的国际关系分析》,《太平洋学报》2008年第3期。

④ 刘中民:《领海制度形成与发展的国际关系分析》,《太平洋学报》2008年第3期。

⑤ 1958年《领海及毗连区公约》第1条第1款:"国家主权及于本国领陆及内水以外毗连本国海岸之一带海洋,称为领海。"

⑥ 《联合国海洋法公约》第2条第1款:"沿海国的主权及于其陆地领土及其内水以外邻接的一带海域,在群岛国的情形下则及于群岛水域以外邻接的一带海域,称为领海。"

⑦ 参见 [德] 阿尔夫雷德·赫特纳《地理学——它的历史、性质和方法》,王兰生译,商务印书馆1983年版,第266页。

性，海岛与其附属海域在法律上是一个整体，海岛不仅仅是一种特殊类型的土地，而是海陆复合型自然资源。

海岛在国内法中的属性反映国家主权内部自主性。领土的概念具有抽象性，只是划定了国家排他性管辖权的地理空间范围，确定了国家对排他性地理空间范围内的至高权利，完成了国家间权利分配的顶层设计，海岛在国内法中的属性，是主权权力行使者基于国内立法对海岛的价值判断，进一步而言，《海洋法公约》第121条第1款只是规定了哪些海洋地物可以构成海岛，为当事国利用及保护海岛划定了国际法边界，至于当事国是将海岛定性为土地抑或其他类型的自然资源加以利用（保护），则属于该国主权管辖范围内的事务。

第二章

海岛在实现国家海洋战略中的作用

国家海洋战略，是指一国在开发海洋、利用海洋和控制海洋方面所做出的国家战略部署，即通过运用其海上优势最大限度维护国家海上利益，开发和利用海洋资源，并为本国社会经济的发展提供更大的战略空间和战略物资储备，增强综合国力的战略部署。[①] 海岛在实现国家海洋战略中具有多重作用，海岛战略价值涉及自然条件、地理位置、资源控制、战略潜力与建设情况等因素。[②] 美国[③]、加拿大[④]、英国、法国、德国等海洋大国的海洋战略，均涉及海岛在国家领土取得、海洋权利延伸、国家安全保卫、海洋经济发展等方面的作用。在时间维度上，人类对海岛资源的认识，以及开发利用的范围、规模、种类和数量，都是不断发展的，海岛在实现国家海洋战略中的作用随着社会演进、科技进步和国家利益需求而不断变化。

[①] 即两国海岸彼此相向或相邻时，任何一国均无权将其领海伸延至一条其每一点都同测算两国中，每一国领海宽度的基线上最近各点距离相等的中间线以外。在当事国间另有协议、历史性所有权（historic title）或其他特殊情况下，可以不适用上述领海划界方法。高兰：《日本海洋战略的发展及其国际影响》，《外交评论》2012 年第 6 期。

[②] 张荷霞等：《基于 AHP 和 EWCM 的部分南沙岛礁战略价值模糊综合评价》，《海洋通报》2014 年第 4 期。

[③] See U. S. Commission on Ocean Policy, *An Ocean Blueprint for the 21st Century*, Washington, D. C., 2004, pp. 5, 8, 15, 41, 43.

[④] See Government of Canada, "Canada's Oceans Strategy", http：//www.dfo-mpo.gc.ca/oceans/publications/cos-soc/index-eng.html（last visited March 15, 2019）.

第一节　海岛在海域划界中的作用

海域划界以陆地为支点，是从领土主权派生出来的国家权益，关系到国家海洋权利衍生。《海洋法公约》第 121 条是一个关于权利基础的条款，① 该条第 2、3 款规定，岛屿的领海、毗连区、专属经济区和大陆架应按照本公约适用于其他陆地领土的规定加以确定，不能维持人类居住或其本身的经济生活的岩礁，不应有专属经济区或大陆架。②《海洋法公约》第 121 条第 2、3 款规定的基于海岛可以主张的海洋权利，是依据公约的规定并根据海岛自身的特性而应达到理想状态，是一种应然权利，而非实然权利。换言之，《海洋法公约》第 121 条第 2、3 款的规定，仅仅是给予能够"维持人类居住或其本身的经济生活"的岛屿主张领海、毗连区、专属经济区和大陆架的"法律资格"，至于当事国是否能够基于其取得上述海洋权利，以及海岛在海洋划界中发挥何种作用，不单单需要受到其他国际法规则的制约，还需要考虑地理、历史、政治等因素。

一　在领海划界中的作用

从时间序位看，国际社会有关基于海岛主张海域权利的争论，要早于有关海岛定义的讨论。在英国和西班牙战争期间，1805 年西班牙船"安娜"（Anna）号在墨西哥湾内距离美国大陆 3 海里之外被英国私掠船捕获，但捕获地点恰巧距离密西西比河口冲积岛屿约 2 海里处，该岛属于由泥沙和碎屑冲积而成的小沙洲。③ 该案件提交英国捕获法院审理时，美国认为，"安娜"号是在美国领海内被捕获的，属于发生在美国主权管辖海域内的时间，应当由美国管辖。英国捕获法院最终认为，岛屿是邻近海岸

---

①　中国代表团副团长易先良参赞在第 19 届《联合国海洋法公约》缔约国会议议题 15 "公约第 319 条报告" 下的发言（2009 年 6 月 25 日），中国常驻联合国代表团网（http://www.china-un.org/chn/zgylhg/flyty/hyfsw/t570928.htm），最后访问时间：2019 年 3 月 25 日。

②　参见《联合国海洋法公约》第 121 条第 2 款、第 3 款。

③　The Anna (1805) 165 ER 809, 815. This so-called "Portico Doctrine" had a substantial influence on the later opinions of the Law Officers of the British Crown. See DP O'Connell and IA Shearer, The International Law of the Sea Vol. 1, Gloucestershire: Clarendon Press, 1982, pp. 186-191.

形成的天然附属物，不论这些岛屿的构成是泥土抑或岩石，均不能改变国家对其统治，故而，"安娜"号是在美国领海内被捕获的，应释放交由美国管辖。① 此后，逐渐有国家开始通过颁布法令的形式，确立基于海岛可以主张的管辖海域，如1812年挪威通过敕令（Royal Decree of 22 February 1812）规定，挪威的领海应自不被海水淹没的做外围的岛屿起算。② 19世纪后期，海洋捕捞业获得发展，由于鱼类在选择近岸水域首选栖息地时不区分大陆或岛屿，因此各国需要更精确地确定其沿海专属渔业管辖权，以避免与其他国家的渔民发生冲突变得非常重要，为此，出现了在大陆沿岸和依附岛屿低潮线3海里范围内建立专属渔业权的实践，在国家间渔业领域的条约安排中，将海岛视为领土的做法也逐步出现。1881年海牙会议讨论了在北海不同类型岛屿建立渔业权的地位，次年通过的《北海渔业公约》规定，领海基线应沿各国海岸线及所属岛屿和浅滩起算，缔约国、依附这些国家海岸的岛屿和浅滩拥有3海里的专属渔业权。1886年，美国国务卿托马斯·巴亚德（Thomas F. Bayard）就美国东北部和西北部海岸的领海界限致信财政部长丹尼尔·曼宁（Daniel Manning）指出，美国国务院对两岸边缘岛屿周围水域的立场为，国家主权从低潮线算起不超过3海里，领海区域向海面沿大陆海岸的岛屿具有同样的领海。③ 进入20世纪，沿海国家关于划定领海范围的国家实践进一步发展，表明海岛同样可以拥有与大陆相似的法律地位，可以主张一定宽度的海洋区域。

海岛在海洋划界中存在不同作用，这取决于划界是领海划界还是对领

---

① See Erik Franckx, "The Regime of Island and Rocks", in David Attard *et al.* ed., *The IMLI Manual on International Maritime Law*: *Volume I*: *The Law of the Sea*, Oxford: OUP, 2014, p. 100.

② It shall be an established rule that in all cases where Our Majesty's territorial frontier at sea falls to be determined, it shall be reckoned according to the customary distance in nautical miles from the outermost island or islet not swept over by the sea. See Royal Decree of 22 February 1812, Norway, Submission in Compliance with the Deposit Obligations Pursuant to the United Nations Convention on the Law of the Sea (UNCLOS), http://www.un.org/depts/los/LEGISLATIONANDTREATIES/STATEFILES/NOR.htm (last visited March 15, 2019).

③ Supreme Court of the United States, State of Alaska, Plaintiff v. United States of America on Bill of Complaint (No. 128 Orig), June 6, 2005, Part Ⅲ (B). John Basset Moore & Francis Wharton, *A Digest of International Law* (*Vol. I*), Boston: U.S. Government Press Office, 1906, p. 720.

海以外的其他海域划界。① 海岸相向或相邻国家间海域宽度不足24海里的情况下，海岛可能存在三类地理分布：一是海岛紧邻沿海国海岸；二是海岛位于海岸线与当事国海域中间线中部；三是属于一国的海岛靠近或越过当事国间的海域中间线。在海域划界实践中，岛屿的存在对于领海、专属经济区和大陆架划界都会产生或大或小的影响。在前述第一类情况中，海岛依据《海洋法公约》第6条、第13条或第47条等作为领海基点，一般不会影响当事国间领海划界，当事国可以通过适用等距离划界法或协商确定各自的领海。《海洋法公约》第15条规定了海岸相向或相邻国家间领海划定的方法，该划界方法可以概括为"等距离/特殊情况"。② 对此，有学者认为，国际法院在卡塔尔诉巴林"海洋划界和领土问题案"中已经清楚指明，《海洋法公约》第15条已经成为习惯国际法的一部分。③ 但《海洋法公约》第15条并没有进一步说明海岛是否属于"海岸"（coasts）不可分割的一部分，基于公约第121条第2款的规定，④ 当海岛领海与大陆海岸领海发生重叠时，即需要明确海岛在领海划界中的作用。讨论海岛在领海划界中的作用，本部分主要针对的是后两种情况。

第一，海岛在领海划界中具有全效作用。在"尼加拉瓜诉洪都拉斯案"中，国际法院采用海岸夹角平分线对两国海域进行划界，⑤ 而洪都拉斯享有主权的博贝尔礁（Bobel Cay）等岛礁恰巧位于海岸夹角平分线靠尼加拉瓜一侧，对此，国际法院首先否定了博贝尔礁等岛礁属于《海洋法公约》第15条规定的"特殊情况"主张，不认为岛礁面积狭小或位于

---

① Dispute concerning Delimitation of the Maritime Boundary between Bangladesh and Myanmar in the Bay of Bengal (Bangladesh v. Myanmar), Judgment, ICJ Report 2012, p. 50, paras. 147–148.

② 《联合国海洋法公约》第15条："如果两国海岸彼此相向或相邻，两国中任何一国在彼此没有相反协议的情形下，均无权将其领海伸延至一条其每一点都同测算两国中每一国领海宽度的基线上最近各点距离相等的中间线以外。但如因历史性所有权或其他特殊情况而有必要按照与上述规定不同的方法划定两国领海的界限，则不适用上述规定。"

③ See Edwin Egede, "The Nigerian Territorial Waters Legislation and the 1982 Law of the Sea Convention", International Journal of Marine and Coastal Law, Vol. 19, No. 2, 2004, pp. 151–176.

④ 《联合国海洋法公约》第121条第2款："除第3款另有规定外，岛屿的领海、毗连区、专属经济区和大陆架应按照本公约适用于其他陆地领土的规定加以确定。"

⑤ 国际法院在该案中，首先裁定博贝尔礁（Bobel Cay）、萨凡纳礁（Savanna Cay）、罗亚尔礁（Royal Cay）和南礁（South Cay）等岛屿的主权属于洪都拉斯。然后再调整此线的轨迹，以顾及划归上述岛屿的领海并解决这些领海与爱丁堡礁（尼加拉瓜）的领海重叠问题，方法是绘制出一条中线。

他国主张管辖海域，是限制或压缩此类海岛在领海划界中效力的合法理由，① 最后在判决中以博贝尔礁等岛礁和爱丁堡礁（尼加拉瓜）为基点，构建等距离线划分两国领海。② 从上述裁决也可以看出，国际法院对海岛的认定是相对宽松的，只要自然形成的陆地部分在高潮时能够露出水面，而不论其在高潮时出水面积的大小，即属于《海洋法公约》第 121 条第 1 款定义的海岛，进而至少可以主张 12 海里领海，并据此针对相应范围的领空和底土主张主权。在国际海洋法法庭受理的"孟加拉国湾海洋划界案"中，③ 孟加拉国对圣马丁岛（St. Martin's Island）享有领土主权，该岛离孟加拉国与缅甸的距离均约为 6.5 海里，④ 法庭从海岛面积、常住人口、经济规模等因素出发，认为圣马丁岛不属于《海洋法公约》第 15 条规定的特殊情况，应当给予圣马丁岛在领海划界中以全效力。⑤ 以上两个案件表明，海岛在领海划界重叠区域内的位置与其划界效力之间，没有必然的因果关系，"无论地物有多小，岛屿应当像陆地那样形成同样的海洋权利"，⑥ 以此类海岛为领海基点构建等距离线时，改变当事国间大陆领海或群岛基线上最近各点距离相等的中间线的走向，不构成《海洋法公约》中的第 15 条中的"特殊情况"。

第二，海岛在领海划界中具有部分效力或无效作用。《海洋法公约》第 15 条所列特殊情况主要是历史性所有权或其他特殊情况，在特殊情况下当事国领海划界可以不适用等距离线。在涉及海岛的领海划界中，上述特殊情况可能存在下列具体情形。一是当事国在领海划界协议中，对位于

---

① See *Territorial and Maritime Dispute between Nicaragua and Honduras in the Caribbean Sea* (Nicaragua v. Honduras), Judgment, ICJ Reports 2007, p. 744, para. 280.

② Ibid., pp. 751-752, paras. 302-304.

③ 2012 年 3 月 14 日，国际海洋法法庭对孟加拉国与缅甸就孟加拉湾海洋划界争端做出了最终裁决，为孟、缅两国进行了领海划界、200 海里以内的大陆架及专属经济区的单一划界以及 200 海里以外的大陆架划界。

④ See *Dispute Concerning Delimitation of the Maritime Boundary between Bangladesh and Myanmar in the Bay of Bengal* (Bangladesh v. Myanmar), Judgement, ITLOS Reports 2012, p. 49, para. 143.

⑤ 圣马丁岛面积约为 8 平方千米，岛上的永久居民约为 7000 人，并且该岛也是孟加拉国海军和海岸警卫队的重要活动基地。See *Dispute concerning Delimitation of the Maritime Boundary between Bangladesh and Myanmar in the Bay of Bengal* (Bangladesh v. Myanmar), Judgment, ITLOS Reports 2012, p. 51, paras. 151-152.

⑥ *Maritime Delimitation and Territorial Questions between Qatar and Bahrain* (Qatar v. Bahrain), Judgment, ICJ Reports 2001, p. 61, para. 185.

划界重叠区域内、属于一国的海岛的划界效力作出具体安排。该情形是以协商的方式确定海岛在领海划界中的效力，一旦当事国就该协议是否存在以及协议内容存在争议，就需要通过条约解释加以明确。在孟加拉国湾海洋划界案中，孟加拉国与缅甸就两国是否已存在明示或默示的划界协议存在争议。① 二是历史性所有权问题。在当事国领海划界中，历史性所有权能否构成《海洋法公约》第 15 条等距离划界中的特殊，取决于历史性所有权的含义及其在划界重叠区域内的具体存在形态。② 仅就海岛而言，一国享有主权的海岛越过中间线紧邻另一当事国大陆领海基线或群岛基线，可以作为《海洋法公约》第 15 条所称历史性所有权的一种存在形态，此时，是忽略该海岛的划界效力，还是对该海岛可主张的领海宽度进行限制，需要根据该岛的面积、人口和社会经济重要性等因素，具体分析。卡塔尔诉巴林案中，③ 吉塔特杰拉达岛（Qit' at Jaradah）属巴林所有，位于巴林主要岛屿和卡塔尔半岛中间，距离两国都不超过 12 海里，④ 卡塔尔曾主张在领海划界时不考虑有关地区内的岛屿、礁石、环礁或低潮高地，⑤ 采用

---

① 黄瑶、廖雪霞：《国际海洋划界司法实践的新动向——2012 年孟加拉湾划界案评析》，《法学》2012 年第 12 期。

② Historic Title 在国际法上经常被使用，但缺乏明确统一的含义。《联合国海洋法公约》官方中译本将 Historic Title 译为"历史性所有权"，该译法在中文语境下被普遍接受，但也有学者认为 Historic Title 应译为"历史性权利"而非"历史性所有权"。还有学者认为，由于所有权是私法上的概念，在国际法上一般使用"主权"这一概念，所谓历史性所有权实际就是历史性主权。有关国际司法裁决和规范性文件也没有归纳或提出 Historic Title 的内涵，对 Historic Title 形成的时间标准也始终无法形成统一的标准。因此，明确 Historic Title 的含义是讨论《联合国海洋法公约》第 15 条领海划界的"特殊情况"的前置条件。

③ 国际法院在该案中将巴林享有领土主权的巴林主岛、哈瓦尔群岛、马什坦岛和乌姆贾利德岛以及卡塔尔享有领土主权的卡塔尔半岛和贾南岛作为构建领海等距离线的相关海岸。*Maritime Delimitation and Territorial Questions between Qatar and Bahrain*（Qatar v. Bahrain），Judgment, ICJ Reports 2001, p. 97, paras. 185–187.

④ Yoshifumi Tanaka, *Predictability and Flexibility in the Law of Maritime Delimitation*, Oxford and Portland: Hart Pub., 2006, p. 205.

⑤ *Maritime Delimitation and Territorial Questions between Qatar and Bahrain*（Qatar v. Bahrain），Judgment, ICJ Reports 2001, pp. 94–95, para. 179.

"大陆—大陆"的方法划定等距离线。① 法院认为该岛面积狭小（约48平方米），岛上无人类定居，也没有任何植被。如果将其低潮线作为确定等距离线的领海基点，并以之作为两国领海分界线的话，则给予了一个不明显的海洋地物以不相称的影响力。因此，国际法院裁定，在本案中存在使得选择分界线从紧临吉塔特杰拉达岛以东通过，成为正当的特殊情况。即便如此，在分界线与吉塔特杰拉达岛之间仍然存在一定宽度的海域，② 说明吉塔特杰拉达岛在领海划界中至少享有部分效力。三是其他特殊情况。③ 这实际上是《海洋法公约》对第15条所列特殊情况的一个"兜底"条款，由于缺少相应的判例及国家实践，本部分对该情形不作展开讨论。

可见，海岛在海岸相向或相邻国家间领海划界中，通常可作为等距离线的基点。如果一国享有领土主权的海岛邻近他国大陆领海基线或群岛基线，则需要进一步考虑该岛自然属性或经济活动状况，以决定在领海划界中赋予其何种效力。从国际司法及仲裁案例看，在当事国领海划界中，完全剥夺海岛的划界效力是非常少见的。

二 在专属经济区和大陆架划界中的作用

讨论海岛在专属经济区和大陆架划界中的作用，前提是将海岛作为海域划界中独立的地理单元，主张其享有的专属经济区和大陆架。如果海岛属于海岸相邻或相向国家领海基线的基点，则海岛能否"维持人类居住或其本身的经济生活"（《海洋法公约》第121条第3款），对于当事国间

---

① 1991年诉讼开始时，两国领海宽度均为3海里，因此划界的对象是归属于当事各方的专属经济区和大陆架。但是，卡塔尔和巴林分别于1992年和1993年将各自领海宽度扩大到12海里。由于当事双方在划界南部地区的海岸相对，且距离不足24海里，因此该地区的水域就完全变成两国的领海。参见高健军《从卡塔尔诉巴林案看海洋划界习惯法的发展趋势》，《北大国际法与比较法评论》2002年第1期。

② See Sketch-Map No. 5, Enlargement of Sketch-Map No. 3 (Fasht al Azm being Regarded as Part of the Island of Sitrah). See *Maritime Delimitation and Territorial Questions Between Qatar and Bahrain* (Qatar v. Bahrain), Judgment, ICJ Reports 2011, p. 107, para. 219.

③ 如在领海划界重叠区域内的某一海岛，分属于两个或两个以上不同的国家，如波罗的海中的乌瑟多姆岛（德语 Usedom，波兰语 Uznam）。该岛位于奥得河河口以北，面积445平方千米，其中西部373平方千米属德国梅克伦堡，即前波美拉尼亚州，东部72平方千米属波兰西滨海省。Piotr Eberhardt amd Jan Owsinski, *Ethnic Groups and Population Changes in Twentieth Century Eastern Europe: History, Data and Analysis*, London and New York: Routledge Pub., 2015, p. 167.

专属经济区和大陆架划界是不存在影响的。

第一，海岛在专属经济区和大陆架划界中具有全效作用。此时，存在两种情况。一类是以海岛为领海基点，划定海岸相向或相邻国家间的专属经济区和大陆架。此时，海岛被视为沿海国大陆或群岛国群岛的一部分，在划界中拥有如同陆地一样的完全效力，如1973年加拿大与丹麦关于划分格陵兰岛和加拿大之间大陆架的协议。另一类是当事国之间通过协商等和平解决争端方式，赋予划界重叠区域内的海岛以全效作用。此时，海岛的面积大小、经济状况、位置距离等因素，在划界中不具有独立的效力主张作用，海岛在划界中的效力由当事国协商确定。例如，1965年英国与挪威北海大陆架划界案（以下简称"英挪划界案"）与1978年美国与委内瑞拉划界案（以下简称"美委划界案"）中，均涉及海岛的划界效力问题，且海岛领土归属均无争议。"英挪划界案"中涉及设德兰群岛（Shetland Islands），"美委划界案"涉及艾维斯岛（Aves Isle），两个岛屿的自然及社会状况迥异，设德兰群岛面积552平方千米，距挪威与英国分别为173海里和96海里，岛上常住人口约10000人，而艾维斯岛面积只有0.05平方千米，位于委内瑞拉北方约300海里，距美属波多黎各只有191海里，岛上仅有少量委内瑞拉驻军。在"英挪划界案"与"美委划界案"中，均赋予上述海岛完全效力。① 同样，在1990年，库克群岛②与法属波里尼西亚之间适用近似等距离线（equidistance line）划定海洋边界，③ 在"岛屿、岩石、礁石和低潮高地方面的考虑"项内载明"边界及两个完全由岛屿组成的国家之间，所有岛屿不论是否有人居住，都被给予完全的效力"。④ 可见，海岛在划界中的作用并无一定标准，距离因素对

---

① Jonathan I. Charney, "Maritime Boundary Reports and Documents", in Jonathan I. Charney and Robert W. Smith eds., *American Society of International Law: International Maritime Boundaries*, Vol. Ⅳ, Leiden and Boston: Martinus Nijhoff Pub., 2002, pp. 2963-2964.

② 库克群岛（Cook Islands）位于南太平洋，由15个岛屿组成。库克群岛是与新西兰具有自由联合关系的主权国家，是英联邦中新西兰王国的成员国。1973年，库克群岛和新西兰签署共同宣言，宣布享有独立主权和外交权。See Masahiro Igarashi, *Associated Statehood in International Law*, Leiden and Boston: Martinus Nijhoff Pub., 2002, p. 263.

③ Ewan W. Anderson, *International Boundaries: A Geopolitical Atlas*, London and New York: Routledge Pub., 2003, p. 297.

④ See Agreement on Maritime Delimitation between the Government of the Cook Islands and the Government of the French Republic, 3 August 1990.

于海岛在专属经济区和大陆架划界中的作用并无决定性影响。

第二,海岛在专属经济区和大陆架划界中享有部分效力。在划界协议时,本着以双方当事国都能接受之最大公约数,对于岛屿在划界上的效力,视当事国的态度为准。因有些岛屿孤悬在相对国的海岸边,距离本国相当远,这类的岛屿被称为"位于中间线错误一侧的岛屿"(on the wrong side of such delimitation line),① 为了顾及相对国的海域完整等因素,这些岛屿在海域划界时就无法享有完全的效力,只给予部分的效力。

第三,海岛在专属经济区和大陆架划界中具有零效力。除以上两种情况外,还有一些海岛在专属经济区和大陆架划界中,被视为零效力,导致这种情况的因素,主要包括海岛面积狭小、不能维持人类居住或无人居住,或是领土主权归属尚有争议。如1985年利比亚与马耳他的大陆架划界案中,国际法院没有就将费尔弗拉列入马耳他基线是否合法发表任何意见,但法院援引了1969年北海大陆架划界案的裁决,认为费尔弗拉(Filfla)只是一个岩礁,如果将其作为海域划界的基点,将产生不公平的结果,而等距离线的公平性取决于是否采取了预防措施来消除某些小岛、礁石和小的海岸突起所造成的不成比例的影响。因此,法院认为,在测算马耳他与利比亚之间的临时中线时,不考虑费尔弗拉礁是公平的。在确定了这样一个临时中线之后,法院仍需考虑其他因素,包括相称性因素,是否会导致该线作出调整。最后,法院在划界时仅划出一条各点都与双方当事国低潮线距离相等的中线,作为海域划界的界线。②

---

① International Tribunal for the Law of the Sea, *Reports of Judgments*, *Advisory Opinions and Orders / Recueil des arrêts*, *avis consultatifs et ordonnances*, Vol. 12, Leiden and Boston: Martinus Nijhoff Pub., 2012, p. 44.

② The Court does not express any opinion on whether the inclusion of Filfla in the Maltese baselines was legally justified; but in any event the baselines as determined by coastal States are not per se identical with the points chosen on a coast to make it possible to calculate the area of continental shelf appertaining to that State. In this case, the equitableness of an equidistance line depends on whether the precaution is taken of eliminating the disproportionate effect of certain "islets, rocks and minor coastal projections", to use the language of the Court in its 1969 Judgment, quoted above. The Court thus finds it equitable not to take account of Filfla in the calculation of the provisional median line between Malta and Libya. Having established such a provisional median line, the Court still has to consider whether other considerations, including the factor of proportionality, should lead to an adjustment of that line being made. See *Continental Shelf* (*Libyan Arab Jamahiriya/Malta*), Judgment, ICJ Reports 1985, p. 48, para. 64.

纵观岛屿在海域划界中的效力,并没有绝对遵循的准则。海岛面积与其上经济或社会活动的规模,不是影响海岛划界效力的绝对因素。专属经济区及大陆架划界与领海划界不同,《海洋法公约》对专属经济区、大陆架划界并没有提出可以参考的具体方法,而是概括性地规定当事国在无相关有效协定的情况下,以《国际法院规约》第38条规定的国际法渊源为基础,公平解决划界问题。海岛在专属经济区和大陆架划界中的作用不全然因其面积大小、经济活动而异,其位置和划界中的政治因素也相当重要。基于海岛位置而提出的等距离划界与公平划界不同,等距离划界属于划界方法而非划界原则,公平划界是否具有习惯国际法地位仍存争议,目前多数学者倾向于将其认定为"即时"的习惯法。[1]

第二节 海岛在海洋资源开发利用中的作用

有学者将"海洋资源"定义为,一定历史条件下海洋中能被人类开发利用,以提高自己生活水平或生存能力的、具稀缺性的、受社会约束的,各种物质或能量的总称,依据资源的性质通常被分为矿产、能源、渔业、空间及文化资源。[2] 由于可被人类利用的海洋资源范围是随生产力水平提高而不断扩大的,故有关海洋资源分类的学说众多,不存在一个被广泛接受的学说观点。[3] 海洋资源利用,是指国家、法人或其他组织、自然人在一定的技术经济条件下,对海洋中一切能够被人类利用的物质和能量的发现、勘探和开采的一切活动。[4] 我国海岛总面积约占全国陆地面积的0.8%,海岛及其周边海域生物资源和旅游资源丰富,包括24种国家一级保护野生动物和86种国家二级保护野生动物;全国海岛上已发现自然景

---

[1] 高健军:《国际海洋划界论——有关等距离特殊情况规则的研究》,北京大学出版社2005年版,第188页。

[2] 曹明德、黄锡生主编:《环境资源法》,中信出版社2004年版,第4页。

[3] 孙鸿烈主编:《中国资源科学百科全书·下卷》,石油大学出版社、中国大百科全书出版社2000年版,第849页。

[4] 林坚、骆逸玲、吴佳雨:《自然资源监管运行机制的逻辑分析》,《中国土地》2016年第3期。

观 1082 处，人文景观 774 处。① 海岛本身就是一类海洋资源，在海洋资源利用过程中，海岛既是被利用的对象，也是其他类型海洋资源开发利用的辅助性载体，海岛与矿产、能源、渔业、空间及文化资源开发联系密切，本节主要围绕这些海洋资源，讨论海岛在其开发利用中的作用。

一 海洋矿产及能源开发利用

矿产与能源在概念内涵上存在交集，但二者并不相同。② 矿产资源与能源概念的交叉点为"能源矿产"，即能为人类所控制和利用、为人类提供能量来源的特定的矿物资源，③ 能源中的太阳能、风能、潮汐等，不是由地质作用形成的，不属于矿产资源范畴。海岛及其周围蕴藏着丰富的矿产及能源资源，海岛在海洋矿产及能源利用中的作用，主要体现在以下两方面。

第一，海岛是海洋矿产资源及能源生产开发的对象。海岛本身就属于一类海洋资源，陆地上蕴藏的金属及非金属矿产、石油、天然气等能源，在海岛上同样存在，④ 但是地理分布并不均匀。大陆岛因其地质构造与邻近的大陆相似，原属大陆的一部分，加之大部分大陆岛面积较大，故资源蕴藏也相对丰富。例如，马达加斯加岛矿产资源包括各类贵重宝石和半宝石，是世界上最大的蓝宝石生产国，蓝宝石供应量占到全世界的一半，⑤ 并且岛上拥有世界上储藏量最大的钛铁矿，还有煤、铁、钴、铜、镍和铬铁矿等重要矿藏。⑥ 加里曼丹岛矿藏有煤、铝土、钼、铜、锰、锌、金、铬、铅、铂、金刚石、锑、铋、砷、汞、高岭土和重晶石等，金刚石储量

---

① 参见 2016 年《海岛统计调查公报》第 2.3 部分"旅游资源"。

② 参见《节约能源法》第 2 条："本法所称能源，是指煤炭、石油、天然气、生物质能和电力、热力以及其他直接或者通过加工、转换而取得有用能的各种资源。"

③ 欧俊：《论我国能源矿产的立法监管》，《西南石油大学学报（社会科学版）》2016 年第 1 期。

④ Jen Green, *Islands Around the World*, New York: Rosen Publishing Group, 2009, pp. 24-26.

⑤ Federico Pezzotta, *Madagascar: a mineral and gemstone paradise*, Tucson: Lapis International, 2001, p. 32.

⑥ Aidan William Southall, *et al.*, "Madagascar: Natural Resource", Encyclopaedia Britannica, https://www.britannica.com/place/Madagascar（last visited March 15, 2019）.

约为150万克拉,居亚洲首位,同时也是南亚重要的石油出产区之一。①还有一些大陆岛虽然蕴藏的矿产资源种类单一,但储量很大,如我国珠海市万山列岛群、担杆列岛群等海岛金属矿产贫瘠,但是花岗岩分布广泛,储量约42.3亿立方米。② 加拿大塞布尔岛(Sable Island)整体就位于由含有大量磁铁矿的大青石构成的矿床之上。③ 非大陆岛的面积普遍有限,其矿产资源及能源也相对贫瘠,但不乏个别海岛本身就是一个矿物富集区,如瑙鲁面积只有21平方千米,却拥有大量的鸟粪石资源,每年开采量约200万吨,其总产值高达1.2亿美元。④ 海洋岛多为深海海底火山喷发形成的火山岛或珊瑚礁构成的珊瑚岛,⑤ 如我国东沙岛、南沙诸岛礁及台湾本岛东南的兰屿、绿岛等,均为典型的海洋岛。从地质构成看,火山岛以钙碱性玄武岩、高铝玄武岩和安山岩为主要构成成分,珊瑚岛由珊瑚礁或在珊瑚礁上形成的珊瑚砂构成,⑥ 此类海岛多蕴藏云母、白云岩、石英岩等非金属矿产。⑦ 海岛拥有丰富的矿产资源及能源是不可否认的事实,但是由于海岛面积大小不一、地质构造各有不同、所处气候带也差异明显,并非每一个海岛或每一国所有的海岛都蕴含有丰富的矿产资源及能源,这些资源在地理空间分布上极为不均衡。如我国南海永兴岛与越南昏果岛的纬度、面积、气候、植被相当,且地理位置相邻,永兴岛鸟粪磷矿

---

① 冀海波:《海上明珠:魅力天成的奇趣海岛》,河北科学技术出版社2015年版,第85—86页。

② 黄远略、罗民刚、陈升忠:《广东海岛社会经济与开发》,广东科技出版社1995年版,第36页。

③ Marq de Villiers, Sheila Hirtle, *Sable Island: The Strange Origins and Curious History of a Dune Adrift in the Atlantic*, London: Bloomsbury Pub., 2009, p. 39.

④ 张东亮:《大洋深处的"天堂岛"》,《绿色视野》2010年第1期。

⑤ 黄宗理、张良弼主编:《地球科学大辞典(基础学科卷)》,地质出版社2006年版,第160—161页。

⑥ 杨子赓主编:《海洋地质学》,山东教育出版社2004年版,第55—76页。

⑦ 不排除有的海岛位于单一品种金属矿床之上,如法属新喀里多尼亚岛镍矿储量约占世界已知储量的1/4。参见《新喀里多尼亚考虑取消镍矿出口限令》,自然资源部网(http://www.geoglobal.mlr.gov.cn/zx/kczygl/zcdt/201603/t20160311_5355424.htm),最后访问时间:2019年3月26日。

储量约 223550 吨,而昏果岛上几乎没有任何具备商业开采价值的矿产资源。①

第二,海岛在海洋矿产资源及能源利用中具有产业平台的作用。受到地理环境和交通因素的制约,海洋矿产资源及能源利用均需要一个稳定的作业平台或基地,辅助相应开发和生产活动。借助船舶、海上人工平台设施开发海洋矿产资源及能源,具有高投资、高技术难度、高风险的特征,而海岛是作为海洋矿产资源及能源利用的产业平台更具有优势地位。虽然海岛大小不同,但是每个海岛都是海洋中的陆地平台,在其上围绕海洋矿产资源及能源利用建设加工、储存、周转、靠泊、后勤保障、安全保卫、应急救援等设施,较之船舶、海上人工平台更为稳固,日常运行时受海上恶劣气象条件影响的概率更小。对于面积较大的海岛而言,当事国通常会将陆上矿产资源及能源生产开发模式平移至海岛上,或针对其周围海洋产业进行重点建设,成为矿产资源及能源生产开发基地或中转站。如波斯湾中的哈尔克岛(Kharg Island)是伊朗重要的石油输出港,② 同样在北海发现油田后,英国即着手在波莫纳岛(Pomona)建设石油管道的终端和港口。③ 对于面积较小的海岛而言,当事国通过填海造陆的方式,扩大海岛陆地范围,建设相应的平台设施。对于矿产资源比较贫乏,但可再生能源比较丰富的区域,海岛同样能够发挥其产业平台的作用,开发相应区域内的光伏、风能、潮汐能等,并将其转为电力,以供周围生产生活之需,或通过铺设海底电缆的方式接通至电网。如丹麦利用其沿海岛屿兴建了众多风力电站,2015 年风力发电已经占其全国电量总供给的 49.2%。④ 2007 年,英国在奥克尼岛(Orkney Island)建立潮汐电站以来,不仅满足了全

---

① 我国西沙永兴岛与越南昏果岛均位于南海,二者面积相当,约 2 平方千米,均位于北纬 16°—17°,属于典型热带气候。林金枝、吴凤斌:《祖国的南疆:南海诸岛》,上海人民出版社 1988 年版,第 17 页;《昏果岛》,越南之声网(http://vovworld.vn/zh-cn/),最后访问时间:2019 年 3 月 26 日。

② Llewelyn Hughes, Austin Long, "Is there an oil weapon: Security implications of changes in the structure of the international oil market", *International Security*, Vol. 39, No. 3, 2015, pp. 152-189.

③ Tom Patten, "The First Twenty Years of Oil and Gas Development Offshore UK—An Engineer Reflects", *Journal of Power and Energy*, Vol. 199, Iss. 3, 1985, pp. 151-176.

④ Tony Klein, "House approves energy siting bill", http://vtdigger.org/2016/04/26/house-approves-energy-siting-bill/ (last visited March 15, 2019).

岛 2.1 万多居民的生活、交通等用电需求，而且每年还有 3% 的结余。[①]由此可见，海岛在海洋矿产资源及能源利用中，具有十分重要的产业平台作用。

二 海洋动植物资源开发利用

海岛是海洋资源和环境的复合区域，生境（Habitat）[②]具有多样性。海岛四周被水环绕，地理空间具有独立性，每个海岛的生态环境地域系均相对独立，海岛周边的浅滩和礁盘还为鱼类提供了重要的繁殖地和觅食地。[③] 岛陆、岛滩、岛基和环岛浅海四个小生境，都具有特殊的生物群落，[④]被广泛认为是研究生态学和进化生物学基本问题的模型系统。[⑤] 20世纪 60 年代末，麦克阿瑟（Robert MacArthur）及威尔逊（Edward Wilson）发表的《岛屿生物地理学》（The Theory of Island Biogeography）指出，孤立的岛屿会产生较高的物种特有性，与外部相对隔绝（isolation）的状态限制了新物种到达岛屿的可能性，令新物种能由其大陆近亲中演化开来，使岛屿构成其独立的生态系统。[⑥] 从 20 世纪 60 年代至今，有关海岛生态系统的研究不断深入，海岛在动植物资源开发利用中具有的独特价值，得到普遍认识和关注。

海岛是获取海洋动植物资源的场所。海岛是深入海洋的陆地，兼具海

---

① Jeremy Clarkson, "Orkney Islands generate more than 100% electricity from renewable", http://www.scottishenergynews.com/orkney-islands-generate-more-than-100-electricity-from-renewables/; Orkney Islands Council Area, "Demographic Factsheet", http://www.nrscotland.gov.uk/files/statistics/council-area-data-sheets/orkney-islands-factsheet.pdf (last visited March 19, 2019).

② 生境（habitat）是生物出现的环境空间范围，一般指生物居住的地方，或是生物生活的生态地理环境。See Michael S. Mitchell and Mark Hebblewhite, "Carnivore Habitat Ecology: Intergrating Theoary and Application", in Luigi Boitani and Roger A. Powell eds., Carnivore Ecology and Conservation: A Handbook of Techniques, Oxford: Oxford Universiy Press, 2012, pp. 219-220.

③ 参见付元宾《保护独特的海岛生态系统》，《中国海洋报》2016 年 7 月 13 日第 A2 版。

④ 参见《中国海洋 21 世纪议程》第 4.19 项。

⑤ Natalie R. Graham, et al., "Island ecology and evolution: challenges in the Anthropocene", Environmental Conservation, Vol. 44, Iss. 4, p. 323.

⑥ Robert H. MacArthur, Edward O. Wilson, The Theory of Island Biogeography, Princeton: Princeton University Press, 2016, pp. 3-7.

洋和陆地特点的生态空间，具有区别于大陆生境的、独特的生态系统。①面积较大的海岛植物资源丰满，如马达加斯加岛、加里曼丹岛、夏威夷岛、台湾岛等，其中加里曼丹岛森林覆盖率约83%，仅次于亚马孙河流域热带雨林区，树木种类达300余种，②地区生物物种占世界生物种类总数的6%，目前，还不断有新的物种被发现。③海岛周边的礁盘和海底滩地是天然渔礁，是海洋生物栖息的理想环境，为藻类、浮游生物、鱼类等海洋生物，提供了生长及繁殖场所。同时，由于海岛为人类提供了定居、庇护及加工场所，而且远离大陆的海岛其周边水质也较为优良，是天然的养殖基地，故而海岛及其周边海域也是海产养殖的重要区域。如从2007年至今，我国共公布了8批、464处国家级水产种质资源保护区，其中海洋类51个，④以海岛为核心的国家级水产种质资源保护区有14处。我国现有约60种重要经济价值海洋生物的产卵场、索饵场、越冬场和洄游通道，都是在海岛周边海域形成的，在渤海、黄海主要集中分布在庙岛、长山岛等群岛区域，在东海则集中在舟山群岛、渔山列岛、台山列岛等区域，在南海则集中在万山列岛、西沙、中沙、南沙等群岛区域。⑤而且长山群岛还是重要海参养殖基地，是高品质"辽参"的唯一产地。可见，海岛及其周边海域是动植物资源分布的密集区域，是人类捕获、加工、养殖具有经济价值的海洋动植物资源的场所。

海岛是收集动植物基因资源的来源。海洋蕴藏着极其丰富的特殊动植物基因资源，20世纪90年代以来，研究开发海洋动植物基因资源，成为探究海洋生命起源、培育海洋生物新品种、寻找药用基因和提供新的生物

---

① 穆治霖：《从海岛生态系统和自然资源的特殊性谈海岛立法的必要性》，《海洋开发与管理》2007年第2期。

② Dorethea Pio, "Report: Borneo's Lost World: Newly Discovered Species on Borneo", Rebecca D'Cruz eds., http://d2ouvy59p0dg6k.cloudfront.net/downloads/newlydiscoveredspeciesonborneo2504 2005.pdf (last visited January 13, 2019).

③ 《"婆罗洲之心"计划》，商务部网（http://bn.mofcom.gov.cn/article/ztdy/200709/20070905149587.shtml），最后访问时间：2019年3月26日。

④ 参见2015年6月11日《农业部办公厅关于公布第八批国家级水产种质资源保护区面积范围和功能分区的通知》（农办渔〔2015〕39号）。

⑤ 付元宾：《保护独特的海岛生态系统》，《中国海洋报》2016年7月13日第A2版。

制剂的重要途径。① 海岛是重要珍稀动植物的庇护场所，一些远离大陆的海岛，因其自然条件恶劣、交通不便，所以人迹罕至，使其成为一些濒危植物、鸟类和兽类的天然避难所，其中一些物种更是海岛所特有，甚至还有被认为是早已从这个星球上灭绝了的物种。如韩国国家统计局数据显示，韩国约半数维管植物（tracheophytes）是在海岛上被发现的，其中200种属于固有种（indigenous），半数濒危物种和被保护动物存在于海岛上。② 同样，我国海南岛的龙血树、舟山群岛的普陀鹅耳枥、大连蛇岛的黑眉蝮蛇、新西兰南岛的鹬鸵（apteryx australis）③、新几内亚岛的长吻针鼹④等，均仅存在于海岛之上。这些海岛的生态系统通常是封闭的，缺少与外界的基因交流，如我国大连市的蛇岛分布有1.4万余条黑眉蝮蛇，是世界上唯一的只生存单一蝮蛇的海岛。⑤ 独特的生存环境酿就了特殊的物种资源，形成了生物界的孤岛效应，孕育了众多独特的生态系统，发育成为有别于周边海岛和大陆的独特的生态结构和生物基因库。

海岛是保护海洋动植物的前沿基地。海岛动植物资源十分丰富，是大多数地方性或迁徙鸟类的最佳栖息地。目前全球共有8条候鸟迁徙路线，⑥ 每一条迁徙路线均跨越或部分途经海洋，海岛因此成为长距离迁徙鸟类的中转站或繁殖场所，还有一些海岛是本地特有物种的栖息地，如海南省大洲岛是目前金丝燕在我国唯一长年栖息的岛屿。⑦ 浙江省五峙山列

---

① 董波、相建海：《生物信息学现状及我国海洋生物信息学应用展望》，《海洋科学》2004年第1期。

② South Korean National Statistics Office. Explore Korea through Statistics 2014, UDB 2014.151.

③ Hugh A. Robertson et al., "Conservation status of New Zealand birds 2012", New Zealand Threat Classification Series 4, 2013, p. 22.

④ Andrey Giljov et al., "First record of limb preferences in monotremes (Zaglossus spp.)", Australian Journal of Zoology, Vol. 63, Iss. 5, 2016, pp. 320-323.

⑤ 《蛇岛老铁山国家级自然保护区》，生态环境部（http://www.mep.gov.cn/stbh/zrbhq/qgzrbhqml/201605/t20160522_342493.shtml），最后访问时间：2019年3月27日。

⑥ 全球8条候鸟迁徙路线，分别是大西洋迁徙线、黑海—地中海迁徙线、东非—西亚迁徙线、中亚迁徙线、东亚—澳大利亚迁徙线、美洲—太平洋迁徙线、美洲—密西西比迁徙线和美洲—大西洋迁徙线。See Gerard C. Boere, Theunis Piersma, "Flyway protection and the predicament of our migrant birds: A critical look at international conservation policies and the Dutch Wadden Sea", Ocean and Coastal Management, Vol. 68, 2012, pp. 157-168.

⑦ 丁翔宇，等：《大洲岛海洋生态国家级自然保护区的保护探讨》，《海洋开发与管理》2014年第10期。

岛是我国三大鸟类保护区,每年到此停歇、栖息和繁殖的水鸟有 42 种,10000 余只,其中世界性濒危鸟类 1 种,国家级重点保护鸟类 2 种,岛上栖息的黄嘴白鹭约 3500 只,占全国种群数量的近四分之一。① 但是,海岛生态系统又极其脆弱,海岛生物物种濒危及灭绝已成为国际社会关注的重要问题。有统计数据显示,在大陆上因为人类因素导致的生物灭绝通常仅为大型哺乳动物,而在海岛上几乎涉及所有生命形态。自 17 世纪初至今,已知海岛动物中有 75%已经灭绝,其中包括 90%的鸟类、58%的哺乳动物,以及 80%的软体动物。② 世界自然保护联盟(International Union for Conservation of Nature,IUCN)将新西兰、菲律宾、毛里求斯、马达加斯加岛和夏威夷列为受威胁鸟类(threatened birds)占本土鸟类比例超过 15%最为严重的五个国家或地区,③ 这五个国家或地区均位于海岛之上。海岛生物圈中所有的生物,包括动物、植物、微生物,以及它们所拥有的基因和生存环境,是开发海岛动植物资源的基础。海岛生物多样性持续丧失,正在对其上居民和全球生物多样性造成不可逆转的影响,这也凸显海岛生物多样性保护的重要性以及合理利用的必要性。

三 海洋空间资源开发利用

海洋空间资源,是指由海面、海水体和海底组成的可供人类生产利用、生存发展的空间资源。具体利用领域,包括交通运输空间、海洋生产空间、海底通信、电力输送空间等。④ 海岛是海中陆地区域,对于海洋空间资源利用弥足珍贵。面积较小的海岛可以在既有的礁盘或高地基础上,通过人工建设扩大其面积,以拓展陆上可活动范围。可以说,海岛既是海洋空间资源利用的对象,也是拓展海洋空间资源的基点。海岛在海洋空间资源利用中的作用多种多样,上文提到海岛在海洋矿产及能源利用中具有产业平台作用,而其平台功能又可以被细化为海上生产空间功能、储藏空

---

① 全永波:《海岛资源开发利用法律问题研究》,海洋出版社 2016 年版,第 8 页。

② Jonathan Adams, *Species Richness: Patterns in the Diversity of Life*, Berlin and New York: Springer Science & Business Media, 2010, p. 249.

③ "Seafriends-Threatened species of New Zealand", http://www.seafriends.org.nz/enviro/red-data.htm (last visited January 13, 2019).

④ 孟庆武、任成森:《论山东半岛蓝色经济区建设过程中海洋资源的科学开发》,《海洋开发与管理》2011 年第 1 期。

间功能和后勤保障功能。除此之外，还有一些国家将监狱①、地震台②、核电站③、航天发射场等建于海岛之上，在陆地上能够进行的空间利用资源活动，通常均可平移或发生在海岛上。除上述作用外，海岛在海洋空间资源利用中最突出的作用还表现在交通枢纽及航行保障方面。

海岛可建成为深水港、跨洋交通或通信中继站或支撑点。近年来，伴随船舶设计、建造技术的提升，船舶大型化乃至超大型化成为发展趋势，由此对靠泊和中转港口也提出更高要求，海岛在交通枢纽及航行保障方面的作用也更加凸显。一是海岛是深水港的重要建设基地。一个港口发展大型船舶运输，必须有深水航道、深水泊位，港口必须满足大型船舶的吃水、船长、船宽和船高等四个参数要求。超级油轮（VLCC）、液化天然气船舶、干散货船、杂货船等，如其载重吨位大、吃水深，往往只能在港外海上卸载驳运，该卸载驳运均需要借助于系泊点完成，而海上系泊点通常由海上浮式设施（FPSO）或（和）铺设在海底与陆地贮藏系统连接的管道组成，系泊点的缺点在于设备运行受海况影响及船舶碰撞危险大。依托海岛建设深水港能够有效解决港口淤积及大型船舶靠泊问题，良好的地质条件和开阔的锚地，是海岛建设深水港的天然优势。二是海岛是海上交通运输枢纽。一些海岛处于大洋深处、联系各大洲的中间地带，由于其具有安全性高、隐蔽性好、交通便利等优点，不少已成为海空航线及通信线路的中继站。例如，关西机场、香港机场、仁川机场都是坐落在海岛上，这些海岛相应也成为海空航线的中继站，这些海岛在和平时期是海空交通和通信枢纽，战时则成为运送兵力的中间站和军事通信的要地。

四 海洋文化资源开发利用

海岛文化具有独特性、完整性和补充性。许多海岛文化由于受历史、

---

① 林洪熙、施云娟：《探访南斯拉夫的海岛上的废弃监狱》，人民网（http://fj.people.com.cn/n/2014/0915/c181466-22314090.html），最后访问时间：2019年3月28日。

② 《大连市地震遥测通讯站》，中国地震信息网（http://www.csi.ac.cn/manage/eqDown/09JianCeZhi/LN/05diwuzhang/04.htm），最后访问时间：2019年3月28日。

③ 如位于英国安格尔西岛的威尔法（Wylfa Nuclear Power Station）、中国宁德核电站等。See Trudy Ring, Noelle Watson and Paul Schellinger, *Northern Europe: International Dictionary of Historic Places*, London and New York: Routledge Pub., 2013, p.49.

地理、人口等条件所限，在传承和发展方面受到地理空间的制约，形成独特的文化特色和文化内涵，具有显著的地域性和民族性。部分外来文化经由大陆传入海岛后，经过长时间的演变，形成本土化形态，进而具有原真性特征。一般而言，封闭式的地理环境使得海岛更容易远离大陆地区的社会动荡和战乱侵扰，故海岛文化在存续上遭受到的外来冲击较小，岛上居民的传统生活方式、海岛文化结构发生改变概率和规模相对有限。① 海岛作为人类活动的重要舞台，在人类在与海洋进行广泛的互动历史进程中，创造了精彩而辉煌的海岛文化。即使岛上人类活动消失后，依然会存在大量文化遗存，这些文化遗存是探究人类文明史和沿海国历史的重要依据，正因如此，欧美考古学界在对海洋聚落进行研究过程中，提出了"海岛考古学""海岸与海岛考古学"等概念，② 用以强调对海岛文化发掘与探究的重要性和独特性。

海岛文化是一国开发和利用文化资源的重要对象。海岛具有独特的自然及人文景观，很难被模仿和复制，开发和利用海洋文化资源离不开海岛文化资源，海岛旅游是呈现海岛文化价值的方式之一，也是目前各国利用海岛文化资源的主要途径。海岛旅游提供的服务产品包括两类：一类是自然景观产品，如沙滩、珊瑚礁等；另一类是文化产品，主要是历史遗迹、民俗活动等。一般而言，海岛地理位置相对封闭，而且具有与外部社会相对隔绝的特征，拥有与大陆国家（地区）不同的社会风俗和人文特征，易于形成特色文化旅游区域。这些国家或地区欠缺天然资源与充足的耕地资源，因此很难发展出足够规模的农业与工业，海岛文化成为这些国家或地区谋求实现经济增长的重要开发对象。

第三节 海岛在海洋军事利用中的作用

海岛作为维护国家安全的天然屏障，是控制海洋、支撑海洋战略通道的支点。海岛既可作为军事补给、训练、武器试验和军事基地建设的场

---

① 张杰：《海洋文化资源要开发与保护并重》，中国社会科学网（http://www.cssn.cn/zx/bwyc/201404/t20140419_1076732.shtml），最后访问时间：2019年3月29日。

② Paul Rainbird, *The Archaeology of Islands*, Cambridge and New York: Cambridge University Press, 2007, pp. 1–5.

所，也是军事斗争的前沿。海岛具有十分重要的军事价值，在海防建设中有特殊的地位和作用，是国防前沿阵地和海防前哨，被誉为"不沉的航空母舰"。据统计，第二次世界大战结束以来，全球爆发的海上局部武装冲突达200次，其中大多涉及岛屿，岛屿争端成为当今海上冲突的焦点之一。① 海岛在海洋军事利用中的作用，主要由岛屿位置、面积、形态以及在国家政治、经济、军事活动中的地位所决定，一些海岛由于其所处位置的特殊，成为军事布防的战略要地。②

一 维护国土安全的防御作用

一些海岛由于其所处位置的特殊，成为军事布防的战略要地，处于国土防御的前沿。有学者指出，在未来高科技局部海战中，能否改善海上战场环境，对保障海上作战兵力及时展开和战役机动自由，顺利地执行各项作战任务，以及保障沿海各地区间及同国外海上交通的畅通，都有极为重要的意义。③ 一国获得制海权依托的军事基地主要有三种形式，即大陆基地、海岛基地和航母。大陆基地无法提供远程补给，航母作为活动基地兵力容量有限，且受到可航水域自然条件的限制，海岛具有空间稳定性和延展性，正因为如此，很多海岛都被用来建设军事基地，包括用于战略防御、后勤补给、交通通信的中转站，例如塞班岛、硫磺岛、提尼安岛、关岛等。

自然条件较好且适合驻军的海岛是重要的海上据点和军事基地，它可以直接控制岛屿周围的海域，且在海战乃至现代局部战争中都具有攻、防双重作用。④ 对于滨海大陆国家而言，海岛位于陆地领土向海一侧最边缘，一旦出现来自海上的安全威胁，依托海岛进行军事防御首当其冲。对于群岛国家而言，位于群岛最外围的岛屿同样具有控制航道、掩护群岛重要地区和目标，消灭登陆、着陆之敌的军事用途。第二次世界大战期间，日本在1941年前后接连占领太平洋的各个岛屿，并在岛上修筑各防御工

---

① 朱文泉：《岛屿战争论·上卷》，军事科学出版社2014年版，第2—3页。
② 王泉斌：《韩国无人岛开发、保护、管理及对我国的借鉴》，《海洋开发与管理》2015年第10期。
③ 李杰、周碧松：《迎接海洋世纪——现代海战》，北京科学技术出版社1997年版，第122页。
④ 庄孔造、林河山：《加强海岛管控能力建设探讨》，《海洋开发与管理》2013年第10期。

事和机场，使得日本的"绝对国防圈"范围不断扩增。此后，敌对双方在太平洋战场上的较量以海空战和夺岛战为主，围绕瓜达尔岛、塞班岛、硫磺岛、冲绳岛、吕宋岛等展开了激烈的争夺战。在美军先后攻陷硫磺岛和冲绳岛后，日本本土全面处于盟军攻击之下。① 可以说，夺岛战对于扭转太平洋战场战局具有至关重要的作用。1982 年，英国和阿根廷为争夺马尔维纳斯群岛（福克兰群岛）主权而爆发局部战争，该战主要战场全部在海上和岛屿，是第二次世界大战后规模最大的海空作战的现代战争。② 在和平时代，海岛是重要的军事基地，如查戈斯群岛的主岛迪戈加西亚岛（Diego Garcia）位处太平洋与印度洋的重要国际水域，是非洲好望角—新加坡、红海—澳大利亚间多条航线的会合点，战略地位重要。③ 长期以来，迪戈加西亚岛一直被作为军事基地加以使用。2018 年 5 月，日本政府正式出台第三期《海洋基本计划》，公布 2018—2022 年海洋政策和治理措施。该计划要求日本自卫队根据防卫计划大纲以及中期防卫力维护计划，切实履行防卫任务，特别是通过向包括西南诸岛在内的岛屿配备防卫力量等，强化岛屿防卫态势。日本海上保安厅应根据"关于强化海上保安体制的方针"，切实谋求强化海上执法能力，特别是强化钓鱼岛"领海警备"体制。④

利用岛链战略进行军事防御。"岛链"（Island Chain）战略是由美国前国务卿杜勒斯（John F. Dulles）于 1951 年首次明确提出的一个特定概念，⑤ 最初"岛链"战略是指基于呈弧形环绕亚洲大陆东端的一系列岛屿、群岛而构建的军事防御体系，其后泛指从战略角度对一些海岛进行军事化建设，构成了一条弧形的外海防御链条。⑥ 其后，美国通过联盟的方式把岛屿所在国的政治、经济、军事力量纳入"岛链"中，以增强战略能力，这主要体现在《美菲共同防御条约》《澳新美安全条约》《美日安

---

① 佚名：《两大夺岛战：美军决胜太平洋》，《浙江日报》2015 年 8 月 31 日第 030 版。

② 吴迪：《马岛战争期间英国交战规则的演变》，《国际政治研究》2016 年第 5 期。

③ See David Stiefel Vine, *Empire's Footprint: Expulsion and the United States Military Base on Diego Garcia*, City University of New York Dissertation, 2006, pp. 10-11.

④ 2018 年日本《海洋基本计划》，日本内阁府网（http://www8.cao.go.jp/ocean/policies/plan/plan.html），最后访问时间：2019 年 10 月 24 日。

⑤ Michael J. Green, *By more than Providence: Grand Strategy and American Power in the Asia Pacific Since 1783*, New York: Columbia University Press, 2017, p. 282.

⑥ Geoffrey Till, Patrick Bratton, *Sea Power and the Asia-Pacific: The Triumph of Neptune?*, London and New York: Routledge Pub., 2012, pp. 80-81.

全保障条约》《美韩共同防御条约》《东南亚集体防务条约》等防御协定中，以及各种务虚和务实的军事合作。① 目前，美国在西太平洋地区的战略部署就是按岛链展开的。美国在亚太地区共有七个基地群，呈链状配置。第一岛链由西南太平洋和东北亚两个基地群组成，控制着具有战略意义的航道、海峡和海域。第二岛链由阿拉斯加、关岛、澳大利亚、新西兰和印度洋四个基地群组成，是第一岛链依托，也是重要的监视侦察基地和海空运输中转基地。② 第三岛链由夏威夷群岛基地组成，是支援美国及其同盟国在亚太地区作战的后方基地，起到沟通前线和美国本土的纽带作用，是美国国土防御的前哨阵地。③ 利用岛链战略进行军事防御的价值包括两方面。一是海岛在海空战争中具有支撑点作用。借助岛链上部署的军事力量，对被封锁国家或地区实施战略威慑，实施岛链战略对被封锁国安全环境产生了一系列影响，在岛链包围下不仅挤压了被封锁国的地缘空间，对其国土最外围形成战略上的合围，控制其进入外海的海上通道，弱化其海上军事实力。二是在岛链之上构建立体的军事防御及警报体系，在岛链上配备先进的监测仪器，对被封锁国的船舶及近岸军事活动进行跟踪探测，收集相应的军事信息，形成威慑之势，也是目前海岛军事利用中的普遍做法。

二 控制海上通道的堡垒作用

全球化背景下，海洋对当今社会的最大价值莫过于海上通道与海洋资源。海洋是国际贸易的纽带和桥梁，全球贸易运输中百分之九十以上是通过海上运输完成的，④ 海上通道是在贸易的驱动下形成的，其所具有的战略性、快捷性和不可替代性等特性对国家经济发展和海上军事斗争具有全面、持久和重要的影响。⑤ 在全球化时代，有效控制海上通道，就意味着控制资本的流向和国际利益分割。

---

① 吕正韬：《"岛链"战略锁不住中国》，《中国青年报》2013年11月29日第9版。
② [美]罗伯特·D.卡普兰：《即将来临的地缘战争》，涵朴译，广东人民出版社2013年版，第221页。
③ 楚树龙、耿秦主编：《世界、美国和中国：新世纪国际关系和国际战略理论探索》，清华大学出版社2003年版，第230页。
④ 肜新春：《通往海运强国之路》，《人民日报》2014年2月21日第23版。
⑤ 李兵：《海上战略通道博弈——兼论加强海上战略通道安全的国际合作》，《太平洋学报》2010年第3期。

利用海岛控制海上战略通道具有普遍性。海峡、跨洋运河、国际航道是重要的海上战略通道，对海上运输影响重大，海岛在控制这些海上战略通道中具有"堡垒"作用。除面积狭窄、两岸陆地可控制的通道外，位于海上战略通道出（入）口和内部的海岛普遍被当事国（沿海国）设置军事据点或改造为军事基地。如在马六甲海峡东侧分布有众多海岛，英国在此建有海军基地；东北侧韦岛建有印度尼西亚的沙璜海军基地；北侧槟榔屿建有马来西亚的槟城海军基地。位于红海海口的丕林岛是也门重要的海军基地，位于霍尔木兹海峡附近的阿布穆萨岛、大通布岛和小通布岛部署有伊朗防空导弹部队。其他位于海上战略通道出（入）口和内部的海岛也有类似的情况，如英吉利海峡北侧的怀特岛、南侧的海峡群岛，龙目海峡中部有柏尼达岛，巽他海峡中部的桑吉安岛、拉卡塔岛和塞贝西岛，莫桑比克海峡北部有科摩罗群岛，白令海峡中部有俄罗斯的克拉特曼诺夫岛和美国的小代奥米德岛等。

三　作为补给中继站及武器试验场

海岛在作为军事中继站古已有之。早期海岛军事基地的功能主要是为商船和战舰在出海时提供补给，躲避各种自然和政治风险。在殖民时代，西方殖民大国以这些基地为前沿阵地，不断向内陆纵深地区扩展势力。出于战争的需要，欧洲殖民列强在国际航道沿途需要一些类似好望角、圣赫勒拿岛等海军基地，这些海军基地的首要功能不是贸易，而是军事。① 和平时期，海岛是海空交通、通信枢纽；一旦爆发战争，海岛军事基地的功能主要体现在通过海洋运输兵力以维护国际贸易航线的顺畅、确保航线的安全、控制关键海峡与水道、阻止其他大国控制这些战略地区等。例如，清朝时期英法联军先后3次经长岛海域侵占京、津，在此后的日俄战争和日德战争中，日本侵略军利用长岛作为中继站，攻陷旅顺口和青岛。② 美国陆军工兵部队于1942年在阿森松岛（Ascension Island）修建了怀德威克空军基地（Wideawake Base），该基地是第二次世界大战期间美洲至南非之间的运输中继站及物资储备地，同时，该空军基地在大西洋战役的反潜战中发挥了重要作用。第二次世界大战结束后，美国国家航空航天局继

---

① 参见孙德刚、邓海鹏《海外军事基地的理论解析》，《国际论坛》2012年第6期。
② 长岛县人民政府：《长岛地方志》，长岛县人民政府网（http://www.changdao.gov.cn/col/col7122/index.html），最后访问时间：2019年3月14日。

续利用阿森松岛建立导弹及航天跟踪站，并设置全球定位系统（GPS）地面卫星监控站。1982年福克兰群岛（马尔维纳斯群岛）战争期间，英国特混舰队曾在阿森松岛休整并进行登陆演练，还从岛上派出轰炸机和鹞式飞机，进行空袭和巡逻任务。① 在当代，海岛被作为军事中继站的事例数不胜数，例如，马里亚纳群岛南端的关岛不仅是美国的大型海空基地，也是沟通美国西海岸、菲律宾、太平洋岛屿及澳大利亚之间诸多海空航线的中继站，岛上还建有港口、机场和大型舰船修理厂。查戈斯群岛、亚速尔群岛分别为印度洋、大西洋的交通、通信中继站。② 可见，海岛在军事补给中的主要功能，包括为兵力运输中转提供平台、为船舶提供停靠港口和物质补给、为飞机执行长距离飞行任务提供中转站，以及发动空袭提供起降基地等。

远离大陆的洋中岛屿被作为核武器试验基地。海岛在军事利用中不仅是控制海洋交通线及其附近海域的堡垒，还可以屯驻大量兵力，远离大陆的洋中岛屿还可以用于武器试验。在第二次世界大战期间，英国在苏格兰北部的格林亚德岛（Gruinard Island）进行生化武器试验（炭疽热细菌）。③ 位于太平洋中部马绍尔群岛的夸贾林环礁导弹试验场则是美国弹道导弹和反弹道导弹的主要试验场，1946年至1958年期间位于马绍尔群岛的比基尼岛是美国核武器试验基地。自1947年以来，埃尼威托克岛一直是美国的氢弹爆炸试验场，1941年夏威夷群岛西南的约翰斯顿岛也曾被美国作为核武器试验场。其他国家也同样重视所属岛屿的军事利用，如在土阿莫土群岛、社会群岛中的塔希提岛上都建有法国的核试验站。④

第四节　海岛在深化海洋国际合作中的作用

海洋是一个整体，开发和保护海洋、构建"海洋命运共同体"，需要

---

① See Ronald L. Slaughter, "The politics and nature of the conventional arms transfer process during a military engagement: The Falklands - Malvinas case", *Contemporary Security Policy*, Vol. 4, No. 1, 1983, pp. 16-30.

② 沈文周：《我国军用海岛的开发思考》，《海洋开发与管理》1995年第4期。

③ Ferenc M. Szasz, The Impact of World War II on the Land: Gruinard Island, Scotland, and Trinity Site, New Mexico as Case Studies, *Environmental History Review*, Vol. 19, No. 4, 1995, pp. 15-30.

④ 沈文周：《我国军用海岛的开发思考》，《海洋开发与管理》1995年第4期。

世界各国的共同努力。在深化海洋国际合作进程中，许多国家基于本国国情和发展需求，提出相应的国家战略或合作倡议。如 2014 年，印度尼西亚总统佐科提出旨在振兴印尼在亚太地区经济与政治地位的"海洋强国"战略，倡导将印度尼西亚建成"全球海上支点、全球文明枢纽"的愿景。① 2018 年 5 月，日本第三期《海洋基本计划》提出，积极参加与海洋相关的国际合作框架，努力在国际性活动中扮演主导角色，为进一步加强海洋研究和技术创新，推动海洋科学领域的国际合作，提高区块海洋信息之间的无缝衔接。② 共建 21 世纪海上丝绸之路是中国政府面向国际社会提出的重大合作倡议，③ 该倡议以政策沟通、设施联通、贸易畅通、资金融通、民心相通为主要内容。④ 共建海上丝绸之路两个重点方向存在大量海岛，这些海岛主要分为包括大陆国家的沿海岛屿（群岛）、岛屿国家或群岛国⑤的海岛，以及大陆国家的洋中海岛（群岛）三类。本部分主要围绕共建海上丝绸之路的倡议，以区域合作为角度，从单一海洋地物层面以及岛屿国家（地区）角度，分析海岛在共建海上丝绸之路中的作用。

一 推进海上互联互通建设的重要枢纽

海上互联互通的本意在于促进交往、保障贸易安全。共建海上丝绸之路的沿线国家多是海洋国家，因此理应以海洋经济合作为重点，以经济走廊为依托，以交通基础设施为突破，构建稳定与安全的海上通道，充分利用和共同开发海洋资源等。共建海上丝绸之路同我国海上运输通道关系密切，维护海上运输通道安全同贸易畅通相关的海上通道、海峡关系密切，这些海上通道包括东北亚地区的大隅海峡、对马海峡、清津海峡、宗谷海

---

① 参见《印度尼西亚：全球海上支点》，中国一带一路网（https://www.yidaiyilu.gov.cn/info/iList.jsp?tm_id=126&cat_id=10011&info_id=1063），最后访问时间：2019 年 3 月 14 日。

② 日本第三期《海洋基本计划》（2018 年 5 月），日本内阁府网（http://www8.cao.go.jp/ocean/policies/plan/plan.html），最后访问时间：2019 年 3 月 14 日。

③ 《21 世纪海上丝绸之路国际研讨会在泉州开幕》，国务院新闻办公室网（http://www.scio.gov.cn/zxbd/tt/zdgz/Document/1455103/1455103.htm），最后访问时间：2019 年 3 月 14 日。

④ 参见《推动共建丝绸之路经济带和 21 世纪海上丝绸之路的愿景与行动》第 4 部分。

⑤ 《联合国海洋法公约》第 46 条（a）项将"群岛国"定义为，"全部由一个或多个群岛构成的国家，并可包括其他岛屿"。构成公约所指"群岛国"需要符合该条（a）、（b）的定义，还需要当事国宣布其为"群岛国"。如日本、新西兰、英国等，在地理形态构成上由诸多海岛构成，但是其并未明确宣布自己为"群岛国"。

峡等；东南亚海上通道和海峡主要是南海航道、菲律宾群岛及海峡、印尼群岛及海峡、马六甲海峡以及印度洋地区的海峡和通道。以上海上通道沿线存在数量众多的海岛，在推进海上互联互通建设过程中，海岛是建设海上交通枢纽建设的重要地理节点。

港口发展模式是最大限度发挥海岛自身区位优势的有效途径，受到海岛自身条件、国家宏观布局、区域经济发展需要等多种因素的制约。海上丝绸之路沿线海岛众多，具有丰富的港口资源，其中一些港口深水岸线逼近岛岸，适宜发展大型深水集装箱港。近年来，诸多沿海城市纷纷通过跨海大桥、海堤等将海岛与大陆相连、岛屿与岛屿相连，海岛已然"半岛化"，海岛区位条件发生重要转变，为海岛产业和设施互联互通提供保障。例如，2014年10月印尼政府提出海上之路的目标，即连接东西两端的海上通道，增添大型船舶，新建深水港，改善现有的港口设施，以及开采海上资源等。[①] 我国洋山港是世界第一座海岛型深水集装箱港区，年吞吐量等于美国所有港口吞吐量之和。从投资领域和地区合作来看，在共建海上丝绸之路过程中，利用当地的资源，建立经济开发区，进行产业转移，依靠沿线国家海岛港口修建区际及国家间物流连通设施，将会完善区域生产网络，对地区统一市场的构建、贸易和生产要素的优化配置起到积极的促进作用，也会为沿线国家提高发展质量带来新的历史机遇。

二　互补性经济贸易合作的资源载体

经济贸易合作是共建海上丝绸之路的主要内容。从经济价值看，海岛独特资源不仅包括生物及非生物资源，还包括景观资源等，借助于海岛独特资源的开发，当事国之间通过贸易互补的形式在经济领域相互连接。目前，中国与共建海上丝绸之路沿线国家就海岛相关的经贸合作大致有两类。

一类是岛上生物及非生物资源的进出口贸易。部分海上丝绸之路沿线海岛具有独特的生物及非生物资源，其性质以原材料为主，其中生物资源主要为木材、动物制品和热带水果，非生物资源主要为矿石和能源。中国作为世界最大的木材进口国，木材年需求量为2.6亿—2.8亿立方米，大量进口木材来自海上丝绸之路沿线热带国家，包括巴布亚新几内亚、所罗

[①] 参见王东祥《三国海岛开发对我们的启示》，浙江省发展规划研究院网（http://www.zdpri.cn/sanji.asp?id=222966），最后访问时间：2019年2月19日。

门群岛和马来西亚。① 以巴布亚新几内亚为例,其原木出口年总量约为299.9万立方米,其中86%原木出口中国。② 部分岛屿国家有着优良的畜牧资源,如新西兰、英国等,中国是这些国家乳制品、肉类制品的重要进口国。在能源矿产资源贸易方面,部分海岛富集镍、磷酸盐、锡、钛、锑、银、钾盐、石膏、重晶石等非金属和金属矿物,其附近海域的石油和天然气储量也非常可观。矿产和能源投资已成为我国跨国贸易最为重要的行业之一,对外投资90%集中在矿业、能源等领域。③ 可见,一方面,中国从上述国家或地区进口海岛具有独特的生物及非生物资源,另一方面,通过向其出口油料、纺织品、机械设备等,进而实现贸易上的互补。④

另一类是以海岛旅游为主的服务贸易。发展海岛旅游的模式包括高端度假驱动模式、邮轮港口驱动模式、商务娱乐驱动模式和民俗风情驱动模式,这四种模式相互交织,往往在同一个海岛中搭配使用。⑤ 目前,全球共有超过50个国家、70个成熟的海岛旅游目的地,其中,约40%的国家或地区旅游收入对其GDP贡献率超过20%。⑥ 中国旅游研究院(文化和旅游部数据中心)2019年8月发布的《全球海岛旅游目的地竞争力排名研究报告》显示,全球旅游业占GDP比重超过20%的31个国家和地区中,27个为岛屿国家和地区。⑦ 海岛旅游在国、内外已经成为一项产业蓬勃发展,有统计数据显示,从2010年到2015年,海岛旅游已经成为相当受欢迎的出行选择,国内游客出境进行海岛旅游的人数平均每年增长约

---

① 参见英国森林协会《木材合法性国家指南:中国》,英国森林协会网(http://www.tft-earth.org/),最后访问时间:2019年2月19日。

② United Nations, *Forest Products Annual Market Review* 2008-2009, New York: United Nations Publications, 2009, p. 152.

③ 从2005年开始,中国取代日本成为世界镍消费第一大国。世界镍矿主要出口地区为印度尼西亚和菲律宾,两国镍矿出口量占世界出口总量的98.2%,而中国是世界最大的镍矿进口国,约占世界贸易量的84%。参见2012年《中华人民共和国商务部镍矿进口贸易指南》第3.1.1部分。

④ 《2015年中国对外贸易发展情况》,商务部网(http://zhs.mofcom.gov.cn/article/Nocategory/201605/20160501314688.shtml),最后访问时间:2019年3月5日。

⑤ 参见中国旅游研究院2019年《全球海岛旅游目的地竞争力排名研究报告》第3部分。

⑥ 参见王俊禄《世界海岛旅游发展报告:海岛旅游游客年均增长逾两成》,新华网(http://news.xinhuanet.com/fortune/2015-10/13/c_1116812528.htm),最后访问时间:2019年3月5日。

⑦ 参见中国旅游研究院2019年《全球海岛旅游目的地竞争力排名研究报告》第1部分。

5.3%，与此同期，全球海岛国际游客人数增长速度约 4.5%。① 2019 年国际海岛旅游大会发布的《世界海岛旅游发展报告》指出，对于缺乏第一产业和第二产业支撑的资源型海岛目的地，旅游业是带动当地发展的重要产业。② 在我国国内，海岛旅游业也已经成为许多海岛县（市、区）经济收入的重要来源，如 2013 年我国 14 个海岛县（市、区）中，海岛旅游总收入与地方 GDP 比值超过 20% 的有 9 个县（市、区），超过 10% 的有 2 个，低于 10% 有 3 个。③ 2017 年《国内居民海岛旅游消费研究报告》统计指出，2016 年我国居民出境进行海岛游人数超过 3500 万人次，④ 超过比利时、葡萄牙和希腊三国人口之和，海岛旅游在跨国服务贸易中已经成为支柱产业。《全球海岛旅游目的地竞争力排名研究报告》显示，海岛旅游业已发展成为我国海洋经济产业结构中的核心支柱，占比高达 42.1%；目前海岛旅游市场规模已经超过 1000 亿人民币，海岛游产品在未来三年的复合年均增长率将达到 35%。⑤

三 海上安全维护产品供给的地理平台

安全维护属于公共产品的一部分。2015 年《推动共建丝绸之路经济带和 21 世纪海上丝绸之路的愿景与行动》提出共同建设通畅安全高效的运输大通道，⑥ 共建海上丝绸之路沿线海岛为海上安全维护产品"落地"提供了地理平台。

海上安全维护产品属于区域性国际公共产品供给范畴。区域性国际公共产品，是指服务和适用于本地区的，成本由域内国家共同分担的国际性

---

① 《2016 国际海岛旅游大会领航舟山旅游蝶变之路》，浙江省人民政府网（http://www.zj.gov.cn/art/2016/9/28/art_37136_2183253.html），最后访问时间：2019 年 3 月 5 日。

② 安海燕：《2019 国际海岛旅游大会发布〈世界海岛旅游发展报告〉》，《中国海洋报》2019 年 9 月 2 日第 2 版。

③ 旅游总收入与 GDP 比值超过 20% 的有长岛县、珠海市万山海洋开发试验区、洞头县、舟山市（含 2 区 2 县）、南澳县和东山县，超过 10% 的有长海县和玉环县，只有 3 个海岛县低于 10%。参见肖建红等《海岛旅游绿色发展生态补偿标准研究——以浙江舟山普陀旅游金三角为例》，《长江流域资源与环境》2016 年第 8 期。

④ 钱春弦：《我国居民出境海岛游今年有望突破 4000 万人次》，新华网（http://travel.news.cn/2017-07/31/c_1121407815.htm），最后访问时间：2019 年 3 月 5 日。

⑤ 参见中国旅游研究院 2019 年《全球海岛旅游目的地竞争力排名研究报告》第 1 部分。

⑥ 参见《推动共建丝绸之路经济带和 21 世纪海上丝绸之路的愿景与行动》第 3 部分。

安排、机制或制度。广阔的海域既是沿岸国安全屏障,更是全球经济发展的大动脉。经济的高速增长带来战略性资源的对外依存度不断上升,这些资源的进出口大多通过安全系数高、运行成本低的海运方式加以完成。海上安全是沿岸国对外交流和交往的依托,海上安全维护不仅支撑着区域内各国经济安全的有效运行,同时也是其国家共同利益的重要构成部分。①共建海上丝绸之路的构想是中国向世界提供的公共产品,②而这种公共产品不仅仅限于经济贸易层面,还包括环境保护、区域安全、交通服务等。③海上安全维护公共产品属性,不仅仅体现在公共产品的收益或"溢出效应"将辐射区域内所有国家,还体现在公共产品的"外溢效应"将覆盖跨越特定区域的若干国家。

基于海岛供给的安全维护产品更具稳定性。海上安全维护产品包括两类。一类是基于海上交通管理实现海上安全。即借助海上助航设施,标示航道的方向、界线和障碍物,揭示有关航道信息,尤其是存在海上暗礁、海底浅滩的区域,设置必要的海上助航设施使船舶能有效地回避碍航物,帮助船舶识别航区、测定船位,为船舶指示出安全、经济的航道。另一类是通过海上巡航实现海上安全。即借助行政执法船或军舰,维护区域内航行秩序,打击海盗、海上恐怖主义等,对遇难船舶进行搜寻、救助和打捞。在茫茫大海之中,以上两类安全维护产品的现实供给均需要空间载体,此类空间载体无外乎交通工具(船舶及平台设施)和地理构造。从实际情况看,在远离大陆岸线的大洋中,基于交通工具维护海上安全,具有显著周期性和时滞性特征,安全保障设施、海上应急救助力量以及设施

---

① 相关讨论参见马金星《南海航行安全中国家管辖权的冲突与协调》,《社会科学辑刊》2016年第6期。关于近年来南海地区发生的海难救助、海盗袭击等危及航行安全的事件,参见交通运输部《中国海上搜救中心救助多艘越南渔船及渔民》,中国政府网(http://www.gov.cn/gzdt/2006-05/26/content_ 291851.htm),最后访问时间:2019年3月7日;于胜楠、赵叶苹、梁嘉文《南海海盗袭击仅次于索马里海域,中国深受其害》,新华网(http://news.xinhuanet.com/mil/2010-07/05/content_ 13810713.htm),最后访问时间:2019年3月7日。

② 外交部部长王毅2015年3月23日在中国发展高层论坛午餐会发表演讲时表示,"一带一路"构想是中国向世界提供的公共产品。参见王毅《"一带一路"构想是中国向世界提供的公共产品》,新华网(http://news.xinhuanet.com/politics/2015-03/23/c_ 127611758.htm),最后访问时间:2019年3月8日。

③ 参见胡望舒、寇铁军《区域性国际公共产品研究评述》,《地方财政研究》2016年第9期。

不足，直接影响和制约海上安全维护产品供给的有效性。以海上护航和搜救为例，常态化护航是基于海军交替轮换实现的，在亚丁湾、索马里海域护航的中国军舰从母港出发后，需要航行 4400 千米方能到达预定护航海域。① 在 2014 年马航"MH370"南海搜救阶段中，从航班失踪到中国海警 3411 号公务船抵达重点搜索海域，耗时 30 余小时。② 通过海上巡航实现海上安全的瓶颈在于船舶及飞行器的续航能力，在基地设置上有效覆盖管辖海域或责任区，是改善续航能力方法之一。利用海岛，尤其是大洋中的海岛，建设海上安全维护设施、平台或补给基地，可大幅提升地区海上交通服务能力，并提供航海气象、海难救助等安全维护产品。例如英国在长 11450 千米的海岸线上设有 30 个基地，③ 用于海上巡航执法、救助打捞；2015 年以来，我国在南海华阳礁、赤瓜礁、渚碧礁、永暑礁和美济礁建造多功能灯塔、机场、医院、气象观测站等海上公益服务设施，提供海上补给、搜救、气象预测、海啸预警等服务功能，有效保障了航行安全，降低了船只搁浅触礁的风险。④

四 多边合作机制参与群体的来源对象

在推动共建海上丝绸之路方面，2015 年《推动共建丝绸之路经济带和 21 世纪海上丝绸之路的愿景与行动》提出强化多边合作机制作用，发挥上海合作组织等现有多边合作机制作用，与相关国家加强沟通，让更多国家和地区参与海上丝绸之路建设。⑤ 2017 年《"一带一路"建设海上合作设想》更是具体提出联合开展珊瑚礁等典型海洋生态系统监视监测、健康评价与保护修复，保护海岛生态系统和滨海湿地，支持沿线小岛屿国家应对全球气候变化，支持沿线国开展海岛状况调查与评估。⑥ 目前，世

---

① 李唐：《接力护航助力"中国梦"——写在中国海军赴亚丁湾、索马里海域护航四周年之际》，中国网（http://guoqing.china.com.cn/zwxx/2013-01/06/content_ 27597865.htm），最后访问时间：2019 年 3 月 11 日。

② 参见《中国海警 3411 船 9 日抵达马航客机可能出事海域》，中国政府网（http://www.gov.cn/xinwen/2014-03/08/content_ 2633787.htm），最后访问时间：2019 年 3 月 11 日。

③ 边子光：《各国海域执法制度（上册）》，台湾秀威出版 2012 年版，第 539 页。

④ 凌朔：《南沙两座新机场为南海公益服务再添新支点》，新华网（http://news.xinhuanet.com/world/2016-07/13/c_ 129143129.htm），最后访问时间：2019 年 3 月 11 日。

⑤ 参见《推动共建丝绸之路经济带和 21 世纪海上丝绸之路的愿景与行动》第 5 部分。

⑥ 参见《"一带一路"建设海上合作设想》第 4 部分。

界上共有46个海岛国家或地区,其中38个属于小岛屿发展中国家。① 海岛国家作为联合国识别出的、具有环境脆弱性和发展特殊性的国家群体,在应对气候变化和全球可持续发展中受到国际社会普遍关注,是共建海上丝绸之路多边合作机制中的重要参与群体。

共建海上丝绸之路是中国新外交政策议程中的引领性倡议,海岛国家及其国家联盟是重要的国际协商和谈判群体。海岛国家是我国大周边外交的重要组成部分,是21世纪海上丝绸之路的自然延伸。② 1992年《21世纪议程》第17.124段指出,对环境与发展来说,小岛屿发展中国家和支持小社区的岛屿是一种特殊情况。从经济总量看,小岛屿国家国土面积狭小,可供利用的自然资源十分有限,在经济规模和经济总量上处于不利地位,在地理上与外部市场隔绝。从国际事务参与程度看,海岛国家广泛参与国际协商和谈判,尤其是探讨全球气候变化、海平面上升、环境污染、可持续发展和贸易等问题,海岛国家在国际上的重要性和能见度迅速提升。③ 当前,中国与海岛国家(尤其是小岛屿发展中国家)的合作方式主要以国际援助为主,包括对海岛国家来华留学的支持,无偿提供了传染病防治药品及疾病控制合作项目,帮助其发展清洁能源,④ 支持其开展基础设施、供水、小水电、生态农场、沼气技术等领域建设。⑤ 在推动共建海上丝绸之路进程中,中国与海岛国家的合作空间依然广阔。

一是发展"蓝色经济"。蓝色经济,是指开发海洋资源和依赖海洋空间而进行的生产活动,以及直接或间接为上述生产活动提供相关服务性产业活动。海岛国家拥有丰富的海洋生物及非生物资源,其经济发展依赖于海洋,印度尼西亚等国已经对发展蓝色经济表示拥护,并敦促联合国不仅

---

① Dag Anckar, "Islandness or Smallness? A Comparative Look at Political Institutions in Small Island States", *Island Studies Journal*, Vol. 1, No. 1, 2006, p. 45.

② 朱璇:《推进中国—小岛屿国家海洋领域合作研讨会在京召开》,自然资源部海洋发展战略研究所网(http://www.cima.gov.cn/_d276828621.htm),最后访问时间:2019年3月30日。

③ Dag Anckar, "Islandness or Smallness? A Comparative Look at Political Institutions in Small Island States", *Island Studies Journal*, Vol. 1, No. 1, 2006, p. 45.

④ 《中国的对外援助(2014)白皮书》,中国政府网(http://www.gov.cn/zhengce/2014-07/10/content_2715467.htm),最后访问时间:2019年3月30日。

⑤ 《习近平主席特使、外交部副部长张业遂在第三届小岛屿发展中国家国际会议上的讲话》,外交部网(http://www.mfa.gov.cn/chn//gxh/zlb/ldzyjh/t1187498.htm),最后访问时间:2019年3月30日。

探索绿色经济，而且探索更适于他们利益的蓝色经济解决方案。① 中国实施开放的海洋经济政策、发展蓝色经济，为广大沿海及海岛国家的发展提供了新的机遇与经验，以建设海上丝绸之路为契机，在可持续渔业、水产养殖业和海岛旅游领域共同推进蓝色经济的发展，实现区域共同发展，具有广阔的国际合作空间。②

二是应对全球气候变化。海岛国家中，小岛屿国家的数量最多，1990年成立的小岛屿国家联盟（Alliance of Small Island States，AOSIS）宗旨在于加强小岛屿发展中国家（SIDS）在应对全球气候变化中的声音，小岛屿国家联盟早在1994年《京都议定书》谈判中推出第一份草案之后便已相当活跃。中国在应对全球气候变化方面始终展现出积极姿态，与小岛屿发展中国家具有共同的国家利益，是小岛屿发展中国家应对全球气候变化国际谈判中的重要同盟。

三是把握海洋议题话语权。海洋议题是展现国际话语权的重要形式，第二次世界大战结束后，尤其是自《领海及毗连区公约》《大陆架公约》《海洋法公约》等国际公约实施以来，海洋领域合作协商逐步取代冲突对抗，成为国家间处理海洋事务、推动全球海洋治理的主旋律。1994年《小岛屿发展中国家可持续发展行动纲领》确立了气候变化与海平面上升、自然和环境灾害、废物管理，沿海和海洋资源、能源、旅游业、生物多样性等14项活动，作为小岛屿发展中国家可持续发展重点关注的领域，此后，这些海洋议题始终是海岛国家参与全球海洋治理主要发声点。中国与海岛国家在上述领域享有广泛的海洋权益，与海岛国家合作构建区域海洋事务话语平台，并借助于话语传播表达本国参与国际海洋事务的意志，对于提升自身在区域海洋事务中的话语权，③ 构建互利合作网络、新型合作模式、多元合作平台，具有积极的现实作用。

---

① See "Blue Economy Concept Paper", United Nations, http：//sustain able development. un. org/content/documents/2978BEconcept. pdf（last visisted January 14，2019）.
② 《王宏副局长率团出席"蓝色经济峰会"》，自然资源部网（http：//www.soa.gov.cn/xw/hyyw_ 90/2014hyyw/201401/t20140126_ 30370. html），最后访问时间：2019年2月20日。
③ 马金星：《论特别敏感海域制度在南海的适用》，《太平洋学报》2016年第5期。

第三章

海岛利用及保护管理的权属基础

权属（tenure）是海岛利用及保护管理的基础。权属决定哪些主体在什么条件下，在多长时间内，利用什么资源，并承担相应的法律后果。权属的概念同时存在于国内法与国际法中，二者既有区别也有联系。国际法中的海岛权属属于领土主权范畴，国际法没有刻意区分海岛在性质上属于"土地"还是"其他资源"。海岛在国内法中大多被定性为自然资源，海岛权属则是以海岛为客体的自然资源权属。

第一节 海岛权属的界定及其地位

权属的具体含义依权属客体的不同而有所差异，而权属客体包括法律上认可的自然资源（如矿产、森林等）和社会资源（如智力资源、信息资源等）。海岛成为法律调整对象，是人类对自然资源开发利用达到一定阶段的必然结果。[①] 海岛属于自然资源，海岛权属是指关于海岛资源所有、使用以及由此产生的法律后果由谁承担的一系列规定构成的法律规范系统。[②]

一 海岛权属的内涵

海岛权属是海岛客体与社会制度相结合形成的。海岛权属从属于自然资源权属，融合了社会公益和个体私益，自然资源权属是为了公共利益而设定，自然资源权属设计的出发点不是以私人利益为出发点，具有社会性

[①] 杨立新：《论自然力的物权客体属性及法律规则》，《法学家》2007年第6期。
[②] 参见桂静《海岛的权属管理问题》，《海洋信息》2005年第1期。

和公共性，融合了社会公益和个体私益。海岛的自然属性决定其权属从属于自然资源权属，海岛资源数量稀少，生态环境脆弱，因人为或自然原因导致高潮时高于水面的陆地消失后，即便对其物理形态加以复原，在性质上也会失去"自然形成"的特征，而沦为人工岛、海上设施或构造物。因此，对海岛开发利用存在众多公益性限制，保护优先是海岛利用的大前提，即便是在海岛土地或其他海岛自然资源私有制下，这些自然资源也不能被权利人自由处置，需要受到环境保护、国家利益等限制。

海岛权属属于复合型权属，内容被类型化自然资源权属分割。国内外立法关于自然资源权属的划分大致相同，分为土地权属和其他自然资源权属，[①] 其他自然资源权属依照资源类型又被分为水流权属、森林权属、草原权属等。海岛权属为复合型权属的原因，一方面在于海岛类型千差万别，大者如英伦三岛、日本列岛等，岛上外观形态和资源分布与大陆无异，小者如一些孤立岩礁，面积狭小、资源有限。面对海岛资源参差不齐的自然状况，除领土主权外，在其上很难成立同时包括地下权（如地下资源开采权）、地面权以及地上空间权的独立一类自然资源权属。另一方面在于自然资源权属调整的对象是人类社会发展有关的、能被利用来产生使用价值，并影响劳动生产率的自然诸要素，海岛是多种自然资源相互依存构成的资源综合体，人类对海岛资源开发利用的内容随着生产力发展而不断更新，开发利用的资源内容不同，相应的权属内容也不同。

海岛权属兼具公法与私法的特征，体现了财产的支配秩序。海岛既是国家领土，也是自然资源，国际法没有刻意区分海岛在性质上属于"土地"还是"其他资源"，只要符合《海洋法公约》第121条第1款的定义，无论其高潮时高于水面自然形成的陆地是由普通泥土构成的，还是由具备开采价值的金属、非金属矿产等资源构成的，均不影响其作为国家领土的属性，因而国际法中的海岛权属是政治性和国家性的土地权属（领土），这是一种建立在国家主权之上的对土地空间的所有权和管辖权。在国内法中海岛被作为一类自然资源加以对待，国内法根据其资源性质设计相应的权属，有关海岛权属的规定普遍存在于宪法、行政法规和民商事法规中。在公法层面，国家既是海岛的所有人，同时又对海岛享有立法权、管

---

① 如《法学研究》2013年第4期在"编者语"中指出，人们从观念上将土地与自然资源分离开来之后，自然资源作为除土地以外人类最重要的生存条件，其所有与利用关涉人类的生存与发展，当为法律的重要调整对象。

理权和收益分配权,注重的是获取所有权并得到保护的资格;在私法层面,国家可以通过权利让渡获得收益,法人或其他组织、自然人可以依法转让海岛的使用权、收益权等,立法注重的是权利所指向的具体个体。① 部分以海岛资源为标的物的权利被物权制度吸纳,成为民事权利的一部分;其他不能被直接支配、无法进入物权体系的海岛资源,受公法调整。

海岛权属同时存在于国际法与国内法中,二者含义具有显著区别。国际法中的海岛权属属于主权范畴,不仅不存在国别差异,而且海岛权属与其他类型陆地领土权属的含义也不存在本质差别。与领土主权相比,国内法中的海岛权属是次一级的权属,主要是由各国宪法、民商立法等各类具体的国内法进行规范。海岛资源的财产性权利必须服从土地的领土性权利和国家主权。与领土的无国别差异相比,国内法中海岛权属的内容异彩纷呈,有什么样的国家制度就有什么样的海岛权属及相应权属制度,海岛由抽象的领土价值转化为能够产生经济价值的资源,全赖国内法中的海岛权属制度设计。国际法中的海岛权属确定国家排他性权利的地理空间范围,为海岛权属的实现划定了"四至",国内法中海岛权属的内容无论如何"异彩纷呈",有关海岛利用开发权力的运行和权利的形式,均不得超越国际法划定的"四至"。

二 海岛权属的外延

海岛权属在国内法中从属于自然资源权属,但与一般类型化自然资源(如矿藏、动植物等)权属有所不同。海岛是不同类型自然资源的复合体,其权属受到当事国土地权属制度的影响,兼具公法与私法性质,内容包括海岛所有权与海岛使用权。在海岛国家所有权(领土主权)高度稳定的情况下,为实现海岛资源的有效利用,国内法需要将海岛使用权从所有权中分离出来,使之成为一种相对独立的权利形态并且能够交易。概言之,海岛在国内法中属于具有资源属性的财产,围绕海岛所设计的自然资源所有权和使用权本质是财产权。

海岛所有权是海岛权属的核心。当法律建立一种所有权体系之后,也就意味着建立相应的占有、使用、收益和处分制度,海岛所有权是海岛所

---

① 参见林来梵《针对国家享有的财产权——从比较法角度的一个考察》,《法商研究》2003年第1期。

有权制度的核心内容,是指所有者依法对其所有的海岛享有占有、使用、收益和处分的权利。海岛所有权具有国际法与国内法两层含义。在国际法中,国家对其领土的所有权意味着国家在国际关系中具有对其领土绝对的拥有权,即一个国家对其领土范围内的所有自然资源享有使用、处分以及排他性占有的权利,其他国家未经该国同意不得侵犯该权利。为了进一步强调国家的领土所有权,1974年《各国经济权利义务宪章》《建立新国际经济秩序行动纲领》《建立新的国际经济秩序宣言》皆明确指出,各国享有其领土范围内所有自然资源的永久占有权。在国内法中,根据海岛权属主体的差异,享有海岛所有权的主体主要包括国家、法人或其他组织、自然人三类。[①] 根据海岛资源种类差异,从海岛所有权中又可以剥离出矿产所有权、森林所有权、土地所有权等类型化的自然资源所有权。从目前已经检索到的不同国家立法例看,尚没有以海岛自然资源为客体设立单一的、完整的所有权的立法例,海岛所有权制度被当事国不动产和(或)自然资源所有权制度吸纳其中。在英美法中,受"权利束"理论影响,自然资源所有权概念的含义已经扩张,包括对自然资源的管理、规划和保护责任,而非利益的掠夺,[②] 在占有、使用、收益、处分四项权能外,还包括了管理权、预防损害的责任、执行的义务、剩余性的特征,而资源所有者的利益高于任何其他主体的利益,例如承租人和执照持有者等主体的利益。[③]

海岛使用权并非单一的权利类型,而是以海岛自然资源为标的物的一

[①] 我国海岛群体所有权只有集体所有权一种类型。《海岛保护法》第4条规定,"无居民海岛属于国家所有,国务院代表国家行使无居民海岛所有权"。有居民海岛及其资源的权属制度,分别依照《土地管理法》第9条、《森林法》第3条、《草原法》第9条、《矿产资源法》第3条、《水法》第3条、《野生动物保护法》第3条等自然资源单行法律规定。域外国家海岛群体所有权中包括城市所有、城镇所有、原住民(习惯)所有、家族所有等。群体所有的空间范围也不同,如在加勒比海一些岛屿中,私人群体所有的海岛空间范围扩展至海岛高潮线。在印度洋一些海岛中,尤其是历史上受过法国殖民统治的海岛,海岛的海岸线为政府所有,或只能租借给海岛所有人。Gillian Cambers, "Annette Muehlig-Hofmann, Dirk Troost, Coastal Land Tenure: A Small-Islands' Perspective", http://www.unesco.org/csi/wise/tenure.htm (last visited January 14, 2019).

[②] Paul R. Lachapelle and Stephen F. McCool, "Exploring the Concept of Ownership in Natural Resource Planning", *Society and Natural Resources*, Vol. 18, 2005, pp. 279-285.

[③] Antony M. Honoré, "Ownership", in A. G. Guest ed., *Oxford Essays in Jurisprudence*, Oxford: Clarendon Press, 1961, p. 113.

组（类）权利的总称。海岛作为国家所有权客体，存在着归属和利用关系的天然分离。这种归属权利和利用权利的构建经由使用权（所有权）制度和财产权制度，在大陆法系和英美法系实现了资源利用权利制度的"并蒂双生"。在大陆法系国家，受到物权法定原则的限制和海岛资源利用方式及内容的拓展，海岛资源的有些权利形态就无法在上述的使用权（他物权）制度中找到合适的位置，有些在海岛资源利用过程中产生的权利，既不是用益物权，也不属于担保物权，而是采用行政法手段来划清海岛资源的支配权限，从而满足各类权利行使的需要。由于海岛资源的支配权受到限制，使得海岛使用权也受到了不同程度的限制。从理论上讲，海岛作为国家领土，国家是海岛的终极所有权人，所有权人使用的情形只有一种，即国家直接对海岛行使使用权。但实际上，绝大多数海岛的开发利用是由法人或其他组织、自然人等主体直接实施的。在海岛开发利用过程中，国家作为所有权人更多是在资源税费层面充当"受益者"、在行政管理层面行使"监管者"的角色，海岛资源的直接用益人是依法对国家所有的海岛进行占有、使用、收益和处分的私主体。只有出现权利冲突和逾越使用权的情形下，国家才以适当的形式或身份出面进行交涉及协调。

海岛权属变动制度包括权利的取得、变更。在土地及其他自然资源公有制国家，海岛所有权的取得只存在于国际法层面，即领土所有权的取得，其他主体从国家取得的只是对海岛资源有限的使用权或其他权利，国家是海岛唯一的所有权人。在土地私有制国家，国家作为海岛的所有人具有国际法和国内法两层含义。在国际法层面，国家对海岛本身及其范围内的一切自然资源享有排他性的权利。在国内法层面，国家、法人或其他组织、自然人均能成为海岛的所有权主体，但是法人或其他组织、自然人只能在国内法框架内对海岛行使占有、使用、收益和处分的权利，换言之，即便国家、法人或其他组织、自然人向非本国人出卖其所有的海岛，出卖的也仅仅是海岛的使用权，如2015年斐济拍卖出售的"海洋之心"海岛是租赁产权，最高使用期限99年，还有一些海岛出售的是永久产权，[①] 出售

[①] 中国买家花费7781万美元购买托尔图加岛东部人烟稀少的78.12平方千米土地的所有权，以及沿海延伸不超过10海里的海域的旅游资源的开发、渔业资源开发等权利，土地及海域所有权中不包括矿产、石油等自然资源的开采权。参见《海岛淘宝1元起拍，中国土豪500万拍下一岛》，文汇网（http://news.wenweipo.com/2015/03/04/IN1503040010.htm），最后访问时间：2019年2月21日。

行为不会改变岛屿的主权归属，换言之，名为出售"所有权"，实际上出售的只是"使用权"。海岛权属变动同样存在国际法与国内法两个层面。在国际法层面，海岛所有权、使用权和他项权利涉及国家对于领土权利的处分，行为的政治属性大于法律属性。相较而言，国内法层面的海岛权属变动发生更为频繁、法律属性也更强，变动内容包括权利主体和权利内容，变动的原因包括征用、权利主体的合并或分立、通过法律行为转让等。

海岛权属消灭基于一定的法律事实，权利消灭原因包括客体（海岛）灭失和因法律规定而消灭。客体灭失，是指因自然因素（如地震、火山爆发、洪水等）或人为原因（如炸岛取石、采沙）导致海岛高潮时高于水面部分消失的事实，是失去作为海岛的法律资格。在国内法与国际法中，客体的灭失均会导致海岛所有权、使用权消灭。需要注意的是，海岛的灭失与海岛土地及其他自然资源的灭失不完全相同，后者是指土地及其他自然资源客体消灭或失去实际使用价值，如海岛原有的覆土层因自然原因或人为原因消失导致基岩裸露，岛上林木因火灾或被利用而不复存在等。海岛的灭失是指海岛彻底失去作为岛屿的资格，即不能满足《海洋法公约》第121条界定的标准，是陆地领土的灭失。领土的灭失导致国家领土权利的丧失，故而，以灭失的海岛为对象的所有权或其他各项权利也随海岛的灭失而消灭，已设定的他项权利，也因其客体的灭失而消失。而海岛土地或岛上其他自然资源失去实际使用价值后，仅仅是导致不能实现土地或其他自然资源使用权设定目的，不影响海岛其他部分的使用或权利设定，如将海岛作为领海基点、建设海上平台等。

国内法与国际法中海岛权属消灭的含义存在差异。在国际法中，海岛所有权、使用权和他项权利消灭，意味着一国失去作为该海岛所有权人、使用权人或其他权利主体的资格，而海岛使用权及其他权利从属于海岛领土所有权，因法律规定而导致海岛所有权消灭，实际上是领土所有权主体的变更，即在客体未灭失的情况下，依据国际法许可的方式变更领土所有权，如国家间领土交换、岛上公民自决等方式。[①] 在国内法层面，海岛所有权、使用权和他项权利因法律规定而消灭，是享有海岛所有权、使用权

---

① 1803年，拿破仑以8000万法郎的价格将260万平方千米左右的路易斯安那地区卖给美国。1867年，沙俄以720万美元的价格将150多万平方千米的阿拉斯加半岛及其周边的阿留申群岛卖给美国，相当于每平方千米4.74美元。

和他项权利的私主体，依据国内法的规定，而丧失其作为所有权人、使用权人或其他权利人的资格，包括通过买卖、赠与等自愿方式，或国家为了社会公共利益的需要，依照法律规定采用强制措施，对权利人享有所有权或使用权的海岛予以征收或征用。

三 权属在海岛利用及保护中的地位

权属制度反映一个社会的权力结构。权属制度安排不同，巩固的社会权利关系也不同，因为不同国家社会权力结构的差异，尤其是土地制度的差异，导致海岛权属存在天然的国别差异。在奉行地产权（estate of freehold）制度及受其影响的国家中，海岛所有权主要形态包括公共所有、私人所有、租借持有，公共所有的主体包括国家、州县、城市和直辖机构。① 在一些具有土著或原住民的海岛上，海岛的权属形态还包括习惯所有，如根据巴布亚新几内亚《宪法》，其土地中98%属于习惯所有，当地社区居民可以将其习惯所有的土地注册为自己的土地。剩余2%的土地中包括国家所有土地和被国家出卖给当地居民的土地。② 在我国，海岛依是否存在登记居民户籍被分为有居民海岛和无居民海岛，有居民海岛土地制度包括国家所有、集体所有两类，无居民海岛完全属于国家所有。海岛土地之外的其他自然资源权属制度被分割为地面部分及地下部分，海岛地面部分及地下部分的资源属性直接影响相应的权属制度，地面部分（包括耕地、森林等）从属于土地权属制度。地下部分，尤其是具有经济价值的矿产资源部分，大多数国家立法规定归国家所有，③ 但这部分矿产资源的开发必须征得土地所有者同意后方可实施。

海岛权属通过权属管理得到应用。无论权属制度如何设计，其最终目的都是通过海岛权属管理落实相应的规则，使之具备可操作性，产生实际

---

① Mark A. Senn, *State-By-State Guide to Commercial Real Estate Leases*, New York: Aspen Pub., 2012, p. 2707.

② Gillian Cambers, Annette Muehlig-Hofmann and Dirk Troost, *Coastal Land Tenure: a Small-islands' Perspective*, United Nations Educational, Scientific and Cultural Organization, http://www.unesco.org/csi/wise/tenure.htm（last visited January 14, 2019）.

③ Aileen McHarg, *Property and the Law in Energy and Natural Resources*, Oxford: Oxford University Press, 2010, p. 67；王继军：《矿产资源有偿取得法律问题研究——以山西煤炭资源有偿使用为例》，《政法论坛》2008年第6期。

效益。海岛权属管理主要包括四部分：一是海岛权属的登记确认。权属的登记确认属于行政确认，是指行政主体依法对相对方的法律地位、法律关系和法律事实进行甄别，给予确定、认可、证明并予以宣告的具体行政行为。进一步而言，海岛权属登记确认是指国家海岛管理机关对海岛的权属状况进行持续的记录，并颁发权利证书的行政行为。由于海岛具有不可移动性的特征，在开发海岛过程中涉及的所有权、使用权和他项权利的调整、确认以及变更时，海岛权利的流通仅仅表现为权利主体的变更和相关权利的设定、变更，即通过登记对海岛的权属状况改变作出法律认定。二是海岛权属涵盖权利内容的分配和转让。在国家主权框架内，海岛属于国家所有的自然资源，海岛权属涵盖权利内容的分配包括当事国确定自己拥有或掌控的海岛资源中，哪些将由公共部门或国家当局保留和使用，哪些将在何种条件下分配给他人使用。海岛权属涵盖权利内容的分配形式和方法属于国家主权范畴，分配内容包括从有限使用权到完全所有权。三是海岛权属涵盖权利内容的规范化利用，包括海岛功能区划和海岛利用相关国内法规的执行。海岛功能区划是根据海岛的区位因素、自然资源状况、自身及其周边环境条件和开发利用的要求，按照海岛功能标准，将岛上不同区域或不同海域内的海岛，划分为不同类型的功能区，目的是合理开发利用和保护海岛资源、提高资源使用效率、遏制生态恶化、改善海岛环境质量。海岛开发利用相关国内法规的执行，是对实际享有海岛使用权、经营权和管理权主体的行为限制，即确定与权利相伴的责任和限制，或按照法律确定的方式征收税款的权利。四是海岛权属不当行使所造成的法律后果，即权利主体不当行使有关权利、违反法律规定所产生的法律责任。

第二节　海岛所有权的构造及内容

　　所有权的概念同时存在于国际法与国内法。海岛所有权的基本内容包含了所有权人依法对海岛土地及其他自然资源占有、使用、收益、处分的权利。国际法与国内法对海岛的物质形态的认识似乎并没有太大的分歧，即它是一国主权行使的地理范围或的客体。但是，海岛所有权在国际法与国内法中的含义存在差异，即便在国内法范畴内，公法（宪法）与私法（民法）层面的海岛所有权含义也有所不同。

一 海岛所有权的构成要素

所有权取决于所有制形式，它体现的是某特定历史时期中法律层面的所有制形式，其权能主要有占有、使用、收益和处分。国家作为海岛所有权主体普遍存在于不同法系之中，在国际法层面，主权国家是海岛所有权的"终极"享有者。在国内法中，海岛所有权通常从属于国内法中的土地及其他自然资源权属，海岛所有权的构成包括主体、客体、内容三个要素。国家与法人或其他组织、自然人是宪法框架下国内法承认的、能够主张海岛所有权的主体，[①] 具体而言，对于宪法中明确规定的、法人或其他组织及自然人可以主张所有权的海岛资源而言，主要通过立法和完善自然资源所有权确权登记制度厘定国家、法人或其他组织、自然人的所有权边界。

国家、法人或其他组织、自然人在国内法层面均可以作为海岛所有权的主体，但立法模式存在显著差异，主要包括三类。一是土地所有人立法模式，以英、美等国为代表。即海岛及其附属资源归属土地所有人，土地所有人对海岛蕴藏的自然资源享有所有权，非经土地所有人或其许可人的同意，不得对海岛地表及地下资源进行勘探和开发。法人或其他组织、自然人转让其所有的海岛土地及其附属资源，一般依照有关处理地产权和合同关系立法进行。因此，即便国家对某一海岛蕴藏的自然资源进行勘探或开发，也需要同海岛土地所有人签订租借或买卖合同。二是矿产资源所有人与土地所有人分离立法模式。此种立法模式中，矿产资源和土地实现了有限的分离，以德国、日本等国为代表的矿产资源土地所有人和国家所有人立法模式中，所有权人只对岛上某些特定种类的资源（如土、砂石等）享有所有权，其他矿产属于国家所有，对此类矿产的勘探、开发及利用采

[①] 海岛权属制度的国别差异，导致各国海岛所有权主体不尽相同。例如，我国无居民海岛属于国家所有，但此类海岛使用权出让均由海洋行政主管部门实际管理，因此，国家是形式上的无居民海岛所有人，而海洋行政主管部门则是海岛所有权的实际控制人。其他国家，政府部门也可以成为海岛所有权人，以美国索恩湾汤加斯国家森林公园（Tongass National Forest）为例，美国林业局（Forest Service）是该公园部分海岛的所有人，有权拍卖其所有的海岛及林业资源，相应地，其也是这些海岛使用管理的监督人。See Erica Martinson," Environment Supreme Court won't hear Alaska's challenge to Forest Service 'roadless rule'", Alaska Dispatch News, https：//www.adn.com/environment/article/supreme-court-wont-hear-alaskas-roadless-rule-challenge/2016/03/28/（last visited January 14, 2019）.

取国家许可制度。以巴西、法国、智利、印度尼西亚、马来西亚、泰国等国为代表的矿产资源土地所有人和国家所有人立法模式中，土地所有权人不享有地下矿藏开采权，只有露天矿产归土地所有人所有，但所有人自行开采或向第三人转让采矿权，需经过行政授权。三是国家、法人或其他组织作为海岛所有权人并存立法模式。如南非共和国2008年修订的《综合海岸管理法》第7条第1款（c）项规定，"沿海水域内自然形成的岛屿属于沿海公共财产"。① 我国《海岛保护法》第4条规定无居民海岛属于国家所有，国务院代表国家行使无居民海岛所有权，国家是无居民海岛土地及其他自然资源的唯一所有人；有居民海岛土地所有制包括全民所有和集体所有，海岛土地资源之外的其他自然资源属于全民所有，形成了土地所有权和自然资源所有权的分离状况，即有居民海岛土地在法律上归属国家或集体所有，岛上矿藏、水流、森林、山岭、荒地、滩涂等自然资源都属于国家所有。

占有、使用、收益和处分是海岛所有权的基本内容。占有，系指海岛所有人对海岛土地及其他资源在事实上的支配及控制。占有是所有权制度的一种表象，对海岛资源的占有是法律意义上的占有，而法律意义上的占有与事实意义上的占有在个别情况下是分开的，这种分开有时是基于海岛的租借、托管等合法事由，有时是基于国家间领土争议，如一国主张享有领土主权的海岛被他国非法占有。使用，是指基于海岛的性能和用途对海岛土地及其他资源的利用，通过对海岛的使用，可以满足海岛所有人生产和生活的需要，创造出新的物质财富。收益，是指海岛所有人依法取得其海岛资源所产生的自然或法定孳息和利益。所有人有权决定其海岛的用途，即依据海岛的自然属性和其用途来合理开发、利用、保护、改造海岛。海岛利用包括生产性利用和非生产性利用，其中前者主要指的是通过劳动的形式来利用海岛资源进行生产活动，主要用于生产矿物产品或生物产品；后者则是以海岛为主要活动场所或建筑物基地。对于海岛利用的主体包括国家、本国国民和外国投资者，国家利用海岛资源取得的收益以"权利金"为核心。② 一些国家有关权利金的内容规定在相应的矿产资源法规中，还有一些国家将其作为一类税收规定在税法中，例如，加拿大称

---

① Coastal public property consists of... (c) any natural island within coastal waters. See Section 7.1 Integrated Coastal Management Act (No. 38171), Amendment of section 7 of Act 24 of 2008.

② 林伯强、杨静：《中国能源政策的思考》，中国财政经济出版社2009年版，第187页。

为"采矿税"、乌兹别克斯坦称为"地下资源税"等。① 处分,是指能够直接引起海岛所有人现有权利的消灭、转移、背负负担,或者内容发生改变的行为。处分包含三层含义。一是国家有权在平等的基础上自由地转让海岛领土,典型事例为将本国部分领土与他国的部分领土进行交换等。例如,1875 年日本与俄罗斯签订《库页岛千岛群岛交换条约》规定,日本不再宣示对库页岛的领土主权,全岛归沙俄管治;俄国将千岛群岛的 18 个俄属岛屿主权转让给日本。② 二是国家通过划拨、拍卖等方式向私主体转让海岛使用权,受让人依法对海岛进行的使用、保护和改造活动。三是受让人在法律、法规规定的使用条件内,流转海岛的使用权,例如,根据我国《城镇国有土地使用权出让和转让暂行条例》,经由国家出让后,海岛使用权在使用年限内可以转让、出租、抵押或者用于其他经济活动,转让包括出租、交换、赠与、继承。

海陆分界线包围的陆地区域是海岛所有权的客体。③ 许多国家对"高潮时高于海面自然形成的陆地"做了更为精细的划分,如美国《水下土地法》(Submerged Lands Act)④ 规定,联邦州享有自海岸线起 3 海里内海域水下土地的所有权,3 海里之外水下土地属于联邦所有,这里的海岸线(coast line)是指沿着与开阔海域直接接触的海岸部分的普通低潮线和标记内陆水域与海的界线。⑤ 在美国许多州,私人土地财产的边界止于邻近潮汐水道的高水位线。如果潮汐水道附近的高水位线是私有财产的边界,

---

① 财政部财政科学研究所编:《热点与对策:2010—2011 年度财政研究报告》,中国财政经济出版社 2012 年版,第 58 页。

② 库页岛原属中国,后经 1858 年中俄《瑷珲条约》和 1860 年《北京条约》割让给沙皇俄国。1808 年之后,日本单方面主张对库页岛享有领有权,《库页岛千岛群岛交换条约》实际是解决俄国与日本之间关于库页岛的权利主张问题。参见洪台大《国际公法》,台北元照出版公司 2015 年版,第 175 页。

③ 以"高潮时高于海面自然形成的陆地"概指海岛所有权的客体并不准确,从国际法层面看,国家作为海岛所有人不仅拥有"高潮时高于海面自然形成的陆地"的所有权,对于围绕海岛划定的领海(包括其水体、底土、上空及其水中资源)也享有所有权。

④ See 43 U.S.C. § § 1301(b), 1988.

⑤ The term "coast line" means the line of ordinary low water along that portion of the coast which is in direct contact with the open sea and the line marking the seaward limit of inland waters. See 43 U.S.C. § § 1301 (c), 1988.

公共机构保留对高水位线和正常水位线之间窄带地带的所有权。① 印度洋中的一些海岛,尤其是经历过法国殖民统治的海岛,立法规定政府对邻近海岸线的土地享有排他所有权,其他主体只能通过租借而非买卖,归属私人使用。相反,还有一些国家(如马尔代夫)采取习惯所有权模式,海岛土地所有权人为法人、村庄和部落。② 1982 年土耳其《宪法》第 43 条规定,海岸及海岸带土地处于国家主权和管辖权支配下,其利用应当有限考虑公共利益;根据使用目的,海岸带的宽度及私人使用这些区域的许可及条件,由法律规定。③ 上述域外国家立法中,海岛及其附属海域空间被立法精细划分,确立海岛陆上区域部分的潮汐标准与相应立法定义海岛时使用的潮汐标准相同,④ 如此一来,不仅明确可以主张海岛全部或部分所有权的主体范围,而且也划分出不同主体之间使用、管理海岛的权利边界。

二 海岛所有权的国际法层次

海岛所有权在国际法中的含义为领土所有权。凯尔森将国家所有的领土分为狭义上的领土和广义上的领土,前者包括国内法律秩序本身的属地效力范围,后者是在前者基础上还包括被国际法许可的非国内法的属地效力范围,⑤ 海岛显然属于狭义上的领土。某一海岛可能完全属于一国领

---

① "Putting The Public Trust Doctrine To Work," Coastal States Organization, http://www.shoreline.noaa.gov/docs/8d5885.pdf (last visited January 14, 2019).

② Gillian Cambers et al., "Coastal Land Tenure: A Small–Islands' Perspective", United Nations Educational, Scientific and Cultural Organization, http://www.unesco.org/csi/wise/tenure.htm (last visited January 14, 2019).

③ The coasts are under the authority and disposal of the State. In the utilization of sea coasts, lake shores or river banks, and of the coastal strip along the sea and lakes, public interest shall be taken into consideration with priority. The width of coasts and coastal strips according to the purpose of utilization and the conditions of utilization by individuals shall be determined by law. See Article 43 the Constitution of the Republic of Turkey.

④ In the First Supplemental Decree, the Supreme Court clarified some of the uncertainties within the marine boundary community regarding terms used within the Submerged Lands Act (43 USC § § 1301 et seq). "Island" means a naturally-formed area of land surrounded by water, which is above the level of mean high water. See United States Supreme Court, United States v. California, 1947, No. 5639, Decided in June 23, 1947.

⑤ Hans Kelsen, *Principles of International Law*, Clark: Lawbook Exchange Ltd., 1952, p. 213.

土,也可能依陆上划界方式,分属于两个或两个以上国家。① 海岛所有权在国际法中主要包含如下含义。首先,占有海岛领土。占有是领土所有权制度的一种表象,对于领土的占有是法律意义上的占有,而法律意义上的占有与事实意义上的占有在个别情况下是分开的,这种分开有时是基于领土的租借、托管等合法事由,有时是基于领土争议,如一国主张享有领土主权的海岛被他国非法占有。有时海岛在一个国家的主权之下,但其上的某部分财产所有权却也可能属于另一国。同一个海岛可能依陆上划界分属于不同国家所有,也可能存在领土归属争端,但是对于某一具体的领土部分的所有权只能为一国享有,例外情形为领土国际共管(condomlnium)。其次,利用海岛领土并取得收益。国家有权决定本国领土的用途,即依据海岛的自然属性和其用途来合理开发、利用、保护、改造海岛。海岛资源利用可以分为生产性利用与非生产性利用,生产性利用是指把海岛及其附属资源作为主要生产或劳动对象,以生产生物产品或矿物产品为主要目的。非生产性利用,是指把海岛作为活动场所、建筑物基地或被保护对象。国家利用海岛取得的收益主要是权利金,具体形式诸如管理服务型收费、收益、税收等。② 部分国家"权利金"规定在相应的矿产资源法规中,也有一些国家将其作为一类税收规定在税法中。③ 最后,以符合国际法的方式处分海岛领土。典型事例为,在主权平等基础上将本国部分领土与他国部分领土进行交换、租借等。④ 如1940年9月,英国与美国达成协议,美国向英国提供50艘驱逐舰,而英国将其在西半球的八个军事基地租给美国,为期99年,这些基地中有七个位于海岛之上,包括纽芬兰、安提瓜、百慕大、圣卢西亚、巴哈马群岛、特立尼亚和牙买加。⑤ 20世纪60年代,美国与英国签订了海岛租借合同,美国政府向英国租借迪戈加西亚岛50年。2016年该合同到期后,两国再次签订了延期合同,将该合

---

① 例如,婆罗洲分属于印度尼西亚、马来西亚和菲律宾;伊斯帕尼奥拉岛(Hispaniola)分属于多米尼加和海地;火地岛(Fuego)分属于智利和阿根廷;乌瑟多姆岛(Usedom)分属于德国与波兰;圣马丁岛(Saint-Martin)分属于法国与荷兰。

② 林伯强、杨静:《中国能源政策的思考》,中国财政经济出版社2009年版,第187页。

③ 财政部财政科学研究所编:《热点与对策:2010—2011年度财政研究报告》,中国财政经济出版社2012年版,第59—62页。

④ 参见白桂梅《国际法(第三版)》,北京大学出版社2015年版,第349—352页。

⑤ 徐蓝:《关于1940年美英"驱逐舰换基地"协定的历史考察》,《历史研究》2000年第4期。

同的期限延长至2036年，并且要求该岛上的所有居民搬迁至塞舌尔和毛里求斯。①

国际法中海岛所有权层次是领土权利的具体化。国际共管和领土归属争议不是海岛权属的常态化存在形态，特定海岛或海岛特定部分的所有权只能为一国所有，包括海岛陆地部分之外的领海及领空。任何自然人、法人或其他组织、国家不管是以何种目的，均不得在未经海岛所有国的同意下单方面染指该海岛，否则其行为将被视为侵犯该国主权。概言之，海岛领土所有权既是一种权力，也是一种权利，强调的是一国对其海岛领土的绝对拥有，表明国家间权力行使的边界。

三 海岛所有权的国内法属性

所有权是国家自然资源法律制度中的核心权利类型。② 领土所有权概念内涵已被当代各国宪法吸收，分别转化为法律原则或法律规则体现在各自的文本中。国内法中的海岛所有权从属于自然资源所有权，③ 一般认为，自然资源所有权兼具公法与私法属性。海岛属于复合型的自然资源，海岛所有权的公法属性体现在宪法及行政法层面，其私法属性在大陆法系国家体现在民法层面。

宪法及行政法中的海岛所有权以国家主权为首要条件，不受海岛资源的存在形式和感知客体所限，所有权客体涵盖了国家主权范围内已知与未被认知的、已发现与未被发现的，以及有形的与无形的海岛资源。宪法及行政法中的海岛所有权通过颁布宪法、行政法等自然成立，无须履行如物之登记等程序。海岛所有权的宪法及行政法维度是当事国对海岛利用及保护行使行政管辖权的基础，对于海岛利用及保护的任何立法监管都要以宪法及行政法确立的海岛所有权为基础。大陆法系民法中海岛所有权的客体是具体的自然资源，海岛所有权在民法中是以物权形式实现，旨在维护海岛所有权人的合法利益，故海岛所有权外延是特定的、具体的和有限的，其成立条件以宪法赋予主体的权利资格为前提，之后方能在特定海岛土地或其他自然资源上之成立、占有、支配，并受私法保护。海岛所有权取得

---

① Robert W. McColl, *Encyclopedia of World Geography Vol. 1*, New York: Infobase Pub., 2014, p. 122.
② 孙宪忠：《我国物权法中所有权体系的应然结构》，《法商研究》2002年第5期。
③ 参见彭诚信《自然资源上的权利层次》，《法学研究》2013年第4期。

途径有三种：一是依赖宪法赋予取得对某些特定海岛资源享有所有权的资格；二是通过合法渠道取得并占有某特定物，取得宪法所有权下的某些海岛资源所有权；三是权利人对某些海岛资源取得所有权，还必须履行登记等类似法律手续，方能取得其法律意义上的所有权。

对比海岛所有权在公法与私法属性，可以发现，宪法及行政法中海岛所有权不但包括民法中规定的海岛所有权，同时还包括国家主权范围内尚未被利用或被认知的、用于满足人们各种需要的，无形或有形的海岛资源的所有权。宪法及行政法中的海岛所有权形式以主体为分类标准，尤其是在承认自然资源私有制度的国家，海岛所有权可以分为国家所有、法人或其他组织（如教会）所有和自然人所有。一种观点认为，国家在行使海岛所有权时，其身份与享有海岛所有权的私主体并没有区别，都是平等主体。[①] 该观点实际上指的是国家依据宪法享有的海岛所有权，而非国家依据国际法享有的领土所有权。若认定领土所有权和自然人及法人或其他组织拥有的海岛所有权均为对"自然资源"或"物"的纯粹支配权，则会出现以下问题，即在国家享有海岛领土所有权之外，事实上国家又通过立法将这些领土进行了所有权的划分，当该国法律明确允许该海岛可以归自然人、法人或其他组织私有后，就会出现在同一海岛上同时存在多个不同类型所有权的局面。

海岛所有权兼具公法与私法属性，并不代表在同一海岛上可以同时存在两个不同种类的所有权。换言之，领土所有权包含了海岛所有权，宪法及行政法中的海岛所有权与民法中海岛所有权不是两个并列存在的所有权，而是海岛所有权"权能"的两种表现，原因在于，一方面，基于意思自治以协商或竞争的方式来实现自然资源利用率的最大化，以此为目的进行各项权能的行使。[②] 在一些土地私有制国家中，例如美国、英国等，其海岛土地私有化的现象十分普遍。而且这种现象几乎在所有经济制度形态中均有出现，不过仅仅只是在形态、比重以及范围等方面存在不同。[③] 即便是非土地私有制国家，虽然不存在法律意义上的海岛土地或其他自然资源私人所有，但是依然存在所有权"权能"的让渡问题。在我国有关

---

① 参见谭柏平《海域物权制度之我见——以自然资源权属制度为视角》，载王利明、于青松主编《物权法视野中的海域物权制度：海域物权制度研讨会论文集》，法律出版社2008年版。
② 张一鸣：《自然资源国家所有权及其实现》，《人民论坛》2014年第2期。
③ 同上。

自然资源的法律法规中，就明确规定自然资源不得归私人所有，例如我国《宪法》第10条第4款明确规定，所有人或组织均不得以任何方式侵占、买卖或非法转让土地资源；土地资源的使用权只能通过合法途径转让。除少数自然资源可以属于团体组织所有之外，绝大部分自然资源属于国家所有，[1] 但是，这并不妨碍法人或其他组织、自然人以承包、租赁、继承等方式，取得或转让海岛土地及其他自然资源财产性权利。另一方面，国内法是法人或其他组织、自然人主张海岛行使所有权法律依据，表明任何法人或其他组织、自然人基于国内法规定取得、占有和使用海岛资源的资格和可能性。[2] 如果一国法律允许法人或其他组织、自然人享有海岛所有权，恰如前述观点所言，代表国家实际行使海岛所有权的中央政府（联邦政府）或地方政府（州政府）与享有海岛所有权的私主体地位"相对平等"，而非"绝对平等"，即国家有义务尊重法人或其他组织、自然人对海岛的占有、使用、收益和处分。法人或其他组织、自然人作为所有权人在取得海岛所有权后，海岛所有权具有独立性存在的私产性质，具有对抗性特征，对于海岛土地等自然资源的征收或征用必须依照国内法实施。然而，海岛国家所有权并不意味着国家如私人所有权一般对这些海岛具有排他性的支配权，而只是更多地意味着国家对这些海岛资源的特殊的管理权。[3]

四 海岛所有权的类型化差异

各国对自然资源所有权及所有权制度设定了丰富的意涵，海岛所有权的意涵既有时代、民族特征，也有意识形态的烙印。根据不同的分类标准，自然资源所有权可以作出不同的分类，例如，按照权利客体可以分为

---

[1] 如《民法通则》第73条第1款："国家财产属于全民所有。"《物权法》第41条规定"法律规定专属于国家所有的不动产和动产，任何单位和个人不能取得所有权"；第45条"法律规定属于国家所有的财产，属于国家所有即全民所有。国有财产由国务院代表国家行使所有权；法律另有规定的，依照其规定"；第46条"矿藏、水流、海域属于国家所有"；第47条"城市的土地，属于国家所有。法律规定属于国家所有的农村和城市郊区的土地，属于国家所有"；第48条"森林、山岭、草原、荒地、滩涂等自然资源，属于国家所有，但法律规定属于集体所有的除外"；第49条"法律规定属于国家所有的野生动植物资源，属于国家所有"；第50条"无线电频谱资源属于国家所有"；第51条"法律规定属于国家所有的文物，属于国家所有"。

[2] 参见赵世义《论财产权的宪法保障与制约》，《法学评论》1993年第3期。

[3] 参见王旭《论自然资源国家所有权的宪法规制功能》，《中国法学》2013年第6期。

动产所有权与不动产所有权，按照所有权主体数量可以分为单独所有权和共有所有权等。不同国家立法对自然资源的性质和类型划分，直接影响了国内法中基于海岛产生各种财产性权利的构造和运行。在许多国家自然资源立法中，海岛所有权并非一个具有独立构成要件的权利。依据自然资源类型标准梳理不同国家的立法，海岛所有权类型大致包括三类。

第一，依据权能与归属之间的关系，分为集束型海岛所有权与单一型海岛所有权。所有权同时存在于大陆法与英美法中，但是二者在基本理念、结构、概念和运作上大相径庭。在英美法系中地上权利和实物土地是相分离的，它强调的是可以通过一系列方式来单独将地上权利剥离出来，用于分配或转让，所以这种制度体系最初就没有所谓"一物一权"的观念。英美法中没有大陆法系所具有的、高度抽象和逻辑严谨的所有权概念，甚至在美国法中"所有权"一词常被用作财产的同义词。[①] 通常被译为所有权的"ownership"一词，其与大陆法中的所有权，在内涵方面具有很大差异，英美法中的所有权仅表示某一不动产的权利归属，纯粹是作为占有的对应词，[②] 至于某人如何利用与处分该财产，则取决于所有权的对象，即财产权利。[③] 财产权利并非一个具有独立构成要件的权利，而是若干项独立权利的集合体，即所谓的"权利束"（a bundle of rights），因而，海岛所有人与海岛土地及其他自然资源之间可能形成"占有"与"支配"关系，也可能通过向非所有人转让权利，形成用益、担保等关系，[④] 故英美法中的海岛所有权表现为松散的集束型权利，权利人与海岛之间的关系包括权利人不仅可以出售、转让、设立担保和（或）放弃受益权，而且可以在权益范围内设立子权，也就是将其享有的权利再分割利

---

① 《不列颠百科全书·第15版第15卷》，《国外法学知识译丛·民法》，知识出版社1981年版，第56页。

② [英] F. H. 劳森、B. 拉登：《财产法》，施天涛等译，中国大百科全书出版社1998年版，第114页。

③ Ownership 不是一个权利概念，仅描述人与权利之间的归属关系，并不描述人与财产（有体物、法律物和法律关系）的联系。我国已有学者意识到，通常被译为所有权的 ownership 其实并不等同于所有权，其含义应为享有或归属。参见屈茂辉《物权公示方式研究》，《中国法学》2004年第5期；咸鸿昌《英国土地自由继承地产的内涵及其法律规范》，《南京大学法律评论》2009年第2期。

④ Bryan A. Garner ed., *Black's Law Dictionary*, Eagan: West Group Publishing, 8th ed., 2004, p. 1520.

用下去，这种分割和利用方式与大陆法中以所有权、用益物权和担保物权表示人与物（财产）之间的关系存在很大不同。① "权利束"内的各子权利间不具有权源关系，可以通过合同、诉讼等方式进行拆分或合并。② 因此，在英美法下，权利人与海岛资源之间的关系可以包括"对海岛资源可能占有、使用、改变、馈赠、转让或阻止他人侵犯"的权利。③ 这里的权利人既可能是海岛的所有人，也可能是海岛的管理者、占有者、投资者等。大陆法中的土地或其他自然资源在立法上被概念化，在范围上被限定化，在类型上被具体化。尽管大陆法中不同国家对于土地和自然资源空间边界的划分存在差异，但是在所有权支配下，海岛所有权构成相对完整，拥有海岛所有权的权利主体享有海岛资源的自主占有权和分配权，并且这种权利无须依赖于其他权利而独立存在，一经产生，就和其周边所有不特定的人之间形成了一种权利、义务关系，即所有人均要承担义务，不得实施可能妨害到海岛所有权的相关行为。

第二，依据自然资源类型，分为土地所有权和其他自然资源所有权。海岛所有权的私法属性侧重为单个个体所拥有权利的用益和变价创造活动空间，它的客体指向十分明确，旨在证明某一具体财产归谁所有，④ 所有权的设立、变更、转让或消灭是通过一系列国内法规则实现的。依据自然资源类型，海岛所有权可以被拆分为土地及其他自然资源所有权，除国内法另有规定外，⑤ 不同类型的自然资源适用不同的所有权制度。因此，在许多国家自然资源立法中，依托海岛形成的自然资源所有权，通常会依据资源类型或空间分布被分为地上权和地下权，二者分属不同主体，即拥有某块海岛土地所有者的自然人，将地下的矿产资源所有权转让给他人，却保留了该海岛土地的地上权；或是把地上权转让给他人，却保留了该海岛土地地下的矿产资源所有权。在一般情况下，海岛所有权仅指海岛地上

---

① 参见［英］F. H. 劳森、伯纳德·冉得《英国财产法导论》，曹培译，法律出版社2009年版，第199页。

② See Roberts v. Wentworth, 5 Cush. 193 (1849).

③ ［美］罗伯特·考特、托马斯·尤伦：《法和经济学》，史晋川、董雪冰等译，上海人民出版社2012年版，第125页。

④ 张宇飞：《财产权的性质及其保护的两条路径——兼论宪法与物权法的关系》，《山东警察学院学报》2007年第6期。

⑤ 如我国《海岛保护法》规定无居民海岛属于国家所有，并不区分所有权客体是无居民海岛上的土地，抑或是森林、矿产等其他自然资源。

权,包括土地资源在内的不动产所有权;海岛地下权(矿产资源权利)通常由国家(政府)持有。此时,若一方需要开发海岛矿产资源,则不仅需要得到该土地的矿产所有人许可,还要得到海岛地上权利所有人的许可。如我国《宪法》第 9 条规定,矿藏、水流、森林、山岭、草原、荒地、滩涂等自然资源,都属于国家所有,即全民所有;由法律规定属于集体所有的森林和山岭、草原、荒地、滩涂除外。根据上述规定,我国自然资源产权以国家所有为原则、以集体所有为例外,可以属于集体所有的自然资源只有森林、山岭、草原、荒地、滩涂。根据我国《宪法》第 9 条和《土地管理法实施条例》第 2 条①,海岛土地、森林、荒地、滩涂所有权包括国家所有与集体所有两类,其他海岛资源的所有权只能为国家所有。

第三,依据海岛有无居民,分为有居民海岛所有权与无居民海岛所有权。我国《海岛保护法》规定,国家拥有对无居民海岛的绝对所有权,该权利由国务院代为行使,有居民海岛的所有权分类几乎等同于土地等自然资源所有权分类,包括国家所有与集体所有两类。域外国家关于有居民海岛与无居民海岛所有权的立法实践更为复杂,无居民海岛与有居民海岛均可以为国家、州(省)、法人或其他组织或自然人所有,② 无居民海岛所有权由当事国原始取得后,依据国内法在国家(联邦)、州(省)、法人或其他组织、自然人之间,通过产权转让行为自由转移,③ 国家、州可以将其拥有所有权的无居民海岛向法人或其他组织、自然人出售,也可以通过"回购"的方式取得法人或其他组织、自然人拥有所有权的海岛。有居民海岛所有权作为法律上独立的所有权有着严苛的条件,需要满足两个条件:一是该海岛(孤岛或群岛)因居住或户籍登记属于当事国立法

---

① 《土地管理法实施条例》第 2 条:"下列土地属于全民所有即国家所有:(一)城市市区的土地;(二)农村和城市郊区中已经依法没收、征收、征购为国有的土地;(三)国家依法征收的土地;(四)依法不属于集体所有的林地、草地、荒地、滩涂及其他土地;(五)农村集体经济组织全部成员转为城镇居民的,原属于其成员集体所有的土地;(六)因国家组织移民、自然灾害等原因,农民成建制地集体迁移后不再使用的原属于迁移农民集体所有的土地。"

② 孤岛为群体或私人所有的事例比较常见,也不乏群岛为群体或私人所有的事例,例如,大卫·科波菲尔所有的、位于巴哈马群岛南部的埃克苏马群岛(Exumas)。"David Copperfield's Caribbean Island", http://www.departures.com/travel/travel/david-copperfields-caribbean-island (last visited January 14, 2019).

③ "The essential guide to buying & selling private lands", https://www.privateislandsonline.com/images/island-buyers-guide.pdf (last visited January 14, 2019).

规定的有居民海岛；二是海岛整体为法人或其他组织、自然人所有。在检索域外国家立法过程中，几乎没有发现与我国《海岛保护法》上述规定类似的域外国家立法，域外国家普遍采用通过区分土地所有权或其他自然资源所有权的方式规定海岛资源的所有制，海岛有无居民与海岛所有权类型之间没有必然联系。我国将无居民海岛所有权规定为国家所有，源自《宪法》确立的国家所有为主、集体所有为辅的自然资源所有权制度。土地及其他自然资源所有权制度立法设计，深刻影响着不同国家海岛所有权法制度的形式及内容，导致海岛所有权立法存在显著的国别差异。因此，依据海岛有无居民，将其分为有居民海岛所有权与无居民海岛所有权，在海岛所有权制度中是个别现象，而非普遍实践。

第三节 海岛使用权的构造及内容

海岛使用权是海岛土地及所有其他自然资源的使用权总称。存在海岛国家所有权，就必然会有在国家所有权之上设立的其他财产性权利。将"使用权"作为一项权利独立于所有权是"权能分离说"理论的体现，该理论"既认可非所有人利用所有人财产的事实，同时还保障了所有权的'权源地位'，弥补了传统权属理论在现实与观念间的空隙"，[①] 很大程度上体现出"权能分离说"的理念，这里所说的"权能分离说"，很好地解释了公有制中国家所有的自然资源进入市场流动产生的问题。

一 海岛使用权的构成要素

海岛使用权是以海岛资源为标的物的一组使用权的总称，是海岛使用制度在法律上的体现。海岛使用权基于海岛资源财产性，由不改变海岛资源的本质而依法加以利用的一组权利构成，主体、客体和内容是构成海岛使用权的三要素。

海岛使用权主体与海岛所有权主体是对应的，即包括国家、法人或其他组织和自然人。不论国家土地及其他自然资源权属制度存在何等差异，

---

① 孟勤国：《物权二元结构论——中国物权制度的理论重构》，人民法院出版社2002年版，第5页。

法人或其他组织、自然人是最为常见海岛使用权主体。在法律上，国家作为海岛所有权人，当然是海岛的使用权主体，但在实践中通常由法人组织甚至自然人来完成海岛资源的开发和利用。因此，国家具有双重身份，其不仅是"公"主体，行使国家公共管理职能，而且是海岛的所有者和使用者。这里的国家既包括整体意义的国家，也包括各级政府或公法人，二者的差别在于，前者以国家为一个法律实体，后者以某行政机关为一个法律实体。但是，上述主体身份的差异并非截然分明，例如，有时以国家行政机关名义行使海岛使用权时，其明显是代表整体意义的国家，如一国中央政府经租赁方式向他国政府、法人等转让海岛使用权等；而各级政府或公法人行使海岛使用权时，通常也是以国家名义开展的，例如，我国《城市房地产管理法》第15条第2款规定，土地使用权出让合同由市、县人民政府土地管理部门与土地使用者签订。即在土地使用过程中，地方政府代替国家行使土地所有权，通过和土地使用者签订土地使用权转让合同来赋予后者土地使用权力。

　　海岛资源的财产属性决定着相应主体享有使用权的内容。从权属关系看，凡能成为海岛所有权客体者，皆能成为海岛使用权的客体。人类对自然资源的识别和开发利用呈渐进式发展过程，海岛资源蕴含的经济价值可以很好地为当地人创造更好的生活、生产条件，凡是能够被人利用的海岛自然资源均是海岛使用权客体。但是，海岛使用权客体也具有公共物品属性，公共物品不得归私人所有，尤其是矿产资源、生物基因资源等，但不意味着不能由私主体享有使用权。权利人可以针对海岛不同类型的资源设定使用权，也可以将海岛作为一个整体设定使用权，甚至可以利用海岛空间设定空间使用权。例如，随着海岛土地在地上空间具有一定的使用价值，国家作为土地的唯一合法所有人不但可以出让其使用权，而且能够出让其地上空间使用权。但是，在立法实践中，有些国家为了便于权利人利用海岛资源或兼顾海岛资源的整体性，将海岛使用权的空间范围延伸至海岛附属海域，如美国《水下土地法》（*Submerged Lands Act*）[①]规定，位于水下土地（包括海岛）上的码头和其他结构可以是私有的，水下土地和海域分属州政府和联邦政府所有。根据《水下土地规则》（*Submerged Lands Rules*），州政府或联邦政府可以通过租赁（Lease）或设定地役权

[①] See 43 USC § 1301(b), 1988.

(Easement) 的方式，出让海岛周边水下土地的使用权，[①] 这种出让可以是永久的，也可以是用于季节性（少于7个月）商业捕鱼且面积大于2000平方英尺，或者用于季节性（少于7个月）居住或其他商业目的（不包括捕鱼），且面积大于500平方英尺，或者用于铺设管道、公用电缆、排水管（进水管）和疏浚。[②] 可见，海岛使用权客体普遍包括海陆分界线包围的陆地区域，海岛周围一定宽度的海域是否能够成为海岛使用权的客体取决于当事国立法。

通常情况，海岛使用权人的权利主要包括：(1) 占有权，即对享有所有权或依法获得使用权的海岛，直接控制并支配的权利；(2) 使用权，即对享有所有权或依法获得使用权的海岛，按照其属性、约定用途等，进行目的性使用的权利；(3) 收益权，即获取海岛上所产生的利益的权利；(4) 转让权，即通过法律许可的方式，如买卖、租赁等方式，将海岛使用权转让给他人的权利；(5) 抵押权，即在其拥有的海岛使用权客体之上设定抵押权的权利；(6) 取回权和补偿权，即海岛使用权人有权取回其所有的海岛附着物。海岛使用权人的义务主要包括：(1) 支付使用海岛的对价（海岛使用金）及税费；(2) 按照海岛（海洋）功能区划和约定使用海岛的义务；(3) 容忍义务，即海岛使用权人对不妨碍其依法使用海岛的非排他性用岛活动，不得阻挠；(4) 及时通知义务，即海岛使用权人发现所使用的海岛的自然条件发生重大变化，应当及时报告海岛行政主管部门；(5) 其他义务，如海岛使用权人未经批准不得从事海岛（海洋）基础测绘；海岛使用权终止后，应拆除可能造成海岛（海洋）环境污染或影响其他用岛项目的设施和构筑物。

二 海岛使用权的法律性质

海岛使用权从属于自然资源使用权。研究自然资源使用权的立足点不同，得出的自然资源使用权性质也有所不同。有学者指出，自然资源使用权应被纳入用益物权范畴，如我国《物权法》将探矿权、采矿权、养殖权、海域使用权、捕捞权、取水权纳入用益物权范畴，在法律上对上述权

[①] Bureau of Public Lands, "A Study of Submerged Land Leasing Policies: A Report to the Maine Legislature as Directed by P. L. 765", Enacted 4/22/88, 1989, pp. 12, 20.

[②] Bureau of Parks and Lands, "Submerged Lands", http://www.maine.gov/dacf/parks/about/submerged_lands.shtml (last visited January 14, 2019).

利性质的予以认定。① 上述权利在主体、客体及效力范围上都有所差异，所以在法律适用上应当首先适用特别法，只有在特别法无规定时，才适用民法。② 还有观点认为，自然资源使用权属于准物权，即森林、渔业、矿产资源等依托于土地的自然资源，在其被开发利用后会产生一定的特有价值，而此时这些资源的价值所有权不在土地所有权的范围内，因此不能简单地采用民法来认定该权利性质。③ 一般情况下，准物权包括狩猎权、渔业权、水权以及矿业权等权利。④ 以上两种观点虽然对自然资源使用权的定性不同，但均认为自然资源使用权属于物权。

海岛使用权并非单一的自然资源使用权类型，而是以海岛资源为标的物的一组使用权的总称。在一些域外国家，海岛使用权被置于财产权制度内加以调整。在财产权制度中，法人或其他组织与自然人对海岛的使用，被具体为对海岛土地及其他自然资源的使用，包括获取权（right of access）、取回权（right of withdrawal）⑤、经营管理权（right of management）、排他权（right of exclusion）和让与权（right of alienation）。⑥ 获取权，是指进入实体财产空间或以非消耗方式使用财产的权利。⑦ 取回权，是指获取资源效益，或以生产方式利用财产的权利。经营管理权，是指规制内部使用模式以及改进资源利用方式，以及设置和修改财产使用规则的权利。排他权，是指决定谁享有获取权，以及排除一些资源使用者和设定财产享有规

---

① 刘燕萍：《"四统一"勾勒不动产统一登记实现路径》，国土资源部网（http://www.mlr.gov.cn/tdzt/zdxc/qt/bdcdj/pl/201603/t20160315_1399182.htm），最后访问时间：2019 年 3 月 2 日。

② 钱明星：《论用益物权的特征及其社会作用》，《法制与社会发展》1998 年第 3 期。

③ 梅夏英：《特许物权的性质与立法模式的选择》，《人大法律评论》2001 年第 2 期。

④ 崔建远：《准物权研究》，法律出版社 2003 年版，第 20 页。

⑤ 例如，在欧盟各指令中，对消费者撤回权使用了不同的术语，如上门销售指令（85/577/EEC）使用的是"right to renounce"，而远程销售指令（97/7/EC）、金融服务远程销售指令（2002/65/EC）与分时度假指令（2008/122/EC）则都使用"right of withdrawal"，1994 年分时度假指令（94/47/EC）使用的是"right to withdraw"。See Research Group on the Existing EC Private Law（Acquis Group），*Contract* II：*General Provisions*，*Delivery of Goods*，*Package Travel and Payment Services*，Sellier，Munich：European Law Publishers GmbH，2009，p. 234.

⑥ Edella Schlager and Elinor Ostrom，"Property-Rights Regimes and Natural Resources"，*Land Economics*，Vol. 68，No. 3，1992，pp. 249-262.

⑦ Michael Dean McGinnis，*Polycentric Governance and Development：Readings from the Workshop in Political Theory and Policy Analysis*，Michigan：University of Michigan Press，1999，p. 88.

则的权利。让与权，是指基于获取权、取回权、经营管理权、排他权，出卖、租借或继承财产的权利。在已检索的域外国家立法中，没有发现针对海岛设定独立使用权的立法范例，有关海岛自然资源使用的规则分散在土地法、矿产法、能源法、国家公园法等立法中。在我国海岛立法管理中，《海岛保护法》等法律、行政法规及规范性文件中，均没有明确无居民海岛使用权的内容。尽管2016年至今，《无居民海岛使用申请审批试行办法》①《无居民海岛使用权登记办法》② 相继被废止，但是目前我国在海岛管理中依然将无居民海岛使用权作为独立类型的使用权，③ 而权利人实际享有的海岛使用权，通常也仅仅是海岛的地面权和地上空间权，如海岛景观资源开发利用、基于海岛建设等定向使用，④ 并未针对海岛所有自然资源享有使用权。因此，虽然名为"无居民海岛使用权"，但实际上只是针对某一类或数类海岛自然资源享有使用权。

对海岛某一类或数类资源享有的使用权是否属于"物权"，取决于该使用权是否符合物权基本属性。在大陆法系，物权法定是物权法的基本原则。对海岛某一类或数类资源享有的使用权是否属于"物权"取决于当事国立法规定。尽管有学者主张区别看待物权和准物权，⑤ 但实际上准物权也属于物权范畴，它和典型物权是构成物权体系的核心内容。⑥ 人类对于海岛价值的认识以及对于海岛资源的开发处于发展之中，不同类型、区

---

① 参见关于废止《国家海洋局关于成立国家无居民海岛使用项目第二届专家评审委员会的通知》等4个文件的公告［国家海洋局公告2016年第8号（总第32号）］。

② 参见《国家海洋局关于公布废止的规范性文件目录的公告》［国家海洋局公告2017年第7号（总第39号）］。

③ 例如2018年3月《关于调整海域、无居民海岛使用金征收标准的通知》第三部分规定："无居民海岛使用权出让实行最低标准限制制度。无居民海岛使用权出让由国家或省级海洋行政主管部门按照相关程序通过评估提出出让标准，作为无居民海岛市场化出让或申请审批出让的使用金征收依据，出让标准不得低于按照最低标准核算的最低出让标准。"2018年7月《关于海域、无居民海岛有偿使用的意见》规定："探索赋予无居民海岛使用权依法转让、抵押、出租、作价出资（入股）等权能。转让过程中改变无居民海岛开发利用类型、性质或其他显著改变开发利用具体方案的，应经原批准用岛的政府同意。"

④ 从目前情况看，无居民海岛开发利用成功案例并不多。参见《想当"岛主"不容易，"无人岛"开发面临诸多难题》，新华网（http://www.sd.xinhuanet.com/house/2011-04/25/content_22608348.htm），最后访问时间：2019年3月10日。

⑤ 参见崔建远《准物权的理论问题》，《中国法学》2003年第3期。

⑥ 例如我国《物权法》第122条、第123条。

位的海岛，其自然禀赋也具有极大差异，故海岛使用权的外延也处于变化之中。不是所有的海岛资源都可以或适宜物权化。那些为生存性、公共性、生态性使用海岛资源的权利，由于具有非排他性、不可交易性和极强的外部非经济性而不能或不宜物权化。① 不要说海岛使用权的类型在不同的历史时期、各国立法中有增有减，就是海岛使用权与其他自然资源使用权的关系也并非一成不变。即便是将海岛某一类或数类资源使用权归入"物权"，其也应当属于在国有自然资源利用及保护单行法规定之下，公民、法人或其他组织经过行政特别许可而享有的、可以从事某种自然资源开发利用的权利，且权利的行使受行政权力严格监管，行政管制措施通常直接规定在矿业法、森林法等具体单行法中。②

三　海岛使用权的法律特征

海岛使用权分为地下权（如地下资源开采权）、地面权和地上空间权，这三部分权益可以分属不同的主体，只要各使用权内容不相冲突，就可以并存于同一海岛之上。

第一，海岛土地使用权与其他自然资源使用权具有可分性。海岛使用权是海岛土地及所有其他自然资源的使用权总称，在特殊情况下，尤其是针对无居民海岛设定使用权时，可以形成完整的、独立的所有权类型。即便如此，在矿产资源和能源资源国有化趋势下，非经当事国立法授权许可，海岛土地使用权人可以行使权利的仅包括地表及地下、地上一定范围的空间，该空间范围之外的其他自然资源，包括不构成土地权益的地下埋藏物、矿产资源、土地使用人利益以外的地表空间，均为国家所有，权利人能否对这些海岛资源享有使用权，取决于当事国立法许可或授权。

第二，海岛使用权具有支配性和限制性。无须借助他人的意志和行为即可实现对海岛占有、使用和收益权利的支配，这种权利特征在各国自然资源立法中均指在特定地理空间、特定时期使用特定自然资源的权利，其

---

① 参见张牧遥《论自然资源国家所有权物权化实现的技术谱线》，《大连理工大学学报（社会科学版）》2017年第1期。

② 参见谭向阳《自然资源使用权性质探讨》，《人民论坛》2013年第17期。

权利人享有在许可范围内使用生物或非生物资源的利益。① 在此权利范围内，权利人可直接在特定海岛使用特定资源并取得其利益，而无须借助他人的协助，因此，海岛使用权并非请求权，而是一种支配权，具有直接支配性。海岛使用权具有的限制性表现在权利"处分"方面，处分作为大陆法系所有权权能之一，其核心是权利人当事人有权按照自己的意志支配、决定自己的权利，可以自行决定是否行使或如何行使自己的权利。海岛使用权人对特定海岛资源的支配，并不像民法上物权的支配性那样具有完整性与全面性。海岛使用权人对核准的海岛资源，仅能在法律核定的权限程度、时限与范围内进行支配，如我国《浙江省无居民海岛使用金征收使用管理办法》第3条第2款规定"未经批准，无居民海岛使用者不得转让、出租和抵押无居民海岛使用权，不得改变海岛用途和用岛性质"。马尔代夫2010年《旅游法》第15条（a）项规定，②"海岛使用权人进行疏浚岛礁湖或填海造地或任何其他可能导致永久改变这种自然环境的活动，需要申请获得旅游部许可，并需要提交环境影响评价等材料"。可见，海岛使用权人对海岛资源的支配权只是海岛资源的有限利用，并非是按照自己的意志对海岛资源占有、使用和收益享有绝对支配权。

第三，海岛使用权具有可转让性和衍生性。海岛使用权的可转让性具有两层含义，一层是使用权人向其他权利主体转让自己享有的使用权，另一层含义是合法取得使用权的主体依法转让其享有的全部或部分权能。即海岛使用权受让方取得的使用权不仅自己可以使用，而且具有的可转让性，有权利将享有使用权的标的许可他人使用，受让方在一定条件下对标的享有用益权。就我国而言，立法对"有居民海岛"和"无居民海岛"使用权转让设置了不同条件，有居民海岛使用权转让分为土地使用权转让或其他自然资源使用权转让，海岛土地转让是政府将国有土地一定期限的

---

① See Nico Schrijver, *Sovereignty Over Natural Resources: Balancing Rights and Duties*, Cambridge and New York: Cambridge University Press, 2008, pp. 140-141; *Report of the Mission of Consultation of the UN Council for Namibia to the Netherlands*, UN Doc. A/AC. 131/L. 225, 25 June 1981, para. 27.

② Any application pursuant to subsection (a) of this section for permission of the Ministry of Tourism to carry out dredging of the lagoon of an island or reclamation of land or any other activity that may cause a permanent change to the [natural] environment of such a place shall contain the following. See Article 15 (a) Maldives Tourism Act Law No. 2/99.

使用权一次性转让给使用者，获取的转让收益。土地使用权依我国现时法律除可以设定抵押权并享有相邻权外，不能设定其他权利。其他海岛自然资源转让，是指以承包经营的方式将矿产等海岛自然资源转让给其他权利人。海岛使用权衍生性指向与海岛使用权相联系的利益分配范畴，即在使用海岛资源过程中，经过某些使用功能的改变，不断地衍生和扩大了使用价值的范围和领域，① 如获取无居民海岛使用权后，通过旅游开发、种植经济林木或作物等，提高海岛资源利用率，海岛的经济价值得到提升；或者，在取得海岛矿产资源后，通过出售、加工等方式，获取超过成本价值的收益。

四　海岛使用权取得及变动

海岛使用权的取得，是指法人或其他组织、自然人等权利主体，通过申请审批、招标、拍卖、转让、出租和抵押等法定方式，依法取得海岛使用权。国家作为海岛所有人，其直接使用海岛行为的权源来自海岛所有权，因此，讨论海岛使用权的取得主要是指国家通过权利出让制度向法人或其他组织、自然人分配海岛所有权部分权能，法人或其他组织、自然人对海岛资源形成占有、支配、用益、担保等关系。② 在使用权出让合同有效期间，国家不得任意收回海岛使用权和非法干预使用权人的使用。依照使用权取得来源不同，取得海岛使用权通常有三种方式。③

一是习惯取得。即使用人依生活习惯所取得的对海岛土地或其他自然资源的使用权，④ 国家有义务通过立法尊重、保障和维持土著和地方社区传统生活方式，⑤ 不同国家、不同时期对于海岛习惯使用存在较大差异。例如美国早期的《鸟粪岛法》（Guano Islands Act）允许美国人不必经过国内申请程序即可开发无人居住且有大量鸟粪的岛屿，该法案规定任何美国

---

① 参见靳共元、吕小军《资本新论》，中国财政经济出版社2009年版，第23—30页。

② Bryan A. Garner ed., Black's Law Dictionary, Eagan: West Group Publishing, 8th ed., 2004, p. 1520.

③ 史学瀛主编：《环境法学》，清华大学出版社2006年版，第270页。

④ 王克稳：《经济行政法专题研究》，台湾元照出版公司2012年版，第501页。

⑤ 参见1992年《生物多样性公约》第8条（j）项："依照国家立法，尊重、保存和维持土著和地方社区体现传统生活方式而与生物多样性的保护和持续利用相关的知识、创新和实践并促进其广泛应用，由此等知识、创新和实践的拥有者认可和参与下并鼓励公平地分享因利用此等知识、创新和做法而获得的惠益。"

公民不论何时，在任何岛屿、礁石发现鸟粪石资源，如果这些岛屿、岩礁不受其他任何政府合法管辖，也没有被其他国家的公民所占据，根据（美国）总统的自由裁量权，它们可被视为属于美国，并自由进行开采。[①]

二是授予取得。即法人或其他组织、自然人向法定的国家机关提出申请，国家机关依法将被申请海岛使用权授予申请人。授予取得与确认取得的不同之处在于，通过确认取得海岛使用权，即使尚未登记，在法律层面使用权变动仍能有效成立，但是这种法律效力仅限于双方当事人之间，无法对抗第三人。海岛资源实际使用人依法向相关国家机关申请登记是对使用权实际状态的法律确认，而非权利的授予。授予取得海岛使用权的前提是申请人没有实际使用海岛资源，即便申请人在国家机关授予其使用权之前已经实际使用海岛资源，该使用行为也是非法的，不发生物权效力。授予取得属于海岛使用权在"一级市场"中流转，是国家以该海岛唯一所有人的身份，通过"资源价款"为主的对价形式，对海岛使用权进行处置。在一级市场中流转海岛使用权，能够以合法的形式将海岛所有权的各项全能转让给自然人、法人或其他组织，但同时在法定条件下将相应的处分权予以保留。

三是转让取得。即法人或其他组织、自然人通过买卖、出租、承包等形式，在"二级市场"取得海岛使用权。海岛使用权在"二级市场"的流转，指获得海岛使用权的权利主体对其使用权部分或全部权能，依法进行再处分所形成的流转机制。海岛使用权在二级市场被资本化，由于定价权主体是海岛使用权人，表明海岛使用权人享有的是一种对"资本"的支配权，体现"市场"对资源的调节配置。尽管海岛使用权流转的一级市场和二级市场均需要支付对价，但是一级市场中支付的对价属于权利金，二级市场以平等交易为原则，转让方式多样化，如出让、直接转让、抵押、作价出资、信托、出租等，体现的是海岛使用权的市场价格和民事主体享有的经济权益，支出依据和标准源于意思自治。然而，各国对海岛使用权转让设置有许多限制条件，例如海岛使用权可转让范围、期限、用途等都需要遵守相应的规章制度。

海岛使用权的变更，是指海岛使用权主体或内容发生的变化。变更原

[①] Chris J. Magoc and David Bernstein eds., *Imperialism and Expansionism in American History: A Social, Political, and Cultural Encyclopedia and Document Collection*, Santa Barbara: ABC‐CLIO, 2015, pp. 265-266.

因通常包括使用权主体合并或分立、使用权转让、权利人破产或使用权被依法充抵债务，以及使用合同的内容变更。在一般情况下，海岛使用权变更属于私法性质，典型事例即当事人通过合同形式取得海岛使用权时，可以协商修改使用权的范围及行使方式。在特殊情况下，海岛使用权的变更还具有公法特征，如将民事用途的海岛变更为军事用途、将属于本国的海岛租借给他国使用等。海岛使用权的变更必须依据法律规定进行，不得擅自转让。对此，各国有着不同的规定，而且不同类型资源使用权变更的条件也不尽相同，通常包括登记备案和登记许可两种方式。① 登记备案，指的是在法定程序下，海岛使用权人将变更内容呈交给相关行政机关备案，若符合法定变更要求，则由该行政机关登记即可，不用再另行审核。登记许可，指的是相关行政机关在特定情况下，由行政机关直接允许海岛当前使用权人与第三人的合同行为以及共同行为等法律行为，海岛使用权转让行为经许可发生法律效力。

海岛使用权的消灭，是指因法律规定的事实或原因，导致海岛使用权人丧失使用权。有学者将使用权的终止与使用权的消灭区分开来，终止是由于法律规定的原因或者合同原因而使原来享有的使用权不再享有。② 就使用权消灭或终止所产生的法律效果而言，二者不具有显著差别，因此本文不对二者做区分讨论。海岛使用权的消灭事实及法律原因包括五点内容。(1) 因自然原因而终止，如海岛灭失或使用权客体被消耗殆尽。(2) 因主体消灭而终止。如使用权人死亡、丧失行为能力和失去取得使用权的主体资格，或因法人、非法人等组织注销、解散等。(3) 因非法行为或转让而被强制终止。各国对非法行为或转让做了多样化的规定，非法转让、非法使用海岛或者不按照法律规定开发利用海岛，如闲置土地或弃置抛荒等行为，③ 使用权人都会因其违法行为而丧失海岛用权。(4) 使用权期间届满，而使海岛使用权人丧失使用权。(5) 国家征收。一国宣布国家对其领土内的自然财富和自然资源享有永久主权的同时还承认国家有实行征收或国有化的权利，收归国有、征收或征用，需要以公认为纯属

---

① Jonathan M. Harris and Brian Roach, *Environmental and Natural Resource Economics: A Contemporary Approach*, London and New York: Routledge Pub., 2016, pp. 50-51.

② 史学瀛主编：《环境法学》，清华大学出版社 2006 年版，第 273 页；陈健：《中国土地使用权制度》，机械工业出版社 2003 年版，第 79 页。

③ 参见《土地管理法》第 38 条。

本国或国外私人利益为重要之公用事业、国家利益等理由为根据。[①]

第四节　海岛权属登记的基本内容

海岛权属登记的空间范围以国家领土主权为边界，登记范围包括一国管辖下的所有海岛。按照权属内容的不同，海岛权属登记可以分为所有权登记和使用权登记，但这种划分并不具有绝对性。正如前文所言，区分自然资源所有权是借助于"权能分离说"理论，解决公有制条件下国家财产进入市场问题，如果自然资源本就可以为私人所有，并且与国家（包括政府）财产平等受到法律保护，也就无须刻意区分所有权登记与使用权登记。因此，本部分在讨论海岛权属登记时，不再刻意区分海岛所有权登记与使用权登记，而一并称为海岛权属登记。

一　海岛权属登记的含义

海岛权属登记，是指海岛管理部门根据自然人或法人的申请，依照法定程序对其取得的海岛权属进行审查核实后，予以注册登记，并核发使用权证书。[②] 海岛权属登记是通过法制规定和法治明确，以具体行政行为授予海岛所有人或使用权人以国家确认的权利凭证，明晰海岛占有、使用、收益及处分的内容和权利边界。上述界定排除了国家作为海岛所有人在自行使用海岛时（如开展填海连岛、岛礁建设）应履行的登记义务，将登记的义务主体限定为国家以外的其他享有海岛权利主体，并通过维持有效的权属登记管理海岛利用及保护。

第一，海岛权属登记属于自然资源权属登记。自然资源权属登记具有权属划分、析产、确认等"确权"性质，将海岛权属登记定位于自然资源权属登记，包括三层含义。首先，海岛权属登记属于羁束性法律程序，即依据法律规定和具体要求，法律行为的主体必须严格遵守的程序。通常情况下，海岛所有权人或使用权人与登记机关不能增加或减少权属登记行

[①] 参见1962年12月14日第17届联合国大会第1194次会议通过《关于自然资源的永久主权宣言》（第1803［Ⅻ］号决议）。

[②] 史学瀛主编：《环境法学》，清华大学出版社2006年版，第270页。

为的步骤和方法,也不存在对几种步骤和方法的选择,亦不得违反各程序要件顺序与时限等,否则便构成程序违法,从而导致该登记行为无效。实践中,许多国家在规定海岛权属登记方面均设立严格的立法规则,未给予行为主体根据实际情况选择适用程序的自由度。[①] 其次,海岛权属登记属于公法程序。公法程序,是指国家权力介入其间,并发挥主导作用程序,与之相对的私法程序是普通社会关系主体基于各自的权利和义务而作出的行为,没有国家权力介入其中。最后,海岛权属登记属于行政程序。行政程序,是指行政机关执行法律、依照法定职权实施行政行为的程序。由于海岛权属登记对象的特定性、内容的具体性和行为方式的多样性,决定了不同国家海岛权属登记、同一国家不同类型海岛权属登记程序的多样性和差异性。

第二,海岛权属登记是依申请的单方行政行为。海岛权属登记是行政机关依法实施行政管理职能的行为,由行政相对人的申请登记行为和行政主管机关的审核注册行为组成。行政相对人申请登记存在两种情形。一是国家将海岛所有权或使用权出让给公民、法人或其他组织,即将所有权的部分权能(占有、使用、收益)与所有权相分离而作为独立的财产权。尤其是当海岛属于国家、地方政府所有时,其他自然人、法人或组织在海岛上从事生产经营或建设活动时,就必须从国家公权力机构获得海岛使用权。二是海岛所有权或使用权在公民、法人或(和)其他组织之间的转移,包括出售、交换、赠与、继承等。在土地私有制国家,海岛所有人享有所有权的范围通常仅止于土地部分,而土地之外的其他自然资源通常情况下均为国家所有,如果海岛所有人需要利用岛上此类自然资源,必须通

---

① 例如美国无居民海岛利用除了采用信托方式之外,还有相当多的无居民海岛采用租赁方式。但无论是信托还是租赁,均需要国家主管机关进行确权登记。See Chris J. Magoc and David Bernstein eds, *Imperialism and Expansionism in American History: A Social, Political, and Cultural Encyclopedia and Document Collection*, Santa Barbara: ABC-CLIO, 2015, pp. 265-266. 我国《海岛保护法》规定,无居民海岛属国家所有,国务院代表国家行使海岛所有权,单位和个人使用海岛,必须依法取得海岛使用权,海岛使用申请人自领取海岛使用证之日起,取得海岛使用权。《无居民海岛使用申请审批试行办法》从审批权限划分、申请审批程序、审理内容和其他事项四方面,规定了居民海岛使用权登记审批。

过申请的方式获得此类资源的使用权。① 通过上述方式获得海岛使用权，均需要向行政主管机关进行审核注册。

第三，海岛权属登记具有赋权和管制功能。海岛权属登记依然需要以合法的权利取得行为（取得行为）、产权界别规则以及合法的权属来源文件等，作为赋权登记的依据，海岛或海岛某一部分一经确权并登记于自然资源产权登记簿，立即对权利主体产生赋权效力。赋权不同于确权，确权是以国家产权界定的法律行动为基础，以权利主体的权属主张为补充的行政行为，海岛权属登记具有的赋权功能是绝对的，在绝大多数情况下，② 未经登记不享有法律意义上的海岛所有权或使用权。海岛权属登记具有的管制功能，有两方面体现：一方面是通过登记程序控制行政权的滥用，即控制行政权力、保护行政管理相对人的权益不受损害；另一方面，法律设定海岛权属登记程序也在于保护行政相对人，即在海岛利用管理时通常将违反法定登记程序，作为行政行为无效或者可撤销的事由，以保护登记簿记载的海岛所有权人或使用权人。

可见，海岛权属登记既是确立权利的法治程序，也是保护权力行使的过程，更负有明确各职能部门法定职责的功能，从海岛权属立法规定到使用权登记过程，体现了抽象海岛权属制度到具体权利确认的过渡。

二 海岛权属登记的范围

海岛权属登记不仅仅服务于物权公示，还能够帮助海岛管理职能部门采集有价值的信息，为制定海岛法规、海岛功能区规划、权利行使情况的监管等获取海岛自然资源信息成本。故而，海岛权属登记承载的使命已经超出了一般的不动产权属登记，虽然各国对海岛权属登记处理方式、权属

---

① 如美国土地授予方式中，联邦土地一般通过土地管理局（陆上）和海洋能源管理局（BOEM）（海上）以招标方式授予；州立土地一般也通过招标方式授予；而私人土地一般通过协商方式商谈租约。参见黄培煌《美国土地矿权以及油气资源收购协议下的土地瑕疵问题解析》，《当代石油石化》2016年第5期。

② 在一些英美法国家，海岛使用权的来源包括原住民基于历史性权利（historic titel）主张；在太平洋、大西洋和加勒比海等拥有土著或原住民的岛屿国家，海岛的权属形态还包括习惯所有，如根据巴布亚新几内亚《宪法》，其土地中98%属于习惯所有。原住民获得的海岛使用权并非来源于登记，当事国对其享有使用权的确认源于诸如保留地立法等其他立法。See Stepanus Djuweng, "Indigenous Peoples and Land-use Policy in Indonesia: A Dayak Showcase", *Institute of Dayakology Research and Development*, 1997, pp. 10-44.

登记具有的强制性以及登记范围不尽相同,但是共同点是尊重既存权利形态,维持权利稳定性。

海岛所有权或使用权可以通过习惯、授予和转让三种方式取得。上述三种权利取得方式中,授予取得属于国家向公民、法人或其他组织出让海岛所有权或使用权范畴,转让取得代表着海岛所有权或使用权在资源配置市场的二次流转,以上两种形态的海岛权属均需要登记。比较特殊的是,海岛所有权或使用权习惯取得问题。有的国家,例如所罗门群岛政府制定的《习惯土地记录法》(Customary Land Records Act)鼓励权利人依法注册登记享有的所有权或使用权,但推行起来并不顺利,土地权属转换和系统登记依然非常缓慢。① 其原因在于,立法对于权利登记采取的是"鼓励"(encourage)而不是"强制",登记的目的不在于"授权",而是强调不同的土地持有法人或其他组织(如部落)通过登记注册明晰使用权范围,以避免潜在的争议。同样,在新西兰存在许多依托海岛建立的国家公园,根据1980年《国家公园法》(National Parks Act),从国家公园区域采集原生植物或捕捉动物需要保护部(Department of Conservation)部长授权;在考虑是否给予用于习惯用途的授权时,部长必须考虑的事项包括立法、历史传统、国际义务等11项,② 文化传统和非商业性习惯使用(non-commercial customary use)是不需要得到授权的。2019年7月,我国《自然资源统一确权登记暂行办法》(自然资发〔2019〕116号)规定,自然资源确权登记坚持资源公有、物权法定和统一确权登记的原则,对水流、森林、山岭、草原、荒地、滩涂、海域、无居民海岛以及探明储量的矿产资源等自然资源的所有权和所有自然生态空间统一进行确权登记。③ 该《暂行办法》第5条第1款规定,自然资源统一确权登记以不动产登记为基础,依据《不动产登记暂行条例》的规定办理登记的不动产权利,不

---

① Joseph D. Foukona, "Legal aspects of Customary land administration in Solomon Islands", *Journal of South Pacific Law*, Vol. 11, Iss. 1, 2007, pp. 70–71.

② See Department of Conservation New Zealand, "Stewart Island/Rakiura Conservation Management Strategy and Rakiura National Park Management Plan 2011 – 2021", http://www.doc.org.nz/about-us/our-policies-and-plans/statutory-plans/statutory-plan-publications/conservation-management-strategies/stewart-island-rakiura/section-two/part-six-uses-requiring-authorisation-not-covered-elsewhere/6_6-customary-use/ (last visited January 14, 2019).

③ 《自然资源统一确权登记暂行办法》第2条第2款、第3条。

再重复登记。第 9 条规定，登记的内容包括：（1）自然资源的坐落、空间范围、面积、类型以及数量、质量等自然状况；（2）自然资源所有权主体、所有权代表行使主体、所有权代理行使主体、行使方式及权利内容等权属状况；（3）其他相关事项。此外，还应当关联国土空间规划明确的用途、划定的生态保护红线等管制要求及其他特殊保护规定等信息。① 可见，不同国家立法规定的海岛权属登记内容各有不同，登记内容大致包括合同或政府行政批文中规定的海岛使用年限、用途、容积率、建筑情况等指标和环境保护措施等要求，这些登记内容可以分为两类：一是海岛资源的自然及地理状况，包括海岛的名称、坐落、界址、空间界限、面积、用途等状况，目的是将特定海岛与其他登记对象区分开来，标明地理空间上的确定性与唯一性；二是海岛权属状况，包括海岛权属取得、变更、移转、消灭等法律事实，以及行政管理海岛使用权人有关财产权和其他权利方面的法律事实。②

三　海岛权属登记的效力

海岛权属登记的效力，是指海岛行政主管机关的审核注册行为一经作出后所产生的法律效果。海岛权属登记以登记簿为载体，行政机关在核实申请人相关信息的基础上，将海岛使用权或所有权的处置情况以固定格式记载到相应登记簿中去，以此作为日后管理的重要证据。从性质上而言，海岛权属登记簿属于公共信息范畴，内容反映当事人权利的详细法律信息，并在法律许可的范围内为市场交易服务，发挥着向社会展示当事人的权利存在的公示作用。

第一，权利正确性推定效力。公民、法人或（和）其他组织享有的海岛权属经登记而推定为正确、真实，因法律明文规定而确定，进而发生推定正确的法律效果，鉴于权属登记内容向社会公众公开，故海岛权属登记发生权利公示效应，非依法定理由和非经法定程序，任何机构和自然人不得将之撤销或变更。权属登记在未按照法定程序来变更或撤销前，相对人以及其他相关人必须在法律上承认其效力。③ 因此，海岛权属登记行为兼具权利证明与权利确定作用，使海岛权属在被登记后会产生社会公信

---

① 《自然资源统一确权登记暂行办法》第 9 条第 2 款。
② See Article 217（1）Mines and Minerals Act，CCSM. c. M162，26 July 1991.
③ 叶金强：《公信力与物权行为无因原则》，《清华法学》2005 年第 6 辑。

力，其他社会成员将会据此承认登记内容具有真实性与有效性的，以维护海岛权属流转安全。①

第二，权利变动的根据效力。登记决定当事人能否按照其自由意志设立、变更及消灭海岛使用权，具有公示以及对抗第三人的权利主张的作用。所以登记内容能够作为海岛使用权变动的核心依据，尽管公示仅仅作为形式要件，但其仍能决定法律层面的当事人实体权利。② 为实现登记的公示效力，立法有两种不同的规定：一是以登记为权利成立和变动的生效要件，即登记生效主义；二是以登记为权利变动的对抗要件，即登记对抗主义。海岛所有权出让普遍采取登记生效，未经登记不得发生出让效力；海岛使用权转让是否需要变更登记及登记效力，则具有显著的国别差异，如我国立法规定，在转让海岛使用权时，必须先根据法定程序申请变更登记，并将义务转移、权利变更的详细内容明确记载到登记文件和出让合同中，③ 但却没有规定登记的效力；有些国家对海岛等自然资源设置了使用限制，通常表现为附条件许可或规划等，这类文件对当事人赋权或限制以及影响权利变动时，即构成登记文件，被赋予了公示性及权威性，海岛使用权转让无须再行登记，但是，涉及自然资源的法院裁决和政府行政命令通常为登记信息，规划则属于约据登记。④

第三，善意保护的公信效力。法律保护善意第三人的信赖利益，因为在海岛权属登记簿上记载的权利在法律上是真实且正确的，即便是第三人不知登记内容存在错误，在与登记权利人通过合同形式获取其海岛使用权时，也不会因错误登记内容而使得其权利转让效力丧失，即法律仍保护其已经获得的权利。这一"保护善意第三人的信赖利益"制度旨在确保交易秩序的正常稳定，在这一制度下，权利人无法以登记内容错误为由要求

---

① 李燕萍：《简议行政登记行为的法律效力》，《"一国两制"研究》2015年第3期。
② 同上。
③ 例如，2017年被废止的《无居民海岛使用权登记办法》第19条规定，"有下列情形之一导致无居民海岛使用权人变更的，当事人应当申请变更登记：（1）依法转让无居民海岛使用权的；（2）依法继承无居民海岛使用权的；（3）因企业合并、分立或者与他人合资、合作经营的；（4）因人民法院判决或调解、行政机关调解、仲裁裁决引起的无居民海岛使用权转移的；（5）其他无居民海岛使用权人变更的情形"。参见2017年《国家海洋局关于公布废止的规范性文件目录的公告》[国家海洋局公告2017年第7号（总第39号）]。
④ 陈丽萍等：《国外自然资源登记制度及对我国启示》，《国土资源情报》2016年第5期。

对抗善意第三人。① 海岛权属登记具有的保护善意第三人的公信效力，是行政登记的形式效果，该效果起源于登记行为，不需凭借其他行为或关系来确定其在法律上的效力。

四　海岛权属登记的形式

每一项海岛所有权或使用权均要经过法定程序才能得到最后的确认和确定，具备法律效力。由于海岛是自然资源的集合体，在使用海岛时，可能是对于岛上地面空间资源的综合利用（如无居民海岛使用），也可能是对海岛蕴藏的某一类或某几类自然资源的利用（如开采鸟粪磷矿），考虑到各海岛的社会功能以及自然属性都有所差异，因此其采用的登记形式也有区别。如加拿大阿尔伯塔省采取的是以法令的形式确权登记，土地登记与其他自然资源登记相互独立，其中水资源的登记形式以备案、许可以及法律规定为主，森林确权登记的主要形式则是授权或协议。② 从行政管理形式上看，海岛权属登记从属于自然资源登记，而自然资源登记始于土地登记，之后随着资源门类不同，各门类自然资源权属逐步从土地权属中分离出来，相应的权属登记也分离出来，并由专门的管理机构管理。

海岛权属登记管理有四种方式。一是分类登记、分散管理。即按照海岛自然资源类型，如土地、水流、森林、荒地、探明储量的矿产资源等，对其使用权进行分别登记，由不同行政管理机构分别管理，我国采取此种模式。二是分类登记、统一管理。即按照海岛自然资源类型，对各类自然资源权属分别登记，但由一个部门行使登记管理权。三是统一登记、统一管理。即通过自然资源综合管理体制，实现自然资源登记统一，将分散管理的各门类自然资源的登记职能分离，由一个部门行使，如美国、澳大利亚、加拿大的州（省）级自然资源综合管理部门。四是统一登记、分散管理。即将不同类型自然资源登记职能交由一个行政或司法部门（如法院），而对于各类自然资源的日常管理，则仍由林业、土地、海洋、矿产等部门各司其职、分散管理，如新西兰的土地信息部及智利的不动产登记部门。③ 上述海岛权属登记形式，呈现如下特点。

---

① 李燕萍：《简议行政登记行为的法律效力》，《"一国两制"研究》2015 年第 3 期。
② 杨杰：《加拿大不列颠哥伦比亚省和阿尔伯塔省的自然资源确权登记》，《国土资源情报》2016 年第 6 期。
③ 陈丽萍等：《国外自然资源登记制度及对我国启示》，《国土资源情报》2016 年第 5 期。

首先，确权登记（初始登记，或称所有权登记）和使用权登记的关系复杂。国家与国家间、同类资源与不同类资源间的登记差异普遍存在，表现在行政管理层面体现为海岛权属管理体制国别差异，表现在权属关系层面则体现为海岛所有权登记与使用权登记关系的差异，换言之，海岛权属登记有时并非一个构成要件完成的权属，二者的关系需要结合当事国自然资源管理立法，在个案中判定。如我国海岛权属制度中，所有权与使用权是分开的，相应的登记管理机构也不同。自2016年《自然资源统一确权登记办法（试行）》建立自然资源统一确权登记制度后，我国正在推进各类自然资源所有权统一确权登记。① 2019年7月，由自然资源部、财政部、生态环境部、水利部、国家林业和草原局制定的《自然资源统一确权登记暂行办法》做了更为完善的规定，该《暂行办法》第3条将无居民海岛作为一类自然资源，统一进行确权登记；第17条规定，无居民海岛按照"一岛一登"的原则，单独划定自然资源登记单元，进行整岛登记。在其他国家海岛权属登记制度中，又存在契据登记制、权利登记制和"托伦斯"登记制（Registration of Toluns）三种。② 在权属登记管理中，有的国家采用综合管理、统一登记，而有的国家采取谁管理、谁登记的方式。③ 可见，由于经济体制和历史传统等因素，不同国家海岛权属登记模式多样，很难找到或归纳出具有普遍适用性的海岛权属登记模式。

其次，围绕土地使用权登记来展开自然资源登记活动。由于绝大部分的海岛资源属于土地资源，而土地资源具有典型的完备性和稳定性，是海岛资源管理制度设计的重要支撑点。很多国家单门类自然资源登记主要依托于土地登记，海岛权属的行使必须依托于海岛依附的土地，以海岛资源

---

① 参见《自然资源统一确权登记办法（试行）》第2、3条。
② 契据登记制是指不动产物权的取得、变更和灭失，在当事人订立契据时就产生法律效力，但不进行不动产登记，不得对抗善意第三人；权利登记制是指不动产物权的取得、变更和灭失，在当事人意思表示一致，经过登记机关实质审查确定，并进行法定登记后才发生法律效力；托伦斯登记制是指首先由政府进行一次不动产总清理，将不动产按照自然区划编制成不动产登记簿，然后按照不动产的权利人确定的权利进行总登记，总登记之后发生的不动产物权变动则在总登记基础上进行变更登记。参见肖锦成《美国不动产登记制度研究与借鉴》，《中国房地产》2015年第12期。
③ 陈丽萍等：《国外自然资源登记制度及对我国启示》，《国土资源情报》2016年第5期；国土资源部信息中心课题组：《国外自然资源管理的基本特点和主要内容》，《中国机构改革与管理》2016年第5期。

型权属登记为核心管理基于土地地籍，多数仍在土地登记系统中。① 例如，加拿大《宪法》中明确指出各省政府拥有其辖区内的自然资源所有权，并且负有对辖区内土地和矿产等自然资源使用权的登记职责，② 立法并未对海岛权属登记作出专门性规定。就加拿大新斯科舍省而言，该省自然资源部（Department of Natural Resources）下设地理科学及矿业分部（Geoscience & Mines Branch），负责相关申请及登记。③ 新斯科舍省范围内的海岛使用、租赁登记，均依托土地登记，由地理科学及矿业分部负责实施。

最后，通过信息化技术实现权属登记内容统一。信息化技术使不同部门登记的自然资源权属信息整合到一个平台，也可以将所有权属信息录入一个系统。例如，新西兰实行自然资源综合立法，其《资源管理法》（*Resource Management Act*）合并了59部资源和环境法，所适用的"托伦斯"登记系统将几乎所有地籍、平面图和文书转成电子形式，海岛权属依靠单独的地籍就可以进行交易，而无须一系列地契。④

第五节 权属对海岛利用及保护监督管理的影响

海岛权属具有两个面向，一个面对平等的主体，代表了横向的由民法调整的权利体系，另一个面对不平等的主体，代表了纵向的由行政法调整的权力体系，二者之间兼具事实与法律上的交叉。即便国家所有权的行使是靠国家公权力的帮助实现的，当国家行使私法意义上的国家所有权时，也应当与行使公共管理职能的国家公权力划清界限。因此，海岛权属不仅关系基于围绕海岛资源产生的各种财产性权利构造，也影响海岛利用及保护管理公权力的运行。

---

① 陈丽萍等：《国外自然资源登记制度及对我国启示》，《国土资源情报》2016年第5期。

② 国土资源部信息中心课题组：《国外自然资源管理的基本特点和主要内容》，《中国机构改革与管理》2016年第5期。

③ Department of Natural Resources Nova Scotia, "Geoscience & Mines Branch", https://novascotia.ca/natr/thedepartment/minerals.asp（last visited January 14, 2019）.

④ Elizabeth Cooke ed., *Modern Studies in Property Law Vol. II*, Oxford and Portland: Hart Pub., 2003, p. 82.

一　所有权对海岛监督管理的影响

所有权是塑造海岛利用及保护监督管理体制模式的基础。国家行使自然资源所有权主要表现为自然资源行政管理，[①] 海岛所有权体系三层权利关系中，国家与法人或其他组织、自然人之间的所有权关系直接影响海岛监督管理体制模式，原因在于，国家与国家之间的所有权关系属于领土所有权关系范畴，尽管国家间在政治制度、法律传统、文化形态等方面存在各种差异，但是领土所有权的内涵并不存在本质差异，尤其是不存在国别差异。一国管理本国享有领土所有权的海岛属于主权范畴，一国对于本国海岛管理体制的选择也属于主权范畴。就管理海岛而言，主权影响的是国与国之间的关系，而非一国政府内部关系或政府与社会关系。法人或其他组织、自然人之间所有权关系属于私法范畴，是海岛监督管理体制所要规制的对象，不同监督管理体制中，法人或其他组织、自然人之间所有权关系的设立、转让、变更和消灭上位主管机关和运行模式也不同。在国家与法人或其他组织、自然人之间的海岛所有权关系中，国家所有权的法律形态虽然是统一的，但是其具体监督管理部门则是分散的，[②] 国家既是海岛的所有者，也是海岛的管理者，有时还可能是海岛的经营者，即便在土地私有制国家，当事国也常常在海岛土地之外的其他自然资源上确立国家所有权，例如珍稀动植物、矿产及能源资源一般归国家所有。[③] 一方面，法人或其他组织、自然人享有的海岛所有权经由国家立法、许可、承诺、履行义务等方式赋予；[④] 另一方面，作为义务主体的法人或其他组织、自然人体不得分享国家的垄断地位，侵害国家对其财产的专属性权利，[⑤] 其突出表现就是公法上的国家对海岛的行政管理权和私法上的对海岛的所有权相分离，[⑥] 法人或其他组织、自然人体行使海岛使用权服从国家监管。

[①] 王利明：《国家所有权与管理权》，《中国法学》1985年第4期。
[②] 单飞跃：《论行政权限结构与国家所有权》，《法学评论》1998年第6期。
[③] 张一鸣：《自然资源国家所有权及其实现》，《人民论坛》2014年第2期。
[④] 王社坤：《环境法的正当性探源——〈环境法的哲学基础：财产、权利与自然〉介评》，《清华法治论衡》2010年第1期。
[⑤] 徐祥民：《自然资源国家所有权之国家所有制说》，《法学研究》2013年第4期。
[⑥] 宋宗宇、胡海容：《自然资源物权制度研究》，武汉大学环境法研究所网（http://www.riel.whu.edu.cn/show.asp？ID=1700），最后访问时间：2019年3月16日。

所有权影响海岛利用及保护监督管理的出发点。如上文所言，不同国家立法对自然资源的性质和类型划分，直接影响了国内法中基于海岛产生各种财产性权利的构造和运行，依据权属性质，海岛所有权大致可分为私人所有与国家所有（包括集体所有），不同所有制下海岛利用及保护监督管理的内容也不同，土地私有制国家较土地公有制国家面临的资源权属管理更为复杂。土地私有制国家中，土地权属和其他自然资源的权属通常是分开的，就高潮时高于水面的海岛土地而言，还被区分为共有地（如海岛沙滩）和私有地。根据所有权来源，海岛私有地还可以被进一步分为原住民所有和通过继受方式所有。土地私有制下，不同海岛所有权主体之间能够依据法律平等转让各自所拥有的海，国家所有的海岛可转让给私主体，反之亦然。海岛所有者，不论是政府还是私人都可以根据自己的管理目标、使用规划以及管理所适用的法律、法规和政策来处置其享有所有权的海岛。尤其是在英美法中，私有财产权并非一项单纯的经济权利，同时它还属于人权范畴。政府对于私有财产权的保护，是基于其基本权利的属性，而非潜在的财产利益。① 因此，公权力主体对海岛监督管理的出发点是"保护私人财产"，典型案例如"卢卡斯诉南卡罗来纳州海岸委员会"案。在该案中，美国联邦最高法院明确指出，"若政府以公共利益为由，要求拥有不动产所有权的私人主动放弃该不动产的所有权时，此时该政府该行为就构成了征收。只有在政府确认被剥夺土地上的所有经济用途的管制有效时，才可能够避免支付补偿。因此，需要证明以下逻辑前提的存在，即从一开始，被禁止的使用利益就不是财产权人的权利"。② 在海岛公有制中，国家处分其所有权的方式是将海岛出让或划拨给他人或其他组织使用，人或其他组织享有的是国家让渡的使用权，而非完整意义的所有权。尽管法律赋予主体享有海岛使用权时，为了保证使用权人对海岛资源

---

① Lorna Fox O'Mahony, "Eviction and the Pubilc Interest: The Right to Respect for Home in English Law", in Robin Paul Malloy and Michael R. Diamond eds., *The Public Nature of Private Property*, London and New York: Routledge, 2016, pp. 90-92.

② 1986年，卢卡斯（David H. Lucas）购买了美国南卡罗来纳州查尔斯顿县棕榈岛两块住宅用地，计划建造单户住宅。1988年，南卡罗来纳州立法机关出台《海岸带管理法》，该州海岸委员会根据该法禁止卢卡斯在上述土地建造永久性住宅。卢卡斯认为，该禁令构成未经公平补偿的征收，并诉至美国联邦最高法院，法院作出了对卢卡斯有利的判决。See David H. Lucas v. South Carolina Coastal Council, 505 US 1015 (1992)。

支配的真正实现，同时赋予以排他权，但出发点在于减少和避免权利冲突，限制因为滥用使用权或怠于行使使用权而损害公共利益和他人合法权益。如我国2019年修订的《土地管理法》第4条规定国家实行土地用途管制制度，第38、58、66、79、81条规定了土地收回制度；2018年《关于海域、无居民海岛有偿使用的意见》也规定了依法收回海岛使用权的情形。依据上述规定，海岛使用权出让和划拨行为完成后，国家不仅可依法监督和限制使用权人对海岛资源的使用，如果存在使用权人未在规定期限内开发利用海岛、未按照法律规定的用途使用海岛、建设公共设施和公益事业需要等法定情形，国家也可以收回海岛使用权。

二 使用权对海岛监督管理的影响

海岛使用权并非单一的自然资源使用权类型，是依法对一定海岛资源加以利用并取得收益的权利，是海岛使用制的法律体现形式。在"依法行政"原则的制约下，海岛使用权一经确立，行政机关负有对海岛资源的用途进行依法监管的职责。

海岛使用权的确立属于权利创设范畴，以法律所规定或习惯法所形成者为限，海岛使用权的内容不得违反法律禁止规定。[①] 一方面，海岛使用权属于私权，在法律允许范围内，私权的行使具有较大自由；另一方面，海岛利用及保护监督管理属于公权范畴，是行政权运行的具体表现，约束海岛使用权的法律载体是各种行政立法，而公权则需要按照严格的程序来实施，并且多数情况下需要被监督人予以一定的配合才能得以实现。在逻辑关系上，有关海岛使用权的行政立法大多是以特定海岛保护和利用活动为主要制约对象，其立法对象具体特定，同时仅针对在海岛使用权的行使过程中一些和行政管理活动有密切关联的人、行为以及自然资源，而非适用所有海岛使用权的主体、客体和内容。

海岛使用权内容决定海岛利用及保护监督管理方式。私权利是公权力的源泉与基础，对公权力的行使划定边界前，首先要对私权利划定边界。[②] 具体而言，海岛利用及保护监督是根据有关海岛权属的法规实

[①] 谢在全：《民法物权论（上册）》，中国政法大学出版社2011年版，第32—36页。
[②] 参见阮传胜《公权力与私权利的边界》，人民网（http://theory.people.com.cn/n/2012/1112/c49152-19553545.html），最后访问时间：2019年3月18日。

施与应用,[①] 包括海岛权属登记、利用规划、财产征税等监督管理行为，均需要在确定海岛使用权内容的前提下实施。其原因在于，海岛利用及保护监督管理抽象行政行为往往根据社会发展需要和政府职能定位、行政管理的需要制定法律法规，这些行为规则既可以是实体性规定，也可以是程序性规定；既可以是直接制约，也可以是间接制约。缺少海岛利用需求及法定的海岛使用权内容，相应的立法及赋权就欠缺充分的理论基础和必要的实践基础。海岛利用及保护监督管理具体行政行为无外乎羁束行为与自由裁量行为，羁束行为属于法律明确具体规定的行为，诸如核准、登记、注册、许可等行政处理行为，海岛监督管理机关只能依法实施，不能掺入主观意志。自由裁量行为是指法律规范仅对行为目的、行为范围等作一原则性规定，绝大部分行政处罚行为都属此类。无论是羁束行为还是自由裁量行为，行政权的行使必须依据法律规范，而此处的"法律规范"不仅仅指的是行政立法，还包括规定海岛使用权内容的民商事立法。在海岛使用权的种类及内容（权能）只能由法律直接规定的前提下，海岛利用及保护监督管理须遵循"法无授权即禁止"的运行规则，相应的监管内容也只能是上述立法规定的海岛使用权内容。因此，虽然海岛权属的内容主要是确定海岛资源的归属和利用，但是其不仅影响到民事关系主体的权利、义务产生民事制约的法律后果，而且在实质意义上影响到行政法律关系的构造及运行。

[①] 联合国粮食及农业组织：《粮农组织土地权属研究（九）：土地权属及行政管理中的完善治理》，联合国粮食及农业组织网（http://www.fao.org/3/a-a1179c.pdf），最后访问时间：2019 年 3 月 18 日。

第四章

海岛利用与保护及其监督管理机制

机制是制度的核心内容，它通过一定方式来使得制度内各要素相互作用，进而实现各自特定功能。在行政法学和政治学领域中，行政有"管理、组织"的意思，所以在很多时候行政等同于管理。① 管理机制也就是行政机制，指行政组织结构及其运转机制，② 其内部包括纵向、横向两个维度，包括各层级、不同层级政府部门之间的多方面关系。从纵向维度而言，主要有分权管理和集权管理两种模式，其中前者主要是通过一套自下而上的方式，赋予地方政府更多的权力自由，后者则是单一制下纵向政府之间的权力配置，更多强调的是自上而下的层级节制。就横向维度而言，中央政府的横向管理主要有集中管理模式、分散管理模式等。海岛管理是以海岛基础属性为主轴线，结合海岛的社会经济信息、自然资源信息、自然环境信息以及基础地理信息，综合管理海岛开发利用、社会经济、环境资源等方面的工作。海岛及其周围蕴藏着丰富的生物、空间等资源，是沿海各国经济和社会可持续发展的重要保障，在沿海国政治、经济和国防安全中具有极为重要的战略地位。海岛既是资源载体，也是环境载体，资源立法中一些调整自然资源财产权方面的法律规范客观上也有保护或改善环境生态功能的作用。因此，利用与保护在海岛监督管理机制中是相互融合的，但是由于各国经济社会制度不同，国家与法人或其他组织、自然人之间的海岛所有权关系表现形式不同，海岛利用及保护监督管理制度具有显著的国别差异。

---

① 王学辉：《对行政法学基础理论的思考》，《西南政法大学学报》2002 年第 3 期。
② 张国庆主编：《行政管理学概论》，北京大学出版社 2000 年版，第 599—560 页；张立荣：《行政制度的涵义、特征及功能探析》，《社会主义研究》2002 年第 3 期。

第一节　利用与保护在海岛管理中的相洽关系

海岛资源具有稀缺性、环境脆弱性，开发利用海岛的同时即面临保护问题，利用海岛资源必须有良好的保护措施，保护海岛是为了长期稳定地利用海岛资源。一些国家立法中，保护也属于利用范畴，如美国《海岸带管理法》对陆地和水域利用活动做出了进一步定义，将"保护"作为一种利用活动。[①] 概言之，保护是开发利用的前提，保护是为了更好地开发海岛资源，开发利用是保护的必要体现，合理的开发利用本身就是一种保护。因此，海岛利用与保护不是对立的，而是统一的。

一　利用与保护内容的相洽

海岛利用与保护的关系是人类社会进入工业化发展阶段以来，人与自然关系冲突的具体反映，具体表现为，人类对海岛资源开发的强度不断增大与海岛资源稀缺性、环境脆弱性之间的矛盾。在海岛生态环境承载限度内和确保自然资源永续利用的前提下，科学合理地开发利用自然资源是海岛保护的基本目标。

海岛属于稀缺的自然资源，开发利用内容受环境保护及生态规律的制约。在保持海岛基本功能的情形下，以非采掘方式对海岛加以利用，通常并不能减损其价值，权利人在使用海岛后，其他主体依然可再行对该海岛进行利用。即便以采掘方式（如开采鸟粪石矿）利用海岛，在可采掘资源枯竭后，依然可以通过其他方式对海岛加以利用。一旦开发利用内容不足以维持海岛基本功能，海岛资源很容易在部门利益或地方利益的追逐之下消耗殆尽，海岛资源承载的公共利益也就无法得到有效保障。[②] 限制海岛利用的出发点是保护公共利益，因此，并非所有的海岛及海岛资源均能够被开发利用，正确处理海岛资源保护与开发利用的关系，禁止私人开发

[①] 美国的海岸带系指邻接若干沿岸州的海岸线和彼此间有强烈影响的沿岸水域（包括水中的及水下的土地）及毗邻的滨海陆地（包括陆上水域和地下水），包括岛屿、过渡区与潮间带、盐沼、湿地和海滩。See Article 1453（10）（18）Coastal Zone Management Act of 1972, as amended through Pub. L. No. 109-158.

[②] 叶榅平：《自然资源国家所有权的双重权能结构》，《法学研究》2016年第3期。

需要重点保护的海岛自然资源，此外，针对可以被利用开发的海岛资源需要根据海岛资源时空分布、演化规律，调整和控制开发利用行为，使用者需要遵守用途管制，依照许可范围、类型和方式加以利用；对暂不具备治理条件及因保护生态需要不宜开发利用的海岛，应当实行封禁保护。协调海岛保护与利用范围，需要从海岛资源等自然资源和经济等社会因素入手，对海岛功能区划的适应性进行深入分析，根据海岛自然系统和形态单元的分布特征，并结合开发利用现状和规划用岛等情况，明确可以开发利用与封闭式保护的海岛范围，对于可以用于开发利用的海岛，应进一步划分可开发空间、资源类型、利用方式等，使海岛资源价值得到有效和有序利用。实际上，许多国家通过立法对海岛利用内容加以限制，保护其生态环境免遭破坏。[1] 如我国《海岛保护法》规定，严格限制在有居民海岛沙滩建造建筑物或者设施、采挖海砂、填海、围海等改变海岛海岸线的行为；未得到相关部门批准就已经开始开发的无居民海岛，则可以维持现状，但是不得从事林木采伐、海砂挖掘以及其他建设活动，禁止在无居民海岛上进行非生物样本和生物样本的采集。[2] 新西兰《资源管理法》(Resource Management Act) 第3部分第12条列举了11项限制措施，包括要求任何人不得破坏、损害、扰动沙滩或底土中定居的植物和动物，不得在此区域内采挖砂石、贝壳或其他自然材料。[3]

功能区划是协调海岛资源利用与保护的普遍做法。各国在开发利用海岛资源时普遍实行功能区划，功能区划对海岛保护通过限制利用加以表现。一种是海岛功能区划在先、海岛使用权设定在后。海岛使用权的设立、类型、目的、使用行为均要严格遵守海岛规划，不得滥用海岛资源，否则应承担相应的法律责任。如马尔代夫立法规定，海岛的建筑面积最多只能占该岛总面积的五分之一，通过对海岛利用规模及内容的限制，确保海岛旅游资源生态不会因过度开发而受到损害。[4] 另一种是海岛使用权设定在先、功能区划在后。海岛使用权设定之时，无论权利人是否已经拟订海岛开发设想方案，在海岛行政规划出台后，都需要根据该规划定位，制

---

[1] See Article 11 (4) (a) Lord Howe Island Act 1953.
[2] 参见《海岛保护法》第26、27、28、29条。
[3] See Article 12 (1) (e), (2) (b) Resource Management Act.
[4] Jack Carlsen and Richard Butler eds., *Island Tourism: Sustainable Perspectives*, Wallingford: Centre for Agriculture and Biosciences International, 2011, p. 222.

订或修订业已采取的使用方案。就我国而言，2012 年《全国海岛保护规划》颁布后，各沿海省、市、县相继制定地方海岛利用及保护规划，如2015 年福建省海洋与渔业厅公布的《福建省无居民海岛保护与利用控制性详细规划》《南澳县龙屿保护和利用规划》等。《全国海岛保护规划》要求开发建设活动应当在科学评估后进行，海岛上建筑项目的新建、改建以及扩建都应严格遵守相关法律法规，建设过程中的污染物排放量、水土流失、用水总量等指标必须在规定范围内；对于已经建成的项目，必须要严格检查污染物排放指标，凡是不达标者应立即整改。① 可见，无论是2012 年之前的用岛项目，还是 2012 年之后新设立的海岛利用及保护项目，项目在新建、改建、扩建时，均需要符合《全国海岛保护规划》及地方海岛保护规划的要求。总体上看，我国采用功能区划协调海岛利用及保护管理时，采取的是全国—地方"金字塔"式的规划模式，《全国海岛保护规划》兼具利用与保护管理内容，虽名为"保护规划"，但实为"利用与保护"相融合的综合规划。就域外国家而言，从已经检索的资料看，没有发现域外国家针对全国范围内的海岛制定总体的利用及保护规划，海岛行政规划更具有个案特征，即针对每一个海岛或某一区域内的海岛制定"管理计划"（Management Plan），② 并定期对该计划进行评估和审查，之后根据结果，调整或制定新的海岛管理计划，如澳大利亚依据《罗特尼斯岛条例》（Rottnest Island Regulations）和《罗特尼斯岛授权法》（Rottnest Island Authority Act）制定《罗特尼斯岛管理计划》（Rottnest Island Management Plan）③，该计划根据海岛面临的问题以及旅游业对海岛生态环境的影响，每五年修订一次。

二 利用与保护方式的相洽

海岛类型千差万别，不同类型、区位海岛的资源禀赋也各不相同。不

---

① 《全国海岛保护规划》第 3 部分第 2 节。

② See S. N. Stuart, Richard J. Adams and Martin Jenkins, *Biodiversity in Sub-Saharan Africa and Its Islands: Conservation, Management, and Sustainable Use*, Gland, Bonn and New York: International Union for Conservation of Nature, 1990, p. 17; Boston Support Office of the Northeast Region, "Boston Harbor Islands General Management Plan: Environmental Impact Statement", Boston, April 2000, p. 147.

③ "Rottnest Island Authority. Management Plans & Legislation", http://ria.wa.gov.au/policy-and-reports/management-plans-and-legislation (last visited January 14, 2019).

科学的海岛利用方式是造成自然资源浪费或生态环境破坏的重要原因之一，协调海岛利用与保护方式目的在于保持经济发展与生态环境保护的一致性，以可持续发展引领海岛保护和利用，要求在特定地区及时间条件下来实现对海岛资源的科学利用和保护，同时还要通过一定的组织模式，协调人和环境、资源间的关系，真正意义上实现可持续发展。

可持续发展原则一经提出，被国际社会广泛接纳与引用，至今已被引入多门学科，[①] 是由国内法与国际法所确认的重要原则。一般认为，可持续发展包含公平性、可持续性、和谐性、需求性、高效性等内涵。[②] 海岛是不可再生资源。在利用海岛资源的同时，减少对海岛资源的消耗、保障对海岛资源的合理利用和永续利用，是海岛使用应当遵循的基本价值观和行为规范。[③] 对海岛的使用应当兼顾代内公平与代际公平，代内公平着眼于当代人横向权利和责任分配的公平性，旨在促进当代人之间对于海岛资源相对平等的享有和保护；代际公平强调有责任共同保护我们以及我们子孙的生存环境，清楚必须让人类可以享受开发海岛资源带来的利益，并防止其耗尽的危险。海岛利用及保护可持续发展主要包括下述内涵。

一是保障海岛资源基本存量，维护海岛生态环境稳定。海岛作为独立的地理单元，其自然资源与生态环境具有一体性。海岛生态环境稳定需要保持岛上生物个体、种群或群落的组成成分能在其中完成生命过程的空间，维护海岛生态环境稳定的基本条件是保持岛上物种或种群所占有的资源（如食物、水）、环境条件（温度、降水等）和使之能够存活和繁殖的空间。[④] 由于海岛属于不可再生的自然资源，可供利用的海岛资源十分稀有，而且生物多样性程度低、多样性程度不足，生态系统十分脆弱。对海岛资源的保护首先着眼于"量"的状态的维持，[⑤] 而非只看重其带来的经济效益，罔顾海岛生态环境变化。对于海岛而言，充分发挥其经济价值的前提，首先就要保障海岛自然资源的存量，同时维持海岛生态环境的稳

[①] See Kathy Wilson Peacock, *Natural Resources and Sustainable Development*, New York: Infobase Pub., 2008, p.5.

[②] 曹明德、黄锡生主编：《环境资源法》，中信出版社2004年版，第356页。

[③] 薄晓波：《可持续发展的法律定位再思考——法律原则识别标准探析》，《甘肃政法学院学报》2014年第3期。

[④] 王孟本：《"生态环境"概念的起源与内涵》，《生态学报》2003年第9期。

[⑤] 杜群：《环境法与自然资源法的融合》，《法学研究》2000年第6期。

定，才能够保持海岛资源生产力的持续增长或稳定的可用状态。

二是实现海岛资源的合理利用，禁止权利滥用。开发利用海岛的核心前提就是维持海岛生态系统的稳定和保障海岛资源的存量，在此基础上才能实现海岛资源的合理利用，为社会发展和经济活动提供源源不断的资源供给。从可持续发展角度看，自然资源保护归根到底是为了更好地开发利用。因此，海岛资源必须经过合理利用，才能发挥其功能和效益，尤其是需要禁止权利主体在开发利用海岛资源过程中超过其正当界限，否则即构成权利的滥用，应当承担责任。权利不得滥用同时存在于国内法与国际法层面。在国内法层面，权利不得滥用是各国民法中的一项基本原则，已经成为自然资源使用权限制的一个普遍原则。在不同国家立法及不同时期，权利不得滥用的内涵也是存在差异的，在特定的时期有其特定的含义，其内涵、外延、功能都具有历史性。① 国内法层面对于海岛使用权的约束，是私权平等的体现，即使用权人必须在法律规定的限度内行使自己对海岛享有的权利，维护自己的权益的同时不得损害他人权益。在国际法层面，早在1941年，仲裁庭在"特雷尔冶炼厂案"裁决中提出"任何国家都没有权利使用或允许使用其领土而在或对他国领土、财产或自然人由于烟雾造成损害"的主张。② 之后，该主张被国际法院判决不断地发展。1949年，国际法院在"科孚海峡案"判决中也认为"国家有义务不允许明知其领土被用于违反其他国家的权利的行为"。③ 1972年《人类环境宣言》④第21项更将不得损害他国环境作为原则加以规定，该规定后又被《里约宣言》加以重申。⑤ 上述裁决及宣言没有区分不损害他国环境责任原则适用的时间标准，显示出国际社会对不损害他国环境责任原则已有充分的法律共识。在该原则的约束下，无论是国家还是其他主体作为海岛使用权

---

① 黄萍：《自然资源使用权制度》，博士学位论文，复旦大学，2010年。

② Report of International Arbitral Awards, "Trail Smelter Case" (United States v. Canada), United Nations, *International Law Report*, Vol. III, 1941, p. 1965.

③ *Corfu Channel Case* (United Kingdom of Great Britain and Northern Ireland v. Albania), Judgment (Merit), ICJ Reports 1949, p. 22.

④ *Declaration of the United Nations Conference on the Human Environment* (Stockholm Declaration), UN Doc. A/CONF. 48/14/Rev1, 16 June 1972.

⑤ *Rio Declaration on Environment and Development* (Rio Declaration), UN Doc. A/CONF. 151/26, 14 June 1992; Agenda 21, adopted by the Plenary of UN Conference on Environment and Development, Rio de Janeiro, 14 June 1992.

人,在实施开发利用活动时,都应当遵循环境保护义务,各国负有确保在其管辖范围内或在其控制下的活动不致损害其他国家环境的责任,这是对国家主权原则的限制。如果一国因行使主权而对他国环境造成损害,则应承担相应的国家责任。

三是优化海岛资源治理结构,完善资源的配置方式。海岛资源治理,是指针对在海岛开发利用过程中所引起的对土地、水资源、大气等一系列的资源的污染破坏而采取的预防与治理措施。[1] 目前,以纵向的行政性关系为特征,按照行政区域建立监督管理机构,实施多层次管理,是大多数国家普遍采用的海岛资源治理结构。尽管不同国家有不同的海岛资源管理模式,但是共同目标均包括合理运用公共权力建设、管理和发展海岛资源的配合规则与实施机制,具体而言,需要各级政府及其职能部门在海岛利用及保护监管中,围绕权力分配来进行行政职能的分工,厘定作为管理主体的政府及其相关职能部门之间的权责关系。[2] 这样,才能在政府宏观调控下,依据法律法规,经过一定程序,运用价格调节等法律法规的其他资源方式来进行资源的配置。可以说,治理结构的优化对海岛资源施加的主观能动作用,使得海岛开发的功能理念从最初以求经济效益最大化为目的转移到海岛资源的可持续利用,遵循海岛资源利用的客观规律,限制对于海岛经济价值的无限制追求和盲目的开发利用。

三 利用与保护价值的相洽

海岛生态环境保护和社会经济发展之间具有极为紧密的关系。当社会经济发展与海岛生态环境保护产生矛盾时,就需要协调海岛利用与保护的价值序位。如果无法有效保护海岛生态环境就难以实现社会经济发展,所以必须重视利用和保护之间的协调问题,海岛资源的可持续利用是以协调社会发展与环境保护之间的关系为核心,在对海岛生态利益的倾斜性保护的基础上,来解决利用与保护利益的平衡问题。

国内外的立法实践表明,[3] 保护优先的落脚点是海岛经济增长与生态环境保护之间的价值取舍。然而,海岛除具有经济使用价值外,还具有领

---

[1] 参见张辉《美国环境法研究》,中国民主法制出版社 2015 年版,第 167 页。
[2] 王资锋:《中国流域水环境管理体制研究》,博士学位论文,中国人民大学,2010 年。
[3] 王继恒:《论生态环境保护优先原则》,《河南省政法管理干部学院学报》2011 年第 6 期。

土价值、军事价值等多重价值，这些价值的实现是否亦置于环境价值之后，事实上并不尽然。以我国海岛保护立法的规定为例，《海岛保护法》第2条以活动内容规定了适用范围，①但未明确适用的主体范围。从《海岛保护法（草案）》说明看，海岛保护聚焦的是公民、法人或其他组织在经济活动中对海岛的破坏性使用，②并未扩展至其他主体或活动，同时，参考我国目前的海岛使用行为，至少有两类海岛使用活动不完全受到保护优先的约束。一类是海岛使用国家行为。我国立法严格限制海岛建筑物和设施的建设，严格限制填海连岛工程和在海岛采石、挖砂活动，③但是在南海岛礁建设方面，施工方均是对岛礁所在礁盘的整体填埋，尽管我国政府采取了一系列措施加强对珊瑚礁的保护，岛礁扩建工程也经过了科学的评估和严谨的论证，④但是从海岛生态环境保护角度看，南海岛礁建设是对部门岛礁原貌的"颠覆性"改造。另一类是军事行动。即对海岛实施军事化用途，如构建军事工事、建造武器试验场等。因此，海岛利用与保护序位的协调实质上是从理论上划清了经济法与自然资源保护法中有关自然资源管理的界限，明确了海岛资源合理开发和环境保护的关系，并要求在海岛资源开发利用中，重视海岛生态环境生态效益，并采取有力措施保护和改善海岛生态环境。对此，可以做三方面的理解。

首先，保护优先是海岛开发利用的一般原则。海岛的大小、形态、植被、用途等状况千差万别，如前文所言，优先于环境利益的价值还包括国家领土主权、国防安全等其他价值，因此，保护优先不等于海岛生态环境保护绝对优先。对此，存在两方面例证。一是部分海岛不存在泥土、动植物、水源，甚至不存在具有开采价值的自然资源，对此类海岛的保护实际

---

① 《海岛保护法》第2条第1款："从事中华人民共和国所属海岛的保护、开发利用及相关管理活动，适用本法。"

② 王飞、张宗堂：《我国立法严格限制填海连岛工程等破坏海岛生态的行为》，中国人大网（http://www.npc.gov.cn/huiyi/cwh/1109/2009-06/22/content_1506732.htm），最后访问时间：2019年3月26日。

③ 汪光焘：《关于〈中华人民共和国海岛保护法（草案）〉的说明》，中国人大网（http://www.npc.gov.cn/wxzl/gongbao/2010-03/01/content_1580426.htm），最后访问时间：2019年3月26日。

④ 张志文、曲颂、白阳：《南沙岛礁建设属中国合法权利》，《人民日报》2016年7月25日第3版。

上是"维持（原状），使之不消失或减弱"①，如福建省平潭县的半洋石帆，岛礁底部是一组平坦完整的岩石，主体是花岗岩球状风化海蚀柱，岛上既无植被也非动物栖息地。二是部分海岛得以优先保护，并非源于其生态环境的完整性、脆弱性或稀有性，而是基于其特殊的用途。②

其次，对于海岛的开发利用不应当损及社会公共利益。海岛是稀缺的自然资源，具有准公共产品属性，承载着社会公共利益，保护海岛是维护稀缺资源涵摄的公共利益。准公共产品（Quasi Public Good）指的是具有有限非排他性或非竞争性的公共产品，从本质上看，这种产品介于私人产品和纯公共产品之间，将海岛资源定位于准公共产品，原因在于其具有非严格意义上的非排他性和非竞争性。与公共产品（Public Goods）对应的是私人产品，私人产品在被交易后就具有典型的排他性，但是公共产品则不同，它的消费一般是具有集体性的，无法将公共产品的效用在各消费者间分割。另外，私人产品另一个典型特征就是在其被消费之后，其他消费者就无法再对该产品进行消费，但是公共产品则允许所有人对其消费，即任何人对公共产品的消费都不影响其他消费者的利益，更不会影响社会利益。在土地公有制下，海岛为国家所有，其他主体取得的只能是使用权，即便在土地私有制下，权利人对海岛的处分也是受到多重限制的，故而，海岛可以作为私人产品被加以消费，但消费行为或过程又受到诸如环境保护、国家利益等诸多限制。在当代社会本位的话语之下，公共利益作为一种独立的利益形式也就日益突出。③尽管海岛在权属制度上可以为私人所有，但是其具有的海洋权利主张功能、资源使用功能、生态服务功能具有鲜明的公共利益色彩，一旦上述功能遭受破坏或价值出现减损，受影响的不仅仅是享有海岛使用权或所有权私主体的权利，其影响的是社会公共利益，例如，海岛的不当使用导致珍稀物种的灭绝等。因此，海岛保护并非仅仅针对某一类人权利数量或质量的保护，从公共利益着眼，海岛保护应属于国家公共服务的重要组成部分，是国家治理体系的有机组成部分，给予海岛法律庇护是对社会公共利益的整体保护。

---

① 中国社会科学院语言研究所词典编辑室：《现代汉语词典》，商务印书馆1983年版，第38页。

② 如我国浙江海礁岛（北纬30°44′6″东经123°9′24″）位于舟山群岛东北侧，属于无人岛，是中国领海基点之一。该岛面积狭小，其上没有泥土、植被及水源。

③ 王明中：《民法文化与中国民法法典化》，台湾元华文创出版社2015年版，第163页。

最后，在海岛开发利用中国家利益受到优先保护。如前文所言，海岛是国家领土的一部分，海岛及其地理位置可能对一国家海洋管辖权产生重大影响，在海岛开发利用过程中优先保护国家利益存在三方面体现。一是限制海岛开发利用的主体。某些海岛的开发利用与国防安全、国民经济以及公民的基本生存有密切关系，因此，对海岛使用权的主体需作出限制。如俄罗斯2008年《关于外资向对国家国防和安全具有战略意义的经营公司进行投资之程序的联邦法》规定，对外国公司开采俄联邦级战略性原材料资源作出限制，外国政府控股的企业被禁止在俄罗斯战略性行业公司中控股，俄罗斯国有公司参股的外国投资对俄战略性企业的控股权不得高于5%。① 中国台湾地区《土地法》第17条规定，"林地、渔地、狩猎地、盐地、矿地、水源地、要塞军备区域及领域边境之土地"不得移转、设定负担或租赁于外国人。② 二是优先保护影响国家海洋权利拓展的海岛。在一些情况下，特别是一国拥有的海岛同其他国家海岸相邻或者相向的情况下，以及海岛作为大陆国家的领土组成部分同有关国家之间的政治地理关系，即便海岛自身不具有经济价值，依然需要给予特别保护。如日本冲之鸟礁是太平洋上孤立的岩礁，在该岩礁上既没有任何植被也没有淡水，当潮水涨时这块岩礁只会有两块面积不大的岩石在海面以上，其总面积不到10平方米，③ 日本花费100亿日元对其进行加固，然后据此向联合国提出200海里专属经济区以外大陆架要求。④ 可见，在特定的地理情况下，海岛是国家领土主权和海洋权益主张的基点，即便海岛自身不具备一般自然资源所具有的经济效用和开发价值，也需要给予其特别保护。三是对海岛开发利用的内容进行限制。从海洋权利取得角度看，能否"维持

---

① 据俄罗斯工业能源部的信息，战略性原材料资源将包括铀、金刚石、镍、铌、铂金族金属、钴、铍、锂、原生金（储量在50吨以上）、铜（储量在50万吨以上）等有色和放射性金属、稀有及分散元素矿产；石油（储量在7000万吨以上）、天然气（储量在500亿立方米以上）等可燃性有机矿产。参见中国驻俄使馆经商参处：《俄罗斯限制外资进入战略性产业法》，中国驻俄使馆网（http://ekaterinburg.mofcom.gov.cn/article/ddfg/201008/20100807079930.shtml），最后访问时间：2019年4月5日。

② 参见我国台湾地区2011年修订的《土地法》第17条。

③ 陈建军：《日本国交省开始在冲之鸟礁建港口码头抢夺资源》，人民网（http://japan.people.com.cn/35469/8179556.html），最后访问时间：2019年1月14日。

④ 《王毅在东盟地区论坛上谈南海问题》，外交部网（http://www.fmprc.gov.cn/web/wjbzhd/t1286976.shtml），最后访问时间：2019年4月5日。

人类居住或其本身经济生活"影响基于海岛可以主张的海洋权利范围，虽然对于"维持人类居住或其本身经济生活"存在不同的解释，① 但是在当代社会，没有哪一个海岛在未经人类改造的情况下，便能够维持人类群体健康、安全和持续的居住及生活，而且自然状态下的海岛不断受到风蚀、海蚀等外力作用的侵袭，在缺少人为保护或不合理开发利用的情况下，能够"维持人类居住或其本身经济生活"的岛屿退化为岩礁、岩礁退化为低潮非不可能，有些海岛甚至因为"炸岛取石"或"采挖海沙"而灭失。因此，保护海岛、维持和改善其功能，限制海岛开发利用的方式，客观上也是在保护沿海国的海洋权利。

第二节 海岛利用及保护管理遵循的基本原则

海岛利用及保护管理遵循的基本原则，是指海岛利用及保护规范性法律文件在创制和施行中必须严格遵守的、具有强制约束力的根本性及基础性准则。这些准则充分体现了海岛利用和保护立法的核心理念，反映了海岛管理的立法目的，具体指导海岛管理法律制度和规范的确立与实施，是海岛综合管理本质及国家政策在立法上的具体反映，在海岛利用及保护管理法律制度中启着承上启下的重要作用。

一 基本原则的归纳

海岛利用及保护管理基本原则，需要体现海岛管理立法的根本精神，对海岛利用及保护行为具有一般指导意义和普遍约束力。海岛利用与保护相辅相成，讨论海岛利用及保护管理遵循的基本原则，意在统摄并确立海岛综合管理规范性法律文件的指导思想，抽象海岛管理部门立法坚持的基本原则。② 故而，归纳海岛利用及保护管理基本原则，面临以下两个问题：一是海岛利用及保护管理遵循的基本原则是国际法原则还是国内法原则；二是确认海岛利用及保护管理基本原则的来源依据。

海岛利用及保护管理遵循的基本原则属于国内法原则，同时反映了国

---

① 马金星：《南海仲裁案裁决中有关岛礁法律地位问题的评介》，《国际法研究》2017年第1期。

② 竺效：《论公众参与基本原则入环境基本法》，《法学》2012年第12期。

际法中有关资源及环境管理的基本原则。海岛属于自然资源，联合国大会 1962 年第 1803 号决议所确认的各国对其自然资源享有永久主权，管理和利用本国自然资源是各国的权利和义务，勘探、开发和利用自然资源应由各国人民自主决定，在开展资源合作时应特别尊重当事国主导权。[①] 国家是管理海岛利用及保护最为主要的主体，国内法是国家管理海岛的直接法律依据，适用于国家管理海岛利用及保护的全过程，无论是从财产关系角度以民法或行政法确定海岛的所有权、充分利用海岛资源的经济价值，还是从生态功能角度保护海岛的生态环境价值，[②] 都需要依据国内法确定相关权利及义务主体、内容及行为方式。因而，海岛利用及保护管理遵循的基本原则必然归入国内法原则，主要依据国内法进行归纳。在国内法层面确定海岛利用及保护管理基本原则，至少应当考虑的因素，包括海岛利用及保护管理基本原则的法律确认以立法调整对象的自身特点为客观根据，基本原则应当具备的特定内涵，并且充分考虑法律体系中宪法、行政法等确立的基本原则的要求，同时保证海岛管理立法基本原则内部体系的协调相洽。

　　国际法及相关国际文件对于确认海岛利用及保护管理基本原则具有补充作用。国际法基本原则是各国公认的、具有普适意义的、适用于国际法一切效力范围的、构成国际法的基础的法律原则，具有国际强行法性质，属于绝对法而非任意选弃的原则。1970 年联合国《关于各国依联合国宪章建立友好关系及合作之国际法原则之宣言》宣布的七项原则是确定国际法基本原则的主要法律依据，其中就包括国家主权平等原则和不干涉内政原则。海岛利用及保护管理属于国家主权范畴，国家管理属于本国所有的海岛，本身就属于行使国家主权的体现，任何国家或国家集团都无权以任何理由直接或间接地对别国进行干涉。因此，无论从基本原则的性质出发，还是从确定基本原则的特征和条件出发，海岛利用及保护管理基本原则都不可能为"各国公认"和具有"普遍意义"，更不可能"不许损抑"和"不得随意更改"，海岛利用及保护管理遵循的基本原则与国际法基本

[①] 《常驻联合国副代表王民大使在安理会"预防冲突和自然资源"公开辩论会上的发言》，联合国网（http://www.china-un.org/chn/zgylhg/jjalh/alhzh/qita1/t1051700.htm），最后访问时间：2019 年 4 月 6 日。

[②] 参见蔡守秋《环境资源法教程（第三版）》，高等教育出版社 2017 年版，第 113—117 页；曹明德、黄锡生主编《环境资源法》，中信出版社 2004 年版，第 215 页。

原则不存在某种必然的联系。但需要指出的是，国际法基本原则是适用于国际法所有领域的原则，并不否认某一特定国际法分支的具有特定的、具体的法律原则与规则，尤其是在自然资源管理领域，一些国内法的原则反映在国际法之上，而部分国际法的原则亦反映在国内法体系之中。例如，一般认为，风险防范作为法律原则最早发展于德国与瑞典国内法，[1] 经1984年保护北海第一次部长级会议（The First Ministerial Conference on the Protection of the North Sea）被引入区域环境问题讨论层面，[2] 后经1992年《里约宣言》第15项原则（Principle 15）被引入国际层面。[3] 此后，风险防范原则被众多国家的国内法和国际文件所采纳，成为国内法系统中保护健康、安全和环境的核心内容。[4] 风险防范原则被很多国际条约在序言[5]或正文中采纳，成为缔约国制定本国政策或立法的依据。[6] 尽管风险防范原则

---

[1] David Freestone, Ellen Hey, "Origins and Development of the Precautionary Principle", in D. Freestone & E. Hey, eds., *International Law and Global Climate Change*, London and Dordrecht: Graham & Trotman/Martinus Nijhoff Pub., 1991, pp. 3-4.

[2] David Freestone, "The Road from Rio: International Environmental Law after the Earth Summit", *Journal of Environmental Law*, Vol. 6, 1994, pp. 210-211; K. Von Moltke, "The Vorsorgeprinzip in West German Environmental Policy", Royal Commission on Environmental Pollution, 12th Report, Best Practicable Environmental Option, Appendix 3, London: HMSO, 1988, p. 57; Simon Marr, *The Precautionary Principle in the Law of the Sea: Modern Decision Making in International Law*, Hague: Kluwer Law International, 2003, pp. 89-93.

[3] See Principle 15 Rio Declaration on Environment and Development.

[4] Daniel Barstow Magraw & Lisa D Hawke, "Sustainable Development", in Daniel Bodansky, Jutta Brunnée and Ellen Hey, eds., *the Oxford Handbook of International Environmental Law*, Oxford: Oxford University Press, 2007, p. 632.

[5] See Article 4 (2) (a) the Basel Convention on the Control of Transboundary Movements of Hazardous Wastes and their Disposal was adopted on 22 March 1989 by the Conference of Plenipotentiaries in Basel, Article 2 (2) (a) Convention for the Protection of the Marine Environment of the North-East Atlantic 1992, and Article 3 (3) the United Nations Framework Convention on Climate Change 1992.

[6] Timothy O'Riordan, James Cameron, *Interpreting the Precautionary Principle*, London and New York: Routledge, 2013, pp. 255-256; Jacqueline Peel, *the Precautionary Principle in Practice: Environmental Decision-making and Scientific Uncertainty*, Alexandria: Federation Press, 2005, pp. 31-32; Francesco Francioni, *Environment, Human Rights and International Trade*, Oxford: Hart Pub., 2001, pp. 80-82; David Freestone, Ellen Hey, eds., *The Precautionary Principle and International Law: The Challenge of Implementation*, Alphen: Kluwer Law International, 1996, pp. 5-11.

被作为一项基本原则被国内法和国际法接受，① 但它在各分支领域的表现并不一样。在国内法领域，风险防范原则被用来处理自然资源养护、外来生物防治等环境问题，环境自身即为风险防范原则直接作用的客体，人类的健康等权益被置于非直接受益（an indirect beneficiary）的地位。

基本原则的法律确认分为直接确认和间接确认两种方式，直接确认是以立法明文规定基本原则，间接确认是指由一个或数个具体的法律条文间接反映原则的内容，继而通过总结归纳提炼出基本原则。② 海岛利用及保护管理基本原则的法律确认既涉及直接确认也包括间接确认。在全球主权国家中，内陆国家仅有44个，③ 其余均为沿海国和岛屿国家（群岛国），沿海国及群岛国拥有的海岛总面积为970多万平方千米。④ 绝大多数沿海国家都拥有海岛，并存在与海岛利用及保护管理相关的立法。一方面，受制于立法信息及资料获取途径的限制，不可能逐一列举及讨论上述国家海岛利用及保护管理相关立法规定；另一方面，由于主权国家的法律文化传统和政治法律体制各不相同，自然资源管理立法体系和立法模式存在较大差异，并非所有国家均专门针对海岛利用及保护制定单行法，一些国家通过土地立法、环境立法、动植物资源立法、矿产资源立法、国家公园立法等分别规范海岛利用及保护管理的某一方面。因而，在归纳不同国家立法过程中，只能择其要者进行归纳，属于不完全的归纳。就我国而言，海岛利用及保护管理的基本原则经由《海岛保护法》确定，属于直接确认。该法第3条第1款明确规定"国家对海岛实行科学规划、保护优先、合理开发、永续利用的原则"。上述基本原则对于指导我国海岛利用及保护管

---

① E. g. James Cameron, "The Precautionary Principle: Core Meaning, Constitutional Framework and Procedures for Implementation", in Ronnie Harding and Elizabeth Fisher, eds., *Perspectives on the Precautionary Principle*, Sydney: The Federation Press, 1999, p. 30; Nicolas de Sadeleer, "The Principles of Prevention and Precaution in International Law: Two Heads of the Same Coin?", in Malgosia Fitzmaurice, David M Ong and Panos Merkouris, eds, *Research Handbook on International Environmental Law*, Cheltenham: Edward Elgar Pub., 2010, p. 183; Arie Trouwborst, *Precautionary Rights and Duties of States*, Leiden: Martinus Nijhoff Pub., 2006, p. 6.

② 参见李挚萍、叶媛博《我国环境基本法中基本原则的立法探析》，《政法论丛》2013年第5期。

③ See Organization for Economic Co-operation and Development, *The Development Dimension Succeeding with Trade Reforms: The Role of Aid for Trade*, Paris: OECD Pub., 2013, p. 68.

④ 刘建春：《岛屿争端知多少》，《新民周刊》2016年第21期。

理具有根本性和普遍性意义。就其他国家而言，专门规范海岛利用及保护管理的立法中很少出现法律原则的提法，如克罗地亚《岛屿法》(Islands Act) 第1条第2款规定"本法以《国家岛屿发展计划》中的原则为基础，规定在国家、县和镇、市各级管理岛屿的开发"。克罗地亚《国家岛屿发展计划》(Nacionalni Program Razvitka Otoka) 依照自然特征、人口与定居点、文化遗产、经济活动、基础设施、卫生医疗、科学教育、行政及领土结构等对岛屿的保护及利用管理做了分类规定，其中第10.2部分规定，岛屿的开发应当按照下列原则加以规定。一是平等原则。在国家发展进程中，岛屿应当与克罗地亚其他地区受到平等的关照，岛民必须像克罗地亚其他公民一样，平等享有受教育、医疗保障和安全生活等权利，国家应当为此提供永久性保障。二是整体性原则。岛屿是一个系统，生态系统、人类经济活动（所有生产、消费和运输活动）和岛上社区共同构成该系统，海岛的利用及保护有赖于该系统的正常运行。三是可持续利用原则。国家制定岛屿发展政策需要从长远考虑，国家鼓励在环境方面的投资，可持续和充分利用岛上的财富。四是区域发展原则。州、县对海岛的发展应提供必要的体制条件并纳入国家基础设施系统，国家在需要振兴的岛屿上必须积极作为，并承诺从岛屿整体发展角度投资基础设施，呼吁和指导其他事业的可持续发展和防止发生非可持续性投资行为。① 从《国家岛屿发展计划》上述规定看，克罗地亚在管理海岛过程中，首先依据不同标准对管理对象进行分类，之后在管理过程中强调对于海岛资源的可持续利用，并规定了中央政府及地方政府在海岛管理中的职责。越南《海洋和海岛资源环境法》则规定了多元参与原则（第23条）、功能区划原则（第33条）、分类管理原则（第40条）、环境保护原则（第42条）等。《海洋和海岛资源环境法》第23条第2款规定，建立保护海岸（线）走廊的工作必须确保在建立海岸线保护走廊区域内相关民众、组织、自然人的参与，确保人民群众对海洋的知情权。第33条第1款规定，划分开发、使用海岸资源区域，全面审查和评估自然资源、环境条件、区域的各种地理特色和使用海岸的现状；评估划分区域对于区域发展经济社会、国防、安全、保存和发挥文化遗产的各种价值、保护环境、生态体系的作用；第40条

---

① Ministarstvo razvitka i obnove, Republika Hrvatska, "Nacionalni program razvitka otoka prihvaćen je", na Saboru Republike Hrvatske 28. velja če 1997, https：//razvoj.gov.hr/.../arhiva/.../Nacionalni%20program%20razvitka%20otoka.doc (last visited January 14, 2019) .

规定，应当对海岛进行分类以便依照政府的规定保护、保存和开发、使用资源。分类基础包括海岛类型、位置、坐标、面积，开发、使用海岛的过程等。第42条规定，控制海洋和海岛环境污染应依据经常性、预防工作优先的原则予以实施；及时处理和有效地克服污染、海洋环境事故、海洋和海岛环境衰退的状况。① 苏格兰《海岛法》(Islands Bill)、印度尼西亚《海岸带及小岛管理法》(The Management of Coastal Areas and Small Islands)、澳大利亚《豪勋爵岛法》(Lord Howe Island Act)、美国《岛屿保护法》(Island Protection Act)② 等域外国家立法中，虽然没有系统或明确规定海岛管理遵循的基本原则，但是在具体条文中却不乏管理海岛利用及保护的指导性原则。此外，在这些国家的环境立法、自然资源立法中，有的立法在总则部分集中规定了基本原则，有的立法则将具体的环境及资源管理制度内容，如将可持续发展、环境影响评价、预防原则、功能区划、污染者负担、公众参与等作为基本原则加以规定，这些基本原则同样适用于海岛利用及保护管理。

不同国家立法规定基本原则的模式各有不同。例如，同为海岛管理专门立法，我国《海岛保护法》系统规定了海岛管理基本原则，而苏格兰《海岛法》、印度尼西亚《海岸带及小岛管理法》等没有明确规定海岛管理的基本原则，仅在个别条文中有所体现。同为大陆法系国家，我国《海岛保护法》将所有海岛管理的基本原则规定在同一条文内，而克罗地亚《岛屿法》则通过《国家岛屿发展计划》规定海岛管理的基本原则。可见，不同国家海岛管理立法在处理技术性原则和制度性原则方面，做法也不尽相同。③ 造成这种差异的原因多种多样，既包括不同国家对自然资源分类的法律确认、海岛行政管理体制存在显著差异，也与各国立法习

---

① 参见米良译《越南社会主义共和国海洋和海岛资源环境法》，《南洋资料译丛》2017年第1期。

② 该法案的全称为《修正1965年〈土地和水资源保护基金法〉，授权内政部长研究岛屿上的土地和水域，并为保护岛屿的自然、历史、文化、娱乐和风景价值以及其他目的提供技术援助》。See To amend the Land and Water Conservation Fund Act of 1965 to authorize the Secretary of the Interior to study land and water areas on islands and to provide technical assistance to protect the natural, historic, cultural, recreational, and scenic values of islands, and for other purposes, Short Titles as "Island Protection Act of 1989", H. R. 3633-101st Congress (1989-1990).

③ 参见叶媛博《环境基本法中基本原则的立法探析》，载《2013年全国环境资源法学年会论文集》，乌鲁木齐，2013年，第5页。

惯、法律文化背景、自然资源管理法治发展程度密切相关。从总体上看，当事国立法是否具体规定以及如何规定海岛管理基本原则，与当事国所属法系、采用的立法模式没有必然的联系。

概言之，不同国家海岛管理相关立法规定的基本原则内容广泛，立法语言对基本原则的表述存在差异，部分原则内容趋同。不同国家有关海岛利用及保护管理立法涉及的基本原则内容十分广泛，并且国别差异明显。因立法技术及立法模式的差异，导致不同国家海岛利用及保护管理立法在表述相应基本原则时，描述语言也略有差异，但并不妨碍这些原则体现的内涵或指向的内容具有趋同性。以预防原则为例，我国《海岛保护法》第3条第1款没有具体规定预防原则，仅在个别条文中提到了防止海岛及其周边海域生态系统遭受破坏（第3条第2款）、防止海岛植被退化和生物多样性降低（第24条第3款），但是《环境保护法》第5条、《水污染防治法》第3条、《水土保持法》第3条等法律法规，则明确将预防为主作为基本原则加以规定。越南《海洋和海岛资源环境法》也没有定义预防原则，而是具体规定控制海洋和海岛环境污染应依据经常性、预防优先原则予以实施（第42条）。加拿大《环境保护法》则具体定义了预防原则，即存在严重或不可逆转损害威胁的情况下，不得以缺乏充分的科学确定性为由推迟采取成本效益高的措施防止环境退化，并促进和加强可执行的污染预防措施。① 澳大利亚《环境保护法》则将预防原则定义为，如果存在严重或不可逆转的环境破坏威胁，不得以缺乏充分的科学确定性为由推迟采取防止环境退化的措施。② 值得注意的是，一些法律原则经过国际公约、宣言等反复确认，逐渐被各国了解和接受，还有一些法律原则借助

---

① Exercise its powers in a manner that protects the environment and human health, applies the precautionary principle that, where there are threats of serious or irreversible damage, lack of full scientific certainty shall not be used as a reason for postponing cost-effective measures to prevent environmental degradation, and promotes and reinforces enforceable pollution prevention approaches. See Article 2 (1) (a) Canadian Environmental Protection Act, S. C. 1999, c. 33.

② If there are threats of serious or irreversible environmental damage, lack of full scientific certainty should not be used as a reason for postponing measures to prevent environmental degradation. See Section 3 (1C) (1) Environment Protection (Liveable Neighbourhoods) Act, Act No. 7/2001.

于国家之间立法借鉴与移植,① 最终被不同国家海岛利用及保护管理立法所确认,从而使承载着这些价值理念的基本原则呈现出共有化的趋势。② 具体而言,许多国家海岛管理立法在遵循海岛区域功能和环境效益基础上,对不同类型的海岛区域及资源适用不同管理措施,这一点从相关国内法的内容结构及篇章设计上即可得见。基于以上考虑,下文将重点讨论分类管理原则、生态系统完整原则、保护优先原则、风险防范原则、损害负担原则和多元参与原则。

二 分类管理原则

分类管理原则,是指按照区域功能和环境效益的重要性对海岛进行分类,对不同类型的海岛实施不同的利用方案,采取不同的保护措施。海岛类型千差万别,不同类型的海岛需要适用不同管理措施,只有对海岛进行归类,才能确定哪些海岛需要封闭保护,哪些海岛可以进行适度开发以及适宜进行何种类型的开发,以及采取何种保护措施。

在已经检索的国内外立法及海岛管理规划(Island Protect Management)中,不同国家采取不同的价值评估标准,相应的分类内容也不尽相同。如加拿大依据《国家公园保护法》《公共土地法》《环境评估法》等主要法规,把海岛划分成以下几类:森林保护区、省野生动物领域、保护储备区、省级公园、荒野地区、一般使用领域和加强管理领域等七大类。③ 我国 2017 年 1 月发布的《全国海岛保护工作"十三五"规划》(国海岛字〔2016〕691 号)确定有居民海岛、无居民海岛和特殊用途海岛等三类海岛分类管理的具体措施。虽然不同国家海岛分类管理的具体标准不尽相同,但是分类方法或方式尚存在一些共同点。

区域功能和环境效益价值评估是分类管理的基础。区域功能和环境效益价值评估以海岛的自然条件为基础,通过对海岛自然资源、生态环境等

---

① Lars Hoffmann. "Role of Economic Instruments to Reduce Carbon Emissions and Their Implementation: a Comparison of Environmental Policies in New Zealand and Germany", *New Zealand Journal of Environmental Law*, Vol. 10, 2006, p. 155.

② 参见叶媛博《环境基本法中基本原则的立法探析》,载《2013 年全国环境资源法学年会论文集》,乌鲁木齐,2013 年,第 5 页。

③ 张滢:《加拿大安大略省城市与土地利用规划概览》,《中国国土资源报》2016 年 10 月 24 日第 06 版。

自然条件的评估，得出能够反映各类要素分布范围、主要特征或水平等的评价结论，据此初步划分海岛类型，筛选出具有重大科学、文化、景观和生态服务价值的海岛或岛上分布区，形成静态化的海岛分类。在海岛使用管理过程中，再根据海岛自然要素及其动态变化等的水平进行定性或定量评价，总结各类型海岛的生态特征、保护价值、主要保护对象及相应的保护要求。在分析海岛开发利用对资源、环境及周边海洋功能的影响的基础上，概括主要的用岛类型与利用方式、海岛利用率等，通过归纳本地区海岛开发利用的类型，划分海岛开发利用的空间布局和被保护对象的特征。

禁止开发、定向开发和适度开发是海岛分类管理的普遍做法。禁止开发意味着对海岛实施封闭保护，封闭保护最为常见的类型就是建立自然保护区。也有观点认为，封闭式保护的方式正在面临着挑战，① 核心理由是自然保护区面积普遍广阔，完全做到封闭式保护，在管理层面困难重重。但是，海岛封闭式保护一般不存在此类问题，原因在于海岛面积普遍较小，且与大陆之间存在海洋阻隔，海洋是海岛自然保护区的天然屏障，使用封闭式保护通常不存在管理困难。定向开发，是指对海岛的用途作出严格限定，特定用途以外的海岛区域或使用方式被严格禁止，如加拿大在立法设定保护区、对一些海岛自然遗产和特殊景观进行保护时，尽管允许在海岛上进行矿产资源的勘探和采集，但禁止在海岛上从事任何商业性质的发电、伐木、提取表层土壤等活动。② 还有一些海岛以国家公园的方式加以保护，仅能对其做旅游观光之用。越南政府颁布《海洋岛屿环境资源法实施细则》，明确规定海岛需要分为两组，包括需要保护的群岛、岛屿、浅滩、暗礁与需要开发和使用群岛、岛屿、浅滩、暗礁的自然资源，不同类型海岛适用不同的利用及保护措施。③ 适度开发是海岛保护的最低层次，即在评价海岛港口、矿产、能源、旅游等每一种资源条件优劣程度的情况下，对海岛或岛上区域进行分类利用。需要指出的是，在保护优先原则下，即便对海岛进行分类利用，对海岛资源也不可能无限度开发利用，一般对探矿和采矿、商业木材采伐以及其他经济用途都有严格的约

---

① 韩念勇：《中国自然保护区可持续管理政策研究》，《自然资源学报》2000年第3期。
② 张滢：《加拿大安大略省城市与土地利用规划概览》，《中国国土资源报》2016年10月24日。
③ 《越南政府颁布〈海洋岛屿自然资源与环境法〉实施细则》，越南人民报网（http://cn.nhandan.com.vn/society/item/），最后访问时间：2019年4月7日。

束。因此，适度开发是海岛保护性利用的最低限度。

  对特殊用途的海岛予以特殊管理。如前文所言，特殊用途的海岛通常包括领海基点所在海岛、军事用途海岛和海洋自然保护区内的海岛，当事国对领海基点所在海岛和军事用途海岛往往采取全部或部分封闭式保护措施，海洋自然保护区内的海岛通常为孤岛、无居民海岛或面积狭小的有居民海岛。与大陆生态系统相比，此类海岛生态系统更容易受到干扰，且面对干扰时其生态结构和功能更容易遭到损害，[1] 故对此类海岛利用开发，保护要优先于使用。域外国家对一些生态系统脆弱、具有受保护动植物品种的海岛，普遍通过设立国家公园（national park）的方式规范其使用，典型国家如美国[2]、新西兰[3]、澳大利亚[4]等，在此过程中制定了大量与国家公园直接或间接相关的法律法规，[5] 从纵向和横向两个方面形成了管理国家公园的法律体系。纵向法律体系中均包含一部或数部核心法规约束国家公园系统管理，如澳大利亚《国家公园法》、[6] 美国《国家公园系统保护及资源管理法》[7] 等。此外，还有根据国家公园管理类别或区域而形成

---

[1] 以山东长岛为例，其人工林深受松材线虫病的干扰。经科学实验证明，松材线虫生长繁殖最适宜温度为25℃，在年平均气温高于14℃的地区普遍发生，年平均气温在10℃—12℃地区能够侵染寄主，但不造成危害；长岛年平均气温约为12℃，理论上处于松材线虫能够发生但不致明显危害区域，但却成为山东乃至我国北方松材线虫病的首个疫区。这正是由于海岛位置特殊且规模有限，人工林树种单一，干旱和大风使得人工林生长环境恶劣，抵抗能力较差，且干旱后树木更容易受到病虫害的危害。参见池源等《海岛生态脆弱性的内涵、特征及成因探析》，《海洋学报》2015 年第 12 期；石洪华等《北长山岛森林乔木层碳储量及其影响因子》，《生态学报》2013 年第 19 期；宋玉双、臧秀强《松材线虫在我国的适生性分析及检疫对策初探》，《中国森林病虫》1989 年第 4 期；P. J. VanMantgem & N. L. Stephenson, "Apparent Climatically Induced Increase of Tree Mortality Rates in a Temperate Forest", *Ecology Letters*, Vol. 10, 2007, pp. 909–916.

[2] J. Peyton Doub, *The Endangered Species Act: History, Implementation, Successes, and Controversies*, Boca Raton: CRC Press, 2016, p. 193.

[3] Peter Wardle, *Vegetation of New Zealand*, Cambridge: CUP, 1991, p. 608.

[4] Marael Johnson, Andrew Hempstead, *Moon Handbooks Australia*, Berkeley: Avalon Travel Publishing, 2005, p. 266.

[5] Stephen J. Pyne, *Vestal Fire: An Environmental History, Told through Fire, of Europe and Europe's Encounter with the World*, Seattle and London: University of Washington Press, 2012, p. 444.

[6] See National Parks Act 1975, Act No. 8702/1975, amended at 17 June 2004.

[7] See National Park System Protection and Resources Management Act, H. R. 2379, 1983. This bill was introduced in a previous session of Congress and was passed by the House on October 4, 1983 but was never passed by the Senate.

的专门法。而横向法律体系则指国家层面的环境法、资源法、野生动植物法等全局性法律,在管理海岛过程中也需要遵守。

三 生态系统完整原则

生态系统完整(Ecosystem Integrity)或生态完整(Ecological Integrity)概念的产生,归功于自然科学和环境伦理理论的革新。该理论将提高生态系统的完整性作为公共政策的基本原则,并以此为价值基础确定公共环境政策的目标,倡导更恰当的环境伦理观,来指导人类与环境之间的关系。[1] 在资源及环境管理领域,生态系统完整被作为一种考虑到包括人类在内的整个生态系统的管理方法加以讨论,目标是保障生态系统可持续地为人类提供物质及生态服务功能的同时,维护生态系统的健康、恢复性及多样性。[2]

不同时代、不同学科领域和不同学术观点在界定"生态系统完整"时,有着不同的研究视角和认识,对生态系统完整有不同的定义。[3] 比较有代表性的定义包括,将生态系统完整性定义为"支持和维持平衡的、完整的、适应的生物群落的能力,这个群落具有自然生境条件下可比的物种结构、多样性和功能组织的能力"[4];或将生态系统完整性定义为"在

---

[1] J. R. Karr, "Ecological Integrity and Health Are not the Same", in P. C. Schulze, eds., *Engineering Within Ecological Constraints*, National Academy of Engineering, Washington, D. C.: National Academy Press, 1996, pp. 97-109.

[2] 张志卫等:《基于生态系统的海岛保护与利用规划编制技术研究》,《海洋环境科学学报》2015年第2期。

[3] 从不同视角分析生态系统完整性定义时,有学者指出,结构的视角注重系统组成的成分,功能的视角注重系统整体的、动态的特性;人类的价值判断对生态系统是否具有完整性起决定作用;从组织演化的角度,一个健康且具有不断自演化和进化能力的系统才是具有完整性的。参见燕乃玲、虞孝感《生态系统完整性研究进展》,《地理科学进展》2007年第1期;See Rafal Serafin, "Rehabilitating Great Lakes Integrity in Times of Surprise", in Clayton J. Edwards, ed., *An Ecosystem Approach to the Integrity of the Great Lakes in Turbulent Times: Proceedings of a 1988, Workshop Supported by the Great Lakes Fishery Commission and the Science Advisory Board of the International Joint Commission*, Great Lakes Fishery Commission, Wisconsin, July 1990, p. 46.

[4] See J. R. Karr, D. R. Dudley, "Ecological Perspective on Water Quality Goals", *Environmental Management*, Vol. 5, 1981, pp. 55-68.

正常干扰范围内维持森林结构、物种组成以及生态过程和功能的进程"。① 而上述定义的共同特征是承认生态系统结构和功能的不同方面，反映了人类对生物多样性的价值、重要性和作用的主观认识。就海岛生态系统而言，每一具体的区划海岛实体都是一个相对完整的自然地理单元，不存在独立于该海岛生态系统之外而又从属于其的地理单元。② 海岛生态系统包括海岛陆域部分，还包括其水下部分及其周边一定范围的海域，③ 海岛生态系统完整可以被界定为在充分掌握海岛生态属性、自然资源以及环境特点基础上，将区划海岛划分为一个相对完整的自然地理单元，以保证生态系统中能量流动和物质循环。④

一般认为，当代对系统的生态完整性的关注，缘起于 Aldo Leopold。Aldo Leopold 在阐述"完整性"时，认为"……一个事物，当它表现出保持生态群落的完整、稳定和美的时候，这个事物就是对的，当它表现为其他的时候就是错误的"。⑤ 进一步而言，完整性是指群落的整体性，即由每个群落主体参与的一组相互依存关系来表示，这种相互依存的群落为生态系统。Aldo Leopold 在阐述"完整性"时关注到了物质与能力的循环，以及群落间食物链的依赖机制。群落中任何一个关键主体的损坏，将破坏整个系统的能量流动、破坏复杂的食物链网络，从而侵犯了完整性。⑥ 20 世纪 70 年代后，有关生态系统完整性的讨论延伸到了国内立法层面，逐步被许多国家资源及环境立法认可，并作为立法目标、政策或治理方式加以规定，具体表述为"生态系统完整原则"（Principle of Ecosystem Integrity）或"生态完整原则"（Principle of Ecological Integrity）。在美国，生态系统完整（Ecosystem Integrity）经由 1972 年《清洁水法》（CWA）被立

---

① Toby Gardner, *Monitoring Forest Biodiversity: Improving Conservation Through Ecologically Responsible Management*, London and New York: Routledge Pub., 2012, p. 20.

② 刘超等:《海岛生态保护红线划定技术方法》,《生态学报》2018 年第 23 期。

③ 参见张志卫等《基于生态系统的海岛保护与利用规划编制技术研究》,《海洋环境科学学报》2015 年第 2 期。

④ 刘超等:《海岛生态保护红线划定技术方法》,《生态学报》2018 年第 23 期。

⑤ See Aldon Leopold, *Sand County Almanac*, Oxford: Oxford University Press, 1949, p. 262; 燕乃玲、虞孝感《生态系统完整性研究进展》,《地理科学进展》2007 年第 1 期。

⑥ Christa Walck, Kelly C. Strong, "Using Aldo Leopold's Land Ethic to Read Environmental History: The Case of the Keweenaw Forest", *Organization & Environment*, Vol. 14, No. 3, 2001, pp. 261-289.

法首次认可,该法将"恢复和保持国家水域的化学、物理和生物完整性"作为立法的唯一目标。[①] 加拿大1988年《国家公园法》(National Parks Act)将维护生态系统完整性确定为国家公园分区和使用管理的首要原则,并使用评估生态系统完整性的基本框架评估各个国家公园的相对生态完整性。[②] 该法将生态完整性定义为"一种被确定为其自然区域的特征并可能持续存在的条件,包括非生物成分、天然物种和生物群落的组成和丰度、变化率和支持过程"。[③] 加拿大《海洋法》规定了改变海洋治理的方式,包括:(1)促进和发展政府组织机能,以加强联邦政府内部和与其他各级政府协调合作管理海洋;(2)通过实施综合管理,在考虑生态系统完整性和保护的同时,考虑经济和社会问题,让公民参与其中;(3)提升管理和公众意识。[④] 加拿大《海洋法》将"考虑生态系统完整性"作为海洋治理方式,实际上也是认可生态系统完整作为一项原则或基本政策,以指导其改变海洋治理的方式。2015年桑给巴尔[⑤]《环境管理法》(Zanzibar Environmental Management Act)第6条(c)项规定:"就本法案而言,每个人应考虑以下原则履行本法案赋予他的职责:……生态系统完整

[①] Congressional declaration of goals and policy: Restoration and maintenance of chemical, physical and biological integrity of Nation's waters; national goals for achievement of objective. The objective of this chapter is to restore and maintain the chemical, physical, and biological integrity of the Nation's waters. In order to achieve this objective it is hereby declared that, consistent with the provisions of this chapter. See 33 U. S. Code § 1251 (a).

[②] S. Fluker, "Ecological integrity in Canada's national parks: The False Promise of the Law", *Windsor Review of Legal and Social Issues*, Vol. 29, 2010, pp. 89, 112.

[③] Ecological integrity means, with respect to a park, a condition that is determined to be characteristic of its natural region and likely to persist, including abiotic components and the composition and abundance of native species and biological communities, rates of change and supporting processes. See *Canada National Parks Act*, S. C. 2000 c. 32, s. 2 (1), 2001.

[④] "Canada's Ocean Strategy: Executive Summary", Government of Canada, http://www.cos-soc.gc.ca/doc/cos-soc/summary_ e. asp (last visited January 14, 2019).

[⑤] 坦桑尼亚联合共和国由坦噶尼喀和桑给巴尔两个国家联合组成。桑给巴尔面积2654平方千米,由温古贾岛(又称桑给巴尔岛)、奔巴岛及20余个小岛组成,与坦大陆最近距离36千米。参见《坦桑尼亚桑给巴尔概况》,中华人民共和国驻坦桑尼亚联合共和国大使馆网(http://tz.china-embassy.org/chn/lqfw/tsgk/),最后访问时间:2019年4月10日。

原则……"① 坦桑尼亚 2009 年《水资源管理法》第 5 节同样将生态系统完整原则作为基本原则加以规定。② 新西兰 2015 年《环境报告法》(Environmental Reporting Act)则使用了"生态完整"(Ecological Integrity)的表述,该法第 1 部分第 4 条将生态完整性定义为"是指土著生物和非生物特征及自然过程的全部潜力,在可持续社区、生境和景观中发挥作用"。③ 事实上,在《环境报告法》起草过程中,该法 2014 年草案条文仍然采用的是"生态系统完整"(Ecosystem Integrity)的表述,直至 2015 年 2 月审读中,才将"生态系统完整"修改为"生态完整"(Ecological Integrity)。④ 从总体上看,生态系统完整发端于生态系统管理方法论,被作为生态系统管理的整体方法,并最终被立法所确认。20 世纪 90 年代后期以来,在资源保护日趋受到重视的背景下,⑤ 将生态系统完整原则纳入国内立法的事例越来越多。

伴随生态系统完整性内涵不断发展,生态系统完整原则正在逐步成为现代环境资源立法和政策的价值基础,以确保生物多样性、生态系统得到有效维护。从立法内容及理论演进看,国内法中的生态系统完整原则呈现以下特征。一是生态系统完整原则的内涵仍处于发展之中。生态完整性强调生态进程(ecological processes)的重要性,⑥ 其重点是保护生物多样

---

① For the purpose of this Act, every person shall execute his duty assigned to him under this Act in considering the following principles: (a) the Precautionary principle; (b) polluter pays principles; (c) the principle of Ecosystem integrity; (d) the principle of public participation in the development policies, plan sand processes for the management of the environment; (e) the principle of international co-operation in management of environment; and (f) the principle of common but differentiated responsibilities. Art. 6 *Zanzibar Environmental Management Act*, 2015.

② See Section 5 *Water Resources Management Act* 2009, Tanzania.

③ Ecological integrity means the full potential of indigenous biotic and abiotic features and natural processes, functioning in sustainable communities, habitats, and landscapes. See Article 4 Part 1 Environmental Reporting Act 2015.

④ See Ministry for the Environment and Statistics New Zealand, "Departmental Report on the Environmental Reporting Bill 2014—Confidential until the Bill is reported back to Parliament", February 2015, pp. 5, 41.

⑤ Zachary Wurtzebach, Courtney Schultz, "Measuring Ecological Integrity: History, Practical Applications, and Research Opportunities", *BioScience*, Vol. 66, Iss. 6, 2016, pp. 446-457.

⑥ See James K Andreasen, *et al.*, "Considerations for the Development of a Terrestrial Index of Ecological Integrity", *Ecological Indicators*, Vol. 1, Iss. 1, 2001, pp. 21, 35.

性，包括生态系统的功能、结构、特性和修复能力。[①] 由于有关生态系统功能和结构的科学研究仍处于发展之中，生态系统完整原则的内涵需要不断借助于科学研究或管理学理论加以发展完善。二是立法在落实生态系统完整原则时需要多重评价指标。生态系统完整性不是一个绝对的整体概念，生态系统的结构组分随时可能发生变化。对此，有学者指出，生态完整性的概念如此复杂，以至于对其衡量不能通过单一指标来表达，而是需要在生态系统组织的不同空间、时间和等级层次上设置一套完整的指标。[②] 因而，海岛利用及保护管理立法在落实生态系统完整原则、划定边界以及设定规则时，需要借助具体的、有针对性的立法措施加以落实，实施效果则需要通过多重标准加以衡量。三是综合管理是实现生态系统完整原则的重要路径。由于生态系统通常不存在类似行政区划的边界，生态系统管理依赖机构间协调以解决共有资源问题并确保生态系统的完整性。[③] 从当事国立法或行政管理体制看，生态系统完整原则体现为管理系统完整（Management Integrity），即要求海岛利用及保护行政管理机制应当是连贯且完整的，海岛利用及保护管理法制体系应当是科学合理且在运行中具备整体有效性。

四 保护优先原则

保护优先原则，是指在实现海岛资源环境价值过程中，不同价值间存在相互矛盾或相互排斥的状态时，以价值实际排序为基础，优先考虑排序在前的利益。国内有学者指出，在域外国家立法及法学论著中都很少明确规定或论及"保护优先原则"，并据此认为，该原则应该为我国立法者自

[①] Brian Walker, et al., "Resilience, adaptability and transformability in social-ecological systems", *Ecology and Society*, Vol. 9, Iss. 2, 2004, p. 2.

[②] 参见刘大海等《海洋生态系统完整性与功能维持的内涵剖析及应用探索》，《海洋开发与管理》2017年第4期；燕乃玲、虞孝感《生态系统完整性研究进展》，《地理科学进展》2007年第1期。

[③] See Vernon C. Gilbert, "Cooperation in Ecosystem Management", in James K. Agee & Darryll R. Johnson, eds., *Ecosystem Management for Parks and Wilderness*, Seattle and London: University of Washington Press, 1988, pp. 180-192.

创的,① 是具有中国特色的环境及自然资源保护法律原则。② 实际上,其他国家立法中也有类似的规定,如格鲁吉亚《环境保护法》第 5 条规定了主要的环境原则(main environmental principles),该条第 3 项规定了"优先原则"(the priority principle),即"一项可能对环境和人类健康造成不利影响的行为可以被另一项风险较小但代价较高的行为所取代。如果后者的价值不超过因费用较低的行为造成的生态损害的赔偿费用,则优先考虑后者"。③

目前我国学术界对保护优先原则的研究尚未达成共识,官方也没有具体的解释,对于保护优先的表述、含义等还存在学理争议。④ 有学者对保护优先原则持批评态度,认为该原则不能体现海岛治理可持续发展的要求,应当将保护优先原则修改为保持优先原则以顺应国际环境治理的新趋势。⑤ 还有学者认为,保护优先原则不是解决经济社会发展与环境保护关系的完整原则,完整处理环境保护与经济社会发展的原则应当是生态优先原则或者是环境优先原则。⑥ 对于保护原则的含义,一种观点认为,保护优先就是在环境上把保护放在首位,加大环境保护力度,坚持预防为主、综合治理,以解决损害群众健康突出环境问题为重点,强化水、大气、土壤等污染防治,减少污染物排放,防范环境风险,明显改善环境质量。⑦还有观点认为,"就'保护优先'字面来看,可以有三种解释:一是保护

---

① 如 2002 年《俄罗斯联邦环境保护法》第 3 条,规定了环境保护的基本原则,其中第 12 段的列举为"自然生态系统、自然景观和自然综合体的保全优先"。参见竺效《基本原则条款不能孤立解读》,《环境经济》2014 年第 8 期。

② 规定有"保护优先原则"的国内海岛保护立法及部门规范性文件,包括《海岛保护法》第 3 条、《无居民海岛开发利用审批办法》第 3 条等。

③ The priority principle—an action that may have an adverse impact on the environment and human health may be replaced by another, less risky, though more expensive, action. Priority shall be given to the latter if its value does not exceed the costs of compensation of ecological damage caused by a less expensive action. See Article 5 (c) Law of Georgia on Environmental Protection.

④ 参见王伟《保护优先原则:一个亟待厘清的概念》,《法学杂志》2015 年第 12 期。

⑤ 参见贾宝金、娄成武《海岛保护优先原则的立法反思》,《生态经济(学术版)》2014 年第 1 期。

⑥ 参见王灿发《论生态文明建设法律保障体系的构建》,《中国法学》2014 年第 3 期;李嵩誉《无居民海岛立法的生态保护优先原则与制度设计》,经济科学出版社 2016 年版,第 58 页。

⑦ 参见《新思想·新观点·新举措》编写组《新思想·新观点·新举措》,学习出版社、红旗出版社 2012 年版,第 35—42 页。

相对于开发利用来说，保护优先于开发利用，这一般是指自然保护区、风景名胜区和其他需要特别保护的区域；二是保护相对于污染治理来说，保护优先于污染治理，先保护好未污染的，有条件再去治理；三是保护相对于恢复和改善来说，保护优先于恢复和改善。从目前来看，保护优先主要适用于第一种情况"。① 上述争议的立足点或者价值衡量对象，似乎是均以自然资源和生态环境为标杆，衡量开发利用、污染治理、恢复等问题。但是如果从更为宽广的视角看，岛上及海岛周边需要保护的对象不限于自然资源及环境，还包括海岛自然景观、人文遗迹、风俗文化等。若将保护优先原则改为生态优先原则，无疑限缩了需要保护的对象和内容。因此，保护优先原则的文字表述并无不妥。尽管保护优先原则的含义尚存争议，但是我国部分立法及中央政府规范性行政文件，② 均将"保护优先"作为指导原则，加以确立。从立法内容及保护对象看，保护优先原则具有四方面的内涵。

一是保护优先原则解决的核心问题是价值平衡与取舍。只有价值冲突，两相取舍下才存在何种价值优先、何种价值后置。海岛兼具生态价值、军事利用价值、经济价值等，上述价值是从利用方式对海岛价值的分类总结，换言之，讨论保护优先原则的背景是特定海岛不同利用方式之间存在的冲突，不存在海岛利用，也就无所谓海岛价值实现问题，更不存在价值冲突协调。

海岛在实现国家海洋战略中具有多重作用，海岛利用实现方式具有开放性，且因时、因岛而异。在海岛诸多利用方式中，究竟哪种利用方式体现的价值具有优先性取决于特定环境下某个条件的成就，这里的"条件"就是海岛利用权利主体（权利人）需要通过各种途径来证明自己维护的价值具有优先性，这些条件既包括纯粹的事实，也有法律和政策上的因素。③ 然而，当两类或两类以上海岛利用价值发生冲突时，即便是在实现

---

① 参见王灿发《论生态文明建设法律保障体系的构建》，《中国法学》2014年第3期。
② 除《海岛保护法》及海岛保护专门性行政法规、部门规章外，其他确立"保护优先"原则的国内立法包括《环境保护法》第5条、《野生动物保护法》第4条、《水土保持法》第3条等。相关中央政府规范性行政文件包括《中共中央、国务院关于加快推进生态文明建设的意见》《全国国土规划纲要（2016—2030年）》《国务院关于全民所有自然资源资产有偿使用制度改革的指导意见》《"十三五"生态环境保护规划的通知》《生态文明体制改革总体方案》等。
③ 王旭：《论价值权衡方法在行政法适用中的展开》，《行政法学研究》2010年第3期。

某种价值时需要损害到其他价值,则亦应让该价值损失降到最低,即在比例原则的约束下,尽量达到价值取舍的均衡。

海岛作为具有多重价值的对象,保护优先原则要解决的问题是何种价值应该受到优先保护,以及在实现不同价值时应优先实现何种价值。[①] 保护优先不等于不计代价的环境保护优先,极端化环境优先价值不仅会不恰当地缩减行政机关的裁量余地,而且会遮蔽海岛保护问题的复杂性,尤其是在海岛环境保护与国家领土主权维护、国防利益冲突的情况下,一方面,维护国家领土主权、确保国防安全需要兼顾海岛生态环境保护;另一方面,海岛环境保护的"优先"显然要置于国家领土主权、国防利益之后。因此,保护优先原则不是绝对化的环境保护优先,存在排除适用的例外情形。

二是优先保护的内容不限于海岛自然资源与生态环境。自然资源保护与环境保护在保护对象、价值取向上存在差异,二者在国内立法及国际文件中有时被区分对待。在国内法中,自然资源保护属于自然资源立法范畴,保护对象建立在物质实体基础上,保护内容是维持及改善资源所具有的使用价值。[②] 环境保护属于环境立法范畴,保护对象以环境的生态功能为基础,立法目的在于保护和改善人类生存环境和自然环境,防治污染和其他公害,协调人类、社会与环境的关系,包含解决与预防环境问题和生态破坏问题两方面的法律规范。如我国《刑法》第六章第六节规定的破坏环境资源保护罪,是对破坏资源保护罪与破坏环境保护罪的总称,两类犯罪各有独立的犯罪构成和罚则。

在一些国际文件中,环境与自然资源有时也是被加以区分的。如1987年《我们共同的未来》(*Our Common Future*)中就写道:"承认人类了解和取得关于环境和自然资源现状的资料的权利……"在概念上区分自然资源与生态环境,并不意味自然资源保护与生态环境保护存在一个程式化的价值排序,实际上,《我们共同的未来》《21世纪议程》《生物多样性公约》等国际文件,以及《海洋法公约》等国际公约,只是强调自然资源保护与生态环境保护的均等性,而非差异性。海岛生态系统类型丰富,自然环境发育独特,与外部生态系统的物质流、能量流交换匮乏,海

---

① 徐祥民、李海清、李懋宁:《生态保护优先:制定海岛法应贯彻的基本原则》,《海洋开发与管理》2006年第2期。

② 晏智杰:《自然资源价值刍议》,《北京大学学报(哲学社会科学版)》2004年第6期。

岛环境与资源具有一体性特征。一旦海岛生态系统遭受外部干扰，其生态系统的稳定性就很容易受到破坏，并且这种破坏具有不可逆性，被破坏的海岛生态系统很难恢复到原始状态，可以说，与其他生态系统相比，海岛生态系统要更加脆弱。① 海岛资源是实施海岛开发利用活动的基础和前提条件，一旦破坏殆尽，海岛开发利用将失去依存的条件。此外，优先保护的内容不限于海岛自然资源及生态环境，一些海岛由于受历史、地理、人口等条件所限，在传承和发展方面受到地理空间的制约，形成独特的文化特色和文化内涵，具有显著的地域性；还有一些海岛及周边存在大量文化遗存，这些文化遗存是探究人类文明史和沿海国历史、考证国家主权及管辖权变迁的重要依据。这些具有特色海岛风俗文化、人文遗迹等，一旦消失就不可再生，其价值不逊于海岛自然资源及生态环境，也是优先保护的对象。

三是对海岛开发利用内容及手段进行限制。海岛利用及保护管理法律制度的目的在于确保现有各种海岛资源得到合理开发利用，对于海岛的开发利用以不能超过其利用阈值为限，保全海岛既存的地理形态，避免海岛使用行为对海岛生态环境造成伤害，限制或禁止相关污染物的排放，维持海岛的原来生态环境功能和状态，强调海岛使用行为的可持续性，以保存既已形成的海岛生态环境的完整性和生物物种的多样性，尤其是防止人为因素对生态系统造成不良的影响和破坏性。为了保持海岛资源可持续利用，应优先采用可再生能源和技术，在海岛建设过程中生态保护设施优先建设或者与工程项目同步建设，实现海岛使用过程的良性循环，② 包括在岛礁建设过程中采用"自然仿真"方法，通过一系列方式对岛礁周边的自然进化过程进行模拟，降低对岛上植被、近岸红树林、珊瑚礁等生态环境体系的影响。③

四是保护优先不等于极端化环境价值优先。在海岛利用及保护管理法律机制构建过程中，保护优先并非绝对的，其核心在于协调生态环境保护和经济增长的关系，在此基础上进行的决策权衡，④ 并非毫无限制地适用于一切海岛利用活动。如《关于〈中华人民共和国海岛保护法（草案）〉的

---

① 付元宾：《保护独特的海岛生态系统》，《中国海洋报》2016年7月13日第A2版。
② 参见《海岛保护法》第24条第2款、第25条第1款。
③ 《2016年5月6日外交部发言人洪磊主持例行记者会》，外交部网（http://www.fmprc.gov.cn/web/fyrbt_ 673021/jzhsl_ 673025/t1361181.shtml），最后访问时间：2019年4月11日。
④ 王伟：《保护优先原则：一个亟待厘清的概念》，《法学杂志》2015年第12期。

说明》第 7 项指出,对于特殊用途海岛,应当实施比普通海岛更为严格的生态保护制度,保护优先原则适用于各类利用活动,但并不绝对化。① 可以说,在各类海岛开发利用过程中,都要顾及生态环境保护,即便是为实现国家利益需要改变岛礁的自然环境、实施岛礁建设,也需要在方式或方法上顾及生态环境保护需求。

五 风险防范原则

风险防范,又称风险预防,是指在无法明确造成环境风险的因素,以及在正常情况下无法预见环境风险的危害情形下,采取防范这种具有潜在环境风险之行为,或对此负起预防及制止义务。② 影响海岛利用与保护的风险包括两类。一类是生态环境风险。生态环境风险最重要的特点就是发生时间的滞后性、科研水平的局限性以及采样分析的不完全性,很多情况下并不能准确预知其后果,而如果待掌握足够证据之后再采取措施,则往往损害后果已经酿成,生态环境危害已经发生,且错过了最早的治理时机,损害巨大且不可逆转。因此,坚持风险防范原则,是防止海岛生态环境损害最经济、最有效和最可取的方法。有学者指出,1990 年以后的国际环境法文件几乎均接受了风险防范原则,③ 如《生物多样性公约》规定预防、控制或消除威胁生态系统、栖息地或物种自身的外来生物。目前,对海岛生态系统的认知还存在局限性,科学界对海岛生态功能、物种分布的认知还有一定的局限性和不确定性,因而需要风险防范原则进一步防范。另一类是人为对海岛设定的功能风险。在众多海岛中存在许多具有特殊用途的海岛,所谓特殊用途是当事国或政府根据特定需求,对海岛功能进行的人为设定,例如领海基点海岛。这些海岛中,部分为光秃秃的岩礁,其上既不存在野生动植物,自身也难以构成独立的生态单元,此类海岛也就不存在生态环境风险和生态保护的问题,但对此类海岛及周边海域的利用(如挖沙、设定航道等),可能对海岛自然地理构成会形成一定的

---

① 汪光焘:《关于〈中华人民共和国海岛保护法(草案)〉的说明》,中国人大网(http://www.npc.gov.cn/wxzl/gongbao/2010 - 03/01/content_ 1580426.htm),最后访问时间:2019 年 4 月 10 日。

② [英]伊恩·布朗利:《国际公法原理》,曾令良、余敏友等译,法律出版社 2003 年版,第 313 页。

③ [法]亚历山大·基斯:《国际环境法》,张若思编译,法律出版社 2000 年版,第 93 页。

风险,而且该风险造成的后果往往是不可逆的。从审慎角度出发,在危害发生的因果关系(因果链)存在不确定性的情况下,需要以风险防范原则作为海岛利用与保护管理的第一道防线。

六 损害负担原则

损害负担,是指当事方行为对海岛环境及资源造成损害的,损害者应承担相应的法律责任。损害负担原则不等于污染负担原则,污染只是造成损害的一种原因,因污染可能造成海岛生态环境损害,在污染之外还有众多可能损害海岛生态环境等功能的行为,如违法采掘珍稀动植物、采石等。损害负担原则的具体内容和表现形式,在海岛利用及保护管理中一般表述为民事、行政和刑事责任,具体涉及损害防治、损害赔偿及补偿责任,即通过法律责任的形式要求造成损害的当事方必须对其损害行为负责。

损害防治责任,要求造成损害的当事方必须对其损害行为负责,采取治理措施。讨论损害负担原则的前提是损害已然发生,从实证角度看,无论是海岛生态环境损害,还是其他类型的损害,损害一旦发生,不管采取何种措施修复,都无法使海岛功能恢复至未受损的状态。损害者是弥补损害的责任主体,强调是损害责任的归属,而非损害弥补的实际行为者,例如,在责任主体和行为主体分离的情形下,损害者负担必需的费用,而实际治理行为则由第三方(例如,专业化的污染治理公司)实施,这既可促进环境治理产业的发展,也为政府强化行政强制措施(如代履行),提供了法律依据和实践条件。

损害补偿责任包括排污收费和私益补偿。除封闭保护外,无论是定向使用还是适度开发均必然涉及对海岛空间环境的人为扰动,一方面,应当承认此类海岛使用行为具有相当程度的价值正当性或社会有用性,另一方面,海岛使用行为是创造社会财富、发挥海岛经济价值的活动,损害行为是伴随使用行为发生的,其损害后果不仅影响行为地群体的合法权益,而且影响周边海洋区域乃至当事国的合法权益,损及公共利益。因此,损害者所必须承担的补偿责任包括两方面的内容。一是国家是公共资源所有权人和管理人,损害者向国家缴纳一定税费作为对海岛利用和所致损害的经济对价,属于对公益权的补偿。在众多国家立法中主要表现为排污费制度,通过向损害人收取污染费,解决损害补偿的经济来源。二是损害者应承担向长年遭受海岛损害地区的受害者（主要是岛民和渔民）损害救济和补偿的责任，即对受损者私益的补救。私益补救可以通过基金、保险形式实现，基金的筹集通常来源于污染费或排污税的补偿基金，而后用此基金向遭受损害者提供补偿。通过保险向长年遭受海岛损害地区的受害者提供经济补偿的渠道与基金类似，既可以由损害人直接向保险公司缴付，也可以通过行政救济的方式，由损害人出资，海岛所在地政府管理和缴付，承保人赔付。

损害赔偿责任是海岛利用及保护中适用最为普通民事责任方式。海岛损害者的行为中既包括持续性、反复性的损害行为，也包括偶然性、突发性事件，如有毒有害化学品泄漏等，势必造成海岛周边环境损害或人身、财产损失，由此引发对私益的侵权及侵权损害赔偿问题，损害者必须承担相应的赔偿责任。各国立法普遍做法是将该行为纳入环境侵权行为，将环境污染致人损害作为特殊侵权行为处理。从权属角度看，海岛作为自然资源的性质被明确以后即存在权属关系，损害赔偿原则可以说是权属制度在自然资源保护和环境保护责任方面的延伸。[①]

七 多元参与原则

海岛利用及保护管理属于行政管理过程，行政管理在行政法中存在管理论、控权论和平衡论三种模式。管理论强调行政主体与相对方之间是一种"支配与服从的关系"，二者的法律地位不平等，[②] 控权论则强调控制和规范行政权，[③] 平衡论则认为需要平衡公益和私益。[④] 多元参与是吸收当地、地区、国家和国际上必要的利益相关者和专业人士参加海岛利用及保护管理工作。

多元参与不同于公众参与。公众参与指的是公众参与政府公共政策决策及执行，并保障公众行使这种权利的基本原则，此处的"公众"通常为当事国的公民、法人或其他组织。如果从海岛法律问题具有的国际法与

---

① 杜群：《环境法与自然资源法的融合》，《法学研究》2000年第6期。
② 包万超：《行政法平衡理论比较研究》，《中国法学》1999年第2期。
③ 姜明安：《行政法与行政诉讼法》，北京大学出版社、高等教育出版社2007年版，第24页。
④ 于安：《试论行政法的平衡论》，载罗豪才主编《现代行政法的平衡理论》，北京大学出版社1997年版，第95页。

国内法特征看，将公众参与原则作为海岛利用及保护管理的基本法律原则，略显局限。其原因在于，从国内角度看，多元参与是国内不同社会群体行使权利的重要途径。不同社会群体对立法、决策、监管等活动的参与，既能够有效保障信息公开，也有助于对政府行为的监管，确保海岛资源得以科学合理地利用和开发。具体路径包括完善公众参与海岛利用及保护立法、决策和监管，制定相应的激励制度，降低非政府环保组织的成立门槛，将更多的社会力量引入环保领域中来。从国际角度看，多元参与的意义在于认识到人类对海岛资源认知和保护尚有很大局限，海岛资源的利用与保护既关乎当事国主权，也关乎人类福祉，要实现海岛的保护及合理利用，实现海岛保护技术方面的共享和突破，就必须与其他国家、地区以及相关国际组织间进行合作，实现资源信息化分享和利用。因此，多元参与原则较之于公众参与原则，更具有优势。

推进多元参与原则的立法措施包括三方面内容。一是立法明确多元参与是公民、法人及其他组织享有的权利，政府和部门有义务来回应和保护，并通过立法的方式培养和提高公民社会的合理利用及保护海岛资源意识，鼓励不同力量参与到海岛管理的各个领域中，发挥其应有的作用。二是海岛利用及保护信息公开化。海岛利用及保护信息公开是在认可公民知情权及批评权的前提下，以公开海岛资源保护相关信息的方式，借助社会力量对损害海岛的行为者施加压力，是信息法治化的表现。海岛利用及保护信息公开化是政府信息公开的一部分，如我国每年公布的《海岛统计调查公报》《海岛管理公报》。① 三是海岛利用及保护决策民主化。《海岛保护法》第 7 条第 2 款规定了，任何单位和个人有权向海洋主管部门或者其他有关部门举报违反海岛保护法律、破坏海岛生态的行为。在举报违法行为外，立法确立的海岛利用及保护决策民主化还应当包括，海岛主管行政部门应对可能出现的不良后果以及相关立法等，通过召开听证会、专家讨论会等方式来制定相关对策。

---

① 参见自然资源部《海岛管理公报》，中国海洋信息网（http://www.coi.gov.cn/gongbao/haidao/）；自然资源部《海岛统计调查公报》，自然资源部网（http://www.soa.gov.cn/zwgk/hygb/hdtjdc/201612/t20161227_54241.html），最后访问时间：2019 年 4 月 8 日。

第三节　海岛利用及保护统计调查机制

海岛资源及其利用客观状况，是海岛利用及保护监督管理的客观依据。统计调查是获取海岛资源及其利用客观状况的主要方式，通过海岛统计调查全面查清海岛资源和利用状况，掌握真实准确的海岛基础数据，为科学规划、合理利用、有效保护海岛资源提供客观依据，也为制定相关配套政策及法规提供科学依据。在制度层面，海岛统计调查机制需要通过立法的形式对海岛调查的主体、对象、范围、内容、程序方法和调查结果的效力等做出规定，借此实现海岛统计调查的法律化，保障海岛利用及保护监督管理的科学性与有效性。

一　统计调查在海岛监督管理中的作用

海岛属于自然资源，对海岛利用及保护实施监督管理需要建立在真实准确的海岛基础数据之上。缺少基础数据的支撑，海岛利用及保护监督管理将如"盲人摸象"，无法建立全面、有效的监督管理机制。例如，我国2018年《海岛统计调查制度》第一部分"总说明"中，将海岛统计调查的目的概括为"及时、准确了解和掌握我国海岛生态保护、开发利用和海岛管理等方面的情况，为我国宏观经济决策提供依据，为各级海洋主管部门及相关部门制定有关政策提供数据支撑，为社会公众提供信息服务"。2018年5月日本第三期《海洋基本计划》第一部分也指出，海岛等自然资源的调查及观测具有多种目的及效果，不仅服务于海洋安全保障、海洋环境保护等，而且有助于实现海洋资源多样化利用，在总体上为海洋安全保障的强化做出贡献。[1] 概言之，统计调查在海岛监督管理中的作用，可以被概括为四个方面。

第一，为海岛资源可持续利用及有效保护提供基础数据。海岛资源具有稀缺性、环境脆弱性，开发利用海岛的同时即面临保护问题，利用海岛资源必须有良好的保护措施，保护海岛是为了长期稳定地利用海岛资源，

---

[1] 参见日本第三期《海洋基本计划》第1部分第2节，日本内阁府网（http://www8.cao.go.jp/ocean/policies/plan/plan.html），最后访问时间：2019年4月1日。

对海岛资源的开发利用进行统一管理，既符合自然规律也符合经济规律。当海岛资源进入社会系统、创造经济价值时，海岛资源可持续利用需要保持特定区域海岛资源均处于可用状态，并长期保持其生产力和生态稳定性。实现海岛资源可持续利用需要依靠海岛监督管理机制，海岛监督管理机制有效、稳定是海岛资源可持续利用的重要前提和保障手段。统计调查是认识海岛资源形成过程、物质组成、时空分布、结构演化、权属状况等情况的重要手段，是海岛监督管理的基础性工作。只有在掌握真实的海岛基础数据基础上，才能合理利用自然资源，在保证海岛生态系统的稳定性的前提下，保持海岛资源生产力的持续增长或稳定的可用状态，优化配置海岛的利用与保护，实现海岛资源的合理开发和可持续利用，满足社会经济发展需求。

第二，是制定海岛功能区划的前提条件。海岛功能区划是结合海岛资源的实际现状和海岛生态特征来划分海岛的分区类型，并针对各个分区制定针对性管理办法，采取差异化管理的方式来确保各类海岛资源及海岛生态环境不会受到严重破坏。统计调查的作用在于掌握国家管辖范围内或特定区域内容海岛的数量、资源质量、物理及生态结构、地理分布等基础信息，为海岛的开发利用与保护提供技术支撑。在海岛保护及利用功能规划中，前期统计调查为功能区划编制提供所需的基础资料和基本依据。[1] 海岛统计调查是目前各国在编制功能区划前、收集必要数据普遍采用的做法，其功能性表现在两方面。一是获取功能区划所需的"本底数据"（background database）。在统一的技术标准、坐标体系下，海岛统计调查获取的基础数据信息实现了最大化集合，形成海岛资源要素本底数据"一张图"，为划定不同区域生态功能、合理布局空间开发格局奠定了基础。[2] 二是功能区划所需的基础依据。海岛功能区划的目的在于对海岛资源实行差别化管理，通过明确不同海岛或海岛不同区域的功能定位和管控措施，实现开发利用与环境承载能力的相互协调。为此，需要通过统计调查来全面深入地了解海岛资源的状况和价值，然后对所得数据信息予以科学分析，如此才能对海岛的价值、利用及保护做出准确的定位，对海岛开

---

[1] 谭勇华，等：《无居民海岛保护和利用规划的前期调查研究》，《海洋开发与管理》2013年第1期。

[2] 参见樊笑英《自然资源管理需要统一基础平台》，《中国国土资源报》2018年5月3日第5版。

发方式和保护对象提出有针对性监督管理措施。

第三，为海岛利用及保护综合管理奠定基础。海岛资源建立在生态属性基础上的生产功能与海岛生态保护在自然资源可持续利用复合系统中的重要地位和作用，是相互统一的。在自然资源管理体制下，海岛利用系统科学性是维持海岛资源可持续利用系统功能稳定发挥的坚实基础，为此，各国普遍采取资源综合管理的模式调整海岛等自然资源的开发和利用结构，① 以避免造成自然资源退化和生态系统结构失稳。在自然资源管理层面，综合管理的最终目的是实现系统的社会、经济功能，满足社会经济活动和生产需求，实施综合管理的前提是获取相应自然资源的数量、产状、分布等要素特征数据。② 而海岛统计调查的基础作用就是查清海岛资源和利用状况，掌握真实准确的海岛基础数据，为科学规划、合理利用、有效保护海岛资源提供客观依据。因此，统计调查在统筹协调海岛资源开发利用与保护、实现海岛资源的综合管理方面，具有基础性的功能与效用。

第四，为海岛监督管理政策制定及立法活动提供实践依据。海岛监督管理政策制定及立法既面临可行性、必要性的考虑，也面临合理性、科学性问题，并贯穿于相关政策及法律法规的制定、修改及废止。海岛统计调查是通过技术手段客观展现海岛资源属性特征、资源质量、生态价值或效益等，以便决策者或立法者进行比较和判断，避免在政策制定及立法过程中"闭门造车"。统计调查对海岛监督管理政策制定及立法的作用，可以概括为三方面。一是借助于统计调查了解海岛资源的客观状况，评估主管部门及相对人的立法需求，把握与其他领域政策及立法的衔接适用等。在此基础上，对立法成本、立法效益和立法需求作出客观评价，确保政策及立法的针对性，严格区分海岛监督管理过程中不同部门的权力边界，避免重复立法、冲突立法。二是海岛统计调查提供了可靠的社会事实与数据基础。海岛作为一个独立的地理单元，其利用与保护存在诸多特殊性，统计调查既是了解海岛资源的客观状况的过程，也是广泛收集实施主体、实施对象等多元主体的意见和建议的途径。借助多元主体参与海岛监督管理政

---

① 参见吴清峰、唐朱昌《基于生态系统方法的海洋综合管理研究——〈欧盟海洋战略框架指令〉分析》，《生态经济》2014年第7期。

② 参见侯增谦《立足地球系统科学，支撑自然资源统一管理和系统修复》，《中国自然资源报》2018年6月12日第5版。

策制度及立法过程，尤其是利益相关者的参与，并让其充分表达利益诉求，通过贯彻落实民主立法的要求，广泛凝聚社会共识。① 三是通过统计调查创建符合海岛监督管理需要并能推进海岛可持续利用的规则与制度。海岛统计调查的作用还在于反馈海岛监督管理政策及立法运行状况，以及对海岛利用及保护产生的社会效果，并根据存在的问题对相关规定进行修改与解释，及时废止严重不适应海岛利用及保护要求的政策及立法。

二 海岛统计调查的基本内容

海岛统计调查内容，是指为了达到统计调查目的，需要搜集的被统计调查的海岛的相关原始数据和资料等。在制度层面，海岛统计调查一经批准或者备案即产生法律效力，统计调查应当严格依法实施。未经法定程序擅自变更海岛统计调查的内容，将依法承担相应的法律责任。从立法内容看，不同国家有关海岛统计调查的内容有着较大的差异，本部分在讨论海岛统计调查内容时，以我国《海岛保护法》《海岛统计调查制度》规定的海岛统计调查内容为参照系，综合其他国家有关海岛统计调查立法及行政管理的内容，进行梳理和分析。

《海岛统计调查制度》规定的调查内容包括海岛生态保护、海岛开发利用、海岛人居环境、特殊用途海岛保护和海岛管理五个方面，主要由海岛周边海域环境情况、海岛生态修复情况等15项调查内容组成。其中（1）海岛周边海域环境情况，包括海岛周边海域水质质量、富营养化情况；（2）无居民海岛岸线和植被情况，包括自然岸线及砂质岸线长度（含增加长度和减少长度）、自然岸线保有率、植被覆盖总面积、平均植被覆盖率；（3）海岛生态修复情况，包括修复项目批准时间、批准单位及实施期限；（4）海岛资源及利用情况，包括海岛资源（国家一级及二级重点保护野生动物植物名称、年降水量与日照时数、全年空气质量优良天数、林地面积与森林覆盖率）、海岛旅游资源、海岛旅游景区、无居民海岛林业及土地资源利用变化情况；（5）海岛开发利用情况，包括无居民海岛开发利用许可、依托海岛用海、无居民海岛开发利用（开发利用的海岛数量、海岛开发利用总面积、海岛周边填海面积、围海占用海岛岸线长度和有新开发利用行为的海岛数量）；（6）海岛地区经济发展情况，

---

① 周祖成：《促进立法与社会契合》，《人民日报》2015年8月5日第18版。

包括海岛地区经济发展总体情况（财政收入与支出、固定资产投资额、年末常住人口及年度接待旅游人数）、海岛海洋产业发展情况（海洋渔业、海洋水产品加工业、海洋油气业、海洋矿业、海洋盐业、海洋船舶工业、海洋工程装备制造业、海洋化工业、海洋药物和生物制品业、海洋工程建筑业、海洋可再生能源利用业、海水利用业、海洋交通运输业、海岛旅游业及其他产业）；（7）海岛淡水和电力情况，包括海岛淡水和电力供应、海水淡化工程建设、引水工程建设、海岛水库建设、海岛新能源工程建设；（8）海岛地区交通情况，包括岛上交通情况、连岛桥梁情况、连岛海底隧道情况；（9）海岛地区污染防治情况，包括污水处理（污水处理厂总数量与年污水处理量）、垃圾处理（垃圾处理厂总数量、年垃圾处理量、垃圾外运的海岛数量、年垃圾外运量）、排污口（有居民海岛排污口数量、有排污口有居民海岛数量、已确权无居民海岛排污口数量与有排污口已确权无居民海岛数量）；（10）海岛地区海洋灾害情况，包括风暴潮的发生次数及受影响的海岛数量、赤潮发生次数及受影响的海岛数量、受绿潮影响的海岛数量、海啸发生次数及受影响的海岛数量，以及灾害性海浪发生次数及受影响的海岛数量；（11）海岛防灾减灾设施情况，包括避风港数量、防波堤数量、防波堤长度、等级海塘长度以及其他防灾减灾设施数量；（12）涉及海岛的保护区建设情况，包括保护区及海岛名称、所属地区、保护区面积、主要保护对象、类型、级别、始建时间及主管部门；（13）本年度新建及废弃海岛公益设施情况，包括助航导航设施总数量、测量点总数量、气象观测设施总数量、海洋监测站总数量、地震监测站总数量；（14）海岛行政管理情况，包括《海岛保护法》配套制度建设情况、市县海岛保护专项规划、单岛规划、其他规划、海岛名称标志管理情况、海岛名称变更情况、无居民海岛监视监测情况、领海基点海岛监视监测情况；（15）海岛保护执法情况，包括检查海岛数量、执法检查次数、发现违法行为数量、行政处罚决定、决定罚款金额与收缴罚款额。

对比《海岛统计调查制度》规定的调查内容，其他国家及地区海岛统计调查相关立法中，还规定了一些上述规范性文件中没有涉及的内容。（1）海岛权属变化。澳大利亚《调查法》（*Surveys Act*）第 3 条规定，在本法案中，除非出现相反的意图——"授权调查"是指授权或要求的土地调查：（a）根据或与当其时在诺福克岛有效的关于转让、租赁或占用官地的任何法律的行政管理有关；（b）任何土地的所有人、承租人或承按人根据在诺福克岛当其时有效的影响该土地所有权的法律而作出的决定；或者（c）为与公共工程有关的订明目的。① (2) 调查污水、工业废物的影响。美国《鱼类与野生动物协调法》第 665 条规定，内政部长通过鱼类和野生动物管理局（Fish and Wildlife Service）和美国矿业局（United States Bureau of Mines），有权进行他认为必要的调查，以确定生活污水、矿山、石油和工业废物、侵蚀淤泥和其他污染物质对野生动物的影响，并就此类调查向国会提出报告和减轻此类污染的危险和不良影响的建议。这些调查应包括：确定野生动物保护的水质标准；研究减轻和防止污染的方法，包括回收有用的或可销售的产品和废物副产品的方法，以及整理和分发有关此类调查进展和结果的数据，供联邦、州、市和私人机构、自然人、组织或企业使用。② (3) 调查过程中的机构协调。美国《国家环境政策法》(National Environmental Policy Act) 要求在行动确定之前，任何重大联邦行动都不会对环境产生重大不利影响。因此，要求美国地质调查局对其他联邦机构提出的资源相关行动进行技术审查。③《资源保护和回收法》(Resource Conservation and Recovery Act) 和《危险废物和固体废物修正案》(Hazardous and Solid Waste Amendments) 规定，美国环境保护局（EPA）颁布关于固体废物识别和管理，包括其处置的准则和条例；美国地质调查局提供的专业信息是当前和潜在的技术援助来源，有助于美国环境保护局确定和预测废物处理的水文效应。④

综合上述海岛统计调查相关立法及管理实践，可以看出，海岛统计调查的核心是查明在某一时间节点或阶段的海岛数量、质量及其利用状况，内容主要包括三类，即（1）海岛利用现状及变化情况，包括地类、位置、面积、分布等状况；（2）海岛权属及变化情况，包括海岛土地等资源的所有权和使用权状况；（3）海岛的自然条件、社会经济条件等状况。

三 海岛统计调查的实施路径

海岛统计调查与自然资源调查制度密切相关，自然资源调查制度的国

---

① See § 3 Surveys Act, Consolidated as at 20 August 2002.

② 16 U. S. C. § 665 – Investigations as to effect of sewage, industrial wastes; report, Chapter 5A—Protection and Conservation of Wildlife.

③ See 42 U. S. C. 4331 et seq.

④ See 42 U. S. C. 6901 et seq.

别差异直接影响当事国海岛统计调查的实施。在实施层面，上述差异主要体现在实施方式与管理机构两方面。

自然资源调查实施方式包括两类。一类是以自然资源种类为依据，针对特定类型的自然资源实施调查，编制相应的调查规则，并通过专门立法的形式予以法律化。另一类以空间范围为依据，针对特定空间范围内的自然资源实施调查，编制相应的调查规则，并通过专门立法的形式予以法律化。例如，我国立法规定的自然资源调查制度中，二者兼有之。前一类自然资源调查，如《森林法》规定的"森林资源清查"[①]、《土地管理法》规定的"土地调查"[②]、《水法》规定的"水资源的综合科学考察和调查评价"[③]、《野生动物保护法》规定的"野生动物资源调查"[④]、《野生植物保护条例》规定"野生植物资源调查"[⑤] 等。后一类自然资源调查，如《草原法》规定的"草原调查"[⑥] 等。还有的立法同时规定了以上两类自然资源调查实施方式，如《矿产资源法》同时规定了"矿产资源普查"和"区域地质调查"。《海岛保护法》第14条规定了"海岛统计调查"，《海岛统计调查制度》则从15个方面具体规定了海岛统计调查的内容，其中，不仅包括海岛及周边海域状况、岸线状况，也包括岛上国家一级、二级重点保护野生植物及动物资源、林业资源、土地资源等。因此，《海岛保护法》规定的"海岛统计调查"制度应当属于以空间范围为依据实施的自然资源调查制度。美国、加拿大、澳大利亚等国家及地区自然资源调查实施方式与中国自然资源调查实施方式大致相似，如在野生动植物资源调查方面，美国《鱼类与野生动物协调法》(*Fish and Wildlife Coordination Act*) 第661条规定了鱼类和野生动物调查，[⑦] 加拿大《野生动物法》(*Canada Wildlife Act*) 第3条(c)项规定，开展野生生物研究和调查方案，建立和维护实验室和其他必要设施。[⑧] 西澳大利亚州 (Western Aus-

---

① 参见《森林法》第14条。
② 参见《土地管理法》第26条。
③ 参见《水法》第16条。
④ 参见《野生动物保护法》第11条。
⑤ 参见《野生植物保护条例》第15条。
⑥ 参见《草原法》第22条。
⑦ See § 661 Declaration of purpose; cooperation of agencies; surveys and investigations; donations, *Fish and Wildlife Coordination Act*.
⑧ See § 3 (c) *Canada Wildlife Act*, R.S.C., 1985, c.W-9.

tralia)《渔业资源管理法》(Fish Resources Management Act) 第 14、238 条规定了（商业性）渔业资源的调查开发。①

然而，在海岛统计调查实施方式上，不同国家的制度设计存在显著差异。例如，我国《海岛保护法》第 14 条将"海岛统计调查"单列为一类自然资源调查制度，并为此出台《海岛统计调查制度》作为调查实施细则。在域外国家或地区中，澳大利亚《调查法》(Surveys Act) 第 3 条将诺福克岛（Norfolk Island）调查归入土地调查之类。② 美国则依据功能区划与海岛资源类型，将海岛统计调查分别纳入海岸屏障资源、国家公园、土地管理等统计调查中，1982 年《海岸屏障资源法》(Coastal Barrier Resources Act) 指定了各类不发达的海岸屏障岛屿，由具体地图描绘，以纳入海岸屏障资源系统。③ 位于阿拉斯加海洋国家野生动物保护区内的岛屿调查受《阿拉斯加国家利益土地保护法》(The Alaska National Interest Lands Conservation Act) 调整，统计调查对象包括"阿拉斯加海洋国家野生动物保护区"内的岛屿（islands）、小岛（islets）、岩礁（rocks reefs）、尖顶（spires）和其他约 46 万英亩的公共土地，以及阿拉斯加沿海地区和邻近海域的指定的海岬，以及在科迪亚克和阿佛格纳克群岛周围建州时保留在联邦所有的未确定数量的淹没土地。④ 日本《离岛振兴法》《低潮线保全法》规定，进行各项海岛资源开发的必要调查、法令配套措施拟制，尤其是对可作为日本领海依据的离岛进行实地调查，调查内容报告作为拟订各项管理计划的重要参考数据。日本上述立法规定海岛调查实际上仅针对《离岛振兴法》的实施对象，以及除冲绳、奄美、小笠原等以外，78 个地区 258 个离岛，并不包含所有的岛屿。⑤ 概言之，造成海岛统计调查实施方式国别差异的主要原因，在于各国对自然资源类型的划分、自然资源监督管理体制以及海岛资源属性的立法认定。

---

① See § 14, 238 Fisheries Research and Development Account, *Fish Resources Management Act*, Act No: 053 of 1994.

② See § 3 Surveys Act, Consolidated as at 20 August 2002.

③ See 16 U.S.C. 3501 et seq.

④ See 16 U.S.C. 3141-3150, 3161. Also Sec. 303 the *Alaska National Interest Lands Conservation Act*, Public Law 96-487—Dec. 2, 1980.

⑤ 参见张骁天《日本低潮线和离岛保全的相关法律制度研究》，《国际法研究》2015 年第 4 期。

不同国家海岛统计调查的实施机构也各有不同。如美国内政部是自然资源综合管理机构，其下属的美国地质调查局（United States Geological Survey）统一行使自然资源综合调查评价职能的联邦机构。2001年，澳大利亚地质调查机构与土地机构合并，成立了澳大利亚地球科学局，并由该部门负责自然资源综合调查。① 实际上，在海岛统计调查过程中，美国地质调查局、澳大利亚地球科学局也只负责调查部分内容。美国地质调查局主要负责海岛地形、自然资源和自然灾害方面的调查，② 如果涉及海岛水资源及防污染调查，则根据1972年《联邦水污染控制法》修正案及其后续法案、《清洁水法》和《水质法》授权，在美国环境保护局（EPA）的主要指导下进行，美国地质调查局被要求参与其中的部分调查活动。③ 如果涉及岛上野生动物资源调查时，《鱼类与野生动物协调法》授权内政部长制定保护野生动物资源的计划，在公共土地上进行调查，并为相关目的接受资金或土地，调查的内容包括野生动物及其栖息地的开发、保护、饲养等，并提供建议以最大限度地减少对鱼类和野生动物资源的影响。④ 澳大利亚地球科学局主要调查内容涵盖陆地、海洋和空间信息，陆地调查侧重矿产勘查和环境土地利用规划，海洋调查主要涉及澳大利亚海洋地质、资源调查、海洋环境和海湾区生态环境，空间信息调查涉及对自然灾害（如干旱、土壤侵蚀或洪水、地震等）的评估、管理等，就海岛调查而言，有关海岛权属、野生动植物资源等内容则由其他部门负责。我国海岛统计调查与美国、澳大利亚模式有所不同，我国海岛统计调查实施综合管理，由自然资源部统一行使海岛资源利用及保护综合调查、综合评价职能。《海岛保护法》第14条规定国务院海洋主管部门会同有关部门拟订海岛综合统计调查计划，依法经批准后组织实施，并发布海岛统计调查公报。2018年《海岛统计调查制度》第1部分第5项规定，本制度由自然资源部负责组织实施，沿海各省、市、县级海洋主管部门负责填写本级海

---

① 侯增谦：《关于推进自然资源综合管理制度改革的几点思考》，中国地质科学院地质研究所网，http：//www.igeo.cgs.gov.cn/ywjx/kydt/201804/t20180425_456209.html，最后访问时间：2019年4月2日。

② U. S. Geological Survey, Overview, https：//www.usgs.gov/science/mission-areas（last visited 1 March 2018）.

③ See 33 U. S. C. 1251 et seq.

④ See 16 U. S. C. 661 et seq.

岛统计数据并汇总逐级上报,自然资源部负责组织海岛统计数据的汇总、审查工作,并组织国务院有关部门对海岛统计数据进行汇审。

第四节 海岛利用及保护监督管理模式

海岛利用与保护的相洽关系,决定了行政监督管理体制中海岛利用管理与保护管理的统一性。在行政监督管理模式层面,海岛利用管理与保护管理有时分立并行,有时则集中统一,造成这种情况的原因包括沿海国(岛屿国家)海岛数量、当事国自然资源管理体制、行政职能部门分工等。由于各国所属法系及奉行的社会制度不同,即便奉行相同社会制度的国家其立法机关及权限、立法程序也存在诸多不同,加之不同国家海岛资源禀赋的差异,使得不同国家海岛利用及保护监督管理模式各具特色,并且呈现出多样化的特征。归纳海岛利用及保护监督管理模式建立在对不同国家及地区相关立法的搜集与整理基础上,基于掌握不同国家相关立法及行政管理体制的有限性,对海岛利用及保护监督管理模式的归纳属于不完全归纳。对于海岛利用及保护监督管理模式的归纳,其目的不在于法律规则的正确适用,而在于揭示相关监管模式的轮廓,因而,采取不完全归纳法仅仅是揭示不同国家海岛监督管理模式的实际表象以及了解所能达到的既定目标的一种方法而已。[①]

一 海岛利用及保护监督管理模式类型

海岛利用及保护监督管理模式的核心均为通过发生行政法律效果和变动的过程,利用分权、限权的权力配置方式,较好地平衡利用与保护之间的关系,实现行政监管职能优化配置。从相关国家的立法及行政管理实践看,海岛利用及保护监督管理体制模式大体可以分为三类。

第一,分离型监督管理模式。是指对海岛利用与保护的监管职能分属于不同行政管理机构。该模式下,海岛利用监管机构与海岛保护监管机构各行其责,政府部门与部门之间不存在领导与被领导的关系,不需要一个

[①] 参见李安《归纳法在判例主义法律推理中的有效性与论证》,《法律科学》2007年第2期。

确保一致行动的协调体系或机构。分离型监督管理模式最大特点在于海岛利用及保护与土地及其他自然资源监督管理基本相同，即按照资源权属及类型，由不同行政主管机构分头管理。在分离型监督管理模式中，海岛利用监管职能与保护监管职能还可能被进一步拆分。在海岛利用监督管理中，由于海岛资源在归类时往往分散于其他资源种类中，并不被认为具有独立性，故海岛开发利用活动最先被列入传统的资源开发管理部门（如土地、渔业、矿业部门）的管辖范围，形成了海岛分散型管理体制。采取类似海岛管理模式典型国家，如印度尼西亚。2014年修订的印度尼西亚《海岸带及小岛管理法》将小岛从一般意义的岛屿概念中分离出来，该法将"小岛"（small island）定义为"面积小于或等于2000平方千米，且具有独立生态系统的岛屿"。[①] 然而，该法并没有对"小岛"设置独立的管理体制，根据该法第19条第2款、第20条，有关海岛资源的使用许可，依然需要根据类型不同，依照不同法律或条例（Law and Regulation），由中央政府和地方政府以及不同政府部门间负责审核许可。[②] 在海岛保护监管中，海岛资源保护与环境保护相分离，如在2003年国家海洋局、民政部、总参谋部颁布《无居民海岛保护与利用管理规定》（已失效）出台之前，依据《环境保护法》的规定，环保部门定位为"对全国环境保护工作实施统一监督管理"的部门，国家海洋行政主管部门及各级土地、矿产、林业、农业、水利行政主管部门依法分管某一类污染源防治或者某一类自然资源保护监督管理工作的部门，环境保护部门与其他部门之间执法地位平等，不存在行政上的隶属关系，没有监督与被监督的关系。上述体制下，海岛环境保护与资源保护实际上是分开的，这种分离型监管模式直至2003年《无居民海岛保护与利用管理规定》出台，才在法律制度层面得以改变。

第二，集中型监督管理模式。是指政府通过制定专门立法，并设立全国性的监督管理机构来统一管理本国海岛利用及保护的体制模式。采用此种管理模式的典型国家为群岛国或者海岛资源贫瘠、类型单一的国家。依据监管职权的统一性标准，集中型模式又可以分为两类。一是完全集中型管理模式，即指海岛保护与利用由同一部门或同类监督管理，它的管理机

[①] See Article 1 (3) Amendment to Law No. 27/2007 on the Management of Coastal Areas and Small Islands.

[②] Ratana Chuenpagdee, ed., *World Small-scale Fisheries: Contemporary Visions*, Delft: Eburon Uitgeverij B. V., 2011, pp. 250-251.

构是统一和单独的。例如，日本 2007 年《海洋基本法》颁布后，海岛管理体制由分散管理模式转变为集中管理模式，设立海洋综合政策本部（Headquarters for Ocean Policy），① 统一负责推进与海洋基本计划的制订及实施有关的工作，综合协调有关行政机构基于海洋基本计划而实施的政策，综合处理规定之外的与海洋政策有关的重要规划和事项。② 在离岛（Remote Islands）保护方面，2016 年修订的《为进行海洋管理而制定的有关离岛保护和管理的基本方针》（Basic Policy Concerning Preservation and Management of Islands for Management of the Sea）③ 主要集中在保护自然环境和物种多样性上，并强调确保海洋综合政策本部作为"总协调人"，应充分履行其规划和职能，政府应实施遵循海洋综合政策本部会议和行政决议措施。④ 二是部分集中型管理模式，即在集中型管理模式下，对孤岛、无居民海岛或面积狭小的海岛等具有特殊资源价值、需要额外保护或其他特殊用途的海岛，采取集中管理，设定有别于其他类型海岛利用及保护监督管理模式。如美国的土地分属于联邦政府、州政府、公司和自然人等，海岛不是独立类型的自然资源，立法以海岛是否列入国家公园体系为标准，对海岛的利用及保护设定了两类监督管理模式⑤：非列入国家公园体系海岛的利用及保护以自然资源保护事务类型分工为基础，由不同部门负责管理各自职权范围内的海岛资源保护。⑥ 如海岛利用及保护管理分别适

---

① 李晓冬等：《日本和越南边远海岛管理政策探析》，《海洋开发与管理》2016 年第 2 期。

② 金永明：《日本海洋立法新动向》，《现代国际关系》2010 年第 3 期。

③ See Masahide Ishihara, *et al.*, *Self-determinable Development of Small Islands*, Berlin and New York：Springer, 2016, p. 215.

④ See Cabinet Public Relations Office, "The 15th meeting of the Headquarters for Ocean Policy", http：//japan. kantei. go. jp/97_ abe/actions/201607/26article1. html（last visited January 14, 2019）.

⑤ 国内有学者认为，相比其他海洋大国的海岛管理，美国属于集中管理机制（参见李静《美国关岛的生态保护管理及其对我国的借鉴研究》，《海洋开发与管理》2016 年第 6 期）。实际上，美国内政部海岛事务办公室（Office of Insular Affairs）负责协调美属萨摩亚、关岛、美属维尔京群岛和北马里亚纳群岛联邦领土内的联邦政策，以及对与密克罗尼西亚联邦、马绍尔群岛共和国、帕劳共和国的联邦方案和基金进行监督。美国跨部门海岛事务综合管理部（Interagency Group on Insular Areas），与美国本土海岛管理也没有太多联系。See U. S. Department of the Interior, "Interagency Group on Insular Areas", https：//www.doi.gov/oia/igia/index2（last visited January 14, 2019）.

⑥ Pham Thi Gam, "Coastal and Insland Governance in Viet Nam. United Nations-Nippon Foundation of Japan Fellowship Programme", http：//www. un. org/depts/los/nippon/unnff_ programme_ home/fellows_ pages/fellows_ papers/Pham_ 1314_ VietNam. pdf（last visited January 14, 2019）.

用《环境政策法》《海洋资源和工程发展法》《国家环境政策法实施条例》《综合环境反应、补偿和责任法》《海岸带管理法》等不同法律法规,有关监管职能分散于不同的政府管理部门,国家海洋与大气管理局、内政部鱼类和野生动物服务机构、环境保护署等一些专业资源环境保护机构,负责法律授权范围内容的海岛保护工作,不同部门之间是相互合作关系。列入国家公园体系的海岛由国家公园管理局(National Park Service)监督管理,国家公园范围内绝大部分事权都由国家公园管理局垂直管理,包括管理规划编制与批准、建设项目核准、经营性项目准入、旅游开放许可等。[①] 1965年美国国会通过《特许经营法》,规定国家公园管理机构不得从事商业性经营活动,公园内商业经营项目通过特许经营的办法委托企业经营,当公园内自然资源和价值的保护与它们的利用发生冲突时,保护优先于开发利用。

第三,协调型监督管理模式。是指针对海岛土地及其他自然资源管理事宜,会专门指定或建立一个协调机构,该机构的作用就是协调政府各部门之间的关系。当海岛利用及监督管理分别由不同部门承担时,产生的冲突和不一致必须通过专门的协调机构来加以有效的协调和改善,这样才能确保采取一致的行动,达到管理海岛的目的。采用此种监管模式的国家,一般会在中央政府内设部际委员会或由中央政府(立法)指定某一政府部门作为协调机构。例如,文莱在文化、青年体育部(Ministry of Culture, Youth and Sports)、工业及原生资源部(Ministry of Industry and Primary Resouce)、发展部(Ministry of Development)和教育部(Ministry of Education)基础上成立海岛管理工作组(Working Group on Island Management)。该工作组负责汇编有关岛上目前和计划开展活动的信息;评估与拟议岛屿保护状况现有和计划的活动;寻求有关部门和机构的合作,促进岛屿可持续发展科学研究和适当协调,防止不必要的重叠;寻求相关部门间的合作,着手制订海岛惯常用途及保护的管理计划;提出更好的管理岛屿的步骤;着手利用现有相关部门供给和设施建设岛屿监测系统。[②] 文莱海岛管理工作组(Working Group on Island Management)模式近

---

① Denise E. Antolini, "National Park Law in the US: Conservation, Conflict, and Centennial Values", *William & Mary Environmental Law and Policy Review*, Vol. 33, Iss. 3, 2009, p. 864.

② Geronimo Silvestre, *The Coastal Resources of Brunei Darussalam: Status, Utilization and Management* (World Fish, 1992), pp. 153-154.

似于"自治协调"机制,即通过构建一个部门间联系平台,对海岛事务进行管理,但问题在于该工作组对海岛管理、合作及保护事务不具有监督、约束的职能,在合作计划、政策和法律执行力方面有所欠缺。采取类似模式的国家还包括越南,该国《海洋岛屿资源环境法》[①] 以"不替代专门立法,不与专门立法重叠"为管理原则,没有对海岛利用、保护专门立法调整的具体内容做出变更,只规定各级各部门的协调管理机制,对接并与其他法律法规联动,保障海岛资源可持续开发利用,协调各方利益,保护海岛环境。《海洋岛屿资源环境法》颁布后,越南农业与农村发展部仍然按照《水产法》,对海产业进行国家管理;文化体育与旅游部仍然按照《旅游法》,对海洋旅游进行国家管理;交通部仍然按照《航海法》,对海港、航海服务进行国家管理。自然资源环境部将不直接对某个具体领域进行国家管理,而是成为海洋岛屿领域的综合、统一管理机关。由自然资源环境部作为牵头机关,与有关部门配合,对海洋岛屿进行管理。[②] 爱沙尼亚依据《经常居住型小岛法》第 4 条成立小岛屿委员会(Small Islands Committee),负责讨论与小岛屿发展有关的问题,并就针对小岛屿的区域政策问题向爱沙尼亚政府提供咨询。该条第 2 款规定了小岛屿委员会享有的 9 项职责,包括(1)就影响小岛屿发展的方案和发展计划向政府提出意见;(2)政府和各部委提交提案,以启动和资助针对小岛屿的国家方案;(3)根据国家预算草案对小岛屿发展的潜在影响,政府提出意见;(4)向政府提交关于修改永久居住小岛屿名单和恢复永久居住的建议;(5)向政府提交建议,以确定与小岛屿及相关港口和港口设施的交通联系;(6)协调对小岛屿进行国家投资的申请;(7)提出在小岛屿上创建公共部门工作场所的建议;(8)就解决小岛屿问题和冲突局势中的调解提出建议;(9)履行委员会章程赋予委员会的其他职能。[③]

---

① Law on the Natural Resources and Environment of Sea and Islands, Law No. 82/2015/QH13, Hanoi, June 25, 2015.

② 越南通讯社:《〈海洋岛屿资源环境法〉为发展海洋经济创造法律框架》,越南通讯社网(http://zh.biendao.vietnamplus.vn/),最后访问时间:2019 年 4 月 5 日。

③ See § 4. Small Islands Committee, Permanently Inhabited Small Islands Act, Passed 11.02.2003.

二 不同类型海岛监督管理模式的评析

尽管海岛在很大程度上仍被作为一种特殊"物"来看待，但对海岛的行政管理并未因社会制度的差异而呈现出截然对立的结果，而是跨越了社会制度的差异，一些土地私有制国家与土地国有制国家适用了相同或相似的海岛监管体制。从总体上看，不同海岛利用及保护监管模式是在各国社会经济制度和自然资源禀赋基础上形成及发展的，制度设计各有所长。

对自然资源（natural resources）进行分类，并在分类基础上采取不同的管理措施，通过不同的行政体制加以实现，是不同类型海岛监督管理模式的共同特征。海岛是一个自然实体，包括土壤、岩石、矿物、植物、水和生物群等，这些部分组成了海岛生态系统，为维持海岛生态环境的可持续性及相应的资源生产能力提供支持。从此种意义上讲，资源与环境在海岛这个自然实体中具有一体性。依据的分类标准不同，自然资源的类型及内容也不同，目前国内外常见的自然资源分类标准可概括为三类，而每一类又可以依据相应的子标准，对自然资源的类型进行更为详细的划分。一是基于学理基础的分类。《中国资源科学百科全书》根据自然资源的属性和用途进行多级综合分类，将自然资源分为陆地自然资源系列、海洋自然资源系列和太空（宇宙）自然资源系列三个类型。每个类型下，又可以被具体细化，例如，海洋自然资源系列被分为海洋生物资源、海水资源（或海水化学资源）、海洋气候资源、海洋矿产资源、海底资源。① 在依据自然资源社会经济属性分类中，汤姆·泰坦伯格（Tom Tietenberg）对自然资源的分类具有代表性，他依据自然资源的再生性，将自然资源分为可再生资源和不可再生资源，进一步而言，可再生资源又可划分为可再生可储备资源、可再生共有资源和可再生私有资源；自然资源按耗竭性划分可分为可耗竭资源和不可耗竭资源，可耗竭资源又可分为可耗竭不可回收资源、可耗竭可回收资源和可耗竭可补充资源。② 二是基于自然资源管理实践的分类。由于各国自然资源管理机构设置差异，依据管理部门和管理实

---

① 中国国土资源经济研究编写组：《科学划分自然资源类型 推进统一管理系统治理》，《中国自然资源报》2018年6月21日第5版。

② See Henk Folmer and Tom Tietenberg, eds., *The International Yearbook of Environmental and Resource Economics* 1999/2000: *A Survey of Current Issues*, Cheltenham and Northampton: Edward Elgar Publishing, 2000, p.74.

践对自然资源所做的分类也存在较大差异。例如，我国按照管理需要和法律法规，将自然资源分为土地、矿产、水、森林、草原、海域、海岛、野生动植物、气候、空域、无线电频谱、自然保护区、风景名胜区等13种。按照自然资源在不同产业部门中所占的主导地位，自然资源划分为农业资源、工业资源、能源、旅游资源、医药卫生资源、水产资源等。① 三是基于法理基础的分类。许多国家在其国内法中对自然资源的概念做了界定，一方面，自然资源的立法定义反映了当事国立法中的自然资源分类，另一方面，不同国家立法中有关自然资源的定义不尽相同，相应的自然资源分类也存在较大差异。如肯尼亚《宪法》第260条将"自然资源"定义为"物理性的非人为因素，无论其是否可再生，包括阳光、地表及地下水、森林、生物多样性及基因资源，以及岩石、矿物、化石燃料和其他能源来源"，② 保加利亚《环境保护法》将"自然资源"定义为"用于或可能用于满足人类需要的有机和非有机自然部分"，③ 克罗地亚《宪法》第52条第1款规定，"海、海岸、岛屿、淡水、空域、矿产财富等自然资源，以及土地、森林、动植物以及自然其他部分，不动产，特殊文化、历史及经济物，或法律特别规定属于共和国利益的生态价值，享受特殊保护"。④ 然而，自然资源的法理基础分类与学理基础分类及管理实践分类并不完全重合，甚至存在交叉现象，如我国《宪法》分类中山岭和森林很难划清边界；不同产业部门分类中，农业资源与旅游资源、水产资源，以及工业资源和

---

① 中国国土资源经济研究编写组：《科学划分自然资源类型 推进统一管理系统治理》，《中国自然资源报》2018年6月21日第5版。

② "Natural Resources" means the physical non-human factors and components, whether renewable or non-renewable, including (a) sunlight; (b) surface and groundwater; (c) forests, biodiversity and genetic resources; and (d) rocks, minerals, fossil fuels and other sources of energy. Article 260 Constitution of Kenya, 2010.

③ "Natural Resources" mean those parts of organic and inorganic nature that are used or may be used for satisfying human needs. Article 35 (1) *Environmental Protection Act*, Promulgated State Gazette No. 86/18 October 1991, Bulgaria.

④ The sea, seashore, and islands, waters, air space, mineral wealth, and other natural resources, as well as land, forests, fauna, and flora, other parts of nature, real estate, and things of special cultural, historical, economic, or ecological significance which are specified by law to be of interest to the Republic, enjoy its special protection. See Article 52 (1) the Constitution of the Republic of Croatia, 1990.

能源之间界限难以明确。① 概言之，自然资源的学理基础、管理实践及法理基础分类仅反映特定阶段的认知水平和管理需要，具有时际性，伴随对海岛资源认识及利用程度不断提高，客观要求对现有分类体系和分类管理模式进行不断调整和完善，从条块式分割式管理转为系统性综合管理，提高对海岛资源的系统治理能力。对此，有学者指出，"二战"以来发达国家对自然资源管理体制进行了重大调整，在自然资源分类管理的基础上呈现出综合管理的态势。世界主要资源大国皆采用"多门类资源综合管理"的体制架构，资源管理范围在横向上逐步拓宽，走上一条多门类资源适度综合的道路、与资源产业发展理性结合的道路、与生态管护日益密切的道路。② 以海岛分类为基础的综合管理是海岛利用及保护管理的发展方向。

海岛利用及保护监督管理模式适用条件具有显著差异，所表现的优点和缺点也各不相同。分离型监管模式建立在精细化行政职能分工基础上，自工业革命以来，职能部门专业分工在管理领域得到最广泛认可，成为组织模式的基本信条，③ 并于20世纪初期，发展成为支配公共行政的普遍组织形式。④ 该模式的优点在于，基于专业化社会分工，行政管理机构的设置针对性较强，各管理机构能够配备专业的人员以及条件、设备，对特定领域、行业内的管理活动具有较高的熟悉程度，在具体运作中管理效率较高。20世纪70年代后，伴随社会经济的发展和科学技术的进步，以职能部门专业分工为基础的分离型监管模式弊端日渐突出，不断遭到来自学者和管理者的诟病。⑤ 该模式在实际操作中导致海岛开发利用及保护间缺乏必要的沟通和协调，⑥ 各监管机构权限狭窄且分工过细，在进行决策或

---

① 中国国土资源经济研究编写组：《科学划分自然资源类型 推进统一管理系统治理》，《中国自然资源报》2018年6月21日第5版。

② 马永欢，等：《重构自然资源管理制度体系》，《中国科学院院刊》2017年第7期。

③ Alex Miller、Gregory G. Dess：《策略管理》，苏哲仁、林家五译，方世荣校订，台湾五南图书出版股份有限公司1999年版，第435页。

④ ［美］拉塞尔·M. 林登：《无缝隙政府——公共部门再造指南》，汪大海译，中国人民大学出版社2002年版，第24页。

⑤ 蔡立辉、龚鸣：《整体政府：分割模式的一场管理革命》，《学术研究》2010年第5期。

⑥ See Fitrian Ardiansyah, Andri Akbar Marthen and Nur Amalia, *Forest and Land-use governance in a Decentralized Indonesia: A Legal and Policy Review*, Bogor: CIFOR, 2015, pp. 13-18; G. Shabbir Cheema and Dennis A. Rondinelli, *Decentralizing Governance: Emerging Concepts and Practices*, Washington, D. C.: Brookings Institution Press/Ash Center, 2007, pp. 283-284.

制定长期发展规划过程中,受制于部门利益做出的决策往往缺乏宏观性把握和综合考量,与海岛利用及保护的整体性管理需求无法契合,各部门之间的职责冲突和不协调的情况时有发生,往往彼此无法采取协调一致的统一行动,从而影响行政管理的效率。因此,分离型监督管理模式目前饱受质疑。[1] 其弊端有两方面体现。一是分离型监管模式影响海岛管理事务整体运行效率。海岛是各类自然资源的复合体,其利用与保护具有整体性和公共性,尽管职能部门专业分工以厘清各管理部门职能为设计目标,但是由于资源开发利用管理的综合性与趋利性而引起的部门利益严重分化,进一步加剧了行业隔阂和信息不对称,单一部门无力全面审视全局事务,从而损害公共事务整体绩效的提高。[2] 二是分离型监管模式无助于海岛管理的整体改善。此外,针对海岛所确定的各种分类管理目标的累加之和,并不完全等于海岛利用及保护监管的全局目标。其原因在于,各职能部门实施的监管行为具有独立性,既无法削减由于行为交叉而产生的重复管理成本,也不可能用综合的、全面的、相互关联的观点来看待和组织海岛管理,当出现职能部门权力扩张现象和部门利益特殊化倾向时,分离型管理会对海岛管理产生诸多不良影响,加剧海岛利用及保护行政监管过程中各类利益的冲突,影响海岛监管事务的整体运行执行和效率。

集中型监督管理模式与分离型监管模式恰恰相反,该模式以自然资源类型化为基础,统筹海岛利用与保护行政过程,设置相对独立的监管机构,一定程度上消除了分离监管型模式的局限,尤其是避免和减少海岛利用与保护二分化管理模式下各自为政、职权交叉的弊端。但是,集中型监督管理模式的适用具有显著的国别差异:适用完全集中型管理模式的典型国家为群岛国或(和)海岛数量稀少的国家,尤其是小岛屿国家国土面积有限,由于历史、地理、资源禀赋等因素,经济发展水平普遍不高,自然资源有限且类型单一,采取统一规划、统一开发、统一管理的方式,既节约行政资源,又符合其国情。然就该模式推而广之,对于拥有海岛数量

---

[1] See Pham Thi Gam, "Coastal and Insland Governance in Viet Nam. United Nations – Nippon Foundation of Japan Fellowship Programme", http://www.un.org/depts/los/nippon/unnff_programme_home/fellows_pages/fellows_papers/Pham_1314_VietNam.pdf (last visited January 14, 2019).

[2] 参见李志文、杜萱等《我国港口防治海洋外来生物入侵的法律对策研究》,法律出版社2015年版,第108—197页。

较多的沿海国家而言，尚不具有普遍适用性。此外，受到地域范围（geographical extent）和习惯权属（customary tenure）的影响，集中型监督管理模式也不适宜被普遍采用。① 部分集中型管理模式通常适用于特定类型的海岛，如无居民海岛、小岛、保护区海岛、具有公地性质的海岛等，此类海岛往往属于当事国众多海岛中的"小众"，该模式的特点是根据海岛的权属性质和资源类型，对海岛进行分类管理。

协调型监督管理模式以海岛利用及保护监管系统性为出发点。要改变自然资源管理和生态环境管理缺乏必要的沟通和协调的现状，强化资源、环境、生态和产业的内在联系，提高海岛利用与保护管理的一体化水平，就需要在海岛不同监管部门间实现协调，加强海岛利用及保护的系统管理或者一体化管理，协调与海岛利用及保护有关各部门职能和行动，维持当事国既有海岛管理行政体制稳定性。因此，为了提高海岛监管效能，协调型监管模式必须经由顶层设计的方式完成，其权力必须超越与海岛利用及保护相关的各职能部门，并经由立法赋予其相应的监督权和执法权。但是，从海岛监督管理国家实践看，分离型、集中型监督管理模式均普遍拥有依照法律规定，组织和管理海岛利用和（或）保护公共事务以及提供公共服务的权力，而绝大多数协调型监督管理机构缺少行政权，只负责内部统筹、协调工作，对外缺少执法权。因此，在这种管理模式下，只有建立一套适合该管理模式的协调机制，充分发挥上位机构统筹、协调功能，才能合理配置行政资源，划定管理部门之间的行政边界，协调海岛开发利用与保护之间的关系。

职能部门专业分工不适宜作为海岛利用及保护协调机制构建的理论基础。职能部门专业分工理论下，各部门的职能分工趋向于精细化，这种对海岛利用及保护事务整体性的分割，导致实践中各部门职权交叉、互相推诿，进而出现的权力真空状态或管辖权重叠现象，造成管理和执法的潜在低效率。海岛利用与保护各监管部门仅仅根据自己的需求调配和使用资源，大大地限制了对管理资源的利用效益，由此在实践中，由于管理资源的层层分配，导致一些基层执法部门提高装备技术但缺少足够财力支持的现象屡见不鲜。在配置资金、技术等海岛管理资源时，各行政管理部门职

---

① See Hugh Govan, Anne-Maree Schwarz and Delvene Boso, "Towards Integrated Island Management: Lessons from Lau, Malaita, for the implementation of a national approach to resource management in Solomon Islands", *World Fish Center Report to SPREP*, 2011, p.14.

能清晰化的同时，客观上也造成了部门利益的严重分化，有限的行政管理资源被层层分配给不同级别的各个具体管理部门，在遇有管理经费等资源瓶颈时，就会导致管理资源的不断再分配，这既容易造成海岛监督管理资源的缺乏，又会极易带来管理设置或设备重复购置和浪费，影响海岛利用及保护决策与运行的整体效率。

综上，分散型管理模式无法有效协调海岛保护管理中的权利冲突，集中管理模式适用条件具有限定性，无法适用所有海岛的保护与管理。协调型管理模式虽然可以综合不同模式下管理职能和资源分配不均衡问题，但是前提是协调机构取得立法赋予的监督权和执法权。而且，各监督管理模式之间也非截然分立、非此即彼。适用集中型监督管理模式国家中，有的国家也确立了海岛利用及保护协调机构，但此类机构的性质属于咨询建议机构，如依据美国 2003 年第 13299 号行政命令（Executive Order 13299）成立的跨部门海岛事务综合管理部，主要工作包括向总统和内阁部长提供相关岛屿建设、实施的政策建议，不添加主观意识、至少一年一次咨询国家政府其他部门有关海岛的建议，除内政部长否决外，应立即向上级政府部门汇报有关政府人员对于海岛政策实施的建议。[1]

三 有居民海岛与无居民海岛监管模式分析

前文归纳了三类海岛利用及保护监督管理体制模式，在有居民海岛与无居民海岛监管过程中，以上三类模式都存在适用空间。从国家实践角度看，不存在某一类模式普遍性或专属性地适用于某一类海岛（有居民海岛与无居民海岛）的利用及保护模式。

权属是有居民海岛与无居民海岛监管模式分野的基础。海岛由土地、野生动植物资源等自然资源构成，影响海岛利用及保护监督管理模式的主要因素不是居民，而是当事国自然资源制度的立法设计，主要是土地权属法律制度，这一点在土地公有制国家和土地私有制国家都存在相应的例证。例如，我国是土地公有制国家，《海岛保护法》第 5 条以居民为标准对海岛利用及保护监督管理权责做了划分，该条规定国务院海洋主管部门和国务院其他有关部门依照法律和国务院规定的职责分工，负责全国有居

---

[1] 李静，等：《美国关岛的生态保护管理及其对我国的借鉴研究》，《国际海洋合作》2016年第 3 期。

民海岛及其周边海域生态保护工作。沿海县级以上地方人民政府海洋主管部门和其他有关部门按照各自的职责，负责本行政区域内有居民海岛及其周边海域生态保护工作。国务院海洋主管部门负责全国无居民海岛保护和开发利用的管理工作。沿海县级以上地方人民政府海洋主管部门负责本行政区域内无居民海岛保护和开发利用管理的有关工作。根据《海岛保护法》第5条规定，我国有居民海岛采取"分离型监督管理模式"，各部门在管理有居民海岛利用及保护过程中，采取的是分工负责的做法；而对无居民海岛利用及保护则采取"集中型监督管理模式"。构成上述监管模式的基础是《海岛保护法》第4条规定的海岛权属制度，即无居民海岛属于国家所有，国务院代表国家行使无居民海岛所有权；有居民海岛权属从属于海岛土地、矿产等自然资源权属。也就是说，"居民"因素是造成我国海岛利用及保护使用不同监管模式的表象，深层次原因是有居民海岛与无居民海岛权属的差异。只要海岛的权属发生变化，其利用及保护监督管理模式就要随之调整。

在土地私有制国家，无居民海岛既可属于"公共土地"，也可属于法人或其他组织、自然人所有；有居民海岛也可能因为其部分或全部属于国家公园，使得同一海岛被不同性质的权属分割，例如澳大利亚袋鼠岛（Kangaroo Island）位于圣文森特海湾（Gulf St. Vincent）的入口，该岛居民超过4000名，岛上四分之一的面积被划为国家公园和保护区，有多种保护动物在其中栖息。全岛面积1%为私人所有、2%为地方政府所有、8%为南澳洲环境与财产部（Department for Environment and Heritage）所有，其中，大多数湿地（共31处）由土地所有者管理，地方政府管理两个湿地遗址，环境和财产部管理八个湿地。[①] 美国对于海岛利用及保护监督管理依托海岛土地的权属，联邦政府不对私有土地进行管理和控制，其行政事务主要由州政府和地方政府负责，从属于以"财产"为核心理念的土地管理模式。在此种管理模式中，海岛不是一个独立的土地子系统或自然资源类型，除《岛屿保护法》（*Island Protection Act*）等极少数联邦层面的海岛专门立法，绝大部分有关海岛利用及保护的规定分散于相关法律

---

① See Russell Seaman, *Wetland Inventory of Kangaroo Island: An Assessment of Selected Inland Wetlands of Kangaroo Island*, South Australia, Supplied by Geographical Analysis and Research Unit, Planning SA, Department for Transport, Urban Planning and the Arts, and the Department for Environment and Heritage, South Australia, 2002, p. 16.

法规中。属于"公共土地"的无居民海岛采用集中管理模式,又因为公共土地存在着联邦政府所有、州和地方政府所有等所有制形式,不同所有制形式下的主管机关也不尽相同。在联邦层面,美国《外大陆架土地法》第 201 条规定美国海岸带的范围包括海岛,位于海岸带中的岛屿,适用美国关于海岸带的管理规定,而美国海岸带及其他海洋资源的主要管理部门是商务部下属的国家海洋与大气局。对海岸带中海岛的资源与环境保护、海岛防灾减灾和海岛科学研究等事务皆由海洋与大气局及其下设机构进行管理,有关海岛的执法则主要由海岸警备队负责,对海岛上的联邦矿产资源,由内政部矿产管理局负责管理。如果属于公共土地的无居民海岛从属于国家公园,则由国家公园管理局(National Park Service)监督管理。在州层面,根据海岛之上是否存在公园、野生动物避难所、森林、土地管理局管理的公共土地及荒野等,对海岛权利及开发利用行为进行规范时,根据不同的需要适用不同法律规定,由不同的部门管辖。有的州则建立了相对集中的管理模式,如北马里亚纳群岛自由联邦通过《公共土地法令》建立一个相对独立的公地委员会,以强化对无居民海岛的管理和融资,因为他们意识到管理无居民海岛的责任对于维系公众利益的重要性。第 10—57 号《公共土地法令》的重要意义在于其完全改变了传统的公共土地的管理体制。[①] 还有一些国家在管理海岛利用及保护时,并不区分有居民海岛与无居民海岛,如马尔代夫政府在批准海岛利用开发前,由 11 名来自相关政府部门派员组成的委员会,对海岛(包括位置、使用面积、地理、地质地貌、使用内容和生态环境状况)进行考察评估,之后出具建议书交国家旅游部,由其决定是否批准开发岛礁,岛上所有建筑都必须经国家旅游部批准才能建设。[②] 从总体上看,在土地私有制国家中,有居民海岛与无居民海岛监督管理模式也从属于海岛权属,由于相应的土地权属关系较之于土地公有制国家更为负责,所以海岛监督管理模式也非决然以"居民"为标准,需要集中管理的海岛既包括有居民海岛,也包括无居民海岛。

[①] R. Blaine, "Raising the Bar: The Commonwealth of The Northern Mariana Islands, the Public Land Trust and a Heightened Standard of Fiduciary Duty", *Asian - Pacific Law and Policy Journal*, Vol. 7, Iss. 2, 2006, pp. 345-355.

[②] Ministry of Tourism Arts & Culture, *Fourth Tourism Masterplan 2013-2017 Vol. II: Background and Analysis*, Male: M7 Print Pvt Ltd., 2013, pp. 123-124.

有居民海岛与无居民海岛生态环境监管趋于集中化。为满足生态环境保护以实现海岛资源的可持续利用，有关海岛生态环境监督管理的职权趋向于集中化，但集中程度存在国别差异，这一趋势在主要沿海（海洋）国家海岛管理中尤为明显。例如，新西兰将有居民海岛与无居民海岛生态环境监管职权集中于环保部（Department of Conservation），新西兰环保部有义务"以促进当代和子孙后代的福祉为目的，普遍地保护自然和历史资源，并特别保护新西兰的自然和历史资源，保护新西兰亚南极群岛的自然及历史资源"，① 向保护部申请海岛金属矿开采、煤矿开采、与海洋哺乳动物有关的旅游活动和以贸易为目的的野生动物的狩猎等活动的特许经营权前，必须获得其他相关政府部门的官方许可。可以说，新西兰环保部在管理有居民海岛与无居民海岛生态环境时，既是第一位的"管理人"，也是最后的"裁决人"。美国联邦环境保护署的执法行动在海岛生态系统的维护方面，拥有不可挑战的权威和职责，各州环境（资源）保护管理部门在保护地面水、海岸带资源、海岛环境方面，于必要时可以行使禁令（Injunction），以中止或终止相关损害海岛生态环境的行为。② 澳大利亚周围有超过8000个海岛，③ 在上述岛屿中，澳大利亚环境与能源局专职管辖管理亚南极群岛、赫德岛和麦克唐纳群岛，对于其他岛屿则行使一般意义上的环境保护、生物保护、自然能源的开采等职权。④ 加拿大有居民海岛与无居民海岛生态环境监管集中于环境部（Environment Canada），该部负责协调环境政策和方案，以及保护并提高自然环境与可再生资源利用，下辖公园管理局、环境评估局、水资源局等数个部门，并根据《环境保护法》（*Environmental Protection Act*）、《渔业法》（*Fisheries Act*）、《濒危物

---

① To promote the benefits to present and future generations of (i) the conservation of natural and historic resources generally and the natural and historic resources of New Zealand in particular; and (ii) the conservation of the natural and historic resources of New Zealand's sub-antarctic islands and, consistently with all relevant international agreements, of the Ross Dependency and Antarctica generally. See Article 6 (c) (i) (ii), Part 2 Conservation Act 1987 (Reprinted as at 21 March 2017).

② 参见马得懿《美国无居民海岛集中管理机制及中国的选择》，《财经问题研究》2013年第9期。

③ 《澳大利亚的岛屿》，澳大利亚旅游局网（http://www.australia.cn/zh-cn/things-to-do/australias-islands.html），最后访问时间：2019年1月14日。

④ Department of the Environment and Energy, "Department design and implement Issues", http://www.environment.gov.au/about-us (last visited January 14, 2019).

种法》(Species at Risk Act) 等法律授权负责环境执法与野生生物执法。[①]从以上国家海岛生态环境监管模式看,海岛利用及保护监督管理权在外部表征上是相对完整性的,表现为:存在专职、高效的国家监督管理机构,其管理职能覆盖海岛利用及保护管理的各个方面;具有健全、完善的海岛监督管理体系,该体系涵盖组织协调、监测和执法全过程;有较为系统和健全的海岛综合管理法律体系,并以相应的政策及管理计划辅助实施管理。

可见,差异化的海岛监管模式源于海岛权属的多样化,而非岛上"居民"因素。在海岛利用及保护监督管理国家实践中,不存在某一特定模式对应某一类海岛的通例,具体而言,无居民海岛并非皆采用集中统一管理模式,有居民海岛也非皆采用分工管理模式。即便是对部分无居民海岛采取集中管理的国家,适用集中管理的主要考量标准,并非是因为其属于无居民海岛,而是因为这些岛屿属于公地、国家公园、自然遗迹等具有特定保护价值的对象。探讨海岛生态环境监管权集中化背后的逻辑时,从相关立法、管理机构职权说明等资料中并没有发现权威性的说明或解释,但是有一点是明确的,即无居民海岛和面积较小的有居民海岛治理空间及结构十分有限,既体现在生态环境治理的地域空间范围,也体现在治理内容的限定化与明确化,生态环境监管职权在内部横向关系上趋向于集中化,是因应海岛社会、经济和生态发展要求而设定的。

第五节 海岛利用及保护综合管理机制

海岛利用及保护综合管理是从国家管辖海岛及其周边海域的资源、环境的整体利益出发,通过制定和实施相关立法、政策、区划等管理措施,组织协调、综合平衡各方主体在开发利用海岛中的关系,以达到维护国家领土主权和海洋权益,合理开发海岛资源,保护海岛及周边海域生态环境,促进经济持续、稳定、协调发展的目的。1992 年联合国环境与发展

[①] Environment Canada, "Environmental enforcement acts and regulations", https://www.canada.ca/en/environment-climate-change/services/environmental-enforcement/acts-regulations.html (last visited January 14, 2019).

大会通过《21世纪议程》（Agenda 21）明确指出，包括海洋及其临近的沿海地区在内的海洋环境构成一个环境整体，需要以一种综合的方式来进行保护和管理，① 在自然资源综合管理（Integrated Natural Resource Management）和海洋综合管理（Integrated Ocean Management）理论的推动下，对海岛利用及保护实施综合管理是必然趋势。② 海岛利用及保护综合管理属于行动框架范畴，它不同于海岛利用及保护集中型、协调型等监管模式，后者是具体的行政体制。海岛利用及保护综合管理属于顶层设计，只有付诸国家实践、与国家行政管理体制相结合时，通过法律形式加以确定，才会"落地生根"，形成某种法律机制，进而发生法律效力。

一 海岛利用及保护综合管理的理论基础

综合管理旨在促进海岛利用及保护可持续发展。自然资源综合管理与海洋综合管理是与海岛管理关系最为密切的综合管理理论，对构建及完善海岛利用及保护综合管理，具有重要的理论及实践意义。

目前尚不存在一个普遍接受了的"自然资源综合管理"的定义。"自然资源综合管理"一词是1996年由国际农业研究磋商组织（Consultative Group on International Agricultural Research，CGIAR）首次提出的，1999年《彼尔德伯格共识》（Bilderberg Consensus）将"自然资源综合管理"定义为"对土地、水、森林和生物资源（包括基因）基础的负责任和基础广泛的管理"，③ 2000年国际农业研究磋商组织年度磋商中采纳了《彼尔德伯格共识》上述定义，④ 2004年《〈生物多样性公约〉缔约国大会第七届

---

① 参见《21世纪议程》第17章。
② 《自然资源管理当定位大资源大体制》，中国网（http://news.china.com.cn/2014lianghui/2014-02/28/content_31631040.htm），最后访问时间：2019年4月6日。
③ CGIAR Center Directors Committee, "Integrated Natural Resources Management（INRM）— The Bilderberg Consensus", 17 Septermber 1999, Washington D.C, ICW/99/09.
④ CGIAR Centre Directors Committee, *Integrated Natural Resources Management—The Bilderberg consensus*, 3-5 September 1999, Oosterbeek, Netherlands, p.9; Guy Trébuil and Suan Pheng Kam, *From Cropping and Farming Systems Research to Ecoregional Approaches for Integrated Natural Resources Management: Developing the Agricultural System Concept*, Agricultural Systems for Sustainable Resources Management and Community Organization Development Proceedings of the First Thailand National Agricultural Systems Seminar, Bangkok, 16-17 November 2000, p.268.

会议的决定》①和 2007 年联合国粮食及农业组织（FAO）《土地及水讨论报告（6）》②也纳入该定义。有学者指出，虽然该定义是针对"维持农业生产力和避免潜在生产力退化"作出的，但"对土地、水、森林和生物资源（包括基因）基础的负责任和基础广泛的管理"是自然资源涉及的核心问题，不单单是农业或其他某一自然资源管理领域的问题。③也正因为如此，自然资源综合管理被认为是通过有意识地考虑到各种利益、态度和行动，来协调资源使用者、管理者和其他利益相关者，以实现不同目标的可持续性管理路径。④此外，有学者将"自然资源综合管理"定义为，将自然资源利用的多个方面（无论是生物物理、社会政治或经济）纳入可持续管理体系的有意识过程，以满足农民和其他直接使用者的生产目标（粮食安全、营利能力、风险规避）以及更广泛社区的目标（扶贫、子孙后代的福祉、环境保护）。⑤这些目标包括增加生产、增强资源产出安全、创造价值、最大限度地提高利润、最大限度地减少风险、建立和维护各种自然资源和其他资产，以及节约使用自然资源。当自然资源综合管理应用于行政管理时，绝大多数国家将资产管理职能与空间管制、资源保护、生态管理等职能结合在一起，而未采取单独设立自然资源资产管理部门，⑥旨在通过综合考虑不同的背景、区域和环境，将功能区划、价值评估、生态保护等各种要素整合到一个行动框架中。

"海洋综合管理"是 20 世纪 80 年代以来在世界范围内产生重要影响的海洋管理理念，是指沿海地区的可持续管理和利用的一个动态过程，在

---

① *Decisions adopted by the Conference of the Parties to the Convention on Biological Diversity at its Seventh Meeting*, UNEP/CBD/COP/7/2, 19-20 February 2004.

② Food and Agriculture Organization of the United Nations, *Land and Water Discussion Paper VI: Land Evaluation—Towards a Revised Framework*, Rome, 2007, p. 3.

③ Jerome K Vanclay, "Models for Integrated Natural Resource Management: An illustration with FLORES, the Forest Land Resource Oriented Resource Envisioning System", *Paper to workshop on Integrated Natural Resource Management in the CGIAR*, Penang, Malaysia, 21-25 August 2000.

④ Bruce Campbell, et al., "Empowering Forest Dwellers and Managing Forests More Sustainably in the Landscapes of Borneo", in R. R. Harwood and A. H. Kassam, eds., *Research Towards Integrated Natural Resources Management*, FAO, Rome, Italy, 2003.

⑤ Bruce Campbell, et al., "Assessing the Performance of Natural Resource Systems", *Conservation Ecolog*, Vol. 5. No. 2, 2001, p. 22.

⑥ 刘丽、陈丽萍、吴初国：《国际自然资源资产管理体制概览》，《国土资源情报》2015 年第 2 期。

管理过程中尤其需要考虑到沿海生态系统和景观的脆弱性、活动和用途的多样性、相互作用,以及某些活动和用途及其对海洋和陆地部分的影响。① 1989 年第 44 届联合国大会上秘书长《有关〈联合国海洋法公约〉的发展》②的专题报告,指出由于人口增长、寻求发展的压力增大及引进可多重使用海洋空间的新技术,发达国家与发展中国家正面临日益相同的问题:海洋和海岸资源遭到滥用,无法维持合理的稳定,海洋和海岸生态的变异造成环境退化。此外,多重使用的相互影响时常导致冲突,这是由于对某一资源或海洋地区的多重使用,导致其他使用者无法使用该空间或其他资源,或对其他使用者造成妨碍。资源使用者之间错综复杂的冲突,也可能危及海洋资源的最佳管理和稳定使用,要有效地解决目前种种冲突,需要对海洋资源进行综合管理,③进而号召各沿海国家采取积极的措施,实行海洋的综合管理制度。1992 年联合国环境与发展大会制定的《21 世纪议程》提出,为了保证海洋的可持续利用和海洋事业的协调发展,沿海国家应建立海洋综合管理制度,这一倡议得到了包括中国在内的世界各国的普遍赞同。④《21 世纪议程》基于海洋的不可替代的价值,进一步明确了"海洋环境(包括大洋和海洋以及邻接的沿海区)是一个整体,是全球生命支持系统的一个基本组成部分,也是一种有助于实现可持续发展的宝贵财富"的认识。为保持海洋的这种价值,要求沿海国家应"对在其国家管辖的沿海区和海洋环境进行综合管理和可持续发展",并规定此应是沿海国对全球海洋资源与环境保护所尽的义务和职责。⑤ 1995 年 11 月《生物多样性公约》缔约国大会在雅加达举行的第二次会议通过《关于保护和持久使用海洋和沿海生物多样性的第 II/10 号决定》(以下简称"第 II/10 号决定"),鼓励使用海洋沿海综合管理作为解决人类对海洋和沿海生物多样性的影响以及促进其保护和可持续发展的最适当框架使用;并鼓励缔约方酌情制定和(或)加强体制、行政和立法安排,以发

---

① See Article 2 (f) Protocol on Integrated Coastal Zone Management in the Mediterranean, Official Journal L034, 04/02/2009 P. 0019-0028.

② See the Report of the Secretary-General, UN Doc. A/44/653, 1 November 1989, para. 17.

③ See the Report of the Secretary-General, UN Doc. A/44/653, 1 November 1989, para. 18.

④ 参见《中国海洋事业的发展》第五部分"实施海洋综合管理",人民网(http://www.people.com.cn/GB/channel1/10/20000910/226229.html),最后访问时间:2019 年 4 月 6 日。

⑤ 参见《21 世纪议程》第 17 章第 1、5、6 段。

展海洋和沿海生态系统的综合管理，并将其纳入国家发展计划。根据第 II/10 号决定，海洋综合管理的关键部分是相关的部门活动，如沿海地区的建筑和采矿、海水养殖、红树林管理、旅游、娱乐、捕鱼活动和陆上活动，包括流域管理。在适当和切实可行的情况下，应该考虑到《生物多样性公约》的目标和必要性，恢复已退化的生境，防止重建生境后的物理变化、生态破坏及退化，为海洋及海岸带生物多样性的使用和保护提供平衡的管理路径。[1] 2002 年在南非约翰内斯堡召开可持续发展问题世界首脑会议，通过了《可持续发展问题世界首脑会议执行计划》，鼓励各国在 2010 年之前采用生态系统方法并促进国家一级综合、多部门的沿海和海洋管理，包括援助沿海各国制定关于沿海综合管理的海洋政策和机制。在 2005 年世界首脑会议成果文件中，联合国大会商定改善各级的合作和协调，以期综合处理各种海洋问题，并促进海洋的综合管理和可持续发展。[2] 2013 年联合国秘书长关于《海洋和海洋法》的报告指出，"鉴于海洋区域种种问题实际上密切相关，需要通过一种综合、跨学科、跨部门的办法加以通盘考虑，大会一再重申必须根据《海洋法公约》在国家、区域和全球层面改善合作与协调，以支持和补充每个国家在促进执行及遵守《海洋法公约》和实现海洋综合管理及可持续发展方面的努力"，本报告所概述动态再次证明"仍需通过一种综合、跨学科、跨部门的办法通盘处理所有海洋问题。正如《海洋法公约》序言所言，海洋区域的种种问题彼此密切相关，有必要作为一个整体加以考虑"。[3] 2018 年《海洋和海洋法》的报告再次确认，"海洋空间问题，包括在养护和可持续利用海洋及其资源方面所面临的挑战，彼此密切相关，需要通过统一、跨学科、跨部门做法进行整体考虑""海洋及其资源与可持续发展的三大支柱——经济、社会和环境中的每一个都息息相关。充分挖掘海洋及其资源的经济利益，靠的是可持续地开展海洋活动，并适当兼顾其他活动。在海洋空间竞争加剧、海洋环境需要保护和保全的情况下，尤是如此。

---

[1] See Impact Assessment and Minimizing Adverse impacts: Implementation of Article 14, UNEP/CBD/COP/4/20, 11 March 1998, Part C.

[2] See *Resolution adopted by the General Assembly on 16 September 2005—2005 World Summit Outcome*, UN Doc. A/RES/60/1, 24 October 2005, para. 56 (1).

[3] See *Report of the Secretary-General, Oceans and the Law of the Sea in the General Assembly of the United Nations*, UN Doc. A/68/71/Add. 1/Corr. 1, 9 September 2013, paras. 144, 156.

必须加强合作与协调,并采取综合管理办法,以平衡社会、经济和环境的关系""有许多现成的管理工具可促进人类海洋活动跨部门综合管理方法,例如沿海区综合管理、海洋空间规划,包括利用划区管理工具和生态系统方法"。① 由此可以看出,在国际社会不断推动下,沿海国家和有关国际组织接受、确立并推行海洋综合管理,已然是实现海洋资源可持续开发利用的必有路径。

具体到海岛管理而言,利用自然资源综合管理和海洋综合管理改进海岛利用及保护管理,需要明确两个问题:一是自然资源综合管理与海洋综合管理之间的关系如何?二是凭借哪一种综合管理理论构建海岛利用及保护综合管理?

首先,自然资源综合管理与海洋综合管理二者关系并不明确。从时间序位上看,在国际文件中明确提及"海洋综合管理"时间点,要早于"自然资源综合管理";从管理内容看,海洋综合管理一经提出,便将海上建设、捕捞养殖、旅游娱乐、环境保护等各种涉海活动囊括在内。而自然资源综合管理是以确保水、土以及相关资源的协调开发与管理,使经济和社会财富达到最大而不损害重要环境系统的可持续性为管理内容。联合国大会秘书长报告、《生物多样性公约》缔约国大会决定、《21世纪议程》、联合国可持续发展会议文件等国际文件中,均未明确二者之间的关系,甚至一些国际文件明确将自然资源综合管理与海洋综合管理作为两个独立的概念加以表述。② 从总体上看,在确保生物多样性保护与利用间的适当平衡和统一,考虑到保护与可持续利用的长期、短期、直接和间接利益以及管理级别问题上,二者不存在非此即彼的排斥关系。

其次,自然资源综合管理与海洋综合管理内容存在交叉。海洋和沿海地区综合管理这一概念既涵盖海洋地区,也涵盖陆地的沿海部分。这些办法是基于地区的办法,一系列详细准则对其作了说明,如《拉姆萨尔公约》(Convention on Wetlands of Importance Especially as Waterfowl Habitat)缔约国组织和联合国粮农组织制定的准则,以及在《生物多样性公约》框架内制定的准则等。联合国环境规划署试图在加勒比小岛屿发展中国家

---

① See *Report of the Secretary-General*, *Oceans and the Law of the Sea in the General Assembly of the United Nations*, UN Doc. A/73/368, 5 September 2018, paras. 43, 81, 84.

② See *Report of the seventh meeting of the Conference of the Parties to the Convention on Biological Diversity*, UNEP/CBD/COP/7/21, para. 8 and 10.1, pp. 182, 198.

的流域和沿海地区综合管理项目中将海洋管理与河川流域管理结合起来。① 具体而言，自然资源综合管理是围绕特定"客体"开展的，而海洋综合管理是针对"特定"空间内的"不特定"活动展开的。由于自然资源综合管理与海洋综合管理不是现实化的管理体制或行政职权，而是以系统为导向的管理模式，或者说是决策的参与过程，因此，自然资源综合管理与海洋综合管理内容交叉并非某种法律冲突或理念冲突，二者是可以兼容的。

最后，自然资源综合管理与海洋综合管理是海岛利用及保护综合管理的基础。海岛是陆地却为海洋所环绕，海岛是自然资源却也是海洋的一部分，自然资源综合管理与海洋综合管理中的理念和准则是推动海岛利用及保护综合管理的理论基础。具体而言包括，一是可持续利用是海岛利用及保护综合管理的基本理念。自然资源综合管理与海洋综合管理无一例外地强调对于资源的可持续利用，《生物多样性公约》把"持续利用"界定为"使用生物多样性组成部分的方式和速度不会导致生物多样性的长期衰落，从而保持其满足今世后代的需要和期望的潜力"。公约规定的定义有两个因素：(a) 资源利用的方式；(b) 资源利用的速度。这两个因素相互依存，资源利用的速度在很大程度上取决于资源的用途。二是建立磋商协调机制是推进海岛利用及保护综合管理的基本方法。直接或间接管理或影响海洋资源的部分也可能对海岛利用及保护管理造成重大影响，建立程序和实体磋商机制，确保有关利益相关者和行动者有效参与磋商进程、管理目标和行动决策，以及视情况参与管理方式的执行。② 三是生态环境管理是海岛利用及保护综合管理的重要内容。在自然资源综合管理与海洋综合管理国际文件中，生态系统保护的问题被反复提及，尤其是1995年关于海洋和沿海生物多样性的《雅加达委托方案》(Jakarta Mandate)，强烈建议广泛采用各种生态系统管理路径，提出通过监测与估测生态系统健康的海洋生态系方法，促进海洋综合管理，实现海洋与沿海生态系统的长期

---

① See *Report of the seventh meeting of the Conference of the Parties to the Convention on Biological Diversity*, UNEP/CBD/COP/7/21, para. 22, p. 206.

② See Karen Scott, "Integrated Oceans Managemnet: A New Frontier in Marine Environmental Protection", in Donald R. Rothwell, *et al.* eds., *The Oxford Handbook of the Law of the Sea*, Oxford: OUP, 2015, pp. 465-466; *Report of the seventh meeting of the Conference of the Parties to the Convention on Biological Diversity*, UNEP/CBD/COP/7/21, 13 April 2004, para. 12.3, p. 200.

可持续利用和生物多样性。①

二 海岛利用及保护综合管理的国家实践

近年来，主要沿海国家在海洋战略规划中都提出运用基于海洋综合管理方法管理海洋。美国、加拿大与澳大利亚均为大陆国家，且拥有众多海岛，在自然资源及海洋综合管理及立法方面起步较早。近年来为了更好地保护及利用自然资源，上述三国陆续从立法及制度层面，加强了对海岛的综合管理。② 美国、加拿大与澳大利亚与中国同属滨海大陆国家，海洋及海岛资源地理状况相似，故本部分仅分析上述三国海岛综合管理法制实践。

在许多国家自然资源立法中，海岛并非一项独立的自然资源类型，其法律性质附属于土地、矿藏等自然资源，因此，在联邦、州（省）层面鲜见海岛管理专门立法，有关海岛资源利用及保护管理的法律规定，分散在相关自然资源立法中。③ 以美国为例，美国是全球自然资源最丰富多样的国家之一，有关自然资源保护和利用的法律法规数量较多，但是各条款之间缺乏统一性。2008 年 5 月 8 日签署生效《综合自然资源法》（Consolidated Natural Resources Act），④ 其中部分内容主要是授予国家复垦局、土地管理局、内政部、国家林业局等部门从事相关活动或项目的权利，它侧重于强调各部门在特定区域内自然资源保护和开发的职责，因此，该法既非其他各类自然资源管理的上位法，也非通过立法授权建立自然资源综合管理体系。⑤ 在涉海立法中，国内学者一般认为美国《海岸带管理法》的

---

① See "the Jakarta Mandate—from Global Consensus to Global Work", https://www.cbd.int/doc/publications/jm-brochure-en.pdf（last visited January 15, 2019）.

② 袁国华、席晶：《综合管理期待统一立法——从美国〈能源和自然资源法 2017〉草案看自然资源管理新趋势》，《中国国土资源报》2017 年 9 月 2 日第 6 版。

③ 马得懿：《美国无居民海岛集中管理机制及中国的选择》，《财经问题研究》2013 年第 9 期。

④ To authorize certain programs and activities in the Department of the Interior, the Forest Service, and the Department of Energy, to implement further the Act approving the Covenant to Establish a Commonwealth of the Northern Mariana Islands in Political Union with the United States of America, to amend the Compact of Free Association Amendments Act of 2003, and for other purposes (This Act may be cited as the Consolidated Natural Resources Act of 2008), Pub. 110-229, 110th Congress, 8 May 2008, 122 Stat. 754.

⑤ 例如，2008 年《综合自然资源法》第七章将美国的移民法律延伸到北马里亚纳群岛，授权国土安全部长在过渡期间将在北马里亚纳群岛的外籍投资人归类为 E-2 非移民投资人。

正式出台，标志着美国政府对海岛及沿海海域中所有人类活动综合管理的开始，同时也可以将其看作海陆相互作用管理的核心办法。① 但是，《海岸带管理法》确立的是分级、分散的管理体制，该法明确各级部门在海岸带管理上的职责和义务，并且美国联邦专门设立了"海岸带资源管理办公室"这一机构来全权负责各级主管部门在海岸带管理上的协调工作，该机构由国家海洋大气局直接管辖。美国联邦政府通过制定海岸带整体管理规划并给予各地方政府一定的资金扶持，确保各地方政府和其他利益集团之间保持均衡协调的合作关系。在美国所有的州（省）、市、县均设立了专门的海岸带管理部门，不少地区还有联邦政府设立的跨地区管理协调部门。② 2004 年美国正式出台《美国海洋行动计划》，标志着美国海洋综合管理模式概念初步形成，③ 2009 年美国政府又发布了《各政府部门间海洋政策工作组中期报告》，建立以生态保护为核心的海洋综合管理机制。④ 但实际上，依托《海岸带管理法》与《综合自然资源法》建立的海岛资源利用及保护管理，仍然是属于半集中型综合管理，是美国内政部、土地管理局、国家公园管理局等内部有关海岛利用及保护事务的整合，在不同行政监督管理部门之间，依然采取的是协调型管理模式。

　　加拿大与澳大利亚海岛利用及保护综合管理与美国模式类似。1996 年，加拿大颁布《海洋法》规定各部门在实施海洋管理办法时必须要以"综合管理原则"和"可持续发展原则"为主导，同时还要注重对海洋资源采取预防性管理的方法。加拿大渔业和海洋部（DFO）作为国家海洋事务管理的核心部门，主要负责对海洋资源管理相关的工作进行协调，此外，加拿大政府还专门设立了"海洋事务委员会"，由渔业和海洋部的负责人出任该委员会主席，这一委员会的主要职责是协调与海

---

① 参见许学工、许诺安《美国海岸带管理和环境评估的框架及启示》，《环境科学与技术》2010 年第 1 期；张灵杰《美国海岸带综合管理及其对我国的借鉴意义》，《世界地理研究》2001 年第 2 期；王威《美国资源战略特点及借鉴意义》，《国土资源情报》2010 年第 11 期。

② 姜玉环、方珑杰：《中国海岸带管理法的完善思路：以美国为借鉴》，《中国海洋法学评论》2009 年第 2 期。

③ The Committee on Ocean Policy, U.S. Ocean Action Plan, the Bush Administration's Response to the U.S. Commission on Ocean Policy, September 2004.

④ The White House Council on Environmental Quality, Interim Report of the Interagency Ocean Policy Task Force, September 2009.

洋有关的政策和规划，海岸警卫队作为执法机构属于渔业与海洋部下辖机构。① 但是，有关海岛利用及保护事务并非完全由渔业与海洋部管理。如加拿大环境部下辖的公园管理局（Parks Canada）负责划定国家海洋保护区，该保护区包括由内陆水域、领海或专属经济区以及加拿大境内的任何沿海地区或岛屿组成的淹没地区和水域。由于加拿大《宪法》规定自然资源的管理责任属于各省，基于此《野生动物法》（*Wildlife Act*）授权各沿海省份自然资源部指定本省野生动物管理区，其中就包括沿海岛屿等沿海栖息地。② 澳大利亚海域分为联邦政府管辖海域和地方管理海域，州政府（地方政府）管辖近岸 3 海里内的海域，联邦政府管辖近岸 3 海里以外至专属经济区和大陆架区域。海岛利用及保护管理部门涉及自然资源管理部、文化遗产和艺术部等部门，海洋事务协调工作由自然资源管理部长委员会承担。如澳大利亚《国家公园法》③ 授权公园管理部门管理位于保护区内的海岛，保护区以外其他海岛的利用及保护由各专职部门负责。因此，加拿大与澳大利亚对于海岛利用及保护也采取"局部"型综合管理，管理理念是通过立法整合行政监管部门内部综合管理效用，并通过部际协调机制解决分散的海岛利用及保护管理事务之间的连通性。

三 海岛利用及保护综合管理的具体路径

海岛利用及保护综合管理是以国家管辖范围内海岛整体利益为目标，通过战略、政策、规划、区划、立法、执法和协调等行为，对国家管辖海岛及其周边海域空间、环境及权益，在统一管理与分部门和分级管理的体制下，实施的统筹协调管理。其目的是提高海岛开发利用的系统功能，促进海岛经济的健康发展，保护海岛生态环境，维持海岛资源的可持续利用等。以自然资源综合管理及海洋综合管理指导海岛利用及保护，既要明确海岛利用及保护综合管理的内容及任务，又要搭建起海岛利用及保护综合

---

① 田毓振：《加拿大海洋管理特征及对我国的启示》，《海洋开发与管理》2013 年第 4 期。

② Oceans and Environment Branch of Department of Fisheries and Oceans, "Canadian Technical Report of Fisheries and Aquatic Sciences", No. 2443, January 2003, p. 151.

③ 如在澳大利亚大堡礁中，约 70 个岛礁属于联邦政府所有，该部分纳入大堡礁海洋公园，受大堡礁海洋公园管理局（Great Barrier Reef Marine Park Authority）管理。See *National Parks Act* 1975, Act No. 8702/1975, amended at 17 June 2004.

管理的行政框架。

　　海岛利用及保护综合管理有三个方面的基本内容。(1) 海岛利用及保护综合管理是海洋范围内陆地（包括陆生）自然资源的一种管理类型。以管理类型系统分类为标准，结合前述海岛利用及保护监督管理体制模式类型，海岛管理包括综合管理、行业管理和区域管理三个类型，各有其客观的价值，其中海岛利用及保护综合管理相对其他两类管理处于统筹协调的较高的层位上，也正因为如此，分离型监管模式是位于海岛利用及保护管理发展的最低级阶段，也是目前弊端最突出的模式，协调型监管模式处于二者之间，属于后者向前者的过渡阶段，国际社会对于集中型监管模式讨论最多。行业管理和区域管理均只具有某一具体对象的特定管理领域，或者只具有某一特定海岛或海岛区域。与此不同，海岛利用及保护综合管理却是涵盖国家全部管辖海岛及其邻接海域、资源、环境和权益的整体问题，不仅包括行业管理与区域管理的对象，而且包括了海洋水体区域的国家利益的维护。(2) 海岛利用及保护综合管理的根本目标在于海洋经济的协调发展和自然资源的持续利用。海岛陆地空间具有封闭性，但与海洋却又是一体的，是自然资源的复合体，任何一种海岛资源的开发活动，既无法避免对海岛上其他资源利用及保护的直接或间接影响，也无法避免对海岛周边海洋生态环境的冲击或危害。采用能够超越行业、部门、短期、局部管理制约和局限的海岛利用及保护综合管理，从全局、整体、长远、根本利益出发，通过法律制度、功能区划、监督协调等宏观调控手段才能实现。(3) 海岛利用及保护综合管理的内容还包括对国家利益的取得和维护。《海洋法公约》第121条第2款确认海岛可以拥有领海，而领海是国家领土的组成部分，是国家领土主权和海洋权益主张的基点，即便海岛自身不具备一般自然资源所具有的经济效用和价值，也需要给予其特别保护。

　　通过海岛利用及保护综合管理内容的讨论，对其基本任务可以概括为六个方面。(1) 制定并实施海岛利用及保护基本法律制度以及各类标准与规范。即以宪法为前提，国家需要制定一系列有关于海岛综合管理相关的法律法规，并在法律的调整和法律支配的状态下进行行政管理体系的完善，包括法制化的综合管理组织、行政职权分配和管理程序。(2) 制定海岛功能区划。海岛功能区规划用以指导和约束海岛开发利用活动,协调海岛利用过程中的经济、环境和社会效益,①包括全国规划与地区规划、全局规划与行业规划,以及中短期规划与中长期规划等,制定海岛功能区划是实现海岛综合管理的基础。海岛综合管理的重点是制定、监督实施具有全局性、综合性、根本性的海岛功能规划,并负责海岛功能区划执行中的协调。(3)建设、管理国家海岛利用及保护行政执法力量。实践证明,沿海国家海洋权益的维护、合理开发秩序的形成和海洋环境的保护等,都需要职权统一的行政执法力量加以保障。(4)海岛资源管理。海岛资源管理,主要是通过海岛功能区划约束海岛资源开发利用,以形成合理的海洋产业布局;通过分类保护和价值评估,确定适宜的开发内容、规模、速度及其数量指标,实现海岛资源的可持续利用;通过政策和协调,减少或避免海岛开发产业间的矛盾、冲突以及资源和环境的破坏,提高海洋资源开发的整体效益。(5)海岛及其周边海域环境管理。在以维持海洋自然系统的基本平衡为目标下,通过风险监管保持海岛自然景观、生境及周边海域的正常状态,减少或避免海洋生态系统、生态环境和生物多样性遭受开发利用活动的损害。(6)海洋权益管理。运用国家力量和专门的管理队伍,根据国家法律和《海洋法公约》等国际条约对管辖海岛和利益所及海区,实施有效管理,防止外来力量的侵犯、损害和破坏,维护国家的海洋利益。

海岛利用及保护综合管理既不是对海岛自然系统的管理,也不是海岛开发利用活动的内部管理,而是对处于特定政治与行政体系之中的行政相对人的管理。海岛利用及保护综合管理是国家有关部门,依靠特殊的公共权力,以国家的名义对海洋实践活动加以规范,是对各种海岛利用及保护活动主体的管理。从国际层面看,1995年《生物多样性公约》缔约国大会第Ⅱ/10号决定,建议以海洋综合管理作为一种框架来处理陆地活动对海洋和沿海生物多样性造成的影响,以及人类对海洋和沿海生物多样性的影响,并建议各国政府、社区和使用者制定并采取综合管

---

① See Andrew A. Burbidge, ed., "Australian and New Zealand Islands: Nature Conservation Values and Management: Proceedings of a Technical Workshop, Barrow Island, Western Australia", http://trove.nla.gov.au/work/17991498? selectedversion = NBD7037933 (last visited January 15, 2019); David Waugh, *Geography: An Integrated Approach*, Cheltenham: Nelson Thornes, 2000, p. 526.

理措施，对所有主要的沿海和海洋开发活动进行环境影响评估，考虑到累积的影响，进行有系统的监测，并在执行期间评价项目的影响，包括沿海社区的社会—经济需要、促进快速评价技术以便改善海洋和沿海生物多样性的保护和管理、处理陆地活动对海洋和沿海生物多样性的影响、处理排放污水和海洋船只污染对海洋和沿海生物多样性的影响，以及采取措施来减轻不利影响。[①] 在国家实践层面，海岛利用及保护综合管理是在确立公共事务主管部门和辅助管理部门的基础上，由主管部门确立或由主管部门会同其他辅助管理部门确立一个共同目标，并且以该目标为海岛利用及保护综合管理的核心目标，其他辅助管理部门将共同目标视作自己的边缘目标，遵循以共同目标为导向的部门分工与协作，目标导向贯穿于海岛利用及保护综合管理，职能部门基于对共同目标的认同而开展协作，通过不断强调部门目标与共同目标的激励互融，密切联系核心目标和边缘目标，最终建立各海岛管理部门之间充分的共识与协作，最终在制度设计和行政过程层面实现海岛利用及保护综合管理。

四 综合管理理论对海岛利用及保护管理立法的指引

科技发展带来人类活动范围的扩展以及对地球、空间和海洋资源开发和利用能力的增强，也使维持人与自然统一生态系统平衡的问题提升为法律议题，从而导致环境保护法、宇宙利用法、海洋法的产生。[②] 法理分类追求相对独立的价值体系，使得调整自然资源利用及保护的一系列法律关系更趋复杂、丰富、完备和独立化，这也是海岛利用及保护立法作为新的、独立的部门法产生的原因之一。综合管理是在对自然资源分类的基础上，研究不同类别自然资源管理的理论，伴随科技进步所形成的新的科学知识，已不断被运用到海岛利用及保护管理立法领域，成为推动海岛立法的科学依据。

海岛利用及保护综合管理是在综合管理框架内集中考虑所有与海岛资源及环境管理相关的问题，形成一种全方位治理体系。自20世纪80年代

---

① Report of the Second Meeting of the Conference of the Parties to the Convention on Biological Diversity, UNEP/CBD/COP/2/19, 30 November 1995, pp. 66-68.

② 任茂东：《关于科技与法律关系的思考》，中国人大网（http://www.npc.gov.cn/npc/bmzz/jkww/2005-05/10/content_1383773.htm），最后访问时间：2019年3月1日。

以来，生态系统管理和海洋综合管理的思想逐步成为海洋管理的主流，[1]《21世纪议程》明确指出"包括海洋及其临近的沿海地区在内的海洋环境构成一个环境整体，需要以一种综合的方式来进行保护和管理"。[2]《21世纪议程》第17.5章将"沿海国承诺对在其国家管辖内的沿海区和海洋环境进行综合管理和可持续发展"作为目标，沿海国必须提供综合政策和决策过程，包括所有有关部门来促进使用上的兼容和平衡；[3] 每个沿海国家都应考虑建立，或在必要时加强适当的协调机制（例如高级别规划机构），在地方一级和国家一级上从事沿海和海洋区及其资源的综合管理及可持续发展；在适当的级别上实施综合沿海和海洋管理以及可持续发展计划和方案；定期评价外在因素和现象的影响，以保证实现沿海区和海洋环境综合管理及可持续发展的目标。[4] 海岛是海陆资源复合体，针对土地等陆地资源各方面的部门规划和管理活动的协调体现了统筹方法的实质，《21世纪议程》倡议在国家、区域和地方各级综合制定目标和拟定政策，要考虑到环境、社会人口和经济问题，采用可以综合发展与环境目标的战略框架。[5] 从相关国家实践看，传统的以自然资源分类为基础的分类管理模式由于仅关注单一资源、生态系统要素或物种，或仅涉及单一的活动或部门，已被公认是不适合或产生负面影响的管理机制，这种单一化资源分类管理模式已经逐渐失效。从全球范围看，沿海国有关海洋事务立法以及海洋区域管理方面，已出现一种明显的综合化的趋势，[6] 尤其鲜见针对某一类资源单独设立自然资源资产管理部门的情况。[7] 在行政管理层面，海岛利用及保护综合管理是决策的参与过程，维系决策参与过程稳定并将其制度化，则需要通过立法予以支持。

以生态系统为基础提升海岛综合管理立法的层次和水平。海岛自然资源具有系统性、基础性等特征，仅就海岛生态属性而言，海岛是否有无居

---

[1] 王斌、杨振姣：《基于生态系统的海洋管理理论与实践分析》，《太平洋学报》2018年第6期。
[2] 《21世纪议程》第17章。
[3] 《21世纪议程》第17.5章（a）项。
[4] 《21世纪议程》第17.6章。
[5] 《21世纪议程》第17.6、10.7章。
[6] See *Report of the Secretary-General*, UN Doc. A/44/653, 1 November 1989, para. 174.
[7] 刘丽、陈丽萍、吴初国：《国际自然资源资产管理体制概览》，《国土资源情报》2015年第2期。

民，与海岛生态系统的完整性、跨行政区域性和使用的多元性等不具有直接关系，对不同类型海岛资源的开发利用均涉及生态环境保护问题。部门分治和行政区划分隔，使完整的海岛生态系统被人为分割，交叉重叠和碎片化现象明显，影响了生态保护功能的发挥。因此，依据森林、地质遗迹、古生物遗迹、野生动物、野生植物等环境要素对有居民海岛环境保护进行拆分式管理，采取分而治之的管理模式，既不科学也不合理，故而应在尊重海洋生态系统完整性基础上，将有居民海岛自然保护区纳入自然资源主管部门负责范围，以改进由于不同部门针对不同领域进行管理导致的各自为政、权力冲突的局面。我国《全国海岛保护工作"十三五"规划》要求"将'生态+'的思想贯穿于海岛保护全过程，建立健全基于生态系统的海岛综合管理体系"。基于"生态+"的思想构建海岛综合管理，需要加强海岛系统管理，管理模式由社会管理向社会治理过渡。传统由政府主导的线性管理模式不能对复杂海岛管理问题给出有效的解释和应对方案，增加海岛综合管理系统协调度和协同效应，就必须推行合作治理，实现多元主体的合作共治，以法治方式进行海岛治理，推动公开制度、社会协商制度和责任制度等建构，进一步提高海岛管理的一体化水平，保持海岛土地、矿产、森林、野生动植物等各类资源管理的协调，增进管理的系统性和有效性。

　　立法引导海岛利用及保护综合管理体制走向完善。海岛利用及保护综合管理是建立在国家整体利益和部门行业管理之上的全局性、指导性和协调性管理，是在维护海洋权益、促进国民经济发展、确保海洋资源持续利用和保护海洋环境的原则下，运用法律制度、方针政策、区划规划、宣传教育以及其他行政和经济手段，统筹兼顾、综合平衡地对海洋资源、海洋环境和海洋权益进行管理。海岛综合管理是决策的参与过程，维系决策参与过程稳定并将其制度化，则需要通过立法予以支持。在寻求海岛利用与保护立法价值和谐相洽的过程中，利用与保护在行为模式上呈现价值变量的关系，即海岛的利用是"有条件"的利用，海岛的保护不等于极端化环境价值优先，海岛利用与保护不存在恒定的价值序位。利用与保护的价值取舍无法逾越海岛作为国家领土的法律地位，故海岛利用与保护的协调关系，实则是在实现国家海洋战略过程中，海岛价值的动态排序，而非实施海岛管理分立立法模式的法理依据。因此，在海岛利用及保护管理实施机制中贯彻海洋综合管理及自然资源综合管理，需要发挥立法的引导作用，通过立法统摄海岛利用及保护综合管理。

第六节 无居民海岛有偿使用及价值补偿法律机制

无居民海岛有偿使用，是指国家以无居民海岛所有者身份依法出让海岛使用权后，向无居民海岛使用权受让主体收取对价。一般认为，自然资源价值的实现不足是造成自然资源危机的重要原因之一。尤其是不可再生资源利用方面，国家出让使用权与对价的收取，在立法上总是相伴而生。如保加利亚《环境保护法》第 3 条之二规定，"对自然资源使用收取费用应当由法律规定"。[①] 进一步而言，鉴于无居民海岛资源具有多重价值，所以在开发无居民海岛时就应充分发挥出其价值所在，由此方能保证海岛开发利用的顺利进行。无居民海岛有偿使用的理论基础概括起来有两点。一是在开发和利用无居民海岛资源的过程中，海岛资源可持续利用与代际公平会因为开采程度的增加以及外部不经济性大打折扣，出于保护海岛资源的考虑，政府会征收相关税费。二是国家在管理规范、征管便利、财政统一的背景下以无居民海岛所有权为纽带，以"资源价款"的方式分割海岛资源价值，从中获取所有权收益。在当前的市场经济背景下，"资源价款"是国家让渡无居民海岛使用权的对价，在经济上可以通过租金、税收、收费等具体形式实现。[②]

一 无居民海岛有偿使用的基础要件

海岛资源，是陆地资源与海洋资源的综合体，在利用上具有综合性特征。以整体或不同类型资源合并作为使用权客体，是海岛有偿使用区别于

[①] The natural resources for the use of which fees shall be collected shall be determined by law. See Article 3bis *Environmental Protection Act*.

[②] 虽然我国法律已经逐步放宽了对可流转的自然资源使用权种类的限制，但是目前仍有大部分权利类型不允许自由转让。现行法律对各类自然资源使用权流转方式的规定：(1) 国有土地使用权可采取出售、交换、赠与、作价出资、入股或其他方式，集体土地使用权可采取转包、出租、互换、入股、转让或其他方式；(2) 矿业权可以招标、拍卖、在企业合并、分立、与他人合资或企业资产出售等情形下转让；(3) 林权可入股、合资、合作出资；(4) 海域使用权可招标、拍卖、转让、出租和抵押；(5) 草原承包经营权只做了允许自愿、有偿依法转让的原则性规定。

土地、林木、矿产等自然资源有偿使用的基础。无居民海岛有偿使用包含三个条件，即无居民海岛资源应具备可以物权化的使用价值，且权属关系明确，可以按照市场机制进行资源配置。有偿使用制度体现着国家作为无居民海岛资源所有者的经济权益，国家收取"资源价款"的法律意义在于，国家保留了法定条件下的有限度的处分权，将其他权能转让给使用权人，如收益权、使用权、占有权等，在市场条件下以流转的形式充分地实现无居民海岛的资源价值。

"整体性"是无居民海岛有偿使用与有居民海岛使用的主要区别。如前文所言，海岛本身就是一类自然资源，无论是有居民海岛，还是无居民海岛，二者在海洋资源利用过程中既是被利用的对象，也是其他类型海洋资源开发或生产的辅助性载体，其所具有的使用价值在经济、生态、社会等方面均有体现。从既有国家立法实践看，有居民海岛的使用从属于土地、矿产等自然资源制度，在逻辑上以有居民海岛整体作为权利客体设定使用权是无法实现的，除非在土地私有制国家，法人或其他组织及自然人所有的、无人居住的海岛通过契约方式，实现使用权的转移或权利主体的变更，而权利客体通常仅为海岛土地资源。无居民海岛有偿使用的价值基础来源于海岛资源物权化的使用价值，换言之，要实现资源的有偿使用，无居民海岛不仅需要具备使用价值，而且该价值还应当可以被物权化，且能被整体出让。以出让方式获得无居民海岛使用权是一种他物权，具有排他性、相对独立性和内容充分性，与通过租赁取得的作为债权的海岛使用权有本质区别。

无居民海岛权属制度与有偿使用制度的关系极为密切，一脉相承。权属制度是有偿使用制度的基础和前提，只有权属明确了才有可能实行有偿使用制度；如果权属制度缺失，有偿使用制度也就无从谈起。无居民海岛的权属关系明确体现在两个方面。一是海岛在国内法层面的所有权不存在争议。主要包括所有权取得方式合法、主体归属和地理范围明确。二是海岛使用权主体、客体及内容不存在争议。由于社会经济制度的差异，尤其是在土地等自然资源国有制国家中，自然资源所有权和使用权主体通常是分离的，政府部门有权作为国有资源所有者的代表，向公民、法人或其他组织出让无居民海岛使用权，限定海岛使用权的客体内容。只有无居民海岛使用权主体、客体及内容不存在争议，政府部门才能明确收取海岛使用对价的主体，以及对价计算标准及价值量。

无居民海岛可以按照市场机制进行资源配置。无居民海岛作为国家所有权的客体，具有财产属性和资源属性，但该种属性并不能直接产生经济价值，需要在市场经济条件下进行有偿配置和转让，成为一种特殊的物质产品，具有一般商品的使用价值和价值，能满足人某种需要的物品的效用，由此发生的财产关系接受私法性规范的调整。海岛整体性和公共性特征，使得有些无居民海岛不宜作为商品进行交易，比如作为领海基点、军事用途的海岛等，上述海岛无法按照市场机制进行资源配置，并非海岛自身不具备使用价值，而是这种使用价值受到公共利益、国内法的限制，禁止流通交易。无居民海岛资源的市场配置，指的是取得无居民海岛使用权的主体通过法定方式将此权利转让给其他主体（无居民海岛使用权转让），其他主体通常为公民、法人或其他组织。无居民海岛使用权出让多采用行政手段，政府部门作为海岛的管理人，将无居民海岛使用权出让给自然人、法人及其他社会组织，因此，政府具有管理者和市场主体双重身份。无居民海岛资源的市场配置是一般民事主体之间的交易，政府通常仅履行市场建设和监管职责。

二 无居民海岛使用价值的评估确定

无居民海岛使用价值，是指在市场条件下形成的、一定期限的无居民海岛使用权的权利价值，包括在公开市场条件下形成的客观合理价值和在特定市场条件下形成的市场关联各方可接受的价值。[①] 评估无居民海岛使用价值需要具体结合评估目的和评估对象的状况，依据相关法律法规，按照资源市场化配置的原则、程序和方法，在全面调查和综合分析使用价值影响因素基础上，选用适宜的评估方法，对特定海岛使用权在评估基准日的价值，进行估算和评定。

自然资源有偿使用制度中常用的价值评估方法包括收益还原法、市场比较法、成本法三类。收益还原法，是指以通过自然价格资本化的方式，通过折算被使用对象预期能产生的期待纯收益，按照还原利率还原纯收

---

① 2017年1月1日实施的广东省《无居民海岛使用权价值评估技术规范》是我国首部市场化无居民海岛使用权价值评估省级地方标准。参见广东省《无居民海岛使用权价值评估技术规范》第3.1项。

益,从而计算出测算对象的价值。① 市场比较法是选择一个与计算目标相仿的资产出让实例,通过对照比较其与待测资源的异同,从而明确估计对象资产资源价格。② 成本法,是依据开发利用无居民海岛所耗费的各项费用之和,再加上一定的利润和应纳税金来确定无居民海岛使用价格的估计方法。除上述常见的三类价值评估方法,部分海岛使用权价值评估技术规范还引入了最低价补偿修正法,即综合分析开发利用活动可能造成的海岛资源损耗和生态破坏情况,测算资源及生态补偿费用,在国家现行的海岛使用权出让最低价的基础上作叠加修正,以此确定无居民海岛使用权价值。③

以上价值评估方法均存在适用的前提。使用收益还原法的前提是使用无居民海岛的企业存在收益,如果使用无居民海岛是出于公益或非营利目的,就不适用收益还原法评估海岛使用价值。市场比较法所选用的估价基准为市场实际的交易价格,其难点在于要找到与待估对象相仿的实例,而且估算过程中要严格遵循替代原则和供需原则,否则会影响估计结果的可靠性。将类似的、合适的无居民海岛有偿使用实例作为估价参照标准,在此基础上,将待评估的海岛与上述具有替代性的,且近期市场上已发生的无居民海岛有偿使用实例进行比较,在修正前述交易实例成交价格基础上,确定待评估海岛使用价值及出让价格。如果不存在类似已交易实例或已交易实例与待评估海岛存在较大差异,则市场比较法也无法应用于海岛使用价值评估。成本法最初应用领域是评估土地出让价格,其基本原理是生产费用价值论,应用于无居民海岛使用价值及出让价格评估时,往往根据无居民海岛资源和沿海土地资源的比较确定海岛价值。如果使用某一无居民海岛的方式非以土地建设为内容,例如采掘海岛野生动植物资源、矿产等,则成本法缺少相应的适用前提,无法适用于该海岛使用价值及出让价格评估。

由于无居民海岛类型和用途千差万别,不同海岛使用价值评估方法也存在相应的前提,且各有所长。无居民海岛使用价值的确定需要完备性、可持续性、区位性和动态性,评估海岛使用价值不仅需要考虑包括使用者

---

① 艾晓荣、张华、王方雄:《海岸带资源价值评价方法研究进展》,《海洋开发与管理》2012 年第 7 期。

② 霍哲、石振武:《市场比较法的改进研究》,《工程管理学报》2010 年第 4 期。

③ 参见广东省《无居民海岛使用权价值评估技术规范》第 5.1 项。

投入的生产成本，而且包括了因无居民海岛资源利用对他人、社会、环境和未来造成的损失，反映海岛资源效用和稀缺程度变化的影响。① 从评估方法的一般适用角度看，无居民海岛使用价值评估应当以使用内容为基础，充分考虑海岛使用权市场供需的特性，以海岛开发利用是否符合其自身条件、法律法规政策及规划限制、市场要求等为依据，确定适用何种评估方法。从评估方法的个案使用角度看，无居民海岛使用价值应以评估对象最有效利用为基本原则，以其在规划利用范围内预期收益为参照，以相邻或者类似地区功能相同或者相近、条件相似的无居民海岛或者土地使用权市场交易价格为参照，确定适用一种或综合适用几种价值评估方法。

三 无居民海岛有偿使用的价值对价

无居民海岛有偿使用为各国的海岛利用及保护立法所采用，只是不同国家对海岛有偿使用的对价称谓有所不同，主要包括权利金（royalty）、资源超额利润税（resources super profits tax）和资源耗竭补贴（depletion allowance）。权利金于无居民海岛使用权出让时缴纳，资源超额利润税主要针对项目利润超出一定水平的部分征收累进税，② 资源耗竭补贴是在每个纳税年度从净利润中扣除一部分给资源开发者，以满足其开展勘查新资源的资金需求，鼓励其在资源开发用尽前，更加积极地从事新资源的勘查开发工作，以维持良好的资源开发和利用水平。③ 其中，权利金是各国普遍征收的主要费种，也是市场经济国家资源有偿取得和有偿使用制度的核心。④ 不同国家对无居民海岛有偿使用中的权利金称谓不同，例如，我国称之为无居民海岛使用金⑤，澳大利亚称之为资源租借权利金（resource rent royalty）⑥。

---

① 汤芳：《自然资源的价值与有偿使用研究》，《经济论坛》2004 年第 20 期。

② Te'o Fairbairn, *Island Economies: Studies from the South Pacific* (Institute of Pacific Studies of the University of the South Pacific, 1985), p. 235.

③ See 2009 *US Master Tax Guide*, CCH Editorial Staff Pub., 2008, p. 443.

④ 参见寿嘉华《国土资源与经济社会可持续发展》，地质出版社 2001 年版，第 342 页。

⑤ 《无居民海岛使用金征收使用管理办法》第 2 条第 3 款："无居民海岛使用金，是指国家在一定年限内出让无居民海岛使用权，由无居民海岛使用者依法向国家缴纳的无居民海岛使用权价款，不包括无居民海岛使用者取得无居民海岛使用权应当依法缴纳的其他相关税费。"

⑥ See GST Distribution Review, "State mineral royalties and the Commonwealth's resource tax reforms", http://www.gstdistributionreview.gov.au/content/Content.aspx?doc = reports/interimjune2012/07Chapter4.htm (last visited January 15, 2019).

无居民海岛有偿使用的价值转化途径。一是行政许可。为了进一步提升无居民海岛资源的价值，实现价值的转移，将海岛资源使用权许可给公民、法人或其他组织，然后对海岛资源使用者收取相应的使用费。二是租赁式。即将无居民海岛的使用权以租赁方式暂时性地转移给经营人，以实现海岛的价值收益。在通常情况下，主管机关掌握和控制海岛资源有更多的主动权，租赁具有期限性。三是股权化。即将无居民海岛使用权评估作价出资或者入股，通常政府参与型海岛管理和农村集体承包型经营模式都会选择这种方式。这种方式能够使得海岛开发效率在有岛民和政府参与的情况下也能维持在理想水平，是调控无居民海岛资源的重要方式。四是证券化。也就是将无居民海岛资源通过相关技术处理之后使之具有进入金融资本市场流转的属性，从而使各海岛开发工程的资金需求得以满足，更加科学地管理海岛资产产权。

就我国而言，《无居民海岛使用金征收使用管理办法》第3条允许通过挂牌、拍卖、招标、申请审批的方式出让无居民海岛的使用权。其中，挂牌、拍卖、招标的出让方式适用于工业、娱乐、旅游等经营性用岛。在出让形式外，无居民海岛有偿使用转化途径还包括作价入股、合作及承包等形式。可见，出让方式是海岛有偿使用的主要转化途径，租赁式、股权化（股权化尚在推广之中）。① 与出让方式相比，后面三种转化方式中最能体现政府作为海岛权限使用管理主体的是租赁方式；股权化转化途径则比较适合于政府参与型的海岛利用项目，有利于增强政府在企业中的调控能力，把握项目的发展动态，促进无居民海岛资源的最优化利用；证券化是以无居民海岛实物资产和无形资产（如品牌效应）为基础发行证券并上市的过程，可以更好地满足不同投资者对期限、风险和利率同偏好。

---

① 李晓冬、吴姗姗：《试论无居民海岛使用权二级流转市场管理制度设计》，《海洋开发与管理》2016年第S2期。

第五章

海岛资源及生态环境治理的法律规制

海岛资源具有稀缺性、环境脆弱性，开发利用海岛的同时即面临保护问题，利用海岛资源必须有良好的保护措施，保护海岛是为了长期稳定地利用海岛资源。海岛资源及生态环境治理的法律规制，一方面体现在划分不同的功能类型区，用以指导和约束海岛开发利用活动，特殊保护的具有代表性的区域；另一方面体现在通过立法禁止或限制某些海岛开发利用的行为或区域。

第一节 海岛功能区规划制度及内容

功能区一般指为了实现某种目标而设立的管理区。海岛功能区规划是目前各国利用开发海岛的普遍做法，[①] 是在生态系统服务功能与生态敏感性空间分异规律基础上，依据相关法律建立，在运行过程中通过将海岛自然地理空间区域划分成若干亚区域进行区别利用，保护海岛生物多样性的环境、地质构造及水资源等自然综合体，从而更有效地实现海岛资源价值，高效科学地利用自然资源，保护生态敏感、特殊用途等海岛区域。因此，功能区规划是实现海岛资源与环境可持续利用的有效手段。

一 海岛功能区的界定及特征

海岛功能区规划，指结合海岛实际自然资源现状、地理位置和社会需求等因素，划分不同的功能类型区，用以指导和约束海岛开发利用活动，

[①] See David Waugh, *Geography: An Integrated Approach*, Cheltenham: Nelson Thornes, 2000, p. 526.

协调海岛利用过程中的经济、环境和社会效益。海岛功能区规划有三方面的特征。

第一，海岛功能区规划是海岛利用及保护管理制度的核心内容。海岛功能区规划是海岛资源开发利用的核心依据，通过制定科学合理的海岛功能区规划，形成一个完善的区域生态资源保护体系，明确海岛使用权人和海岛行政主管部门的责任和义务，为海岛管理部门规范海岛使用提供法律依据。海岛功能区规划的核心是根据海岛资源禀赋和经济社会发展的需要，制定未来一定时间内各海岛资源的保护利用规划，确定海岛保护与利用的统一方案。[①] 在英美国家，区域规划的重点是将与开发建设相关的城乡建设、环境整治、资源开发、生产力布局等规划落实到实践地域空间中来，并且通过区域规划强化政府对资源的宏观调控。[②] 我国立法普遍将海岛功能区规划作为原则加以规定，[③]《无居民海岛开发利用审批办法》第4条将"海洋主体功能区规划、海岛保护规划、海洋功能区规划等有关法定规划和区规划"[④] 作为无居民海岛开发利用审批依据。在各沿海省地方立法中，海岛功能区的规划也是海岛管理的重要依据，如《广西无居民海岛条例》第3条[⑤]、《广东省海岛管理条例（送审稿）》第7条等[⑥]。

第二，海岛功能区规划在性质上属于综合性区域规划。海岛功能区规划不同于一般城市功能区划分（如工业区、商业区、文教区等）和生态功能区规划（如自然保护区等），海岛功能区规划的综合性表现在三个方面：一是海岛功能区规划的基础是具有一定的功能内聚性、各组成部分相互依赖的地理空间单元，海岛功能区规划重视的是各组成部分的功能联系而非同质性。二是海岛功能区规划结合了功能区规划与特征区规划。一方面，划分海岛功能区主要是为了使受人类活动影响敏感的海岛区域或自然

---

① 谭柏平：《论我国"海岛法"的基本制度》，《法学杂志》2007年第1期。

② 张伟、刘毅、刘洋：《国外空间规划研究与实践的新动向及对我国的启示》，《地理科学进展》2015年第3期。

③ 如《海岛保护法》第3条："国家对海岛实行科学规划、保护优先、合理开发、永续利用的原则。"

④ 《无居民海岛开发利用审批办法》第4条第2款。

⑤ 《广西无居民海岛条例》第3条："无居民海岛的使用应当遵循科学规划、保护优先、合理开发、永续利用的原则。"

⑥ 《广东省海岛管理条例（送审稿）》第7条："本省行政区域内实行海岛保护规划制度。海岛保护规划是从事海岛保护、利用活动的依据。"

资源得到更有效的保护,将人类活动范围限在海岛生态系统能够承受的、最适宜的区域内。① 另一方面,保护不是海岛功能区规划的全部内容,由于海岛用途的多元化和国家用岛需求的差异化,海岛功能区规划还需要评价不同海岛生态系统类型的生态服务功能及其对区域社会经济发展的作用,为区域开发与产业布局提供一个地理空间上的框架。② 三是海岛功能区规划是对海岛开发利用的总体要求。即根据海岛资源环境承载能力、开发利用方向、在不同层次区域中的战略价值等,对海岛利用及保护立法确立的管理理念、方向和模式加以确定。在微观层面,满足各行业对于海岛资源开发利用的需求,是进行项目布局、城镇建设和人口分布的基础;在宏观层面,对国土空间开发予以分工定位和布局,是制定国民经济和社会发展战略和规划的依据。

第三,海岛功能区规划兼具社会经济与生态环境功能。海岛功能区规划以海岛的区位、自然资源和环境为首选条件,看似属于自然区划,但海岛的社会条件和社会需求等社会属性,决定了应选择什么样的功能顺序以实现海岛开发利用最佳效益,故海岛功能区规划又是一种经济区划。③ 海岛功能区规划与自然区划、经济区划等传统区划最大的区别在于,海岛功能区规划是将功能区划与特征区划结合在一起,揭示海岛区域生态经济系统的空间分异规律,是一种完全综合性区划。海岛功能区规划为海岛利用和保护提供管理依据,为用岛项目审批提供重要依据,这就意味着海岛功能区规划兼具使用与保护特征。就使用功能而言,海岛作为海洋国土和陆地国土的结合部,它不仅能够为国家提供丰富海陆资源,而且能够推动沿海地区的经济发展。合理建设与开发海岛,是确保海洋经济得以可持续发展的核心内容。通过划定港口区、旅游区、能源利用区、保护区等海岛功能区开发区域,充分利用海岛在经济社会发展中具有的功能价值,确保海岛功能区价值的实现,已成为发展海洋经济的重点方向之一。④ 就保护功

---

① 康婧,等:《澳大利亚赫德岛与麦克唐纳群岛海岛保护区功能分区对我国海岛管理的启示》,《海洋开发与管理》2011年第7期。

② 李禾:《功能区划:让生态环境"各司其职"——记"全国生态功能区划"课题组》,《科技日报》2006年11月9日第8版。

③ 陈洪全:《县域海洋功能区划的思考——以东台市为例》,《海洋科学》2004年第12期。

④ 孙元敏,等:《海岛资源开发活动的生态环境影响及保护对策研究》,《海洋开发与管理》2010年第6期。

而言，海岛生态系统集陆地与海洋生态系统特征于一身，狭小的陆地面积和简单的地域结构，以及与外界相对隔离的空间特征，使得绝大部分海岛生态系统食物链层次低、生物多样性少，一旦遭到破坏，难以恢复。因此，通过海岛功能区规划明确可以开发利用的范围、内容、方式等，确定对保障海岛生态安全具有重要作用的关键生态功能区与生态敏感区，至关重要。

二 海岛功能区规划的原则

海岛功能区规划的原则，是指导和规范海岛利用及保护的基础性法则，贯穿于海岛综合管理具体规范之中，需要客观而全面地反映各海岛区域分异规律。海岛功能区规划应遵循以下原则。

第一，功能区域相关及分异原则。自然环境是海岛功能区形成和分异的物质基础，一方面，在空间上任何一种生态服务功能都与该区域的社会经济因素以及自然环境因素息息相关，生态环境不以行政区域划分，实施海岛功能区规划要从生态系统的完整性出发。另一方面，海岛的类型、位置、面积、资源禀赋等属性各不相同，海岛开发利用的社会经济条件和市场需求也相差甚大，所以这导致了不同海岛区域的功能也各不相同，规划海岛功能区是按照其差异性以及相似性来进行科学识别和分类，以实现区域功能类型选择和最佳效益之间的平衡。功能的区域相关及分异原则实则是同一事物的两个方面，换言之，在同一海岛上各类生态系统在空间上存在共生关系，所以在功能分区时应通过各类生态系统的组合与比例反映它们之间的毗连与耦合关系。在一定区域范围内，不同海岛功能区组合上也存在相互影响的关系，这种相互影响不仅表现在生态保护领域，在海岛开发利用领域也存在众多案例，如海岛港口规划与近岸养殖冲突、海岛旅游与海岛军事安全冲突等。[①] 因此，功能的区域相关及分异原则实则是要求海岛功能区规划遵循"系统论"，既要尊重单个海岛之间、不同区域海岛之间的差异性，考虑系统内部的各要素和地理单元之间是否相互关联和协调，又要兼顾海岛功能区与外部海洋环境的适应性，求得整体最佳的功能区规划。

---

① 虞阳，等：《海洋功能区划与海域生态环境：空间关联与难局破解》，《生态经济》2015年第3期。

第二，管理适用性原则。海岛行政管理机关是划分海岛功能区的主体，如前文所述，海岛功能区规划工作直接影响到海岛的开发与利用，同时也是国家政府对海岛进行综合管理和宏观调控的重要手段。管理适用性原则有两层含义。一层是在海岛生态边界与行政管辖区域的边界相邻或重叠的情况下，需要以行政区域边界为海岛功能区边界。在进行海岛功能区规划时，不仅要重视海岛生态系统的功能及结构的完整性，还需兼顾相邻行政区域地方经济、居民生产生活的需要，满足政府对自然资源实现综合管理的需求。另一层是海岛功能规划应具有可执行性、便于行政监管，尤其是避免因规划导致行政管辖冲突，影响海岛利用管理行政运作效率，损害公民、法人等海岛使用权人的合法权益。如我国海岛功能区规划主体包括国家、省、市、县四级，下级主体编制海岛功能区规划应以上级海岛功能区规划为依据，并遵守国家有关标准和技术规范，从总体上看，编制内容呈逐级细化的特征，下一级主体编制的海岛功能区规划较上一级规划，更具有可执行性。

第三，备择性原则。海岛功能区规划是构建完善海岛利用与保护机制的重要基础，备择性原则的适用存在一个假设前提，即在同一海岛或同一海岛群落存在多种功能区域时，如果出现部分功能与功能之间的不兼容情况，应优先选择一些有利于海岛资源开发利用的项目。[1] 在进行项目安排时，要优先选择资源环境、区位等条件备择性窄的项目、地区主导产业项目、技术层次高的项目、能够有效促进新海洋产业群及新海洋经济增长点形成的项目。[2] 概言之，备择性原则要求海岛功能区规划要遵循两条路径：一是海岛功能区规划应具有一定的前瞻性，同时还要确保规划的可行性与有效性；二是当海岛功能区出现冲突时，优先安排备择性窄的项目。

第四，不得损害到国家海洋权益。作为国家海上国土的重要内容，海岛是国家用于划分内水、领海和其他管辖海域的核心标志，同时它还是国家设立重点国防设施和军事基地的主要场所，具有极高的军事地位和战略意义。对海岛施行开发和管理，不仅牵涉社会经济发展，而且对于维护国家安全有着重要的意义。在海岛功能区规划中，维护国家海洋权益有四方面体现。一是通过海岛功能区规划在国家主张享有领土主权的海岛上进行

---

[1] 参见栾维新、阿东《中国海洋功能区划的基本方案》，《人文地理》2002年第3期。

[2] 参见《广东省海域开发利用与保护总体规划纲要的通知》（粤府办〔2001〕8号）第2部分第2项。

有效管理,行使管辖权。二是国家权益优先于私主体权益,当国家与私主体在海岛使用方面存在权益冲突时,国家有权基于公共利益强制取得其他海岛权利主体的财产使用权或者他项权利。三是海岛使用权人在海岛功能区规划内应当依法和善意使用海岛,需要遵循海岛使用相关立法,还需要遵守有关国防安全、军事安全等立法。在行使海岛使用权时,权利人的行为应当凭善意而为,主要包括善意履行许可或合同义务,并且不得滥用权力。四是对与国家海洋权益密切相关海岛(如领海基点海岛)或海岛资源,给予特殊保护。

三 海岛功能区规划的依据

随着海洋经济的快速发展,海岛开发利用空间结构失衡是制约海岛利用与保护的因素。海岛功能区与用岛类型直接相关,目的在于对区域内海岛或特定海岛区域的使用功能进行明确,规划海岛功能区需要依据区域生态环境要素,尊重海岛使用功能空间分异规律,有机衔接既有的海岛权属制度,确保功能区定位的准确性。

区域生态环境要素,是指光照、水流、植被、野生动物等自然要素,上述要素反映了海岛的环境和资源特征,以及岛上生物多样性的空间分异特征。不同生态环境要素使用方式与体现的环境价值各不相同,使用各类海岛资源就需要了解哪些区域最适合进行开发活动,哪些范围是重要的保护区域,进而必须识别和评估区域生态环境各要素及它们之间的联系。在许多国家的海岛立法中,区域生态环境要素均被作为规划海岛功能区的首要依据,例如爱沙尼亚《经常居住型小岛法》第1条[①]、印度尼西亚《海岸带及小岛管理法》第1条第5款、第6款[②]等。确定区域生态环境要素的方法包括两种。一种是生物区域轮廓法,即划定海岛生态环境的要素和边界,列出管理海岛所有区域的内在价值,显示各类生物或生态信息的分布情况。[③] 如澳大利亚在规划罗特尼斯岛(Rottnest Island)功能区时,运用生物区域轮廓法确认可以纳入使用范围的海岛及其附属海域,区分观光

[①] See Article I *Permanently Inhabited Small Islands Act.*

[②] See Article I (5) Law No. 27/2007 on the Management of Coastal Areas and Small Islands.

[③] 许莉:《国外海洋空间规划编制技术方法对海洋功能区划的启示》,《海洋开发与管理》2015年第9期。

服务区、设施分布、岛上文化遗产及自然环境保全。① 另一种是生物价值评估法,即就岛上生物的商业、科学研究等价值进行评估,根据评估结果,设定不同的监督管理模式。例如,美国马萨诸塞州海岸和比利时北海就通过评估生物价值的方法制成了该水域的生物价值分布图,两国在制定该地区海岛管理计划和海洋空间规划时,就以该分布图作为主要依据。②

制定海岛功能区划主要是为了能够充分利用并保护海岛资源,对于海岛的开发与利用不应被简单理解为对海岛资源的采掘,设置海岛保护区实际上也是海岛开发的重要方式之一。海岛资源分布呈立体特征,包括地下部分(如矿场资源)、地表部分(如耕地、定着植物)和地上空间部分(如架设管线),不同类型、位置的海岛资源利用方式各有不同形态,所有需要的外部辅助条件和开发利用的环境后果也存在差异,这种分异可能是自然形成的,也可能是在利用海岛自然过程中经由人为改造形成的,如有居民海岛作为复杂的自然系统和人为系统作用的综合区域,其景观结构和功能比无居民海岛更为复杂。从结构的空间分布特征看,海岛使用功能空间分异包括两类:一类是典型的"核心—外围—边缘"功能区分别,即单中心结果模式;另一类是多中心结构模式。从使用功能类型化分别特征看,海岛使用功能空间分异包括工商业服务区、矿产资源开采区、农业区、生态保护区、养殖区等。③ 制定功能区规划既需要反映海岛使用功能的多样化,也需要根据海岛使用功能丰富度(functional richness)、功能均匀度(functional eveness)以及功能分异度(functional divergence),④ 在对海岛功能进行一系列规划设计后,将各等级、各类型的海岛功能区组成为一个有序整体,形成集聚放大、整体大于部分之和的总体效益。

海岛功能区划应当尊重海岛权属制度。权属制度是海岛利用及保护管理运行的基础,因为主体及其权限规定如果模糊和混乱,会直接影响国家

---

① The Rottnest Island Authority Board, *Rottnest Island Management Plan 2014-2019: A 20 Year Vision*, Bohdana: RIA Pub., 2014, p.7.

② 许莉:《国外海洋空间规划编制技术方法对海洋功能区划的启示》,《海洋开发与管理》2015年第9期。

③ See Article 19 (1) Amendment to Law No. 27/2007 on the Management of Coastal Areas and Small Islands.

④ S. Villéger, N. W. Mason and D. Mouillot, "New Multidimensional Functional Diversity Indices for a Multifaceted Framework in Functional Ecology", *Ecology*, Vol. 89, Iss. 8, 2008, pp. 2290-2301.

对海岛的管理秩序，会造成开发利用海岛的秩序混乱。海岛属于资源集合体，不同类型资源可以形成不同的权属制度，地下、地面和地上空间资源权益可以分属不同的主体，海岛功能区规划需要尊重既有的海岛权属制度。首先，海岛使用功能区规划与海岛资源利用类型直接相关。海岛功能区规划对海岛使用功能要明确，有机衔接海岛资源利用规划成果，确保海岛功能区定位的准确性，是制定海岛功能规划必须实现的目的。具体而言，农产品保障区应包含海岛功能区中较为集中的耕地和园地；人居环境保障区、环境优化准入区和环境重点准入区应包含主要的建设用地；自然生态红线区和生态功能保障区应包含大部分的林地、水域、湿地。其次，区域性规划的"四至"受海岛权属制度的限制。一般而言，城市总体规划中的禁建区纳入自然生态红线区，城镇的适建区和已建区划入人居环境保障区、环境优化准入区或环境重点准入区。限建区以纳入生态功能保障区为主，部分集中连片的一般农田划入农产品安全保障区，限建区的其余部分根据区域特征可以划入其他各类海岛功能区。最后，改变既有海岛权属关系需要给予权利人相应补偿。一些情况下，规划海岛功能区涉及对既有海岛所有权或使用权的变更，如在划定海岛保护区时，可能面临将集体所有的海岛土地收归国有，或岛上居民迁出海岛或改变其居住区域，以上行为均涉及对海岛权属关系的变更。如需要改变既存权属关系，必须要给予权利人相应补偿。

四　海岛功能区的基本类型

海岛功能区的划分依据不同，其分类也各异。本部分以功能区范围、规划主动性和规划内容为依据，分别讨论不同依据下海岛功能区的类型划分。

依据功能区的范围分为全国海岛规划、区域海岛规划和单岛规划。全国海岛规划通常由一国中央政府或中央政府指定的部门进行编制，涉及该国管辖的所有海岛。区域海岛规划包括两种类型：一种是以行政区为标准，对特定行政区划内编制功能规划，如我国省、市、县海岛主管部门编制的本地区海岛利用规划；另一种是以海岛自然群落分布制定的功能区划，如在澳大利亚大堡礁中，约70个岛礁属于联邦政府所有，该部分纳入大堡礁海洋公园，受大堡礁海洋公园管理局（Great Barrier Reef Marine Park Authority）管理；约980个岛礁由昆士兰州管辖，其中400个岛礁被分为 64 处保护区, 受昆士兰州公园及野生动物服务处 (Queensland Government Parks and Wildlife Service) 管理。① 单岛规划, 是对特定海岛自然地理空间区域划分成若干亚区域进行区别利用、管理和保护。单岛规划在中外海岛功能区规划中比较常见, 单岛规划也可以分为两类: 一类以单一目的对海岛整体规划, 如以海岛地理边界为范围建立保护区、采矿区等; 另一类是以复合目的对海岛进行功能规划, 此类海岛通常面积较大, 通过功能规划区分出居住区、农业区、保护区、工矿产业区等。

依据规划的主动性分为海岛主动规划与被动规划。被动规划指的是用岛自然人、法人或其他组织以具体开发内容为规划依据, 对海岛的利用类型及方式提出具体的设想; 主动规划指的是在规划编制前期并没有十分明确的用岛自然人、法人或其他组织, 而且也没有具体的开发内容规划, 直接由海岛主管部门来对其用途进行规划。② 主动规划和被动规划的主要区别体现在四个方面。首先, 两者的规划主体完全不同。主动规划的规划主体是海岛主管部门, 而被动规划的规划主体是用岛自然人、法人或其他组织, 这也是两者的最大区别。其次, 两者的规划定位有所差异。通常采用主动规划的海岛是以农业、渔业、林业为主导功能的, 而采用被动规划的海岛一般是以交通、工业、旅游为主导功能。实施被动规划时, 使用海岛的自然人、法人或其他组织在符合海岛管理法律制度下, 可以充分发挥主观能动性, 实施主动规划则需要更多权衡区域发展格局以及与其他规划类型的衔接适用。再次, 利用要求不同。海岛主动规划基于主管机关的行政许可, 需要在许可范围内规划海岛的利用、开发活动。主动规划较之更为复杂, 既可能属于海岛主管机关针对本辖区内容实施的抽象行政行为 (如制定海岛功能区规划立法), 也可能是针对特定海岛实施的具体行政行为 (如制定海岛使用规划); 当存在相关上位法时, 主管机关需要严格依据法律规范实施海岛功能区规划。当相关上位法缺位或内容不明确时, 主管机关有权依法自由裁量实施海岛功能区规划。最后, 海岛功能区规划

---

① 昆士兰州公园及野生动物服务处隶属于昆士兰国家公园暨体育与竞赛部 (Department of National Parks Recreation Sport and Racing)。See Island Management: Demonstration case jointly prepared with the GBRMPA, https://www.statedevelopment.qld.gov.au/resources/report/gbr/island-management-demonstration-case.pdf (last visited January 15, 2019).

② 申键等:《不同类型海岛规划之间编制的差异分析》,《海洋开发与管理》2014 年第 1 期。

经费的来源等方面不同。海岛主动规划通常由用岛自然人、法人或其他组织承担规划费用,海岛被动规划经费的来源通常从主管机关财政经费中支出。

依照规划内容可以分为等级规划和使用功能规划。等级规划,是指根据海岛的面积、物理属性、生态状况及科学研究价值、对国内外经济社会发展影响程度等综合评价确定。如我国《海岛界定技术规程》海岛类型的划分标准中只有面积和登记居民户籍两项,面积标准以500平方米为界,面积小于500平方米的海岛,又依岛礁位置分布标准被分为单礁型海岛和丛礁型海岛。[①] 使用功能规划,是指按照海岛整体或部分用途类型划定各类使用功能区,如澳大利亚将赫德岛规划分成荒野区、参观游览区、主要使用区、文化遗产区、近海区、限制区、外海区等。其中,海岛陆地部分主要是文化遗产区、限制区、参观游览区、主要使用区和荒野区。文化遗产区、参观游览区以及主要使用区是人类的集中活动区域;荒野区和限制区是面积最大的两大功能区;外海区与近海区则是根据海岛周边保护区范围而划分的海域。[②] 印度尼西亚《海岸带及小岛管理法》第19条将岛屿分为7个功能区,包括盐业生产区、海洋生物保护区等。我国《无居民海岛保护和利用指导意见》将海岛使用功能划分为15个区块,即填海连岛用岛区块、土石开采用岛区块、房屋建设用岛区块、仓储建筑用岛区块、港口码头用岛区块、工业建设用岛区块、道路广场用岛区块、基础设施用岛区块、景观建筑用岛区块、游览设施用岛区块、观光旅游用岛区块、园林草地用岛区块、人工水域用岛区块、林业用岛区块以及种养殖业用岛区块等。[③] 与等级规划相比,依照使用功能规划在各国应用更为频繁,不同国家、不同海岛的使用功能区划类型差异也更为显著。以海岛保护区为例,依据地理空间标准,海岛保护区大致可分为两类:一类是针对

[①] 当单礁型海岛扩展区与大陆或面积大于500平方米海岛的岸线均不相交,则界定该单礁型海岛为独立地理统计单元的海岛。当任一海岛扩展区与相邻海岛的岸线相交,则相交的数个海岛界定为一个丛礁型海岛单位。参见国家海洋局908专项办公室编《海岛界定技术规程》,海洋出版社2011年版,第2页。

[②] 康婧等:《澳大利亚赫德岛与麦克唐纳群岛海岛保护区功能分区对我国海岛管理的启示》,《海洋开发与管理》2011年第7期。

[③] 《关于印发〈无居民海岛保护和利用指导意见〉的通知》,自然资源部网(http://www.soa.gov.cn/bmzz/jgbmzz2/zcfzydyqys/201211/t20121107_14314.html),最后访问时间:2019年2月12日。

海岛陆地部分或全部设置保护区；另一类是围绕海岛及其附属海域设定保护区。前一类海岛保护区性质上属于陆上自然保护区，后一类海岛保护区与海洋保护区在概念、范围上存在重叠，如新西兰现有 44 处海洋保护区中，① 相当一部分是以海岛为中心、经由专门立法②建立的海洋保护区，表明海岛与周边海域在生态构成上的一体化特征，保护海岛与保护海域内的珍稀动物、植物、自然景观等密不可分。③ 俄罗斯弗兰格尔岛（Wrangel Island）保护区包括弗兰格尔岛（Wrangel）、赫拉德岛（Herald）以及周围海域，主要保护北极冻原生态。④ 类似海岛保护区，包括我国大公岛生态系统自然保护区、澳大利亚的罗特内斯特岛保护区、加拿大艾尔克岛国家公园等。⑤ 归纳以上保护区事例可见，针对陆地部分或全部设置保护区的海岛面积普遍较大，面积较小的海岛或岛群（islands group）保护区通常会包括周边海域，因此，从海岛保护角度看，海岛附近海域与海岛是一体的，对于"四面环水并在高潮时高于水面的自然形成的陆地区域"的保护并不能涵盖海岛保护区的全部。

第二节　海岛保护区立法国家实践及发展趋势

截至 2018 年 1 月，全球范围内建立的保护区覆盖了 16%（即超过 2200 万平方千米）的国家管辖范围以内（即距海岸 0—200 海里）的海

---

① Ministry for the Environment New Zealand, *A New Marine Protected Areas Act*: *Consultation Document*, Wellington: Ministry for the Environment, 2016, p. 12.

② eg. Kaikōura (Te Tai o Marokura) Marine Management Act 2014, Subantarctic Islands Marine Reserves Act 2014, Fiordland (Te Moana o Atawhenua) Marine Management Act 2005, Sugar Loaf Islands Marine Protected Area Act 1991.

③ Ministry for the Environment New Zealand, *A New Marine Protected Areas Act*: *Consultation Document*, Wellington: Ministry for the Environment, 2016, pp. 35-36.

④ Erich Hoyt, *Marine Protected Areas for Whales, Dolphins and Porpoises*: *A World Handbook for Cetacean Habitat Conservation and Planning*, New York: Earthscan, 2011, p. 145.

⑤ Government of Western Australia. "Expressions of Interest for development of Rottnest resort and marina", http://www.tourism.wa.gov.au/About%20Us/News_and_media/Article/Expressions_of_Interest_for_development_of_Rottnest_resort_and_marina/180; Elk Island National Park, "2011 Elk Island National Park Management Plan", http://www.pc.gc.ca/en/pn-np/ab/elkisland (last visited January 15, 2019).

域，自 2010 年以来范围已扩大了一倍多。对海洋生物多样性关键地区的保护也得到增强，平均覆盖率现为 44%，而 2000 年这一比例为 30%。[①]海岛保护区是国家为保护海岛资源及环境，以特定海岛及其邻接海域为对象而划出界线加以特殊保护的具有代表性的自然地带，是保护海岛生物多样性、防止生态环境恶化的措施之一。通过立法使建立海岛保护区的行动法制化，是目前各国保护海岛自然资源及生态环境普遍遵循的法治路径，也是推动海岛保护区制度化最为有效的手段之一。一国通过立法管理海岛利用及保护时，不仅需要扎根于本国海岛资源禀赋及法治国情，而且需要关注国际法的最新发展趋势，以保持立法的合理性和前瞻性。

一 域外主要国家海岛保护区相关立法概况

从海岛保护区制度发展历程看，有观点认为，以政府为主导通过立法或行政手段建立保护区始于 18 世纪。多巴哥岛主山脊森林保护区是 1776 年 4 月 13 日通过法令建立、历史最为悠久的自然保护区。[②] 19 世纪末，北美、澳大利亚、新西兰和南非在国家主导下开始大规模设置保护区。各国海岛自然保护区的立法主要是根据海岛自然环境和资源的状况，以及对自然保护的认识和需求进行的。由于海岛与其邻接海域自然资源及环境，许多国家通过立法保护珍稀及濒危海洋生态物种，保护典型海洋自然生态环境，合理协调海洋资源保护与利用的矛盾时，选择了包括主要保护对象在内的具有代表性的海洋环境（如海岸带、浅海、滩涂、海洋岛礁等）划定区域，对区域内的环境和珍稀濒危物种及其生态系统、特种景观、遗迹加以特殊保护和管理。[③] 美国、加拿大从 20 世纪 70 年代开始重视海岛保护区相关立法，以不同资源类型划分保护区，走在了其他沿海国家前列；澳大利亚作为岛屿型大陆国家、挪威作为半岛型国家，其海岛保护区立法具有鲜明的地域特征；而日本作为岛国，非常重视对海岛的保护与管理，以不同层级划分保护区，通过立法建立相应的保护制度及相关配套的

---

① See Report of the Secretary-General: Progress towards the Sustainable Development Goals, E/2018/64, 10 May 2018.

② See Tobago Main Ridge Forest Reserve, "UNESCO World Heritage Centre", https://whc.unesco.org/en/tentativelists/5646/ (last visited January 15, 2019).

③ 参见朱晓燕、薛锋刚《国外海岛自然保护区立法模式比较研究》，《海洋开发与管理》2005 年第 2 期。

管理计划。故此,本部分主要梳理美国、加拿大、澳大利亚、挪威和日本海岛保护区相关立法。

美国有关海岛保护区的法律规定分布在《岛屿保护法》、《海岸带管理法》、《综合自然资源法》(Consolidated Natural Resources Act)、《国家公园系统保护及资源管理法》(National Park System Protection and Resources Management Act)等联邦或州立法中。与中国《海岛保护法》将海岛作为一类自然资源加以规制相比,美国自然资源及环境保护立法(包括联邦立法和州立法)没有将海岛作为一类具有独立法律地位的自然资源类型加以对待,海岛不是一个独立的土地子系统或自然资源类型。相应地,立法根据海岛的权属、用途、位置、生态环境特征等,将海岛保护区相关内容规定在海岸带、国家公园、野生动物避难所、林地、(公共)土地管理立法之中,如美国《海岸带管理法》①《外大陆架土地法》② 中有关海岛就被包括在海岸带或自然保护区的范围之内,遵循海岸带管理的规定。加利福尼亚州《海岸法》(California Coastal Act)定义的海岸带,指"加利福尼亚州从俄勒冈州边界到墨西哥共和国边界的陆地和水域……包括所有近海岛屿,并从平均高潮线向内陆延伸1000码"。③ 康涅狄格州《海岸管理法》(Connecticut Coastal Management Act)把海岛作为天然海湾系统的

---

① See 16 U.S.C. § 1451. Congressional findings (Section 302) (1) (A) Coastal Zone Management Act: "the protection of natural resources, including wetlands, floodplains, estuaries, beaches, dunes, barrier islands, coral reefs, and fish and wildlife and their habitat, within the coastal zone."

② See 43 U.S. Code § 1331 (e), Outer Continental Shelf Lands Act: "The term 'coastal zone' means the coastal waters (including the lands therein and thereunder) and the adjacent shorelands (including the waters therein and thereunder), strongly influenced by each other and in proximity to the shorelines of the several coastal States, and includes islands, transition and intertidal areas, salt marshes, wetlands, and beaches, which zone extends seaward to the outer limit of the United States territorial sea and extends inland from the shorelines to the extent necessary to control shorelands, the uses of which have a direct and significant impact on the coastal waters, and the inward boundaries of which may be identified by the several coastal States, pursuant to the authority of section 1454 (b) (1) of title 16."

③ Section 30103 (a) California Coastal Act: "'Coastal zone' means that land and water area of the State of California from the Oregon border to the border of the Republic of Mexico, specified on the maps identified and set forth in Section 17 of that chapter of the Statutes of the 1975–1976 Regular Session enacting this division, extending seaward to the state's outer limit of jurisdiction, including all offshore islands, and extending inland generally 1,000 yards from the mean high tide line of the sea."

一部分,将长岛海峡水域及其沿海资源,包括潮汐河流、溪流和小溪、湿地和沼泽、潮间带泥滩、海滩和沙丘、断崖和岬角、岛屿、礁石海岸和邻近海岸,视为一个天然的、完整的和独特的生态系统加以保护。[1] 得克萨斯州《自然资源法典》(Natural Resource Code)第61章第211条"州及国家公园"中规定,"本章适用于任何一个划为州属公园或国家公园或者荒野保护地的岛屿或半岛,不论该岛屿或半岛是否与公共道路或港口相连"。[2] 可见,在美国立法中,通过《海岸带管理法》《国家公园法》等完全可以覆盖海岛保护区,在对海岛资源及环境保护进行规范时,根据不同的需要适用不同法律规定。

1989年美国第101届国会(101st Congress, 1989—1990)通过《岛屿保护法》(Island Protection Act),该法是联邦层面海岛保护专门立法。《岛屿保护法》旨在修正1965年《土地和水资源保护基金法》,要求在1990年以后的财政年度,每一项全州范围的综合户外休闲计划都要专门处理相关州内的岛屿,将其作为重要的户外休闲资源,并作为内政部长批准的先决条件,除非该州提交并由内政部长批准一项与内政部长协商制订的岛屿保护计划作为现有计划的一部分。该法指出,美国各地的岛屿,包括近海岛屿、河流中的岛屿和湖泊中的岛屿,为动植物提供了独特的栖息地,并为数百万美国人提供了非凡的休闲潜力。岛屿社区通常不能以确保维护该岛重要自然、历史、文化和风景价值的方式消耗资源来管理增长,从而危及最初吸引人们来到岛屿的价值观;美国联邦、州、地方及私人努力只保护一小部分重要岛屿资源。岛屿将继续面临发展压力,威胁到可供户外休闲和野生动物栖息地的剩余开放空间,不适当开发岛屿损害岛上自然、风景、历史和文化资源,联邦、州和地方政府有必要根据该法采取协调行动,确保适当使用和保护美国的岛屿资源。[3] 从上述立法内容可以窥见,1989年《岛屿保护法》是针对休闲娱乐行为对海岛资源及环境的影响而制定的,确立了一项由联邦政府和州政府共同实施的海岛保护管理的国家制度。该法并没有区分有居民海岛与无居民海岛开发利用,而对于无

---

[1] Sec. 22a-91, Connecticut Coastal Management Act.

[2] Sec. 61.0211 Natural Resource Code: "This subchapter applies to any island or peninsula that is a state or national park or wildlife management area regardless of whether the island or peninsula is accessible by public road or ferry facility."

[3] See Sec. 2, Island Protection Act of 1989.

居民海岛的保护，尤其是纳入国家公园的海岛保护区，还要适用《国家公园系统保护及资源管理法》（National Park System Protection and Resources Management Act）的规定。除上述1989年《岛屿保护法》外，美国为保护生态系统脆弱、具有重要历史文化遗迹或自然景观的海岛，或规定特定海岛范围内开发利用行为、防污染事项，还针对特定的海岛"量身制定"部分法案。如美国2001年《州长岛保护法》（Governors Island Preservation Act）是针对州长岛之上众多历史文化遗迹制定的，该法第2部分（a）项罗列了1776年以来州长岛上重要的历史遗迹以及发生在岛上的重大历史事件，[①] 将立法目的归结为保护州长岛的历史军事建筑、向公众开放公园空间（包括国家纪念碑）、娱乐及景观资源，以及表明该岛是美国重大历史事件发生地等。[②] 此外，对于特定范围内的海岛或一些生态系统比较脆弱的海岛，美国还制定了专门的海岛保护区立法，如1980年生效的《建立海峡岛群[③]国家公园及其他目的法案》（An Act to Establish the Channel Islands National Park, and for Other Purposes）将圣米格尔岛（San Miguel）、王子岛群（Prince Islands）、圣洛萨岛（Santa Rosa）、圣库兹岛（Santa Cruz）、阿纳卡帕岛（Anacapa）和圣芭芭拉岛群（Santa Barbara Islands）划为美国国家公园管理局（National Park Service）管辖，成立美国海峡岛群国家公园和国家海洋保护区。[④] 该法案第201节第1款规定，为了保护海峡群岛的国家重要自然、景观、野生动物、海洋、生态、考古、文化和科学价值，包括但不限于以下内容：（1）褐鹈鹕筑巢区；（2）东太平洋海岸特有多样性物种未扰动的潮汐池；（3）几乎完全在海峡群岛繁殖和幼鸟，包括阿拉斯加南部唯一的北方海豹繁殖群体；（4）风蚀地貌和痕迹；（5）胡安·罗德里格斯·卡布里洛（Juan

---

① See Sec. 2 (a), Governors Island Preservation Act of 2001.

② See Sec. 2 (b), Governors Island Preservation Act of 2001.

③ 本文将Channel Islands译为"海峡岛群"，以区别于《联合国海洋法公约》第46条第2款定义的"群岛"（Archipelago）。"Archipelago" means a group of islands, including parts of islands, interconnecting waters and other natural features which are so closely interrelated that such islands, waters and other natural features form an intrinsic geographical, economic and political entity, or which historically have been regarded as such. See Article 46 (b), United Nations Convention on the Law of the Sea of 1982.

④ See Sec. 201 para. 2, an Act to establish the Channel Islands National Park, and for other purposes, Public Law 96-199, 16 USC 410f, March 5, 1980.

Rodriguez Cabrillo）的假定埋葬地；（6）大量美洲土著人口的考古证据。①除了特定许可证或特定授权委员拥有研究、恢复或监视地质、海洋资源或文化，其他任何形式活动均属非法损害保护区的行为。公园海洋核心保护区和海洋边缘保护区禁止非法破坏地质、海洋资源或文化，只有海洋边缘保护区才可进行有限参观。② 该法案授权美国内政部长与加利福尼亚州签订合作协议，在加利福尼亚州拥有的公园内和公园附近的土地和水域上执行联邦和州法律法规，但依法不得影响加利福尼亚州在公园内的权利和司法管辖权，范围包括但不限于对公园边界内淹没土地和海域以及其中海洋资源的权力。③

加拿大海岛保护区立法模式与美国模式不同。1996年加拿大颁布实施《海洋法》（1997年1月31日生效）。该法主体内容包括三部分，即加拿大的海域、海洋管理战略，以及部长的权力、责任和作用，还有《海洋法》颁布实施后相关法律废除和修订的内容。《海洋法》第35节概括性规定了加拿大海洋保护区制度，规定海洋保护区是指构成加拿大内水、领海或专属经济区的一部分的海域，由于以下一个或多个原因，根据本节被指定为特别保护区：（1）养护和保护商业和非商业渔业资源，包括海洋哺乳动物及其生境；（2）养护和保护濒危或受威胁的海洋物种及其生境；（3）养护和保护独特的生境；（4）养护和保护生物多样性或生物生产力高的海洋区域；（5）为履行部长的任务所必需的任何其他海洋资源或生境的养护和保护；（6）为实施《海洋法》第31、32节规定的海洋综合管理计划，渔业与海洋部部长将代表加拿大政府领导和协调国家海洋保护区系统的发展和实施。总督会同行政会议可根据渔业与海洋部部长的建议制定条例，这些条例的内容包括指定海洋保护区、规定保护措施，其中，保护措施包括但不限于海洋保护区分区、禁止在海洋保护区内的各类活动，以及与该项指定的目的相符的任何其他事宜。④《海洋法》第36节规定了紧急情况下的临时海洋保护区，如果部长认为海洋资源或栖息地正

---

① See Sec. 201 para. 1, An act to establish the Channel Islands National Park, and for other purposes.

② 王辉，等：《海岛旅游地"陆岛旅游一体化"的测度与案例实证》，《经济地理》2013年第8期。

③ See Sec. 104 (b), an Act to establish the Channel Islands National Park, and for other purposes.

④ See Sec. 35, *Oceans Act*, S. C. 1996, c. 31.

面临或可能面临风险，该条规定总督会同行政会议可根据渔业与海洋部部长的建议发布紧急命令，行使该法第 35 条规定的任何权力，只要这种命令不违反已经生效并已得到议会法案批准或已被议会法案批准的土地声明协议（land claims agreement）①。根据《海洋法》第 36 节作出的命令不受《政令规制法》（*Statutory Instruments Act*）第 3、5、11 条的限制，根据本条作出但未废除的命令，在作出后 90 天内不再有效。② 截止到 2018 年 11 月 7 日，在加拿大《海洋法》第 35、36 条的授权下制定了 11 部针对特定区域的海洋保护区条例（Marine Protected Area Regulations），③ 其中，只有 2 部条例在内容上涉及海岛保护区。一是《东港海洋保护区条例》（*Eastport Marine Protected Areas Regulations*，SOR/2005-294）。该条例第 3 条规定，博纳维斯塔湾（Bonavista Bay）下列海域被指定为海洋保护区，即"东港—鸭岛海洋保护区"（Eastport-Duck Island Marine Protected Area）和"东港—环岛海洋保护区"（Eastport-Round Island Marine Protected Area）。④ 二是《贝森黑德海洋保护区条例》（*Basin Head Marine Protected Area Regulations*，SOR/2005-293），该保护位于爱德华王子岛（Prince Edward Island）范围内。该条例第 4 条特别豁免了可在保护区内开展的活动，包括根据《土

---

① 土地声明协议（land claims agreement）主要处理加拿大土著土地诉求问题，加拿大存在两类土著土地诉求：一类是普遍诉求，主要是未被条约或其他法律文件解决的祖传土地的权利问题；另一类是特别诉求，不一定与领地有关，而与加拿大历史条约遗留责任有关，或与政府对原住民"第一民族"的财产管理方法有关。例如，《努纳维特土地声明协议》（Nunavut Land Claims Agreement，NLCA）是加拿大政府与 Tunngavik Federation of Nunavut（Nunavut Tunngavik Inc.）于 1993 年签订的土地权利协议。NLCA 规定，因纽特人放弃大片公共土地，但拥有在努纳维特安置区的陆地和水域捕获野生动物的权利的条款；因纽特人拥有分享国有土地的石油、天然气和矿产开发的矿区使用费的权利的条款；以及向努纳维特的因纽特人授予超过大约 35 万平方千米的土地的所有权（包括享有该土地上的矿产和油气的权利）等。See Nunavut Land Claims Agreement-in-Principle, 1990 (Agreement-in-Principle between the Inuit of the Nunavut Settlement Area and Her Majesty in Right of Canada); Kevin R. Gray, "The Nunavut Land Claims Agreement and the Future of the Eastern Arctic: The Unchanged Path to Effective Self-Government", University of Toronto Faculty of Law Review, Vol. 52, No. 2, 1993, pp. 300-344; See *Summary record of the 17th meeting: 3rd Committee*, UN Doc. A/C. 3/63/SR. 17, 6 January 2009.

② See Sec. 36, Oceans Act, S. C. 1996, c. 31.

③ See Regulations made under Oceans Act (S. C. 1996, c. 31), Justice Laws Website, https://laws-lois.justice.gc.ca/eng/acts/O-2.4/ (last visited January 15, 2019).

④ See Sec. 3 (a) (b), Eastport Marine Protected Areas Regulations (SOR/2005-294).

著社区捕鱼许可证条例》(Aboriginal Communal Fishing Licences Regulations) 进行的捕鱼活动,以及根据《海洋省份渔业条例》(Maritime Provinces Fishery Regulations) 或《爱德华王子岛野生动物保护法》(Wildlife Conservation Act of Prince Edward Island, R. S. P. E. I. 1988, c. W-4.1,) 开展的任何休闲性捕鱼活动。① 需要指出的是,上述 11 部针对特定区域的海洋保护区条例并不是加拿大海岛保护区立法的全部,除此之外,加拿大还有大量有关海岛保护区的专门立法,这些立法的上位法或授权依据来自其他联邦立法。例如 2018 年修订的《斯科特群岛海洋保护区条例》(Scott Islands Protected Marine Area Regulations)② 制定依据来自源于加拿大《野生动物法》第 4 节第 1 条第 1 项的规定,③ 该条例适用于斯科特群岛 (Scott Islands) 海洋国家野生动物区,旨在为管理岛上人类活动提供一个行动框架,保护的对象包括迁徙海鸟、濒危物种以及支持它们的生境、生态系统和海洋资源,禁止扰乱、破坏或移走野生动物或破坏野生动物栖息地、低空飞越岛屿、倾倒或排放废料等威胁斯科特群岛海洋环境的行为。④ 根据《斯科特群岛海洋保护区条例》在该岛保护范围内进行渔业、航行时不需要得到特别许可,但是渔业作业及航行必须遵守加拿大《渔业法》、《沿海渔业保护法》和《航运法》的规定。⑤ 此外还有一些根据联邦立法制定的保护区管理计划,例如,《埃尔斯金山省级公园管理计划》(Management Plan for Mount Erskine Provincial Park) 是根据加拿大《公园法》授权制定,该管理计划主要保护盐泉岛,组成该公园的三块土地中的一块被盐泉岛保护协会 (60%)、加拿大自然保护协会 (20%) 和

---

① See Sec. 4 (a) (i) (ii), Basin Head Marine Protected Area Regulations (SOR/2005-293).

② See Scott Islands Protected Marine Area Regulations, SOR/2018-119, last amended on June 27, 2018.

③ Sec. 4. 1 (1) Canada Wildlife Act: "The Governor in Council may establish protected marine areas in any area of the sea that forms part of the internal waters of Canada, the territorial sea of Canada or the exclusive economic zone of Canada."

④ See Arts. 12, 13 Scott Islands Protected Marine Area Regulations.

⑤ See Art. 5 Scott Islands Protected Marine Area Regulations: "Paragraphs 2 (1) (a) and (b) do not apply in respect of (a) fishing carried out in accordance with the Coastal Fisheries Protection Act and the Fisheries Act; (b) the navigation of a vessel in accordance with theCanada Shipping Act, 2001; or (c) the navigation of a vessel that belongs to a foreign military force or that belongs to or is under the command of the Canadian Forces."

省政府（20%）收购，并根据1999年的租赁安排作为省级公园进行管理。① 从总体上看，尽管加拿大《海洋法》对海洋保护区做了集中规定，但是设立海岛保护区的授权性规定并不完全来源于《海洋法》。根据保护区设立目的差异，如果海岛保护区属于海洋保护区的一部分，则此类保护区立法的上位法依据为《海洋法》；如果设立海岛保护区是为了保护野生动植物、自然景观等，则此类保护区立法的上位法依据为《野生动物法》《公园法》等联邦立法。

澳大利亚海域有8000多个岛屿，它们中的大多数面积相对较小，澳大利亚海岸线和海岛周围宣布的海洋保护区占澳大利亚专属经济区面积10%以上。② 与海岛保护区相关的联邦立法包括1999年《环境改革（相应条款）法》[Environmental Reform (Consequential Provisions) Act]、1999年《环境保护和生物多样性保护法》(Environment Protection and Biodiversity Conservation Act, EPBC)和2003年《澳大利亚遗产理事会（相应的和过渡性规定）法》[Australian Heritage Council (Consequential and Transitional Provisions) Act]。其中，《环境保护和生物多样性保护法》是一部综合性立法，由528节组成，并通过2000年《环境保护和生物多样性保护条例》(Environment Protection and Biodiversity Conservation Regulations)得到具体实施，联邦环境和能源部负责全面实施《环境保护和生物多样性保护法》。《环境保护和生物多样性保护法》第5章（Chapter 5）第15部分（Part 15）第313条至第390J条集中规定了"保护区"制度，该部分包括七节：世界遗产地管理、国家遗产地管理、国际重要性湿地管理、生物圈保护区管理、联邦遗产地管理、联邦保护区，以及联邦保护区管理计划的遵守。根据《环境保护和生物多样性保护法》第5章第15部分的规定，澳大利亚的保护区被分为世界遗产地（World Heritage Sites）、国际重要湿地（Wetlands of International Importance）、生物圈保护区（Biosphere Reserves）、联邦保护区（Commonwealth Reserves）和保存区（Conservation Zones）五类。该部分立法内容没直接规定岛屿或海岛保护

---

① "Management Plan for Mount Erskine Provincial Park", Ministry of Environment & Climate Change, http://www.env.gov.bc.ca/bcparks/planning/mgmtplns/saltspring/mt_erskine_post.pdf (last visited January 15, 2019).

② Ben Boer, Stefan Gruber, "Legal Framework for Protected Areas: Australia", IUCN-EPLP No. 81, 6 May 2010, p. 14.

区，也没有具体涉及岛屿保护的内容，在《环境保护和生物多样性保护法》框架下设立的海岛保护区需要按照保护类别规划，只有海岛自身或海岛之上存在属于《环境保护和生物多样性保护法》规定的自然或文化遗址、动植物、特殊景观等保护对象，才会设置相应的保护区。立法在配置主要海岛及周围保护区管理权时，采取分区和分类原则，保护区被分为联邦政府管理的联邦保护区和近海保护区，以及澳大利亚六个州和两个自治区（澳大利亚首都直辖区和北部直辖区）内的保护区，这些保护区由八个州和地区政府管理。澳大利亚首都直辖区、北部直辖区、圣诞岛直辖区、科科斯（基林）［Cocos（Keeling）］群岛直辖区、诺福克岛直辖区和澳大利亚南极直辖区内的联邦保护区和近海保护区由国家公园管理局管理。① 例如，麦格理岛（Macquarie Island）、赫德岛（Heard Island）和麦克唐纳岛（McDonald Island）以及澳大利亚南极地区都属于澳大利亚南极分区（Australian Antarctic Division），诺福克岛（Norfolk Island）和圣诞岛（Christmas Island）由澳大利亚公园管理委员会管辖，该部门隶属于联邦环境和能源部，而豪勋爵岛（Lord Howe Island）则由新南威尔士国家公园和野生动物管理局负责管理。② 在立法层面，海岛保护区的管理不仅需要受制于《环境保护和生物多样性保护法》，同时，针对一些特定海岛或保护区管理权及管理方式，还要符合其他联邦立法的规定，③ 如 1980 年《南极条约（环境保护）法》［Antarctic Treaty（Environment Protection）Act］等。对于一些特别重要的海岛，澳大利亚还制定专门法予以保护，

---

① 澳大利亚自然保护区的陆地面积为 895288 平方千米，约占该国总陆地面积的 11.5%。澳大利亚首都直辖区的保护水平最高，保护区面积占辖区面积近 55%；其次是塔斯马尼亚州，接近 40%；南澳大利亚州，25%。昆士兰州和北部地区的保护水平最低，不到 6%。在所有保护区中，2/3 被认为受到严格保护（国际自然保护联盟第一至四类），其余大部分是受管理的资源保护区（国际自然保护联盟第六类）。澳大利亚 80% 以上的保护区由澳大利亚政府、州和地区政府公有及管理，其次是土著保护区，而只有 0.3% 的保护区属于私有。See Ministers for the Environment and Energy, "Australia's protected areas", http：//www.environment.gov.au/land/nrs/about-nrs/australias-protected-areas（last visited January 15, 2019）.

② Ben Boer, Stefan Gruber, "Legal Framework for Protected Areas: Australia", *IUCN-EPLP* No. 81, 6 May 2010, p. 11.

③ Sec. 354（4）Environmental Reform [Consequential Provisions] Act 1999: "This section has effect despite any other law of the Commonwealth, a State or a Territory, but：(a) subsections (1) and (2) are subject to：(iii) the Antarctic Treaty (Environment Protection) Act 1980."

如《豪勋爵岛法》（Lord Howe Island Act）、《罗特尼斯岛条例》（Rottnest Island Regulations）等。在州及领地立法层面，根据澳大利亚《宪法》，各州、领地政府享有没有明确分配给联邦政府的立法权，州和领地的立法权限通常包括环境保护事项、陆地及非联邦政府拥有或控制海洋区域的自然资源开发事项的管辖权。① 一些沿海的州政府及领地政府，制定了大量涉及海岛的州立法及领地立法，如维多利亚州《国家公园法》（National Parks Act），昆士兰州《自然保护法》（Nature Conservation Act）、《海洋公园法》（National Parks Act），塔斯马尼亚州《国家公园和保护区管理法》、南澳大利亚州及新南威尔士州《海洋公园法》等。由于各州的保护区名称及其地方分类差异，有些海岛保护区被作为国家公园的一部分，② 还有一些海岛保护区被划入海洋公园之内，有的州则通过野生动物法或单独立法处理海岛保护区问题。

挪威立法将保护区分为国家公园（National Parks）、景观保护区（Landscape Conservation Areas）和自然保护区（Nature Reserves）。挪威陆地面积的 15.7%（即 50861 平方千米）受到《自然保护法》（Nature Conservation Act）的保护，该区域 50% 以上被归划为国家公园。③ 截止到 2018 年 8 月，挪威拥有 39 个国家公园（不包括斯瓦尔巴群岛和扬马延岛）、194 个景观保护区和 2265 个自然保护区，458 个其他类型保护（区），约 2700 平方千米的海域被《自然保护法》指定为保护区。④ 与海岛保护区密切相关的两部立法是 1970 年《自然保护法》和 2009 年《自然多样性法》（Nature Diversity Act），《自然多样性法》被认为是迄今通过的关于挪威保护区管理最全面、最重要的立法，它在空间上具有普遍效力，规范负责管理环境或做出可能对环境产生影响决策的所有部门。《自然多样性法》中关于保护区的规定类似于 1970 年《自然保护法》等先前立法中的

---

① Ben Boer, Stefan Gruber, "Legal Framework for Protected Areas: Australia", IUCN-EPLP No. 81, 6 May 2010, p.6.

② 例如，维多利亚州《国家公园法》第 30 F、30 O 节规定了法兰西岛国家公园（French Island National Park）保护措施，See Sections 30 F, 30 O Access rights—French Island National Park, National Parks Act 1975, No. 8702 of 197.

③ "Protected Areas in Norway", EUROPARC Nordic-Baltic, http://www.europarc-nb.org/protected-areas/norway（last visited January 15, 2019）.

④ See Statistics Norway, "Protected areas", https://www.ssb.no/en/arealvern（last visited January 15, 2019）.

规定，但是对区域的保护则综合了各类管理方式。① 《自然多样性法》第5章第33—51节集中规定了保护区制度，第33节规定保护客体，② 即"本章规定的陆地、河流系统和海洋保护区应促进（a）生境和景观类型的各种变化；（b）物种和遗传多样性；（c）濒危自然环境和优先物种具有特定生态功能的地区；（d）主要的完整生态系统，也使它们可以用于低影响性的户外休闲；（e）具有特殊保护价值的区域；（f）反映人类长期使用的自然环境（文化景观）或具有历史价值的自然环境，并促进有助于保持生物、地质和景观多样性的使用形式；（g）国家级和国际级生态和景观一致性；（h）可以监测环境趋势的参考区域。可见，挪威《自然多样性法》规定的保护区客体并未完全以地物景观作为分类标准，依托海岛设定保护区时，需要判断海岛自身或海岛其上自然及人文要素是否属于《自然多样性法》第5章第33节规定范畴。除《自然多样性法》外，挪威2008年《海洋资源法》（Marine Resources Act）第19节规定了海洋保护区，"国王可以建立海洋保护区，禁止捕捞和以其他形式获取野生海洋资源。对于不与保护该区域目的相冲突的收获活动和其他形式的使用，可予以豁免"，③ "国王可以规定该法案的全部或部分适用于扬马延

---

① Norwegian Environment Agency, "Conservation past and present", http://www.miljodirektoratet.no/en/Areas-of-activity1/Conservation-Areas/Conservation-past-and-present/（last visited January 15, 2019）.

② See Section 33 (objectives relating to protected areas), Act of 19 June 2009 No. 100 Relating to the Management of Biological, Geological and Landscape Diversity (Nature Diversity Act): "Protected areas on land, in river systems and in the sea under this chapter shall promote the conservation of (a) the full range of variation of habitats and landscape types; (b) species and genetic diversity; (c) endangerednatural environments and areas with specific ecological functions for priority species; (d) majorintact ecosystems, also making them accessible for low-impact outdoor recreation; (e) areas of special conservation value; (f) natural environments that reflect human use through the ages (cultural landscapes) or that are also of historical value, and facilitation of forms of use that help to maintain biological, geological and landscape diversity; (g) ecological and landscape coherence at national and international level, or (h) reference areas where environmental trends can be monitored."

③ Section 19 (Marine protected areas), Act of 6 June 2008 no. 37 relating to the management of wild living marine resources (Marine Resources Act): "The King may establish marine protected areas where harvesting and other forms of use of wild living marine resources is prohibited. Exemptions may be granted for harvesting activities and other forms of use that will not be in conflict with the purpose of protecting the area."

岛、斯瓦尔巴群岛、布韦岛、彼德一世岛和毛德皇后地的挪威领土"。①除上述立法外，挪威还有少量保护特定海岛的立法，例如斯瓦尔巴群岛及附属海域的大部分地区都受到保护，其中，群岛总面积的65%、岛屿领海面积的75%受到保护，斯瓦尔巴的国家公园和自然保护区规定在《斯瓦尔巴环境保护法》（Svalbard Environmental Protection Act）② 之中。

日本作为一个岛国，海岛保护区体系由自然环境保全区和自然公园两类构成。根据《自然环境保全法》和《自然公园法》，日本将保护区主要分为自然环境保全区和自然公园两类。自然环境保全区是根据《自然环境保全法》而设立的一类保护区，《自然环境保全法》为自然保护提供了基本框架，旨在与其他相关法律合作保护和管理自然资源和自然生态系统，为保全优美的自然环境，将现在某种程度上已形成良好环境的地域予以指定，通过对一定的开发行为予以控制，规定限制土地所有者权限、私权及其调整措施、损失补偿及收买土地等措施，而实行保护、保全。③ 根据保护对象和管理要求，《自然环境保全法》中的自然环境保全区又可分为三类。一是荒野地区（共五处），即几乎未受人为活动的影响，仍维持有自然环境的原生状态的地域。例如，归属于日本东京都小笠原村的无人岛"南硫磺岛"具有良好的热带和亚热带植被、被海浪侵蚀的地理特征是众多海鸟栖息地，该区域被《自然环境保全法》划定为荒野地区，并被指定为限制进入区域。日本屋久岛存在完整的温带常绿阔叶林，包括天然雪松和石栎属等，该区域虽然也被《自然环境保全法》划定为荒野地区，但并不禁止进入。二是自然保全区（共10处），即面积一般在10公顷以上并符合某些特征条件的自然区域。这些特征条件包括：（1）高山

---

① Section 4 (Territorial extent) para. 2 Marine Resources Act: "The King may prescribe that all or part of the Act is to apply to Norwegian land territory on Jan Mayen, Svalbard, Bouvet Island, Peter I's Island and Dronning Maud Land."

② See Act relating to the protection of the environment in Svalbard (Svalbard Environmental Protection Act).

③ 参见日本《自然環境保全法》第1条："この法律は、自然公園法（昭和三十二年法律第百六十一号）その他の自然環境の保全を目的とする法律と相まって、自然環境を保全することが特に必要な区域等の生物の多様性の確保その他の自然環境の適正な保全を総合的に推進することにより、広く国民が自然環境の恵沢を享受するとともに、将来の国民にこれを継承できるようにし、もって現在及び将来の国民の健康で文化的な生活の確保に寄与することを目的とする。"

和亚高山植被；（2）宝贵的天然森林；（3）典型的景观、地质和自然现象；（4）河流、湖泊、沼泽和有珍稀野生动物的海岸；（5）有珍稀野生动物的海洋区域；（6）符合上述第 1—5 项特征、保持良好自然环境的动植物生境。[①] 三是都道府县立自然环境保全区，包括由都道府县知事比照自然环境保护区标准（有关面积的规定除外）而划定的区域，但不包括海洋区域。[②] 根据《自然环境保护法》第 4 条的规定，日本环境省下设的生物多样性中心负责系统收集和保管生物调查中所得到的动植物标本，运营管理生物多样性展室及网站，每五年进行一次"自然环境保护基本调查"，并通过互联网等方式向社会公开，向公众普及和讲解有关生物多样性保全的知识，制定国家、自治体和非政府组织资源及生态保全实施策略，提供环境评估信息等。[③]《自然公园法》将自然公园设立为一类保护区，以保护自然环境、优美风景地并增强对该地区的利用，以确保国民健康、休闲和接受教育的场所作为立法目的。[④] 该法第 2 条第 1 款将自然公园分为国立公园、国定公园和都道府县立自然公园三类：国立公园是指能够代表日本风景的具有非常突出的自然风光的一定区域，由国家进行管理；国定公园是经有关都道府县的申请，并比照国立公园的标准而指定的具有优美的自然环境的风景地，由都道府县进行具体管理；都道府县立自然公园是由都道府县知事根据条例指定的具有优美环境的风景地，由都道府县管理。[⑤]《自然环境保全法》与《自然公园法》都是以自然保护为目的，采取保护区制度，在指定区域内通过法令对适用主体的行为进行规制。《自然环境保全法》第 25、27、28 条分别规定了特别地区、海域特别区、普通地区，特别地区、海域特别区对一定行为采取许可制，[⑥] 普通地区对于一定行为适用申报制。[⑦]《自然公园法》第 20、22、33 条规定了

[①] See Ministry of the Environment Government of Japan, "Nature Conservation in Japan-Section 4", https://www.env.go.jp/en/nature/npr/ncj/section4.html (last visited January 15, 2019).

[②] 李晓冬等：《日本和越南边远海岛管理政策探析》，《海洋开发与管理》2016 年第 2 期。

[③] 参见日本环境省《自然环境保护》，日本环境省网（https://www.env.go.jp/cn/nature/index.html），最后访问时间：2019 年 2 月 15 日。

[④] 日本《自然公园法》第 1 条："この法律は、優れた自然の風景地を保護するとともに、その利用の増進を図り、もつて国民の保健、休養及び教化に資することを目的とする。"

[⑤] 参见日本《自然公园法》第 1 条。

[⑥] 参见日本《自然环境保全法》第 25、27 条。

[⑦] 参见日本《自然环境保全法》第 28 条。

特别地区、海域公园地区、普通地区，特别保护地区、利用调整地区的指定也可以是关于一定行为的许可制，海域公园地区利用调整地区的指定也可以是关于一定行为的许可制，普通地区关于一定行为与《自然环境保全法》第 28 条的规定相同。① 根据《自然公园法》第 71 条和《自然环境保护法》第 22 条第 2 项、第 45 条第 2 项在同一块土地上是不能同时适用以上两部法律的。日本还有根据《有关鸟兽保护和狩猎的法律》而设立的鸟兽保护区、根据《有关灭绝和濒危灭绝的野生动植物物种的保存的法律》设立栖息地保护区和根据《文化财产保护法》设立的天然纪念物等保护区类型。② 需要指出的是，尽管 1993 年日本《环境基本法》对环境保护及治理做了概括性规定，但是《环境基本法》只是从宏观层面完善了环境法的基本理念以及环境基本计划、环境影响评价等环境法律制度和政策措施，并未就保护区制度作出具体变革，因此，在《环境基本法》出台后《自然环境保全法》和《自然公园法》依然得到保留和实施，并且作为制定保护区设定及管理的主要法律依据。

二　域外主要国家海岛保护区立法发展趋势

从美国、加拿大、澳大利亚、挪威和日本海岛保护区相关立法实践看，一些国家将海岛保护纳入海洋保护区立法中，还有一些国家针对特定海岛规划保护区并制定专门性的海岛保护区立法，还有一些国家有关海岛保护区的法律规定分散在《国家公园法》《野生动植保护法》等立法之中。总结上述国家海岛保护区相关立法，可以得出如下结论。

第一，海岛保护区立法形式具有多样性，立法模式趋于集中化。保护区制度是许多国家海岛生态环境保护立法普遍应用的一项海岛保护制度，海岛保护区立法模式呈现多样性化。美国在海岛保护区领域没有严格的部门法概念，也没有系统性、逻辑性很强的法律分类，既存在普遍适用的联邦立法，也存在大量的州立法，这些法律从行政管理、自然资源和环境保护等方面对海岛保护加以规定。③ 加拿大、澳大利亚和挪威

---

① 参见日本《自然公园法》第 20、22、33 条。
② 参见李晓冬等《日本和越南边远海岛管理政策探析》，《海洋开发与管理》2016 年第 2 期。
③ 参见朱晓燕《国外海岛生态环境保护立法模式比较研究》，《中国法学会环境资源法学研究会 2007 年会论文集（第四册）》，兰州，2007 年，第 3 页。

均有专门立法规定保护区制度,加拿大《海洋法》对海洋保护区做了集中规定,澳大利亚《环境保护和生物多样性保护法》第5章第15部分第313条至第390J条集中规定了"保护区"制度,挪威《自然多样性法》第5章第33—51节集中规定了保护区制度,第33节规定保护客体。① 但是,上述三个国家的立法模式还是存在细微差别的,尽管加拿大《海洋法》对海洋保护区做了集中规定,但是设立海岛保护区的授权性规定并不完全来源于《海洋法》。根据保护区设立目的差异,如果海岛保护区属于海洋保护区的一部分,则此类保护区立法的上位法依据为《海洋法》;如果设立海岛保护区是为了保护野生动植物、自然景观等,则此类保护区立法的上位法依据为《野生动物法》《公园法》等联邦立法。澳大利亚海岛保护区管理内容集中在《环境保护和生物多样性保护法》中,该法作为一部综合性立法,对保护区分类和管理做未来较为完整的规定,即便如此,对于一些特别重要的海岛,澳大利亚还制定专门法予以保护,如《豪勋爵岛法》(Lord Howe Island Act)、《罗特尼斯岛条例》(Rottnest Island Regulations)等。挪威《自然多样性法》虽然被认为是迄今通过的关于挪威保护区管理最全面、最重要的立法,但是在该法之外,海岛保护区的设立和管理还受到1970年《自然保护法》、2008年《海洋资源法》的调整,诸如斯瓦尔巴群岛、扬马延岛等海岛还受到特别立法的调整。《斯瓦尔巴环境保护法》(Svalbard Environmental Protection Act)第3章第11—22节规定了适用于该群岛的保护区制度。② 日本海岛保护区体系由自然环境保全区和自然公园两类构成,

---

① See Section 33 (objectives relating to protected areas), Act of 19 June 2009 No. 100 Relating to the Management of Biological, Geological and Landscape Diversity (Nature Diversity Act): "Protected areas on land, in river systems and in the sea under this chapter shall promote the conservation of (a) the full range of variation of habitats and landscape types; (b) species and genetic diversity; (c) endangered natural environments and areas with specific ecological functions for priority species; (d) major intact ecosystems, also making them accessible for low - impact outdoor recreation; (e) areas of special conservation value; (f) natural environments that reflect human use through the ages (cultural landscapes) or that are also of historical value, and facilitation of forms of use that help to maintain biological, geological and landscape diversity; (g) ecological and landscape coherence at national and international level, or (h) reference areas where environmental trends can be monitored."

② See Chapter Ⅲ Sections 11-22, Act relating to the protection of the environment in Svalbard (Svalbard Environmental Protection Act).

根据《自然环境保全法》和《自然公园法》，日本将保护区主要分为自然环境保全区和自然公园两类，两类保护区在立法体系中平行存在。《自然环境保全法》和《自然公园法》受到具有综合法性质的《环境基本法》的统领，换言之，围绕海岛设立自然环境保全区和自然公园也需要符合《环境基本法》规定的基本理念和相应的管理制度。从总体上看，与中国《海岛保护法》相比，上述国家在海岛保护区方面没有一部内容全面、较完整地规定关于海岛保护区各项制度的立法。但是，加拿大、澳大利亚和挪威依然存在集中立法模式的趋向和制度安排，其原因在于上述国家立法在界定保护区立法适用客体范围时，不完全从海岛等地物本身出发，而是从需要保护的保护野生动植物、自然景观、人文景观等具有保护价值的要素出发，设计保护区制度，集中在一部法律中规定保护区各项制度，在立法内容上涵盖核心术语的立法定义、主管机构及权利义务、管理计划、监管职责职权、权利救济和法律责任等内容，内容相对比较全面。在集中立法外，辅以针对特定海岛的专门立法，从行政管理、自然资源和环境保护等方面加以规定。

第二，国家（联邦）立法与地方（州及领地）立法共同构成海岛保护区立法体系。在美国、加拿大、澳大利亚等国家立法中，海岛自身不构成独立一类自然资源，海岛的权属从属土地权属制度，土地存在着联邦政府所有、私人或公司所有、州和地方政府所有等所有制形式，如美国联邦所有的土地被分为五个相互独立的系统：公园、野生动物避难所、森林、土地管理局（BLM）管理的公共土地及荒野。而且，每个系统之下还有许多亚系统，如纪念物、海岸、文化区、具有重要环境意义的地区、风景河流、避难所、娱乐区、重要栖息地等。[①] 海岛保护区的设立是建在立法规定的、有保护价值的系统之上的，换言之，立法设立海岛保护区是根据海岛自然环境和资源的状况，以及对自然保护的认识和需求进行的，立法目的在于保护珍稀及濒危海洋生态物种，保护典型海洋自然生态环境，合理协调海洋资源保护与利用的矛盾时，选择了包括主要保护对象在内的具有代表性的海洋环境（如海岸带、浅海、滩涂、海洋岛礁等）划定区域，对区域内的环境和珍稀濒危物种及其生态

[①] 陈广伟：《美国的自然资源立法和管理》，《资源科学》2001年第2期。

系统、特种景观、遗迹加以特殊保护和管理。① 受到海岛权属制度以及政治体制的影响，在联邦立法权和州立法权分而治之的政治体制下，形成了联邦海岛保护区立法与州海岛保护区立法并存的格局。例如，澳大利亚联邦、州和领地政府（territory governments）分享立法权，根据澳大利亚《宪法》规定，各州、领地政府享有未明确分配给联邦政府的立法权，州和领地的立法权限通常包括环境保护事项、陆地及非联邦政府拥有或控制海洋区域的自然资源开发事项的管辖权，② 各州保护区名称及其地方分类系统也存在不少的差异。部分由于世界自然及文化遗产问题引起的法律冲突，澳大利亚联邦、各州和各领土政府于1992年谈判达成了一项环境协定，该协定规定将环境和自然资源事务的权力分配给联邦、各州和地区，包括世界遗产和国家遗产事务。继1992年协议后，1997年三方又达成《联邦和州在环境方面的作用和责任的框架协议》（*Heads of agreement on Commonwealth and State Roles and Responsibilities for the Environment*），③ 该框架协议成为1999年颁布《环境保护和生物多样性保护法》的基础。在《环境保护和生物多样性保护法》及州和领地政府立法框架下，澳大利亚的大部分保护区由州和地区政府管理，每个州和地区都负责管理其管辖下的保护区。④ 从时间维度看，尽管许多国家在不断制定、完善或修订海岛保护相关立法，调整海岛利用及管理立法模式，但是联邦立法与州立法并存的模式始终比较稳定。

第三，立法罗列严格详细的管理规则和管理计划。美国、加拿大、澳大利亚、挪威和日本在制定海岛保护区相关立法时，不仅设置了极其严格的管理规则，而且会设置相应管理计划。美国《岛屿保护法》第13节规定，内政部应在国家公园管理局内制订一项方案，向州和地方政府（包括适当的规划机构）以及私人非营利组织提供技术援助，以保护岛屿的

---

① 朱晓燕、薛锋刚：《国外海岛自然保护区立法模式比较研究》，《海洋开发与管理》2005年第2期。

② Ben Boer, Stefan Gruber, "Legal Framework for Protected Areas: Australia", *IUCN-EPLP* No. 81, 6 May 2010, p. 6.

③ "Heads of agreement" 通常被作为通往完全有效协议的第一步，或者被作为不具有强制效力的临时安排，用以列出协议的主要问题，分配当事方的角色及职责，作出指引性和纲要性规定。

④ Ben Boer, Stefan Gruber, "Legal Framework for Protected Areas: Australia", *IUCN-EPLP* No. 81, 6 May 2010, pp. 6-7.

自然、历史、文化、娱乐和风景资源；制订具体的岛屿管理计划和战略。这种技术援助应包括帮助岛屿社区保持其历史和传统特征，保护鱼类和野生动物栖息地，协调社区增长的压力与自然和文化资源的保护，以确保不超过岛屿生态系统和自然进程吸收发展的能力。[1] 1980 年《建立海峡岛群国家公园及其他目的法案》（An Act to Establish the Channel Islands National Park, and for Other Purposes）第 119 节（b）（2）项规定，内政部必须就公园管理制订一份管理计划，以实现上述目的，并符合本条的规定。该计划应根据经修订的 1976 年《联邦土地政策和管理法》第 202 节的规定制定。[2] 据此制定的《海峡岛群国家公园最终总体管理计划》（Channel Islands National Park Final General Management Plan）规定，参观者必须维护岛上植物、动物和文化遗址，禁止喂养、收集、干扰或伤害野生动物、植物或其他自然与文化资源。徒步旅行必须在指定路径进行，带来的任何物品全部带走（包括垃圾），确保食物和垃圾不会干扰到岛内鸟类和其他动物。严格遵循观赏野生动物的规定，避免碰到鸟类和鳍脚类动物的栖息地，如果对这些动物造成伤害，将受到联邦法律的处罚。[3] 加拿大《贝森黑德海洋保护区条例》（SOR/2005-293）第 3 节第 1 款、第 2 款规定，任何人不得在保护区内扰乱、破坏或摧毁任何海洋生物或其栖息地的任何部分，或将其从保护区内移走；或者开展任何沉积、排放或倾倒任何物质，或导致任何物质被沉积、排放或倾倒的活动，唯此可能导致海洋生物或其栖息地的任何部分受到干扰、损害、破坏或迁移。[4] 澳大利亚《环境保护和生物多样性保护法》（EPBC）第 207B 节规定，任何人在明知其行为严重损害或将严重损害所列受威胁物种（依赖养护的物种除外）或所列受

---

[1] See Sec. 13. Data, Assistance, and Register for Islands, Island Protection Act of 1989.

[2] Sec. 119. (b) In order to protect the unique scenic, scientific, educational, and recreational values of certain lands in and around, An Act to establish the Channel Islands National Park, and for other purposes.

[3] 王辉等：《经济形态演变对海洋海岛生态环境的影响——以美国海峡群岛为例》，《地理科学》2006 年第 4 期。

[4] See Sec. 3 (1) Basin Head Marine Protected Area Regulations: "In the Area, no person shall (a) disturb, damage or destroy, or remove from the Area, any living marine organism or any part of its habitat; or (b) carry out any activity — including depositing, discharging or dumping any substance, or causing any substance to be deposited, discharged or dumped that is likely to result in the disturbance, damage, destruction or removal of a living marine organism or any part of its habitat."

威胁生态社区的重要生境,依然采取上述行为的,即属犯罪;严格赔偿责任适用于《刑法》第 6.1 节,并可处以不超过 2 年的监禁或(和)不超过 1000 个处罚单位的罚款。①

第四,注意与相关国际公约的规定保持一致。从海岛保护区发展历程看,尽管海岛保护区法律规制在很多方面都不可避免地牵涉国内法与国际法之间的互动关系,当事国在平等主权的基础上,通过相互协商、妥协达成的大量软法规范,对于推动当事国海岛保护区立法以及保护区制度在全球范围内的广泛适用,具有积极的促进作用。澳大利亚等国通过立法管理海岛利用及保护时,既扎根于本国海岛资源禀赋及法治国情,也在关注国际法的最新发展趋势,以保持立法的合理性和前瞻性。当事国立法在适用相关国际公约时,既有在立法中明确规定国际公约规定适用于该国,也有通过国内立法把其规则转变为详细的法律条款或仅仅规定条约的可适用性之后在国内法体系中予以适用。例如,1999 年澳大利亚《环境保护和生物多样性保护法》中的保护区体系由五类保护区构成,即世界遗产地(World Heritage Sites)、国际重要湿地(Wetlands of International Importance)、生物圈保护区(Biosphere Reserves)、联邦保护区(Commonwealth Reserves)和保存区(Conservation Zones)。其中,前三类是按照国际公约或因参照国际组织活动而设立的保护区;后两类则是按照自然保护需要设立的保护区。②《环境保护和生物多样性保护法》第 15 B 节规定,对澳大利亚根据《生物多样性公约》第 8 条负有义务的国家遗产地,任何人不得采取或将采取可能损害其价值的重大影响的行动;上述条款仅适用于禁止适当的行动,并适用于履行澳大利亚根据《生物多样性公约》第 8 条承担的义务。③ 第 17 A 节规定,针对做出和撤销湿地声明生效的指定期

---

① See Sec. 207B Offence of knowingly damaging critical habitat, Environment Protection and Biodiversity Conservation Act 1999.

② 欧阳志云等:《中国环境与发展国际合作委员会专题政策研究项目报告:生态保护红线制度创新研究》,中国环境与发展国际合作委员会,北京,2014 年 12 月 1—3 日,第 34、36 页。

③ See Sec. 15B (5) Environment Protection and Biodiversity Conservation Act 1999: "A person must not take an action that has, will have or is likely to have a significant impact on the National Heritage values of a National Heritage place in an area in respect of which Australia has obligations under Article 8 of the Biodiversity Convention. (6) Subsection (5) only applies to actions whose prohibition is appropriate and adapted to give effect to Australia's obligations under Article 8 of the Biodiversity Convention. (However, that subsection may not apply to certain actions because of subsection (8)."

间，部长必须在一份声明中具体说明其有效期。这一时期不得长于以下较短时期，包括部长认为联邦需要决定湿地在生态学、植物学、动物学、湖沼学或水文学方面是否具有国际意义的时期，以及并指定湿地列入根据《拉姆萨尔公约》第2条具有国际重要性湿地清单的时期。① 在海岛保护区领域将国内法与国际公约结合起来，纳入或转化适用国际公约的规定，既推行全球统一的管理标准，又兼顾本国海岛保护的特殊需求，采取国际法与国内法相结合的路径，使二者相得益彰，彼此协调共同发展。

三 国际法的发展对于海岛保护区国内立法的影响

国际软法和国际条约对于海岛保护区国内立法具有显著的影响。20世纪中叶，自然保护区的概念和制度理念在全球范围内传播。② 1959年联合国经济及社会理事会通过一项决议［Resolution 713（XXVII）］③ 呼吁列出国家公园和同等保护区的清单，承认它们"出于经济和科学原因是有价值的，也是未来自然状态下保护动植物和地质结构的区域"，并通过要求编纂《国家公园及等同保护区世界名录》首次尝试对保护区的数量、范围和位置进行登记，由此标志着保护区制度在全球范围内得到承认。1962年世界国家公园大会（World Conference of National Parks）首次提出海洋保护区的概念，20世纪70年代初美国率先建立国家级海洋自然保护区，并颁布《海洋自然保护区法》，保护海岛、海域自然资源及生态环境，使建立海洋自然保护区的行动法制化，并得到其他国家立法效仿。

与海岛保护区密切相关的国际公约主要包括《海洋法公约》、《生物多样性公约》（Convention on Biological Diversity）、《国际重要湿地特别是

---

① See Sec. 17A (6), Environment Protection and Biodiversity Conservation Act 1999: "The Minister must specify in a declaration the period for which it is to be in force. The period must not be longer than the shorter of the following periods: (a) the period the Minister believes the Commonwealth needs to: (i) decide whether the wetland is of international significance in terms of ecology, botany, zoology, limnology or hydrology; and (ii) designate the wetland for inclusion in the List of Wetlands of International Importance kept under Article 2 of the Ramsar Convention."

② Adrian Phillips, "A short history of the international system of protected areas management", in Nigel Dudley & Sue Stolton ed., *Defining Protected Areas*', *IUCN Protected Areas Categories Summit-Almeria*, Spain, May 2007, pp. 12-13.

③ See UN Economic and Social Council, "Establishment by the Secretary-General of the United Nations of a list of national parks and equivalent reserves", Resolution 713 (XXVII), 2 April 1959.

水禽栖息地公约》(Convention on Wetlands of Importance Especially as Waterfowl Habitat) 和《保护世界文化和自然遗产公约》(Convention Concerning the Protection of the World Cultural and Natural Heritage)。《海洋法公约》第12部分"海洋环境保护与保全"专门规定了海洋环境与资源保护,公约对各国设定了保护与保全海洋环境资源的国际义务,制定了履行这些义务的方式和规则。《生物多样性公约》于1992年6月5日在里约热内卢地球问题首脑会议开放供签署,并于1993年12月29日生效。《生物多样性公约》是一项具有法律约束力的国际条约,公约将保护生物多样性、可持续利用生物多样性及公正合理分享由利用遗传资源所产生的惠益作为目标,内容涵盖了所有层面的生物多样性,包括生态系统、物种和遗传资源。此外,《生物多样性公约》通过《卡塔赫纳生物安全议定书》等,还涵盖了生物技术,以及与生物多样性及其在发展中的作用有直接或间接关联的所有领域,包括科学、政治和教育、农业、商业和文化等。① 《生物多样性公约》缔约国会议是公约的理事机构,是由所有公约批准国(或缔约国)组成的最高权力机构,缔约国会议每两年举行一次会议,审查公约的实施情况、确定优先事项和落实工作计划。② 《国际重要湿地特别是水禽栖息地公约》(以下简称《拉姆萨尔公约》)在世界自然保护联盟(IUCN)组织下谈判达成,并于1971年2月在伊朗拉姆萨尔召开的湿地及水禽保护国际会议上获得通过,1975年12月21日生效。《拉姆萨尔公约》为保护和合理地使用湿地及其资源提供了一个框架,旨在通过国家行动和国际合作,保护和可持续地利用湿地,为在全世界实现可持续发展做出贡献,公约没有规定强制性惩罚机制,缔约方通过各自国内的行动和国际合作,实现湿地的保护。③ 在公约框架下,缔约国有义务在加入公约时至少指定一个湿地列入《国际重要湿地名录》,加强其保护,并在以后继续指定其领土范围内其他湿地列入此名录;缔约国应将湿地保护纳入其

---

① See Status and Trends of, and Threats to, Protected Areas, UNEP/CBD/SBSTTA/9/5/Rev.1, 23 September 2003.

② 《生物多样性促进人类发展》,联合国网 (http://www.un.org/zh/events/biodiversityday/convention.shtml),最后访问时间:2019年2月20日。

③ See V. Batanjski, et al., "Critical legal and environmental view on the Ramsar Convention in protection from invasive plant species: an example of the Southern Pannonia region", International Environmental Agreements Politics Law & Economics, Vol.16, Iss.6, 2016, pp.833-848.

国家土地使用规划中，促进其领土范围内湿地的合理使用；建立湿地自然保护区，在湿地研究、管理和守护方面开展培训；与其他缔约方就履约事宜进行磋商，特别是在跨境湿地、共有水体和物种方面。围绕《拉姆萨尔公约》制订和出版的《湿地保护指南》《拉姆萨尔手册》《拉姆萨尔工具包》《合理利用湿地手册》等指导性文件，对各国的湿地保护发挥了积极作用。① 1972年联合国教科文组织大会第17届会议通过《保护世界文化和自然遗产公约》，规定了文化遗产和自然遗产的定义、文化和自然遗产的国家保护与国际保护措施等条款。公约规定了各缔约国可自行确定本国领土内的文化和自然遗产，并向世界遗产委员会递交其遗产清单，由世界遗产大会审核和批准。凡是被列入世界文化和自然遗产的地点，都由其所在国家依法严格予以保护，必要时利用所能获得的国际援助和合作，特别是财政、艺术、科学及技术方面的援助和合作。缔约国不得故意采取任何可能直接或间接损害本公约领土内的文化和自然遗产的措施。② 此外，联合国大会的决议、实践准则、联合声明和宣言、指南等③仅仅是作为建议、倡导而存在的规范，而无意于为国家赋予权利、确立义务或者形成责任的国际软法规范，对于填补既有条约生效后的空白，阐明某项国际法原则的具体含义和内容，辅助国际法的发展与实施，④ 具有显著的推动作用。

国际软法及国际公约影响国内法关于保护区分类和制度构建。法学在融合社会科学领域内其他学科研究成果的同时，也逐步拓展至与自然科学相结合。正如哈耶克所言："在社会科学中，几乎没有哪个具体问题能够仅仅依靠一门学科做出恰当的回答。"⑤ 海岛保护区立法横跨在

---

① See J. Gupta, "Normative Issues in Global Environmental Governance: Connecting Climate Change, Water and Forests", *Journal of Agricultural & Environmental Ethics*, Vol. 28, Iss. 3, 2015, pp. 413-433.

② 《保护世界文化和自然遗产公约》，中国政府网（http://www.gov.cn/test/2006-05/23/content_288352.htm），最后访问时间：2019年4月1日。

③ See D. Armstrong *et al.*, *International Law and International Relations*, Cambridge: Cambridge University Press, 2012, p. 27.

④ 参见何志鹏《逆全球化潮流与国际软法的趋势》，《武汉大学学报（哲学社会科学版）》2017年第4期。

⑤ ［英］弗里德里克·A.哈耶克：《经济、科学与政治——哈耶克思想精粹》，冯克利译，江苏人民出版社2000年版，第28页。

社会科学和自然科学之间，其中，关于保护区的分类就具有较强的技术性，是以法律的形式把最新的科学技术成果固定下来，使技术性规范成为法律规范，从而获得法律的强制效力保障。世界自然保护联盟（IUCN）出版的《保护区管理类型指南》依据主要管理目标将保护区划分为六个类型，即严格自然保护区及荒野地保护区、国家公园、自然纪念物保护区、生境和物种管理保护区、陆地和海洋景观保护区、资源管理保护区。该分类系统以管制强度层级不同划分，由于其通用性得到了世界上多数国家的承认，具有国际性。[1] 例如，澳大利亚《环境保护和生物多样性保护法》中的联邦保护区（Commonwealth Reserves）是澳大利亚保护区的主体，该法对联邦保护区分类方法完全对应于世界自然保护联盟保护区分类系统，而澳洲昆士兰则将国家公园归为"严格的自然保护区"及"资源管理保护区"。在联邦政府与州政府分享立法权体系之下，在过去的30年里，澳大利亚高等法院（High Court of Australia）扩大了联邦政府在管理世界文化和自然遗产领域的影响范围，依据《保护世界文化和自然遗产公约》发展、管理和保护世界文化及自然遗产，不仅对属于澳大利亚联邦政府承担的国际义务，也对通常属于州和地区管辖权力做了限制，[2] 影响了联邦政府海岛保护相关立法的适用范围。在日本，选择《拉姆萨尔公约》湿地的条件主要有三个，包括必须满足公约规定的国际重要湿地的标准；根据《自然公园法》及《鸟兽保护法》等法律，需要对湿地自然环境进行保护；必须取得当地居民对依据公约设立湿地的同意。[3]

为了把软法文件转化为具有国际约束力的条款，世界自然保护联盟（IUCN）环境法委员会与环境法国际理事会（ICEL）合作，起草了《环境与发展国际盟约（草案）》，规定缔约国应采取各种措施保护生物多样性，适当时设立保护区系统，该草案被提交至1992年联合国环境与发展会议。而1992年联合国环境与发展会议通过的《21世纪议程》，则明确

---

[1] 蒋明康等：《基于 IUCN 保护区分类系统的中国自然保护区分类标准研究》，《农村生态环境》2004年第2期。

[2] Ben Boer & Stefan Gruber, "Legal Framework for Protected Areas: Australia", *IUCN-EPLP* No. 81, 6 May 2010, p. 6.

[3] 《日本的拉姆萨尔公约湿地》, https://www.env.go.jp/cn/nature/08.pdf（last visited January15, 2019）.

各国应当可持续地利用海洋生物资源,为此必须"保存生境和其他生态上敏感的地区"。2012 年《生物多样性公约》缔约方第 11 次会议通过《岛屿生物多样性:深入审查工作方案的实施情况》①,呼吁各缔约方继续将国际注意力和行动落在第Ⅸ/21 号决定所载六个优先事项方面,包括管理和消除外来入侵物种、适应和减缓气候变化的活动、设立和管理海洋保护区、获得以及公平分享利用遗传资源所产生的惠益等。2016 年《生物多样性公约》缔约方第 13 次会议通过的《坎昆宣言》(Cancun Declaration)中,与会各国代表承诺采取具体行动"确保国内各级政府通力合作,联合各个部门,推动生物多样性保护成为主流趋势,建立有效的制度框架、立法机制和管理体制"。

在实践中,不同国际公约规定了不同类型的海洋保护区制度,其中大部分保护区制度并非针对海岛设定,但在保护内容或保护方式上与海岛保护具有兼容性。以特别敏感海域制度为例,② 该制度的初衷是为保护对生态、社会、经济或科学价值较高,且易受国际航海活动影响的海域,而建立的一整套海洋环境保护区规则系统。③ 从 1990 年至今,IMO 根据美国、澳大利亚等 23 个成员国单独或联合申请,已在全球指定 14 处特别敏感海域,其中 5 处是由两个及以上成员国联合申请的。④ 逐年递增的申请案反映出特别敏感海域制度在保护海洋环境方面的实效作用。在 IMO 批准指定的 14 处特别敏感海域中,沿海国均将申请理由集中在海域的生态特征

---

① See *Report of the Sixteenth Meeting of the Subsidiary Body on Scientific, Technical and Technological Advice*, UNEP/CBD/COP/11/3, 18 June 2012, p. 35.

② 马金星:《论特别敏感海域制度在南海的适用》,《太平洋学报》2016 年第 5 期。

③ A M. Haren, "Reducing noise pollution from commercial shipping in the Channel Islands National Marine Sanctuary: a case study in marine protected area management of underwater noise", *Journal of International Wildlife Law and Policy*, Vol. 10, No. 2, 2007, p. 153.

④ 国际海事组织(IMO)指定的 14 处特别敏感海域分别位于:澳大利亚大堡礁、撒巴那—卡玛居埃群岛、马尔佩洛岛、佛罗里达礁岛周围海域、瓦登海、帕拉卡斯国家保护区、西欧水域、大堡礁的延伸地区(包括托雷斯海峡)、加那利群岛、加拉帕格斯群岛、波罗的海、夏威夷帕帕哈瑙莫夸基亚国家海洋遗迹、博尼法乔海峡和萨巴浅滩。其中,由两个以上 IMO 成员国联合申请的特别敏感海域分别位于:瓦登海(丹麦、德国、荷兰)、西欧水域(比利时、法国、爱尔兰、葡萄牙、西班牙、英国)、大堡礁的延伸地区—托雷斯海峡(澳大利亚、巴布亚新几内亚)、波罗的海(丹麦、爱沙尼亚、芬兰、德国、拉脱维亚、立陶宛、波兰、瑞典)、博尼法乔海峡(法国、意大利)。See IMO, "PSSA Guidelines", September 1, 2015, http://www.imo.org/OurWork/Environment/PollutionPrevention/PSSAs/Pages/Default.aspx(last visited January15, 2019).

和物种构成上，说明被申请海域内具有完整的生态系统，是特定物种或濒危物种的生存地或繁衍地。① 从环境敏感度看，被申请海域内的特定物种易于受到外部航运活动的干扰，生态结构具有不可复制性，具有较高的科研价值或经济价值，是地区经济赖以持续发展的基础，符合《导则》中规定的各项鉴定标准。② 如 2008 年，美国在夏威夷帕帕哈瑙莫夸基亚（Papahanaumokuakea）国家海洋遗迹特别敏感海域申请中，将区域内存在众多珍稀鸟类、浅滩鱼类和水下植物作为首要申请理由，强调这些生物资源是当地旅游业与渔业持续发展的基础，需要给予特别保护。③ 换言之，在生态学、社会经济和文化、科学研究与教育三类标准下，生态学标准是沿海国组织特别敏感海域申请理由的核心部分，其他申请标准的陈述或主张都是辅助生态学标准提出的，而且在已有的 14 处特别敏感海域申请中，尚没有沿海国以社会经济和文化标准中的"区域内存在重要的历史和考古遗址"为由申请特别敏感海域。可见，特别敏感海域制度同样能适用于海岛保护，防止、减少和控制来自船舶的污染，避免密集的航运活动对海岛保护区内的生态环境、文化遗产构成实质性威胁及损害。具体到国内法，例如，在澳大利亚《孤岛海洋保护区管理计划》(Solitary Islands Marine Reserve Management Plan) 概述了海洋公园管理局根据《海洋公园法》规定的目标要求，为每个申报的海洋公园制订一份管理计划，旨在保护和可持续利用孤岛海洋公园方面的管理意图。该计划第 6.1.5 节规定，通过国际海事组织海洋环境保护委员会，调查并推广孤岛海洋保护区被确定为特别敏感海域。④ 而该管理计划是根据 1997 年《海洋公园法》(Marine Parks Act) 第 25 条制定的，并作为《海洋公园法》的一部分规范

---

① See Gregory K. Silbera, Angelia S. M. Vanderlaanb, and Ana Tejedor Arceredillo, *et al.*, "The role of the International Maritime Organization in reducing vessel threat to whales: Process, options, action and effectiveness", *Marine Policy*, Vol. 36, No. 6, 2012, pp. 1221-1222.

② Guidelines for the designation of Special Areas and the identification of Particularly Sensitive Sea Areas, International Maritime Organization (IMO) Assembly Resolution A. 720 (17), 6 November 1991, para. 3. 1. 2.

③ See Alison Rieser, "The Papahanaumokuakea Precedent: Ecosystem-Scale Marine Protected Areas in the EEZ", *Asian-Pacific Law & Policy Journal*, Vol. 13, Issue 2, 2012, pp. 211-212.

④ See Section 6. 1. 5 Solitary Islands Marine Reserve Management Plan: "Investigate and promote SIMP being identified as a Particularly Sensitive Sea Area for shipping through the Marine Environment Protection Committee of the International Maritime Organisation."

孤岛海洋保护区管理。

国际公约及相关国际文件鼓励当事国在国内法中践行国际合作。1992年《21世纪议程》第15.3、15.4节规定，"必须有效地采取国家行动和开展国际合作，做好生态系统的原地保护和生物及遗传资源的非原地养护以及增强各种生态系统功能"，各国政府在适当级别上，在与联合国有关机关以及区域、政府间和非政府组织、私人部门和金融机构合作下"推动更广泛的国际和区域合作，提高对生物多样性的重要意义及其在生态系统中功能的科学和经济了解"。《拉姆萨尔公约》为国家层面及国际合作上制定了保育和善用湿地和湿地资源应采取的措施纲领，《生物多样性公约》第5条规定，每一缔约国应尽可能并酌情直接与其他缔约国或酌情通过有关国际组织为保护和持久使用生物多样性在国家管辖范围以外地区并就共同关心的其他事项进行合作。《保护世界文化和自然遗产公约》第4、7条规定，公约缔约国应竭尽全力，最大限度地利用该国资源，必要时利用所能获得的国际援助和合作，特别是财政、艺术、科学及技术方面的援助和合作；世界文化和自然遗产的国际保护在本公约中，应被理解为建立一个旨在支持本公约缔约国保存和确定这类遗产的努力的国际合作的援助系统。不同国家在国内海岛保护立法层面践行国际合作的方式各有不同，一些国家是依据国内法制订相应的关联计划，保护海岛动植物资源及生态环境，如美国与加拿大联合推行"北美水禽管理计划"（North American Waterfowl Management Plan），通过国际合作促进国内湿地管理学的发展。[①]

第三节　海岛生态环境管制及其法律路径

生态环境管制是现代资源及环境立法的重要组成部分。海岛生态环境管制，是针对海岛资源环境使用中产生的外部性问题，由国家出台相应的政策与法规，调节资源环境使用活动，从而实现环境保护与经济发展相协调的目标。[②] 海岛是独立的地理单元，海岛的生态系统与大陆、海洋有着明显差异性，它是一个完整且独立的小生态地域系统。海岛生态环境管制

[①] 刘红梅：《我国〈湿地公约〉履约对策研究》，《生态经济》2010年第7期。
[②] 赵红：《外部性、交易成本与环境管制——环境管制政策工具的演变与发展》，《山东财政学院学报》2004年第6期。

是政府管制一项重要内容,是政府出于保护公共利益的考虑,以现行法律法规为依据,行使社会管理职能的过程,即通过立法界定哪些海岛开发利用行为须被禁止或被限制。目前,各国环境及资源立法确立的环境管制对象主要包括自然区域和物种两大类,立法强调保护自然资源的整体性及生物多样性、生态要素的系统性。

一 生态环境管制的法理基础

由于市场的失灵以及企业环境负外部性[①]的存在,基于法律规范的国家干预与管制是目前解决生态环境问题的通行做法。从制度层面看,政府管制是解决环境问题的基础性和普遍性手段,属于政府管理中一项重要法律制度,基于其所形成的法律框架也是政府实施相互沟通、经济手段的重要依据和参考。[②] 生态环境管制的法治化、规范化成为各个国家和地区应对海岛利用及保护问题的基本选择,并成为海岛利用及保护管理法律制度的主干内容之一。[③] 海岛生态环境管制的法理逻辑包括维护公共利益、代际公平和促进合作治理三个层面。

自然资源承载的公共利益是其开发利用法律保障中公法与私法调整的分割依据。[④] 面临日益枯竭的自然资源,加之严峻的环境问题使得人类中心主义的局限性逐渐凸显,人们意识到,将自身发展建立于对自然资源的掠夺性开发利用基础上的强势人类中心主义,已将人与自然的关系引入了绝境,必须予以摒弃。[⑤] 在国内法及国际文件[⑥]中,自然资源开发利用与

---

① 负外部性(或称外部不经济、负外部经济效应),是指生产或消费给其他人造成损失而其他人却不能得到补偿的情况,环境污染是典型的负外部性。参见沈满洪、何灵巧《外部性的分类及外部性理论的演化》,《浙江大学学报(人文社会科学版)》2002年第1期。

② 李亚红:《农村资源环境法律管制的局限性与变革》,《人民论坛》2013年第26期。

③ 柯坚:《环境行政管制困局的立法破解——以新修订的〈环境保护法〉为中心的解读》,《西南民族大学学报(人文社会科学版)》2015年第5期。

④ 朱冰:《自然资源物权立法的逻辑基础——资源与物的比较分析》,《资源科学》2012年第10期。

⑤ 陈其荣:《现代哲学的转向:人与自然的伦理关系——关于环境伦理学的解读》,《华南理工大学学报(社会科学版)》2001年第4期。

⑥ 例如,1996年联合国第二次人类住区会议通过的《人居议程》提出,要推广更加具有可持续性的、能够减少环境压力、促进高效合理地利用自然资源(包括水资源、森林和土地),以及满足基本需求的生产和消费方式、人口政策及居住结构(第43j段)。

公共利益被紧密联系在一起。海岛是人类开发海洋的天然平台,其自身包含众多公益性自然资源(如生态用地、生态用水、生态林、珍稀动植物等),这些资源有别于经营性资源,即公益性自然资源在生态、教育、科学、遗传、社会等方面具有广泛的价值,对生物圈生命维持系统的进化和保持具有极其重要的意义。开发利用海岛难免会破坏和影响其生态系统的原貌,人类开发利用风险已成为海岛生态系统的头号风险源,很多海岛的生态系统就是因为人类无节制的开发而被破坏殆尽的。通过自由排放条件下的污染的实例研究,有学者指出,在保护公共资源方面,市场机制的表现差强人意,此时必须由政府出面保护生态环境,实行环境管制的理论基础是市场失灵,[①] 市场自身在离开了外部力量的支撑下基本上是无法解决因"市场失灵"所导致的环境问题的。[②] 正因为如此,生态环境管制是世界各国普遍使用的一种环境保护法律措施,如早在19世纪20年代,美国就已经意识到了生态环境管制的重要性,并且在"进步主义时期"开展了资源保护运动,同时还出台了一系列保护环境的立法,陆续成立了污染管制体系和资源保护管制体系,时至今日,其生态环境管制体系已十分成熟,这一体系为美国解决生态环境问题提供了有力的支撑。[③]

生态环境管制有助于保障海岛资源开发利用代际公平的实现。代际公平是可持续性理念的核心所在,即以满足当前人们的需求和期望为目标,同时以不牺牲子孙后代满足自身需求的能力为前提的发展。[④] 有的国家在立法中明确将实现代际公平作为立法目的,如新西兰2017年修订的《保护法》(Conservation Act)第2部分第6条c款第1、2项规定,新西兰环保部(Departmentof Conservation)有义务"以促进当代和子孙后代的福祉为目的,普遍地保护自然和历史资源,并特别保护新西兰的自然和历史资

[①] Daniel W. Bromley, "Environmental regulations and the problem of sustainability: Moving beyond 'market failure'", *Ecological Economics*, Vol. 63, Iss. 4, 2007, pp. 676-683.

[②] Forest Reinhardt, "Market Failure and the Environmental Policies of Firms: Economic Rationales for 'Beyond Compliance' Behavior", *Journal of Industrial Ecology*, Vol. 3, Iss. 1, 1999, pp. 9-21.

[③] 高国荣:《三次浪潮催生美国环境管制》,《中国社会科学报》2016年6月20日第4版。

[④] United Nations, *Report of the World Commission on Environment and Development*, GA Res. 42/187, 11 December 1987.

源,保护新西兰亚南极群岛的自然及历史资源"。[①] 海岛资源的稀缺性决定了在竞争性使用时,使用海岛资源的主体之间具有一定的竞争性,这是由这一资源与生俱来的稀缺性决定的,所以使用时需要做好以下两方面的选择:一方面,资源在不同时点上的用途各异,而且配置资源的方式也是数不胜数的;另一方面,要明确实现资源代际配置,是长期使用海岛资源必须考虑的问题。不同海岛的权属或同一海岛不同区域的权属能够通过立法加以分割,但海岛环境体系是一个整体,无法被人为分割和独占,具有典型的公共物品特性。概言之,海岛资源具有可分性,海岛环境具有不可分性,而海岛资源与环境又是一体的,从理性的"经济人"视角看,海岛资源使用权人在开发和利用海岛资源创造财富的过程中并不会主动分析自身的开发行为是否会破坏和影响海岛环境,其并不关心海岛资源的开发和利用是否以海岛环境为代价,这种表现是由其与生俱来的逐利性决定的。其后果是,某一使用人或群体引起的海岛生态环境问题,或者在海岛某一特定区域发生的环境问题时,遭受影响的往往不仅仅是私法上海岛资源所有人或使用人,还会波及其他无辜群体和地区。确保海岛资源的可持续开发利用以及海岛生态环境免于遭受价值减损乃至灭失,就需要政府适度的干预。海岛生态环境管制是政府以其强制力为后盾对海岛资源利用及环境保护进行直接干预,任何人都不得逾越,否则就要承担相应的法律后果。

合作治理强调从传统的行政管理向公私伙伴关系和治理的转变。在海岛利用及保护行政管理过程中,从行政主体层面看,参与管理的不同主体有着各自资源和能力,传统的海岛利用及保护行政管理以"科级协调"为基本模式,即各级部门在政府自上至下的调节下相互协作。在这种协调机制下,政府各部门的合作由上级领导机关采用政府绩效考核、法治建设、相关机构建设的手段进行裁决、控制、调节和启动。但事实上,行政任务不可能完全由某个主体全权负责,这就愈发突出了不同部门之间合作的重要性。所以,应该以科层结构为起点,实现合作治理中心朝多中心治

[①] To promote the benefits to present and future generations of (i) the conservation of natural and historic resources generally and the natural and historic resources of New Zealand in particular; and (ii) the conservation of the natural and historic resources of New Zealand's sub-antarctic islands and, consistently with all relevant international agreements, of the Ross Dependency and Antarctica generally. See Article 6 (c) (i) (ii), Part 2 Conservation Act 1987 (Reprinted as at 21 March 2017).

理网络的转移。它鼓励各个主体根据自己的实际利益需求，参与到其中，彼此合作，积极围绕相关问题进行讨论，通过一种自主治理的互惠方式达到预期的目标。在此机制框架下，各个合作方均有发言权且身份平等，在充分了解彼此的利益诉求之后，需以更具互动性和协调性的方式，形成一种稳定、持续的关系，实现对分散资源的整合、动员和共享，并在此基础上对自己的行为进行调整，最终完成行政任务。[1]

二　海岛管理计划

海岛利用及保护管理计划（以下简称"海岛管理计划"）对于海岛依法利用及保护具有指导性和控制性。海岛管理计划（Island Management Plan）是以阶段性保护为目标，通过分析海岛生态系统空间分布特征和生态敏感性空间分异规律，在生态系统服务功能理论的指导下，制订海岛利用及保护管理方案。

海岛管理计划依据时间标准分为定期计划和不定期计划。梳理一些国家海岛管理计划可以发现，有些国家有着较为稳定的海岛管理计划时间序位，如澳大利亚的罗特内斯特岛管理计划、加拿大的艾尔克岛国家公园管理计划（Elk Island National Park Management Plan）执行期均为五年，[2] 我国则是配合《国民经济和社会发展规划纲要》，以《海岛保护法》为依据制订海岛保护工作计划，[3] 每一规划期也为五年。海岛管理计划是以海岛功能区管理为基础，将立法确立的海岛保护机制纳入日常管理体系进行系统管理，全面执行海岛保护立法，根据单要素海岛功能区划执行的海岛质量标准要求，对不同区域、不同海岛要素的海岛质量进行分区控制、分类指导。根据海岛功能区生态环境保护的需要和要求，结合各功能区社会经济发展现状，通过行动计划和工程的实施，落实立法确立的保护措施，对海岛社会、经济活动和建设项目进行监督和引导，并对海岛保护的重点行

---

[1] 宋华琳：《论政府规制中的合作治理》，《政治与法律》2016年第8期。

[2] Government of Western Australia, "Expressions of Interest for Development of Rottnest Resort and Marina", http://www.tourism.wa.gov.au/About%20Us/News_and_media/Article/Expressions_of_Interest_for_development_of_Rottnest_resort_and_marina/180; Elk Island National Park, "2011 Elk Island National Park Management Plan", http://www.pc.gc.ca/en/pn-np/ab/elkisland (last visited January 15, 2019).

[3] 参见《全国海岛保护工作"十三五"规划》（国海岛字〔2016〕691号）。

动计划和工程提出指导和修正。域外国家制订海岛管理计划通常以海岛的区位、自然资源、环境等自然属性为基础标准，并考虑海岛现状和经济社会发展的需要，对其保护事项及内容作出规划，如美国《威登岛保护区管理计划》。不同国家对海岛保护规划的称谓有所不同，有的国家称之为"海岛生物多样性管理计划"（Island Biodiversity Management Plan）[1]，还有的国家称之为"海岛自然保护管理计划"（Island Nature Reserve Management Plan）[2] 等。

海岛管理计划与海岛功能区划二者之间既存在区别也存在联系。海岛管理计划不同于海岛功能区划，海岛功能区规划通过将海岛自然地理空间区域划分成若干区域进行区别利用，表现形式是管理区；海岛管理计划是制订海岛利用及保护管理方案，表现形式是事务性规划。如我国《无居民海岛保护与利用管理规定》第3条第1款规定，"无居民海岛属于国家所有，国家实行无居民海岛功能区划和保护与利用规划制度"。在上述条款中，"功能区划"与"保护与利用规划"并列存在，也说明二者存在区别。但是，海岛管理计划与功能区划也存在密切联系，主要表现为，依据海岛功能区划可以将海岛分为"严格保护区""引导开发区""优化控制区"。严格保护区，又称核心区，是指海岛保护区内保存完好的天然状态的生态系统以及珍稀、濒危动植物的集中分布地，[3] 是生态敏感性较高的区域，生态环境脆弱，极易受到破坏，且一旦被破坏后很难修复，严格保护区禁止任何建设活动，未经许可，禁止任何人进入海岛严格保护区。引导开发区，是指海岛生态敏感性处于中级的区域，生态环境比较脆弱，为此该区适宜在相关环境管理指引或标准的指导下进行适度的开发利用。引导开发区是海岛核心保护区的外围缓冲地带，只能进行有限制性的开发，在引导下作适度的开发，尽量避免所有与海岛保护无关的开发活动，如我国《自然保护区条例》第18条第3款规定，缓冲区只准进入从事科学研

---

[1] Dianne Brown, Lynn Baker, "The Lord Howe Island Biodiversity Management Plan: An Integrated Approach to Recovery Planning", *Ecological Management & Restoration*, Vol. 10, Iss. s1, 2009, pp. 70–78.

[2] P. Ryan and J. P. Glass, "Inaccessible Island Nature Reserve Management Plan", Edinburgh, Tristan da Cunha: Government of Tristan da Cunha, 2001.

[3] 参见《自然保护区条例》第18条。

究观测活动。① 优化控制区，是指可作适度优化控制开发利用，但必须保证开发利用不会导致海岛环境质量的下降和生态功能损害的地区。优化控制区是对海岛环境的有限保护，即在许可海岛开发利用的前提下，严格控制污染和环境损害行为，通过优化区内产业布局及结构调整，将海岛开发利用活动对保护区域的不良影响降至最低，同时采取积极的措施促进区域生态功能的改善和提高。

三 环境调查及物种登记

海岛环境调查（Island Environmental Investigation），是指按照国家有关环境标准和技术规范开展的，以海岛及周边海域状况等环境特性为调查对象，针对被调查对象的信息采集活动。根据调查目的的不同，针对海岛地质地貌、生态环境等自然属性实施的调查包括"事先调查"和"事后调查"，"事先调查"服务于海岛功能区划或海岛管理计划，通过生物区域轮廓法②、生物价值评估法等方法划定海岛生态环境的要素和边界，列出管理海岛所有区域的内在价值，显示各类生物或生态信息的分布情况，并将其作为海岛空间规划和管理计划的编制依据。"事后调查"是指针对海岛开发利用过程中，因废水排放、土壤侵蚀、采矿废弃物的渗透和浸出、填埋和垃圾焚烧等人为原因造成的海岛环境受损状况进行调查，获取相应的信息，目的是为海岛生态环境修复提供数据支持、确定污染者的法律责任。"事先调查"的实施主体通常为当事国主管机构，如越南自然资源与环境部海洋岛屿总局海洋资源与环境调查中心负责越南海洋岛屿资源和环境调查，日本负责海岛环境调查的机构包括海上保安厅、环境省生物多样性中心等，在我国则由自然资源部作为主管机构，具体调查则由自然资源部下辖的部门或机构分工负责。

"事后调查"是获取海岛污染及生态损害监测数据和识别环境问题的措施，是海岛环境治理体系和保护规划的基础，也是海岛生态环境修复法

---

① 《自然保护区条例》第18条第3款："核心区外围可以划定一定面积的缓冲区，只准进入从事科学研究观测活动。"

② 采用生物区域轮廓法，可以勾画出该区域的生态环境和海洋学现状的要素和边界。如澳大利亚西南海域的海洋空间规划，运用生物区域轮廓法帮助澳大利亚政府确认是否需要将联邦水域范围内某海域列入全国代表性海洋保护区。参见许莉《国外海洋空间规划编制技术方法对海洋功能区划的启示》，《海洋开发与管理》2015年第9期。

律机制得以运行的关键。如日本《土地污染对策法》第 2 条第 2 款规定："本法，特别是第 3 条第 1 款及第 4 条所使用的'土壤污染调查'，系指污染土壤的有害物质状况调查。""事先调查"的实施主体不仅包括当事国主管机构，一些国家还将污染者作为环境调查的责任主体。按照"谁污染，谁治理"的基本原则，造成海岛环境污染的组织或自然人是承担海岛环境调查的责任主体。如丹麦《土地污染法》(Soil Contamination Act)[1] 规定土壤污染者承担严格责任，环境保护署可以下令调查，并发出强制执行通知。如果没有发现污染，或调查显示，通知书所在的一方没有造成任何污染，当局将支付一切费用。日本《土地污染对策法》第 3 条第 1 款规定，土地所有人是实施或进行环境调查的责任主体，除非土地所有人以外的污染者被依法责令清理污染。《土地污染对策法》要求土地所有人进行调查及污染治理，其原因除部分污染情形下污染者不易确定外，还考虑到土地所有人不一定为污染者，如果污染者无支配土地权利，则不容易实施调查，因此，该法第 7 条规定日本的都、道、府、县知事对特定有害物质的污染场址土地所有人，有权指定其于规定期限内完成污染物清除，采取防止污染物扩散及其他必要措施。[2] 故在"事后调查"中，污染者也可以被立法确定为责任主体，当污染者无法确定时，责任人为海岛所有权人或使用权人。在责任主体不履行或无法履行环境调查义务时，海岛环境保护行政主管机关可以通过"代履行"的方式，开展环境保护监督调查。

海岛物种多样性登记管理，是对所保护的物种登记造册即进行编目。2012 年《生物多样性公约》缔约国大会《岛屿生物多样性：深入审查工作方案的实施情况》指出，80%的已知物种灭绝发生在岛屿（海岛），且目前濒临灭绝的 40%以上脊椎动物为岛屿（海岛）物种。[3] 物种登记目的是获取海岛生态环境系统状况及其动态变化信息、生态系统类型构成与格局、生态系统质量、服务功能与变化趋势等基础信息，支撑海岛保护立法

---

[1] See Soil Contamination Act, Consolidated Act No. 1427, as amended by Act no. 580, 18 June 2012.

[2] M. Nakashima, "A recent trend over the soil remediation technology of the workplace", Journal of High Pressure Gas Safety Institute of Japan, Vol. 46, No. 3, 2009, pp. 5-10.

[3] See Report of the Sixteenth Meeting of the Subsidiary Body on Scientific, Technical and Technological Advice, UNEP/CBD/COP/11/3, 18 June 2012, p. 35.

和管理措施。不少国内立法和国际文件中，均能发现物种登记踪迹。如我国《海岛保护法》第19条规定"国家开展海岛物种登记，依法保护和管理海岛生物物种"，美国《濒危物种法》第5、9节规定了有生物评估和物种登记。① 2014年10月17日，《生物多样性公约》缔约国大会通过的《外来入侵物种：审查工作和今后工作的考虑》第6（c）项指出，"利用全球外来入侵物种信息伙伴关系制作的工具，例如全球引入和入侵物种登记册，向该信息伙伴关系提供有关在各自领土有记录的入侵物种的信息"。②

  物种登记是具有法律性质的技术规范。③ 海岛物种登记法律措施以技术规范为主，海岛物种登记法律措施主要由技术规范条款组成，技术规范条款的先进性和科学性与人类对海岛生态环境和物种调查技术方法休戚相关，因此，海岛物种登记法律措施的完善必须以科学基础与技术提高作为保障。从不同国家有关物种调查的立法内容看，海岛物种登记法律措施主要包括两方面内容。一是立法支持建设专业的物种调查、登记团队。包括建立生物物种鉴定的专家库和专职物种调查人员，如美国内政部地质调查局（Geological Survey）于2000年制订并实施了极具前瞻性的国家级两栖动物监测计划（Amphibian Research and Monitoring Initiative，ARMI），计划旨在利用科研机构和高校的力量构建一个能够对美国两栖动物种群变化和状态、分布以及其减少速度和范围进行监测的系统，并且在此基础上构建两栖动物数据库。二是构建与现行法律背景相符的专项资金保障制度。调查海岛物种是一项耗时耗力耗材的工作，成果的获得也存在一定的难度。考虑到这一点，不少国家选择以现行立法为依托，通过成立科研基金、提供专项拨款的方式扶持海岛物种调查项目。不仅如此，还在海岛保护立法中为海岛科研成果留有一席之地，使实证调查与海岛立法保护形成良性互动。

  物种登记对于构建海岛生态环境管制法律机制具有多重意义。首先，物种登记是确定海岛物种多样性的基础（物种多样性指数、物种均匀度

---

① See Sections 5 (3), 9 (2) (C) Endangered Species Act (Public Law 93-205, Approved Dec. 28, 1973, 87 Stat. 884).
② See *Decision adopted by the Conference of the Parties to the Convention on Biological Diversity*, UNEP/CBD/COP/12/DEC/XII/17, 17 October 2014.
③ 曹明德、黄锡生主编：《环境资源法》，中信出版社2004年版，第21页。

和物种丰富度指数）。海岛物种登记是建立物种数据库和重要物种基因库、构建海岛生物物种信息共享平台基础数据的来源，实施对海岛的分类保护，维护海岛生态特性和基本功能，尤其是重点保护具有典型生态系统和珍稀濒危生物物种资源的海岛，都需要借助物种登记加以实现。其次，物种登记是海岛生态环境管制的必要条件。海岛生态环境管制包括空间分隔和控制，可应用于不同情况，并能根据不同的社会、经济、政治、环境条件的改变而改变。生态环境管制通过对资源及环境进行区别利用、管理和保护，从而更有效地实现资源价值，高效科学地利用自然资源，是实现资源与环境可持续利用的有效手段。在保护优先原则的限制下，海岛利用现状和经济社会发展的需要符合海岛的区位、自然资源、环境等自然属性，在缺少物种登记的情况下，对海岛进行开发利用很可能导致濒危物种或未被发现的物种消失，类似事例不胜枚举。[①] 最后，物种登记是鉴别外来入侵物种的前提。外来生物入侵是目前生态环境保护中的焦点问题之一，2000年2月国际自然及自然资源保护联盟（IUCN）出台的《预防外来入侵物种造成生物多样性丧失的指南》第3条将"外来物种"定义为在其自然分布区外或非在直接引种、间接引种或人工照管下不能生存的非原生的、非本地的、外来的、异国的物种、亚种或其种下单位，以及此类物种能生存和繁殖的任何部分、配子或繁殖体。[②] 由于海岛生态环境具有封闭性和稳定性，一旦外来物种在自然或半自然生态系环境中建立种群，整个海岛的生态系统以及外部形态、景观就会发生明显的变化，甚至会直接打破该区生态系统的平衡，或导致生物多样性锐减。可见，缺少物种登记就无法区分哪些海岛物种为本地原生物种，哪些为外来物种，更无法进一步追踪生物入侵路径，因而，也无法从实证角度制定海岛生态环境管制法律措施。

[①] 2013年11月浙江省宁波市植物资源调查过程中，发现象山县南韭山岛分布有樟科植物"圆头叶桂"。在象山地区发现该物种之前，学界一直认为圆头叶桂为日本特有种。在物种登记和调查过程中，调查人员得知，该物种在岛上曾广为分布，但一直被当地居民砍伐当作柴烧，以至于目前存量有限。参见葛斌《中国东海北部近陆岛屿植物资源科学考察》，《自然杂志》2016年第2期。

[②] See Art. 3 (2) Guidelines for the Prevention of Biodiversity Loss Caused by Alien Invasive Species of 2000.

四 登岛限制

登岛限制属于海岛生态环境管制中的行为限制。不同国家或地区海岛利用及保护相关立法中的有关登岛限制的内容多种多样，一是对登岛人数的限制。该限制主要存在用于旅游观光或科学研究的海岛，限制的原因在于维护海岛的环境承载力，此类限制通常规定在附属于保护性立法的海岛管理计划中，如我国台湾地区"交通部"颁布的《龟山岛登岛须知》规定，为维护龟山岛自然生态完整性，减少旅游环境冲突，每日登岛总人数以250个名额为原则。① 澳大利亚《大堡礁海洋公园法》"圣灵群岛管理计划"规定，进入个别岛屿的商业化观光团体规模每次不得超过15人。② 二是设置登岛许可。即由登岛人向海岛行政主管部门提出申请，经该行政主管部门许可方能登岛。如依据新西兰2017年修订的《保护法》(Reserves Act)，进入卡皮蒂岛（Kapiti Island）公共保护地或自然保护区须持有环保部（Department of Conservation）签发的入岛许可。③ 美国联邦法典第670条第34款罗列了有特殊科学价值的岛屿，规定进入这些岛屿需要事先申请获得许可。④ 三是限制登岛交通工具。限制登岛交通工具的类型和数量是维持海岛环境承载力的重要方式，如澳大利亚罗特尼斯岛（Rottnest Island）、英国萨克岛（Sark Island）禁止携带汽车登岛，《罗特尼斯岛条例》第45条第1款规定，"当事人除得到许可外，禁止携带任何交通工具登岛，但不包括自行车、人工动力轮椅或时速为10千米以下动力轮椅，违反者将被处以1000英镑的罚款"。⑤

---

① 参见我国台湾地区东北角海岸国家风景区管理处《龟山岛登岛须知》，台湾东北角海岸国家风景区管理处网（http://www.easytravel.com.tw/action/turtle/），最后访问时间：2019年4月5日。

② For example, commercial tour group size is limited to 15 on several islands (e. g. Cow and Calf Islands and Deloraine Island) in the Whitsundays, https://www.legislation.gov.au/Details/F2008L04591 (last visited January 15, 2019).

③ See the Department of Conservation. Kapiti Island Nature Reserve, http://www.doc.govt.nz/parks-and-recreation/places-to-go/wellington-kapiti/places/kapiti-island-nature-reserve/ (last visited January 15, 2019).

④ See Article 670.34, 45 Code of Federal Regulations Ch. VI (10-1-88 Edition).

⑤ See Article 45 (1) Rottnest Island Regulations 1988.

五 排污许可及收费

海岛使用排污许可及收费属于因代际公平需要进行的成本补偿。在行政法中,排污许可证是一种典型的行政管制手段,属于典型的行政许可证,具有单纯的行政权的作用,但是各国都选择在排污许可立法中将之市场化,如此一来,同时具有市场和行政色彩的许可制度,就成为一种极为有效的生态环境管制制度,① 被许多国家环境立法所采用。② 排污收费与权利金等海岛有偿使用对价之间不存在互相替代的关系,排污许可属于固定点源环境保护管理范畴,是法定的许可程序,获得排污许可证后排污者即可以按照规定依法排污,同时排污许可也是执法监督的一个基本依据。③

排污许可在实施层面有两种类型。一类是以美国为代表的分类许可。立法按照单一的、具体的污染物类型设定排放许可,如美国的《清洁空气法》《清洁水法》《资源保护和回收法》等,都是针对特定的、具体的污染物,分别颁发废气、废水、危险废物等排放许可证,以及排污许可证。在美国,各州是实施环境质量许可证以及执法的领导机构,但环保局有权否决具体的运营许可证,并在某些情况下有权颁发联邦的运营许可证。④ 另一类是以欧盟为代表的多污染物和多介质协同控制。欧盟以指令方式颁发多介质排污许可,建立了一系列的排污总量控制,各成员国对如何应用这些许可拥有自由裁量权,但成员国必须通过立法实施,欧盟委员会对单一排污许可证没有否决权。⑤ 但无论是美国模式还是欧盟模式,排污许可的执行均强调协调一致的执法和合规,并为环保局和每个欧盟成员国的环境部门提供强有力的监督作用。我国排污许可与欧盟模式类似,根

---

① 王克稳:《论我国环境管制制度的革新》,《政治与法律》2006 年第 6 期。

② 罗吉:《完善我国排污许可证制度的探讨》,《河海大学学报(哲学社会科学版)》2008 年第 3 期。

③ Bhaskar Nath, *Environmental Regulations and Standard Setting*, Paris: EOLSS Publications, 2009, p. 309.

④ 中国清洁空气联盟能源基金会:《美国和欧盟的排放源排污许可证制度:中国可借鉴的经验》,北京,2016 年 7 月,第 14 页。

⑤ See Michael Scoullos, Gerrit H. Vonkeman and I. Thornton, *Mercury-Cadmium-Lead: Handbook for Sustainable Heavy Metals Policy and Regulation*, Berlin and New York: Springer Science & Business Media, 2012, p. 448.

据《排污许可管理办法（试行）》第 3 条第 2 款的规定，纳入固定污染源排污许可分类管理名录的企业事业单位和其他生产经营者（以下简称排污单位）应当按照规定的时限申请并取得排污许可证。排污单位应当依法持有排污许可证，并按照排污许可证的规定排放污染物；应当取得排污许可证而未取得的，不得排放污染物。① 实施排污许可管理后，主管部门在许可证管理范围内对企业在清洁生产、污染治理、排放监测、风险防范多方面实施监管，在很大程度上消除了可能出现的竞争优势，即由于法律法规的严格程度不同，而选择性申报主要的排污类型或更改用岛项目的性质。

排污收费，是运用经济手段使污染者承担污染对环境损害责任的一种形式。排污收费与海岛有偿使用是两种海岛管理机制，排污收费的范畴包括三个层次。第一层是以"谁污染、谁治理"为原则，向排污主体收取排污费用，只要达到污染物排放标准的企业均要交纳此项费用。与经济手段相比，收费手段无论是在约束力还是程序严格程度、手段严厉程度上都更胜一筹，向排污者征收费用是"污染者付费"的具体体现。该排污行为收费不带有惩罚性质，不是法律制裁形式，所体现的是通过经济手段对排污造成的环境损失给予经济补偿。第二层是对违规或事故性排放收费。因违规或事故性原因向海岛及其附近海域排放超标污染物，其性质是违法行为。此时收费手段具有法律惩罚的性质，较之经济手段更严厉、程序更严格、约束力也更强。② 因海岛有偿使用征收的部分属于权利金性质，是使用权人对海岛资源开发的一种补偿，转化途径包括行政许可、租赁、股权化等，排污费的计算依据是污染物的排放种类和数量，计算单位是污染当量（pollution equivalent），所谓污染当量，是指根据污染物或者污染排放活动对环境的有害程度以及处理的技术经济性，衡量不同污染物对环境污染的综合性指标或者计量单位。同一介质相同污染当量的不同污染物，其污染程度基本相当。③ 污染当量是利用污染治理平均处理费用法提出的，即计算污染费时必须将处理外来生物体毒性以及不同污染物、污染排放活动破坏和损害环境的程度也考虑进去。第三层是以"税"代费，我

---

① 参见《排污许可管理办法（试行）》第 3 条第 2 款、第 4 条。
② 郭院：《论中国海洋环境保护法的理论和实践》，《中国海洋大学学报》2008 年第 1 期。
③ 参见《环境保护税法》第 25 条第 1 款；谢剑、王金南、葛察忠《面向市场经济的环境与资源保护政策》，《环境保护》1999 年第 11 期。

国 2018 年修正的《环境保护税法》规定征收环境保护税，不再征收排污费。环境保护税的纳税人为在中华人民共和国领域和中华人民共和国管辖的其他海域，直接向环境排放应税污染物的企业事业单位和其他生产经营者。与现行排污费制度的征收对象相衔接，环境保护税的征税对象是大气污染物、水污染物、固体废物和噪声等四类应税污染物，具体应税污染物依据税法所附《环境保护税目税额表》《应税污染物和当量值表》的规定执行。该规定表明，在有居民海岛使用过程中，如果岛上居民不属于"企业事业单位和其他生产经营者"（纳税人），则无须缴纳环境保护税。在无居民海岛使用过程中，如果不直接向海岛陆地、大气及周边海域排放应税污染物的，不缴纳环境保护税。然而问题在于，《环境保护税法》适用的主体是"企业事业单位和其他生产经营者"，而无居民海岛使用权的登记主体是单位或个人，个人在何种情况下属于"生产经营者"，《环境保护税法》《海岛保护法》等均未规定。如果取得海岛使用权的个人不属于生产经营者，则不适用环境保护税的规定，不用缴纳环境保护税。可见，以上三种形式虽然有所差异，但核心内容均为"有偿排污"，纳税与缴费虽然在形式上有所差异，但是其结果都是在使用海岛过程中，运用经济手段使污染者承担污染对环境损害责任。

第四节　海岛生态环境风险法律监管

在海岛利用及保护过程中，由于自然和人为原因，海岛的自然环境和生态功能往往会遭遇风险，包括资源本身遭受破坏及自然景观、生态价值损失等。从我国及与域外国家海岛利用及保护管理实践看，海岛遭遇的风险包括在海岸或潮间带的损害、垃圾污染、岛体结构及附生植被破坏等。①

一　风险监测

风险监测是依法获取海岛及其周边海域环境状况的基础性工作，也是

---

① 汤坤贤，等：《国家海岛整治修复及保护项目申报材料编制的建议》，《海洋开发与管理》2013 年第 10 期。

规范海岛使用权、促进海岛经济可持续发展的重要支撑。对海岛开发利用行为或方式的风险监测，在时间、行为方式和内容方面具有重复性，是负有监测职责的主体依据明确的监测指标，在指定的时间范围内，利用监测网络对被监测客体反复测定。

在海岛利用及保护过程中，依法对相关行为及方式进行监督管理是各国普遍做法。如马尔代夫对出租的海岛实施严格监督管理，岛上任何建筑物的修建都必须得到旅游部门的许可，且建筑面积不能超过海岛总面积的20%；[1] 我国2016年《关于建立县级以上常态化海岛监视监测体系的指导意见》明确规定，负责监测各行政区域内海岛的主体是沿海县级以上人民政府，监测内容包括：（1）临时性用岛活动；（2）限制开发区域以及有居民海岛禁止开发区域内的海岛建设活动；（3）无居民海岛建造建筑或采集珍稀生物、采伐林木、挖海砂、采石、采生物样本等活动；（4）非生物样本、处理与排放废水或固体废弃物等活动。[2] 需要明确的是，不同国家海岛生态环境风险监测机制存在显著差异，这种差异源于各国海岛管理行政体制、海岛权属、海岛类型及利用方式等多方面的因素。因此，无法归纳出一个为各国能够普遍采用的海岛生态环境风险监测制度模式，但是从制度的共性特征和机制运行模式角度考量，一个健全的风险监测机制至少应当包括以下四方面。

首先，明确的风险监测主体。从职责统一角度看，风险监测的主体与海岛综合管理主体应当是统一的，从责任分工和事权划分角度看，海岛生态环境风险监测存在中央政府与地方政府、不同行政主管部门之间的分工，如我国《关于建立县级以上常态化海岛监视监测体系的指导意见》规定，国家负责省际间争议海岛及沿海省级行政区域以外海岛及其周边海域的监视监测，地方负责本行政区域内海岛及其周边海域的监视监测，[3]

---

[1] Katrina Brown, et al., "Environmental carrying capacity and tourism development in the Maldives and Nepal", *Environmental Conservation*, Vol. 24, Iss. 4, 1997, pp. 316-325.

[2] 《关于建立县级以上常态化海岛监视监测体系的指导意见》，自然资源部海洋局南海分局（http://www.scsb.gov.cn/scsb/zcygh/201607/c754c4fd55dd4faabcca8660d2c0c1c3.shtml），最后访问时间：2019年4月6日。

[3] 《关于建立县级以上常态化海岛监视监测体系的指导意见》，自然资源部海洋局南海分局（http://www.scsb.gov.cn/scsb/zcygh/201607/c754c4fd55dd4faabcca8660d2c0c1c3.shtml），最后访问时间：2019年4月8日。

而各自然资源单行法又规定了本领域主管部门为实际的监督主体。美国对于列入国家公园体系海岛的使用由国家公园管理局（National Park Service）监督管理，非列入国家公园体系的海岛，则由环境、林业等部门监管其使用。概言之，尽管不同国家海岛生态环境风险监测主体千差万别，但是只要主体职能不存在交叉、职责范围不存在空间，即能发挥对风险的监督作用。在此基础上，根据海岛类型和资源性质实施构建的海岛综合管理机构，将多种职能集中由一个机关行使，如美国就授权内政部管理本国范围内的矿产、部分森林和土地；加拿大则是由自然资源部管理森林、矿产和部分土地。

其次，建立多重风险监测网络。海岛生态环境风险监测网络包括人工监测、自动监测、移动巡测、遥感监测、应急监测等方式，不同检测方式对监测方案的设计、监测指标与监测项目的确定、监测项目分析、评价技术与方法、监测报告与数据资料的编辑，也各有侧重。日常例行性监测按照管理要求由人工监测完成，包括在无居民海岛、有居民海岛重点保护区域及领海基线的海岛等进行连续监测。监督性监测采用移动巡测方式，发生突发事件时采用应急监测方式，遥感监测则主要用于部分植被覆盖指标、排污、生态等的周期性连续监测，水下层析监测用于对海岛周边水体进行大范围、立体化的实时在线监测和对突发事件跟踪监测、陆上环境背景基线测量等。在监测体系构成设计上，完善的海岛生态环境风险监测系统应涵盖水、陆、空的立体监测体系，最大限度地利用技术手段获取最全面的海岛环境信息。

再次，监测时段的立体化。海岛利用及保护过程具有持续性，风险行为的发生具有反复性，且由于海岛远离大陆，损害性使用还具有隐蔽性特征。阶段式监督具有时滞性缺陷，既影响对海岛状况动态了解，也不利于对海岛损害性使用的及时防控。因此，保障监测时段的立体化，就需要建立全国性海岛监测网，利用岸基站、船载监测平台以及航空、卫星遥感快速监测系统，依据国家行政区划，构建由"国家—地方"分级、分层监测体系，对基站、船载观测和遥感系统建设实行统一领导、统一管理、统一设计、统筹规划、分步实施，对国家管辖范围内的海岛实时监测，并将监测信息分时段汇入数据网络可视化集成平台，实时掌握海岛信息变化。

最后，健全的监测指标来源体系。海岛的损害性使用行为不局限于环境的破坏，海岛监测的内容应涵盖三个层面：一是海岛环境中水体、生物体等环境介质的质量和海岛环境的综合质量;二是重复测定海岛自然变化及人为活动向海岛及附近海域输入的可能影响生态环境质量的物质和能量;三是重复测定岛上人类开发利用活动所产生的环境效应。[1] 由于人类对海岛自然功能干扰的结果伴随干扰方式的不同而各异,且不同纬度、位置的海岛具有明显的区域化特征,需要根据各个被监测和评价海岛的动植物分布、地质地理特征、附近海域属性、海岛利用方式等个案背景状况,划分适宜的评价单元,进而选择评价指标和评价标准。

二 风险评估

风险评估是实施风险管理最基本的措施,即对通过对海岛功能综合性评估,以调查其生态属性、功能状态、生物链构成及其他制衡因素、潜在损害后果及此种损害发生的概率。风险评估意在分析引起风险的行为(因素)与风险的危害后果之间的因果关系、风险爆发时间以及应对措施等方面在现有技术和法律框架内的可行性,评价海岛利用具体行为(措施)与致害因素介入以及相互作用关系,以及可能造成的风险后果。

风险信息的收集及传递是风险评估基础。信息收集是海岛生态环境风险评估及快速反应的基础,风险信息收集主要有三个途径:一是海岛利用及保护有关管理部门通过风险监测网络,收集整理海岛利用过程中与风险有关的信息;二是通过政府合作、政府间国际组织等反馈信息,如基于小岛屿国家联盟(Alliance of Small Island States,AOSIS)向成员国的反馈;三是依据海岛使用权出让合同的规定,使用权人向海岛使用权出让部门主动申报和汇报。以上三种信息收集途径中,第一种途径最为常见,第二种途径有两种表现形式,包括一些国家对另一些国家的技术援助,如果发达国家在应对气候变化、海平面上升过程中对小岛屿国家联盟海岛利用管理的援助,以及当事国参加的国际组织通过研究报告、合作项目等方式向成员国(会员国)的反馈。第三种途径是海岛使用权人履行法定或合同义务。海岛监管部门通过现代网络媒介及时沟通信息,建立网络信息平台,既包括国家平台,用于信息共享和国家整体监管、规划,也包括省级行政区为单位将信息传递到国家管理部门,由管理部门组织有关单位和科研人

---

[1] 田东霖:《发达国家海洋环境监测与评价特点》,《中国海洋报》2007年8月14日第3版。

员,详细调查损害行为或原因等情况,并制定控制、清除措施,为快速反应提供依据。

对收集的风险信息予以分析。风险分析是风险评估及快速反应机制的核心和前提,是在各种与海岛利用行为或方式引发的损害风险信息收集的基础上进行的系统、全面的分析。海岛生态环境风险分析的内容是由人类活动引起或由人类活动与自然界的运动过程共同作用造成的,通过海岛环境介质传播的,能对海岛开发利用及海岛自身生态构成产生破坏、损失乃至毁灭性作用等不利后果的风险因素,对该风险因素分析结果和质量,直接影响海岛生态环境风险评估及快速反应机制启动的准确性和实施效果。风险分析包括风险管理和风险信息交流两个方面,风险管理是指根据法律确定的海岛利用及保护管理职能分工,明确风险的治理者、治理行动、治理计划、治理责任、治理费用和其他治理要求,风险信息交流则是通过协作机制,将海岛生态环境风险信息分析结果输入信息收集及传递系统,确定管理者的法定责任。

三 风险预警

风险预警,是指为免于造成损害性使用风险或潜在风险而采取的预防性安全保障措施。对海岛进行利用开发必然伴随功能损害风险,海岛使用权出让使得人为因素与自然因素并列成为损害海岛功能的来源,在海岛保护中也面临同样的风险。因此,在经过风险评估、预期损害行为(事件)可能发生时,及时启动预案,是有效地控制风险因素造成的损害最有利的途径。

风险预警包括风险预警通报和决策调控。风险预警通报和决策调控是负责海岛行政监管机构根据对海岛开发利用中的各种风险因素分析的结果,发布警示通报或者采取一定的应急措施,使海岛生态环境尽可能地免受风险活动的影响。风险信息收集系统会及时采集风险预警和决策实施信息,并通过数据分析和处理,评估海岛功能风险的等级,最终给出具体的应对方案。当某一海岛开发利用中出现风险因素时,国家海岛监管部门公布相关安全信息,地方各部门依据预警信息对功能受损海岛附近其他海岛,或存在类似开发利用情况的海岛,调整管理行为,为后续的风险控制或实害清除行动争取最佳的时机。

监测与预警制度的建立是为构建快速反应机制做好准备。具体措施包括：停止或暂停使用行为、紧急控制措施和警示解除、海岛功能修复。停止或暂停使用行为是发现海岛功能在其利用开发过程中受损时，通过对使用行为的人为控制，清除或消灭致损原因，同时及时控制损害后果的蔓延或暴发。紧急控制措施是根据出现的险情，在科学依据尚不充分的情况下，对海岛利用或保护行为采取临时紧急措施，并积极收集有关信息进行风险评估；已有确凿证据证明使用行为与损害后果的因果联系时，可依法采取紧急措施，禁止权利人继续使用海岛。警示解除是对海岛功能损害风险已不存在或者已降低到适当程度时，发布警示解除公告，采取包括生物修复、物理修复、化学修复及其联合修复技术在内的人工手段，恢复海岛原有功能。

四 风险管理

风险管理，是在风险评估目标基础上，依法管理在不确定性自然因素和人为因素的影响下存在一定的风险。海岛生态环境风险评估目标是确定"使用行为"造成的"风险"，既包括对人体健康和海岛经济生产存在的威胁，也包括对海岛物种和生物多样性的威胁，以及引发连锁环境破坏的风险等。海岛生态环境风险评估目标接近于《卡塔赫纳生物安全议定书》附件三"风险评估"中规定"风险评估的目标，即确定和评价改性活生物体[①]在接收环境中对生物多样性的保护和可持续使用可能产生的不良潜在影响，同时也应顾及对人类构成的风险"。但是，在无居民海岛生态环境风险评估中，风险评估目标通常是不包括海岛功能风险对人体健康和海岛经济生产存在的威胁。

海岛生态环境风险管理中的风险主要来源于人为因素。人为因素造成的风险包括两类。一类是海岛生态价值损害。即海岛的环境要素（如土壤、地下水、地表水）以及生物要素（如微生物、动物、植物）因生态失衡而发生了明显的变化，这种变化又导致由生物要素和环境要素所组成的生态系统功能的退化。[②] 另一类是海岛环境功能丧失。海岛环境功能分为生产保障功能、生态保护功能、承载维持功能。生产保障功能是为海岛

---

① "改性活生物体"是指任何具有凭借现代生物技术获得的遗传材料新异组合的活生物体。参见《卡塔赫纳生物安全议定书》第3条（g）项。

② 参见中共中央办公厅、国务院办公厅2015年《生态环境损害赔偿制度改革试点方案》第三部分。

保障植物生长和生产正常进行的环境功能，生态保护功能是为了维持海岛生态、自然景观和文化遗产、美学价值等而提供的保护功能，承载维持功能是保障建设场地正常使用的海岛平台支撑功能。海岛环境功能丧失是指海岛使用权人违反使用约定或立法规定，导致海岛生产保障功能、生态保护功能、承载维持功能丧失。海岛保护风险管理中的风险还来源于外来物种入侵和原发性的生态损害（如森林大火）。因而，海岛生态环境风险管理中，监管对象既包括海岛使用权人的常态化行为、外部介入行为，又包括因自然因素或不可抗力导致的生态环境的自然变化。就前者而言，海岛生态环境风险控制以约束使用权人的行为为核心，对使用行为的有效控制是实现风险控制最为直接的手段。对后者来说，在一些情况下，如果无法确定导致风险的行为来源（如确定海岛外来生物入侵的来源），风险防控需要根据所列举或预测的风险进行分级，按分级顺序逐项评估，对风险和危险性大的优先处理，制定相应风险控制对策。

第六章

海岛生态环境损害的法律责任

海岛生物多样性丰富,生态类型繁多,许多远离大陆的海岛更是珍稀濒危野生动植物的集中分布区域。保护海岛生态环境系统,尤其是海岛生物多样性,具有非常重要的现实意义。海岛与其他类型生态系统相比,生态系统更加脆弱,一旦遭到破坏,很难恢复到原始状态。有统计显示,80%的已知物种灭绝发生在岛屿,目前濒临灭绝的40%以上脊椎动物为岛屿物种。[①] 海岛利用及保护过程中,均可能出现因污染环境、破坏生态造成地下水、土壤等环境要素和植物、动物、微生物等生物要素的不利改变,以及上述要素构成的生态系统功能退化的后果。[②] 在国内法中,当主体发生违反法律规定、造成海岛原有功能减损或丧失时,应当依法承担具有强制性、否定性的法律后果。在国际法中,各国有义务采取一切必要措施,确保在其管辖或控制下的活动的进行不致使其他国家及其环境遭受污染的损害,并确保在其管辖或控制范围内的事件或活动所造成的污染不致扩大到国家行使主权权利的区域之外。当一国特定行为违背该国应当承担的国际法义务,损害他国海岛生态环境时,该国行为即构成国际不法行为,并应当对该损害承担国家责任。

---

① B. Keitt, K. Campbell, A. Saunders, *et al.*, "The Global Islands Invasive Vertebrate Eradication Database: A tool to improve and facilitate restoration of island ecosystems", in C. R. Veitch, M. N. Clout, and D. R. Towns, eds., *Island invasives: eradication and management*, IUCN, Gland, Switzerland, 2011, pp. 74-77.

② 参见中共中央办公厅、国务院办公厅2015年《生态环境损害赔偿制度改革试点方案》第三部分。

第一节 海岛生态环境损害的诱因及后果

海岛生态环境损害的原因复杂多样,但大体类型可以化为人为因素和自然因素两类。损害结果的表现形式既包括"环境"的损害,也包括"资源"的损害,主要表现为海岛部分或全部生态功能丧失、资源退化及生态环境破坏、岛礁周边海域环境恶化、特有生物资源减少等。

一 海岛生态环境损害的诱因

生境改变是引起海岛生态环境损害的主要因素。导致海岛生境改变的原因,既包括由于自然原因所引起的生态破坏和环境污染,也包括人类在利用海岛资源及环境过程中,排放的物质或能量超过海岛生态系统的自净能力从而导致环境质量,或过度索取资源以至于超过海岛生态承载力,从而造成海岛自然资源枯竭和生态功能退化。[①] 生境缩小或退化将直接导致种群数量急剧减少并导致灭绝。因海岛生境改变或退化导致的岛上生物多样性丧失、特有物种减少或灭绝的例子不胜枚举。造成海岛生态环境损害的因素主要包括四类。

第一,过度开发利用海岛资源。随着沿海国经济发展需求和陆上自然资源短缺,海岛资源的重要性日益显现,在海洋资源利用过程中,海岛既是被利用的对象,也是其他类型资源的载体,部分海岛拥有丰富的矿产、能源、林业等资源,海岛开发利用活动也越来越多,而过度开发利用海岛资源行为,其结果往往是导致海岛生态系统的破坏,甚至导致海岛生态崩溃。例如,太平洋岛国瑙鲁拥有丰富的鸟粪磷矿资源,全岛五分之三面积曾为磷酸盐所覆盖,磷矿资源的开采使该国成为20世纪70年代世界上最

[①] 还有学者将造成海岛生态环境损害、影响海岛生态系统退化的干扰现象具体分为五类,包括干扰是其能量被海岛利用前能改变海岛能量的性质及量、海岛自身的生物地球化学途径、改变海岛生态系统的结构但不改变其基本能量特征、改变海岛与大气或海洋间的正常物质交换率、已经战争等破坏消费者系统的事件。参见任海,等《海岛退化生态系统的恢复》,《生态科学》2001年第1期。

富有的国家之一,① 但大规模的开采也引发了岛上生态系统的严重退化,② 导致 80%的岛屿失去了地表土,无法支持植物生长,因磷矿的溢流导致矿区所在岛屿周围 40%的海洋生物遭到破坏。③ 由于开垦和引入大量的家畜,美国夏威夷群岛三分之一的生物消失或面临灭绝,成了美国生物多样性受威胁和消失物种最为严重的区域。④ 20 世纪 90 年代初,浙江省岱山县桥梁山岛调查记录显示,岛屿面积 10 万平方米,蕴藏丰富的花岗岩,岛上约 4 万平方米为草类植物覆盖,约 3.2 万平方米区域生长有松树、秋桐。此后,该岛因大规模开采,导致连绵的山脉被拦腰挖断,形成宽百余米的峡谷,岛屿南侧的数十米宽山体更是荡然无存,成为一片寸草不生的砂石地。⑤ 有些海岛生物对生态环境异常敏感,如 20 世纪 80 年代海南省大洲岛金丝燕群体受到人为采摘燕窝的干扰,一度濒临灭绝。1900 年大洲岛设立国家级海洋生态自然保护区,按照现场观测统计和进洞核查燕窝数量估算,目前大洲岛金丝燕种群数量也仅为 30—40 只。⑥ 有统计显示,在全球濒危物种和最近灭绝的物种中,海岛物种所占比例远高于大陆物种,例如,海岛虽然仅占全球陆地面积的 5%,却生活着 80%的地球生物物种(从公元 1500 年算起),占到世界自然保护联盟公布的重要受威胁物种名录的 39%,⑦ 岛上生物灭绝率远高于大陆同类生物,岛上鸟类物种、哺乳动物的灭绝率分别是大陆同类物种灭绝率的 187 倍、177 倍。⑧

---

① 《瑙鲁国家概况》,中国外交部网(https://www.fmprc.gov.cn/web/gjhdq_ 676201/gj_ 676203/dyz_ 681240/1206_ 681592/1206x0_ 681594/),最后访问时间:2019 年 4 月 8 日。

② Christopher Weeramantry, *Nauru: Environmental Damage Under International Trusteeship*, Australia: Oxford University Press, 1992, p.31.

③ See Alison Nihart, "Lessons from a Little Island", https://learn.uvm.edu/foodsystemsblog/2014/08/21/lessons-from-a-little-island/ (last visited January 15, 2019).

④ 任海等:《海岛退化生态系统的恢复》,《生态科学》2001 年第 1 期。

⑤ 王中亮:《人工毁坏的海岛能否修复 桥梁山岛成为临床试点之一》,浙江在线网(http://zjnews.zjol.com.cn/05zjnews/system/2011/07/22/017701386.shtml),最后访问时间:2019 年 4 月 8 日。

⑥ 丁汀:《海南万宁守护海洋生态,保护国内唯一金丝燕常年栖息地》,《人民日报》2017 年 6 月 7 日第 16 版。

⑦ 邓云成:《亟待保护的海岛生物多样性——以小岛屿国家为主要收录对象的海岛名录库简介》,《中国海洋报》2017 年 1 月 4 日第 4 版。

⑧ See *Report of the Sixteenth Meeting of the Subsidiary Body on Scientific, Technical and Technological Advice*, UNEP/CBD/COP/11/3, 18 June 2012, p.13.

因过度开发利用海岛资源行为导致的生态损害，不仅威胁了海岛生态系统的完整性，而且影响了全球生物多样性。

第二，由人为原因造成的环境污染。向海岛及其周边排放污染物不仅会造成大气污染、水污染、土壤污染等，而且环境污染物产生的多种毒性也对海岛生物多样性造成严重损害，阻碍生物的正常生长发育，使生物丧失生存或繁衍的能力。由人为原因造成的环境污染，破坏海岛及其周边海域生态环境的例子比比皆是。按照环境要素划分，海岛环境污染可以分为大气污染、水体污染、土壤污染。典型的海岛大气污染主要发生在有居民海岛及邻近大陆的无居民海岛，造成空气污染的主要行业和活动有能源、交通、工业、农业、化石燃料的燃烧、粉尘污染的物品露天堆放等。[①] 即便海岛本地不存在污染源，其他地区大气污染物远程传输同样会造成海岛大气污染，例如，我国舟山群岛是长三角地区受大气污染物远程传输影响最为严重的区域，冬季气体污染物外来影响的总比例可高达92%，2006年以来舟山群岛每年酸雨出现频率均在95%以上，由于受到地理位置和气象条件影响，舟山群岛大气环境受区域传输影响严重，单纯对舟山群岛排放源进行控制以改善环境质量的方法已不适用。[②] 水体污染与土壤污染在海岛环境污染中较为常见，并且时常相伴存在，受到生活污水肆意排放、长期工业管理不善或重大事故、船舶溢油的影响，有毒有害物质不仅会污染大片土地、地下水及周边海域，而且会影响地上动植物，甚至直接或间接通过畜牧业、农业影响人类健康。与大陆地区水体污染与土壤污染相比较，海洋废弃物对海岛近海沙滩及水体造成的污染不容小觑，研究结果显示，海洋废弃物（包括塑料垃圾）的来源多种多样，包括各种陆上和海上污染源，约80%的海洋废弃物从陆地进入海洋，其数量据估计达到每年480万—1270万吨。[③] 2016年联合国秘书长关于《海洋和海洋法》的报告指出，"海洋废弃物（包括塑料和塑料微粒）通过河流和工业污水

[①] UN Environment Programme, "Dimensions of Pollution: Air", UNEP, http://web.unep.org/environmentassembly/ http://www.issg.org/pdf/publications/Island_Invasives/pdf-HQprint/1Keitt.pdf (last visited January 15, 2019).

[②] 冯琨，等：《空气污染物远程传输对海岛型城市污染的影响》，《中国环境科学》2014年第6期。

[③] Jenna R. Jambeck, *et al.*, "Plastic waste inputs from land into the ocean", *Science*, Vol. 347, No. 6223, 2015, pp. 768-771.

和径流从陆地进入沿海岸线的海洋环境，或被风吹到海洋。飓风、洪水和海啸等极端事件还把大量废弃物带入海中，随着极端天气条件愈演愈烈，这一问题将变得更为普遍。在各大洋，漂浮的海洋废弃物可能通过主要洋流，被带到很远的地方，直到被冲到岸上、沉入海底或积累在主要的海洋环流涡旋"，①"尤其是海洋中的岛屿，这里产生的废物通常低于许多大陆中心，却承受了不成比例的塑料海洋垃圾的负担，这些垃圾是通过表面海流从远处带来的"。② 例如，位于英国皮特凯恩群岛（Pitcairn Islands）中的亨德森岛（Henderson Island）属于无人岛，距离最近的南美洲大陆约5000千米，由于该岛接近南太平洋环流中心，南美洲等地大量人类活动及过往船舶产生的废弃物被洋流冲到岛上，其中99.8%是塑料。调查显示，该岛海滩每平方米有多达672件塑料垃圾，并且有多达4497件垃圾被埋在沙滩之下10厘米范围内。③ 海洋废弃物对海岛造成的危害不仅限于环境污染，而且对岛上及附近海域内的海洋生物也产生诸多负面影响。

第三，外来物种入侵。外来物种一般经由自然传播、无意引种和有意引种三种途径侵入非自然扩散区。自然传播是指依靠生物自身具备的扩散力或借助于风力、水流或其他动植物等自然力量对外传播。④ 无意引种是指外来物种伴随着诸如贸易、运输、旅行、旅游等活动，借助于人类行为被无意识携入本地。例如，广东省内伶仃岛自20世纪90年代被薇甘菊无

---

① See *General Assembly-Report on Oceans and the Law of the Sea*, UN Doc. A/71/74, 22 March 2016, paras. 9–12.

② Joint Group of Experts on the Scientific Aspects of Marine Environmental Protection (IMO/FAO/IOC-UNESCO/WMO/WHO/IAEA/UN/UNEP) and Advisory Committee on Protection of the Sea, "Protecting the Oceans from Land-Based Activities: Land-Based Sources and Activities Affecting the Quality and Uses of the Marine, Coastal and Associated Freshwater Environment", *Reports and Studies*, No. 71, 2001, https://www.jodc.go.jp/info/ioc_doc/GESAMP/report71.pdf; See also McKinsey & Company and Ocean Conservancy, "Stemming the tide: land-based strategies for a plastic-free ocean", https://www.oceanconservancy.org/our-work/marine-debris/mckinsey-report-files/full-report-stemming-the.pdf http://www.issg.org/pdf/publications/Island_Invasives/pdfHQprint/1Keitt.pdf (last visited January 15, 2019).

③ Jennifer Lavers & Alexander L. Bond, "Exceptional and rapid accumulation of anthropogenic debris on one of the world's most remote and pristine islands", *Proceedings of the National Academy of Sciences*, Vol. 114, No. 23, 2017, pp. 6052–6055.

④ 参见李志文、杜萱，等《我国港口防治海洋外来生物入侵的法律对策研究》，法律出版社2015年版，第10—18页。

意入侵后，已造成岛上植物大片死亡，岛上40%—60%的地区被薇甘菊所覆盖，其他植物备受排挤。① 红丝姜花（kahili ginger）原产于印度东部地区，1954年首次在夏威夷火山国家公园被发现，现已遍布夏威夷所有的岛屿。该入侵种具有耐阴性，其黏着性很强的种子会经由鸟类和哺乳动物传播到别的地区，并在侵入地形成密集植群，阻碍森林再生，威胁森林生物多样性。② 有意引种指的是人类基于林牧渔业生产、生态环境改造或者景观美化、观赏等目的，积极主动引进和培植外来物种，但其后该物种演变成入侵物种，③ 例如，为了控制新西兰圣卡塔利娜岛（Santa Catalina）的杂草，当地将山羊引入该岛，最终导致山羊将岛上一种特有树种（cercocarpus traskiae）吃得只剩下7株。④ 自然传播通常发生时间漫长、过程持续及稳定，因此，自然传播通常会改变海岛原生环境，或者缓慢改变岛上生态环境，形成另一种稳定的生境。从引起海岛生态环境损害事例看，造成海岛生态环境损害的外来物种入侵行为主要是有意引种和无意引种两类行为。有意引种，指人类有意将某生物从其原生地转移至该生物自然分布及潜在扩散区以外区域的物种传播行为。无意引种，指某物种借助人类本身或以人类掌控的运输、旅行等行为为媒介，非由于人类主观意愿而扩散到其自然分布范围或潜在分布区以外其他地方的物种传播行为。但是，有意引种与无意引种的行为有时并非泾渭分明。例如，新西兰斯蒂芬岛（Stephens Island）上异鹩（xenicus lyalli）为该岛的特有物种，在岛上设立灯塔后，守塔人所饲养的家猫逃逸后繁殖为野化家猫群体，大规模掠食异鹩，导致该物种于1895年灭绝。⑤ 渡渡鸟灭绝的原因与之类似，在15世纪葡萄牙、荷兰殖民者相继到达毛里求斯，此后尽管没有大量地捕杀海岛上的渡渡鸟，但是他们带来了狗、猪及船上的老鼠等改变了岛上的生物

---

① 朱世新，等：《中国菊科植物外来种概述》，《广西植物》2005年第1期。

② I. Kumrit, et al., "*Labdane-type diterpenes from Hedychium gardnerianum with potent cytotoxicity against human small cell lung cancer cells*", Phytother Res., Vol. 24, Iss. 7, 2010, pp. 1009–1013.

③ 汪劲、王社坤、严厚福：《抵御外来物种入侵：法律规制模式的比较与选择》，北京大学出版社2009年版，第8页。

④ L. H. Rieseberg and D. Gerber, "Hybridization in the Catalina Island mountain mahogany (Cercocarpus traskiae): RAPD evidence", Conservation Biology, Vol. 9, No. 1, 1995, pp. 199–203.

⑤ See Ross Galbreath & Derek Brown, "The tale of the lighthouse-keeper's cat: Discovery and extinction of the Stephens Island wren (Traversia lyalli)", Notornis, Vol. 51, No. 4, 2004, pp. 193–200.

链结构，导致在食物来源方面出现了竞争，渡渡鸟的卵备受上述外来生物的青睐，到1700年前后渡渡鸟永远消失了。① 无论是有意引种还是无意引种，一旦引入种形成入侵态势，尤其是在缺乏天敌制约的情况下演变为入侵种，对海岛生态系统及生物多样性将造成不可逆转的损害。此外，将非本地物种引入海岛经常伴随着疾病或病菌的传播，这些疾病或病菌会在本地物种中找到目标，会引起岛上生物种群数量或栖息范围缩小，也是导致岛上生物灭绝的重要因素之一。②

第四，气候变化及其衍生威胁。气候变化给人类带来危害的同时，也对海岛自然生态系统带来了现实的威胁，尤其是对于物种结构较为简单、处于海陆相互作用的敏感地带的海岛，其生态系统更容易受到这些变化带来的影响。③ 气候变化对海岛生态环境的影响主要表现在两个方面。一是气候变化引起海平面上升，一些海岛面临被淹没的风险。例如，由于海平面上升和海岸侵蚀，在1996年至2016的20年所罗门群岛的海平面每年上升0.4英寸，该群岛中的五个小岛已经消失，消失岛屿面积在2.5—12.4英亩之间，没有人类居住。④ 2013年7月华南区域气象中心发布的《华南区域气候变化评估报告》指出，如果海平面上升300毫米，广东沿海严重潮灾的重现期将普遍缩短50%—60%；在无防潮设施情况下，按照平均大潮高潮位，珠江三角洲近海将有48个岛屿被淹没，广东省沿海滩涂面积增长量将减少23.3%。⑤ 需要指出的是，目前有关海平面上升与海岛被淹没风险之间的联系，尚存在争议。西蒙·阿尔伯特（Simon Albert）等学者利用1947年至2014年对所罗门群岛中33个岛屿的航空和（或）

---

① [美]迈克尔·博尔特著：《灭绝：进化与人类的终结》，张文杰、邓可译，中信出版社2003年版，第181页。

② C. J. Ralph & S. G. Fancy, "Timing of breeding and molting in six species of Hawaiian honey-creepers", *The Condor*, Vol. 96, Iss. 1, 1994, pp. 151-161.

③ 孔昊、杨薇：《气候变化背景下海岛生态环境脆弱性分析及其应对措施——以南澳岛为例》，《海洋开发与管理》2016年第10期。

④ Simon Albert, *et al.*, "Solomon Islands: Rising sea levels blamed for the disappearance of five reef islands", The Conversation, https://theconversation.com/sea-level-rise-has-claimed-five-whole-islands-in-the-pacific-first-scientific-evidence-58511 (last visited January 15, 2019).

⑤ 黄璨、杨群娜：《华南区域气候变化评估报告：珠三角气候逐年变暖》，中国气候变化信息网（http://www.ccchina.org.cn/Detail.aspx?newsId=40907&TId=57），最后访问时间：2019年4月10日。

卫星图像，并且参考实地调查结论，确定在这段时间内消失了五个被植被覆盖礁岛，以及六个海岛的海岸线正在面临严重衰退。研究结果认为，暴露在高波浪能下的地区海岸线衰退率要高得多，这表明海平面上升和波浪之间存在协同作用，海平面上升将导致太平洋中部低洼环礁的广泛侵蚀和淹没。① 但是，罗杰·麦克林（Roger McLean）、保罗·肯奇（Paul Kench）分析了过去几十年中太平洋中部和西部12个环礁上200多个岛屿的物理变化，当时该地区的海平面以全球平均水平的3—4倍的速度上升。研究结果表明，几乎没有证据表明侵蚀加剧或岛屿面积缩小。相反，岛屿海岸已经调整了它们的位置和形态，以应对人类的影响，如海堤建设和气候—海洋过程的变化。② 尽管如此，罗杰·麦克林等人依然认同海平面上升对海岛造成的威胁，即如果未来海平面继续上升，将破坏环礁岛的稳定，以致其居民将被迫移居海外。③ 二是引起海岛生境变化，改变生物群落或活动范围。远离大陆的海岛通常具有稳定的生境，区域气候系统的一系列变化，尤其是地区气温、降水以及海水温度非正常变化，必然会对海岛自然生态系统产生影响，并因此导致海岛物种群落结构或分布范围改变，甚至造成生态系统退化、物种消失、遗传资源破坏。④ 例如，对于澳大利亚布兰布尔礁（Bramble Cay）裸尾鼠（bramble cay melomys）灭迹的研究结果显示，该物种灭绝的主要原因是气候变化导致的低洼珊瑚礁被海水淹没，岛上曾经为啮齿动物提供食物和栖息地的植被面积从1998年7月的2.43公顷下降到2014年9月的0.19公顷。不仅如此，因气候变化导致海岛周边海域珊瑚礁的白化现象、改变岛上节肢动物群落等，也已经被科学研究所证实。⑤

---

① Simon Albert, et al., "Interactions between sea-level rise and wave exposure on reef island dynamics in the Solomon Islands", Environmental Research Letters, Vol. 11, No. 5, 2016, p. 1.

② Roger McLean and Paul Kench, "Destruction or persistence of coral atoll islands in the face of 20th and 21st century sea-level rise?", WIREs Clim Change, Vol. 6, No. 5, 2015, pp. 445-460.

③ Ibid., pp. 462-463.

④ 孔昊、杨薇：《气候变化背景下海岛生态环境脆弱性分析及其应对措施——以南澳岛为例》，《海洋开发与管理》2016年第10期。

⑤ 孙军等：《全球气候变化下的海洋生物多样性》，《生物多样性》2016年第7期；陈宝红、周秋麟、杨圣云：《气候变化对海洋生物多样性的影响》，《台湾海峡》2009第3期；C. Bellard, C. Bertelsmeier, P. Leadley, et al., "Impacts of climate change on the future of biodiversity", Ecology Letters, Vol. 15, Iss. 4, 2012, pp. 365-377.

二 海岛生态环境损害的后果

海岛生态环境损害不仅影响海岛及周边海域生态系统稳定性,而且也会对地区经济和社会发展造成影响。在一些情况下,海岛生态环境损害造成的危害后果是不可逆转的,这种情况将会威胁海岛生物多样性、破坏生物遗传多样性,也将影响海岛所在地区人类赖以生存的条件和经济社会可持续发展的物质基础,使当代及子孙后代失去发展的机会。海岛生态环境损害造成的危害后果,主要包括三类。

第一,损害海岛生物多样性。随着人类活动以及不可持续的生产和消费方式加剧,海岛生物多样性正在遭受严重破坏和丧失,从而威胁全球生态环境,一些海岛物种尚未来得及被人类认知就已经濒危或灭绝。岛屿仅占地球表面积的5%,但却支持着20%的生物多样性,为众多鸟类、爬行动物和植物提供了栖息地,养护着一半以上人类目前已知的海洋生物,包括高比例的特有物种。① 海岛生物多样性特别脆弱,绝大多数物种灭绝都是岛屿物种,例如大约95%的鸟类、90%的爬行动物和70%的哺乳动物灭绝都发生在岛屿上。② 生态环境损害不仅威胁海岛生物多样性,而且破坏生物遗传多样性。据联合国统计,仅在过去30年,人类就几乎失去了地球上十分之三的生物,尤其是在深受气候变化影响的小岛屿国家,其物种灭绝速度比其他地区高出100多倍,世界上最脆弱的10个珊瑚礁热

---

① See Gerold Kier, et al., "A global assessment of endemism and species richness across island and mainland regions", Proceedings of the National Academy of Sciences, Vol.106, No.23, 2009, pp.9322-9327.

② See B. Keitt, et al., "The Global Islands Invasive Vertebrate Eradication Database: A tool to improve and facilitate restoration of island ecosystems", in C. R. Veitch, et al. eds., Island invasives: eradication and management, IUCN, Gland, Switzerland, 2011, p.74. 此类统计数据并不统一,例如,2012年《生物多样性公约》缔约方大会《科学、技术和工艺咨询附属机构第十六次会议报告》项目五"岛屿生物多样性:深入审查工作方案的实施情况"显示,80%已知物种灭绝发生在岛屿,且目前濒临灭绝的40%以上脊椎动物为岛屿物种。参见赵宁、马骁骏《加强我国海岛生物物种资源保护》,《中国海洋报》2014年5月23日版;See Report of the Sixteenth Meeting of the Subsidiary Body on Scientific, Technical and Technological Advice, UNEP/CBD/COP/11/3, 18 June 2012, p.35.

点区域（Hotspots）① 中的 7 个，以及 34 个珊瑚礁保护项目中的 10 个，都位于海岛国家。② 在马达加斯加，由于伐木业的兴盛导致林木数量的减少直接导致群落朝向不同于原来的方向演替，再加上采伐过程中人类在森林中捕猎、开路等其他活动的影响，最终的结果会直接导致生态系统中生物多样性程度降低，破坏生态平衡。③ 就我国而言，海岛生物多样性面临的主要威胁包括，随着人类活动加剧，部分海岛地形地貌发生改变，生物资源栖息地丧失；受全球气候变化影响，海平面上升、海岛土壤盐渍化、海岛海岸侵蚀等威胁珊瑚礁等海岛生态系统的稳定；环境污染导致遗传多样性、物种多样性和生态系统多样性多层次降低，破坏海岛生态系统的结构和功能。④

第二，影响当地经济社会发展。海岛生态环境及蕴含的资源不仅为人类经济社会发展提供必要的生活物质、生产原料，而且在维护生态安全、保持物种多样性等方面也发挥着关键作用，是人类社会赖以生存的条件和经济社会可持续发展的物质基础，尤其是海岛地区居民维持其生计、收入不可或缺的组成部分。概言之，海岛生态环境损害对经济社会发展的影响，可以概括为三方面。一是对生存需求的影响。外来物种入侵破坏了海岛原有的生态体系，增加了环境治理的成本；森林砍伐和地表植被破坏加剧了水土流失，导致河水浑浊；岛上植被的破坏及污染物的肆意排放会直接影响水源涵养区和淡水水源生态体系，岛上淡水质量的下降会减少可利用水源的供应，生物多样性的丧失将使食物的多样性减少，打破均衡的饮食结构，影响地区居民健康。二是对人身财产安全的直接影响。海岛生态

---

① 英国环境保护主义者诺曼·迈尔斯（Norman Myers）最先定义了生物多样性热点区域的概念，生物多样性热点区域（Biodiversity Hotspots）是指最富集和最濒危陆地生态区，一个地区要成为生物多样性热点，必须符合两个严格的要求：必须包含至少 0.5% 或 1500 种独有品种的维管束植物，并且已失去了至少 70% 的原生植被。See Norman Myers, "Threatened biotas: 'hot spots' in tropical forests", *Environmentalist*, Vol. 8, Iss. 3, 1988, pp. 187 - 208; Norman Myers, *et al.*, "Biodiversity hotspots for conservation priorities", *Nature*, Vol. 403, Iss. 6772, 2000, pp. 853 - 858.

② 程浩：《小岛屿国家——生物多样性如同生命般宝贵》，联合国网（https://news.un.org/zh/audio/2014/09/305792），最后访问时间：2019 年 4 月 10 日。

③ 李春梅：《红木采伐引发巨大生态灾难》，新华网（http://www.xinhuanet.com//tech/2015-05/29/c_1115444660.htm），最后访问时间：2019 年 4 月 10 日。

④ 兰圣伟：《海岛生物多样性威胁加剧》，《中国海洋报》2018 年 5 月 22 日第 A3 版。

环境损害将会增加生态系统的脆弱性，导致生态系统稳定性的下降。① 近岸海沙、珊瑚礁、红树林等不仅是海岛生态环境系统的组成部分，也是保持海岛生态系统稳定性、抵御海潮等外部冲击的自然缓冲物。② 人类对岛上森林的过度采伐，往往造成水土流失，是造成泥石流的重要原因之一。海岛近岸海沙、珊瑚礁和红树林遭到破坏，不仅招致海岸严重侵蚀，而且对岛上居民生产及生活也会造成严重危害。三是对当地经济社会发展的影响。全球近三分之一的国家都有岛屿，其中居住着约10%的世界人口、有将近6亿人以海岛资源及环境为基础的行业，如农业、畜牧业、旅游业、渔业、采掘业等，占小岛屿发展中国家国内生产总值的一半以上，仅仅就海岛周边的珊瑚礁就提供了每年约3750亿美元的商品和服务收入。因此，维护和可持续利用岛屿的天然资源对实现《2011—2020年生物多样性战略计划》至关重要。③ 海岛生态环境是维护地区生产力、实现可持续发展的重要基础，海岛生态环境损害会减少当地居民的发展机会，导致一些依赖海岛自然景观、自然资源的产业或行业逐步没落，甚至消失。

第三，危害当地的社会结构和文化传统。海岛是提供物质资源和空间平台，还是塑造社会和文化特性的基本因素之一，正是这些特性形成了多元文化结构。海岛上遗留的历史遗迹、特色建筑物、岛民别样的风俗文化，具有科学、历史、艺术等多重价值，④ 在海洋文化资源利用中具有多方面的作用。环境与资源是海岛文化的载体，海岛生态环境损害造成的后果不仅仅是危及当地自然生态系统，降低物种多样性，也会严重危害当地的社会和文化。2009年《联合国人权事务高级专员关于气候变化与人权的关系问题的报告》指出，气候变化，连同污染和环境退化，构成对土著人民的严重威胁，他们往往生活在边缘贫瘠土地上和脆弱的生态系统中，对物理环境的改变尤为敏感。与气候变化有关的影响已经导致极区的因纽特人社区迁移，并对他们的传统生计造成影响。居住在低洼岛国的土著人民面临类似的压力，

---

① 参见王国宏《再论生物多样性与生态系统的稳定性》，《生物多样性》2002年第1期。
② 参见任海，等《海岛与海岸带生态系统恢复与生态系统管理》，科学出版社2004年版，第2—4页。
③ 程浩：《小岛屿国家——生物多样性如同生命般宝贵》，联合国新闻网，https://news.un.org/zh/audio/2014/09/305792，最后访问时间：2019年4月10日。
④ 王辉等：《旅游型海岛文化保护与传承的思路探讨——以大连广鹿岛为例》，《海洋开发与管理》2012年第11期。

使他们与传统土地和生计密切相连的文化属性受到威胁。①

第二节 海岛生态环境损害的国内法责任

海岛资源承载着社会公共利益，破坏海岛生态环境的行为对公共环境利益造成巨大威胁，海岛生态环境损害国内法法律责任贯穿于民事、刑事和行政领域，责任形式及性质需要依据当事国立法和具体违法行为加以确定。由于海岛利用及保护行为内容多种多样，本部分无意且不可能穷尽每种具体损害行为的责任构成。即便回归比较法视角，由于法系和各国立法技术的差异，实质上也无法梳理出一个共性的、具有普遍适用意义的结论。因此，本部分主要从比较法视角，仅就海岛生态环境损害国内法责任中的一般性问题进行讨论。

一 生态环境损害赔偿责任

损害赔偿是海岛生态环境损害民事法律责任中的一般性问题。根据民事责任是否具有财产内容，民事责任可以分为财产责任与非财产责任。财产责任，是指由民事违法行为人承担财产上的不利后果，使受害人得到财产上补偿或赔偿，如损害赔偿责任。非财产责任是指为防止或消除损害后果，使受损害的非财产权利得到恢复的民事责任，如消除影响、赔礼道歉等。海岛属于自然资源，在承认海岛符合物权法一般理论关于"物"的特征要求下，海岛利用及保护是基于财产权的行使发生的，从使用权的设定和权利保护角度看，因海岛生态环境损害产生的民事责任当属财产责任，例如，我国《海岛保护法》第55条第2款规定，造成海岛及其周边海域生态系统破坏的，依法承担民事责任。

生态环境损害赔偿责任是通过追究加害人的生态环境损害赔偿责任，使其承担治理、修复或赔偿生态环境损害的责任。生态损害范围不仅包括人身、财产权利，而且还具有对一定区域内多数人所依赖的生态环境侵害的公害性。海岛生态环境损害是以海岛环境资源为直接对象的损害，生态

---

① See *Report of the Office of the United Nations High Commissioner for Human Rights on the relationship between climate change and human rights*, OHCHR, UN Doc. A/HRC/10/61, 15 January 2009, p. 18.

环境损害有别于人身权利、财产权利的损害，其损害范畴和界定标准较为模糊。[①] 与传统的人身财产损害相比，海岛生态环境损害存在着损害范围和数额多样化、复杂化的特点，损害范围的确定与赔偿范围的主张互为表里。损害范围的确定需要损害评估，即综合运用经济、法律、技术等手段，对生态损害的范围、程度等进行合理鉴定、测算。根据生态损害性质、类别以及事故发生的范围，其受害主体可能包括特定区域的多数人、一国之国民乃至跨国群体。海岛生态环境损害包括两部分内容。一是海岛环境污染。环境污染是指由于人类直接或间接地向环境排放超过其自净能力的物质或能量，从而使环境的质量降低，对人类生存与发展、生态系统和财产造成不利影响的现象。[②] 从海岛环境污染的类型来看，可以分为水污染、土壤污染、空气污染和噪声污染等四类，损害来源包括生活污染排放、农业种植、农产品养殖、工业排放、建筑业和采矿业污染。海岛环境污染通常以原发性污染为主，即因为海岛的利用开发中人类排放到海岛环境中的物质或能量超过环境的自净能力从而导致环境质量下降，在特殊情形下，海洋污染也会损害海岛生态环境，例如，1989年埃克森·卡迪兹号（Exxon Valdez）溢油事故导致附近的史密斯岛（Smith Island）、绿岛（Green Island）海滩被原油覆盖，大量海洋生物死亡，岛屿海岸带受到严重污染。[③] 二是海岛生态破坏。即海岛生态系统遭受外界的压力和冲击，超过了生态系统自身的忍耐阈值，使海岛生态系统的结构和功能失去平衡。[④] 海岛生态破坏包括人为损害和自然损害，人为损害指人类从海岛索取资源的速度和强度超过其生态承载力造成资源枯竭和生态功能退化，自然损害包括地质运动、气候变化等。

海岛环境污染与生态破坏都可能损害到人身权或财产权。海岛生态环境损害，是指污染或破坏了构成海岛环境介质，然后戕害了其中所负载的某种权利。在实践中，污染针对的是某个个体或者集体，纯粹的环境污染几乎不存在，污染与生态破坏往往互为因果。然而，纯粹的生态破坏却是可能存在的，尤其是非人为因素导致海岛生态系统结构和功能失去平衡

[①] 汪劲：《环境法学》，北京大学出版社2006年版，第572页。
[②] 史学瀛主编：《环境法学》，清华大学出版社2006年版，第156页。
[③] Thomas R. Loughlin, *Marine Mammals and the Exxon Valdez*, Massachusetts：Academic Press, 2013, p. 29.
[④] 刘少康：《环境与环境保护导论》，清华大学出版社2002年版，第116页。

时，此时，尽管海岛生态破坏尚未损害某个体的利益，但实际上是一种未知的、对于不特定公众的利益潜在损害，属于集体的损害。[1] 纵观一些国家和地区的法制实践经验，它们对于生态环境损害范围的划定作出了一些不尽相同的立法规定。[2] 如2014年《环境损害鉴定评估推荐方法（第Ⅱ版）》[3] 第4.1项将"环境损害"定义为"指因污染环境或破坏生态行为导致人体健康、财产价值或生态环境及其生态系统服务的可观察的或可测量的不利改变"；第6项规定"环境损害确认包括基线的确认以及人身损害、财产损害、生态环境损害、应急处置费用及其他事务性费用的确认"。美国1990年《油污法》规定的生态环境损害包括：（1）自然资源价值的损失；（2）个人财产损失；（3）自然资源持续使用功能丧失的损失；（4）政府税收损失；（5）因财产或自然资源损害而导致的利润和收入的损失；（6）政府部门清除油污等公共服务的成本。[4] 上述规定表明，海岛生态环境损害范围的确定，存在两方面的特征。一是海岛生态系统具有财产价值，且财产损害可以通过货币量化确定。海岛生态环境是公共利益的载体，但海岛生态环境本身并不具备财产的社会经济属性和明确的市场价值，且生态环境体现的生态公共利益具有非排他性和不可分割性。然而，生态环境作为法律救济的对象，其范围必须是确定的，且其损害程度应当能够通过货币化的形式予以衡量和量化。二是海岛生态服务功能恢复亦属于损害赔偿范围。海岛生态环境修复的目的是恢复目标区域原有的生态服务功能，修复范围的确定并不完全等于污染指标的降低或者环境外表的改善，而是内部相互关系的恢复。反向推之，评估损害发生时栖息地或物种的保育状况、其提供的服务功能和自然再生能力等海岛生态系统服务功能，同样属于损害赔偿范围。

概言之，海岛生态环境损害是由于海岛生态系统受损而导致的人与自然、人与人之间的关系的损害。技术水平和经济发展阶段影响海岛生态环境损害识别范围，立法确认的海岛生态环境损害的具体范围，因此，并非

---

[1] 竺效：《论环境侵权原因行为的立法拓展》，《中国法学》2015年第2期。

[2] 柯坚：《建立我国生态环境损害多元化法律救济机制》，《甘肃政法学院学报》2012年第1期。

[3] 《环境损害鉴定评估推荐方法（第Ⅱ版）》第2部分规定："本方法适用于因污染环境或破坏生态行为（包括突发环境事件）导致人身、财产、生态环境损害、应急处置费用和其他事务性费用的鉴定评估。不适用于因核与辐射所致环境损害的鉴定评估。"

[4] See 33 USC §§ 2701, et seq.

任何程度的生态环境损害都会受到法律保护与救济。

二 生态环境修复法律责任

海岛生态环境修复，是指通过运用一定的技术、法律等方式，停止因污染环境、破坏生态造成海岛所在区域大气、地表水、地下水、土壤等环境要素和植物、动物、微生物等生物要素的不利改变，以及恢复上述要素构成的海岛生态系统功能。① 生态环境修复以法律的形式被概念化，是20世纪70年代以来国际环境法日趋发展的产物，② 伴随环境生态修复科学技术日臻完善，许多国家逐步将生态修复纳入国内法范畴。

海岛生态环境修复以原有海岛生态环境受损为存在前提。在海岛开发利用中，加害方是海岛生态环境修复法律关系的概括性义务主体，在不存在加害方的情形下（如天灾导致的无人岛生态环境受损）其他主体也可能需要依法负担海岛生态环境修复义务。各国与环境相关的立法也普遍规定了生态环境修复，如韩国《自然环境保护法》第3条第5款将生态环境修复作为生态平衡内容之一加以规定，③ 我国《海岛保护法》第9条第2款、第21条、第25条第2款、第27条第2款分别规定了修复对象、责任主体、资金分配等事宜，该法之外，针对不同环境要素功能修复的规定散见于《土地管理法》④《水土保持法》⑤《矿产资源法》⑥《海洋环境保护法》⑦ 等单行法中。尤其是《海洋环境保护法》第20条第2款、第82条第1款⑧中，强调对开发利用海洋资源的恢复治理以及建立和完善环境

---

① 参见应晓丽、崔旺来《国外海岛管理研究》，海洋出版社2017年版，第165—170页。

② Anastasia Telesetsky, An Cliquet and Afshin Akhtar-Khavari, *Ecological Restoration in International Environmental Law* (London and New York: Routledge, 2016), pp. 23-36.

③ See Article 3 (5) Natural Environment Conservation Act, Wholly Amended by Act No. 7297, 31 December 2004.

④ 《土地管理法》第43、76条。

⑤ 《水土保持法》第30、31条。

⑥ 《矿产资源法》第32条。

⑦ 《海洋环境保护法》第20条第2款。

⑧ 《海洋环境保护法》第20条第2款"对具有重要经济、社会价值的已遭到破坏的海洋生态，应当进行整治和恢复"；第82条第1款"违反本法第四十七条第一款的规定，进行海洋工程建设项目的，由海洋行政主管部门责令其停止施工，根据违法情节和危害后果，处建设项目总投资额百分之一以上百分之五以下的罚款，并可以责令恢复原状"。

修复。法律义务的违反将可能导致法律责任的出现,① 各种具体的法律义务产生于各种细致的法律要求(规定),② 而法律要求(规定)只是海岛生态环境修复责任产生的表象,法律要求(规定)的背后是海岛使用行为的法律后果,以及政府作为全体受益公众受托人负有的权利保障义务。如前文所言,海岛使用权的内容受所有权和环境保护及生态规律的制约,而不是无限制地使用。生态环境修复的前提是海岛生态环境遭受损害,后果包括了环境污染和生态功能减损。③ 在通常情况下,资源开发权所有者和利益归属者是过度开发和利用自然资源而损害了生态平衡比较常见的义务主体,这两类义务主体需要严格按照损害负担的原则修复生态环境。修复义务源于其盲目地开发、使用海岛内的物质和能量。如美国《油污法》将自然资源破坏中的生态修复义务课以义务人,实质上认可了自然资源生态属性的法律价值。

海岛生态环境修复不等于民法中的恢复原状。民法中的"恢复原状"是侵权责任的承担方式,其价值追求与修复海岛生态环境、维持海岛环境可持续发展、恢复海岛自然环境是完全一样的,但作为承担侵权责任方式之一的"恢复原状"并不等同于修复生态环境,二者有着明显的区别,具体表现在修复目标、实现方式、修复理念等方面。恢复原状的实现方式包括返还财产、返还利益、修复等措施以尽可能恢复到契约履行前的状态等,④ 恢复原状的客体是民法中的"物",须能够为人力控制、支配且具有特定性,通过甄别环境要素能否成为"物",恢复原状可以包含一部分海岛环境修复,但不包含海岛生态恢复。因为,海岛生态系统是一个动态的系统,每时每刻都在发生物质和能量的交换,生态系统中"物"的范畴远超民法中的"物"。⑤ 从修复目标看,恢复原状受到比例原则的限制,当恢复原状费用低于物的减损价值时,加害人应该向受害人赔偿维修之后减少的价值;而当恢复原状费用高于物之重置价值时,会造成明显利益失衡,主

---

① 钱大军:《法律义务的逻辑分析》,《法制与社会发展》2003 年第 2 期。
② [英] A. J. M. 米尔恩:《人的权利与人的多样性》,夏勇、张志铭译,中国大百科全书出版社 1995 年版,第 33 页。
③ 鄢斌、吕忠梅:《论环境诉讼中的环境损害请求权》,《法律适用》2016 年第 2 期。
④ 胡卫:《民法中恢复原状类型与规范意义》,《行政与法》2015 年第 5 期。
⑤ 魏迎悦:《环境污染侵权中恢复原状的理论与实证考察》,《黑龙江省政法管理干部学院学报》2017 年第 1 期。

张恢复原状的请求权很难得到支持,① 继而以金钱赔偿代替恢复原状。海岛生态环境修复中,修复费用大于海岛使用权出让收益或海岛开发利用盈利的案例比比皆是,如果依据民法中恢复原状的责任实现路径,加害人即只需承担经济赔偿责任,之后海岛是否能够恢复其原有的生态环境,则不属于加害人义务范畴。由于海岛生态环境承载的社会公共利益,所以生态环境修复对法律义务的分配并不与利益分配相对应,比例原则并非海岛生态环境修复法律机制必须遵循的原则。如果生态环境受损的海岛没有被出卖所有权或出让使用权,恢复原状也同样失去适用的法律基础。而且,在一些海岛生态环境受损的情形中(如海岛动植物因加害人行为导致灭绝),无论是经济赔偿还是采取修复措施,海岛生态环境回归原始状态已不具有可行性。因此,即便立法将环境损害与侵权责任法并轨,恢复原状亦作为污染环境或破坏生态造成损害的重要责任方式被立法确认后,② 海岛生态环境修复依然存在独立适用的空间,生态修复与恢复原状不存在相互替代的关系。

实现海岛生态环境修复,需要在法律上确认负有修复义务的责任主体。在海岛利用及保护过程中,参与主体多种多样,诸如海岛所有权人、使用权人、设备供应人、废弃物处理者、执行监管职能的政府等。尽管在海岛权属关系中,所有权人和使用权人被赋予生态环境修复法律责任,但是并不等于只有此两类主体才有修复责任,其他主体也会或多或少地参与责任的分担,对此,不同国家立法实践规定各异。如美国《综合环境反应、补偿与责任法》规定污染的设备所有人、污染物的供应商、运输商、出借人等,都要对污染承担连带责任。③ 欧盟《关于预防和补救环境损害的环境责任指令》将生态环境损害责任主体规定为"职业性活动的经营者",具体包括控制或操作职业性活动的自然人、法人、私人机构或公共机构,以及依法对职业性活动具有经济决策权的主体、职业性活动许可证

---

① 王立新,等:《环境资源案件中恢复原状的责任方式》,《人民司法》2015 年第 9 期。
② 例如《环境保护法》第 64 条。参见李挚萍《环境基本法比较研究》,中国政法大学出版社 2013 年版,第 155 页。
③ See §107 (a) Comprehensive Environmental Response, Compensation, and Liability Act; also see US v. Bestfoods, 524 US 51, 1998; Kaiser Aluminum & Chemical Corp. v. Catellus Development Corp., (976 F. 2d 1338), 9th Cir. 1992.

或授权书持有人和职业性活动的登记者等。① 我国《海岛保护法》将工程建设者作为有居民海岛生态修复的第一责任主体（直接责任主体）；当第一责任主体无力修复时，县级以上人民政府（间接责任主体）可以指定有关部门组织修复，但是，修复费用则由第一责任主体承担。② 上述规定包括相对人和政府有关部门，负有恢复原状的义务相对人是因海岛工程建设造成生态破坏的个人和单位，无力修复的，行政机关可以代履行或者委托没有利害关系的第三人代履行。③ 以上三部立法在规定海岛生态环境修复责任方面非常具有代表性，《综合环境反应、补偿与责任法》和《关于预防和补救环境损害的环境责任指令》试图将海岛利用及保护权属关系链条中所有参与者，都作为责任承担主体，而《海岛保护法》规定的海岛生态环境修复责任主体范围只是海岛的实际使用者，在海岛使用权出让条件下，政府不是独立的责任主体。

不同的自然资源权属制度、不同的海岛利用方式之下，要准确识别各参与主体及这些主体在开发和利用海岛资源中所扮演的角色并不容易。将所有参与主体纳入海岛生态环境修复责任主体范围，看似为海岛保护提供了最为周延的主体范围，但是否可行，依然需要实践检验。义务性规范应具有公平性，海岛生态环境修复作为法律义务，应该以参与主体的能力、地位，以及破坏环境的程度来明确其法律义务，如此才能实现权利和义务的对等。在实践中，因人为原因造成海岛生态环境损害时，无论责任的分配是基于法律进行确定的，还是采用意思自治的手段进行明确的，承担修复责任的主体通常仅包括海岛所有人、使用人和政府，其他参与者或加害人，如设备的供应者、产品消费者等，是作为第一序位的责任主体抑或作为补充责任主体，有待根据海岛开发利用的具体方式加以厘定。因而，无论海岛生态环境修复法律机制如何设计，海岛所有人、使用人都是最主要的责任主体。之所以如此安排，一方面是要确保环境责任能够因为生态环境修复责任的落实而得以实现，另一方面是督促所有人、使用人将海岛开发利用过程中造成的生态损害整合到经济成本核算中。对于海岛所有人、

---

① See European Parliament and of the Council on Environmental Liability with Regard to the Prevention and Remedying of Environmental Damage, Directive 2004/35/CE, Official Journal of the European Union, L 143/56, 30 April 2004.

② 参见《海岛保护法》第25条第2款。

③ 参见《行政强制法》第12、50条。

使用人而言，为了尽量减低海岛开发利用过程中的经济成本或不必要的损失，合理预期是改善海岛使用方式、方法及内容，使海岛开发利用遵循可持续方式，从而减少海岛生态环境损害的范围及程度，同时又能将损害预防及治理成本内化归入产品价格成本。[①] 当无责任人，或者海岛所有人、使用人因破产等原因，导致环境修复责任无法落实时，最终修复海岛生态环境的成本将由国家承担，其缘由是国家负有保护环境和公众利益的职责，这并非仅仅因为国家是海岛最终的所有人才承担此责任。[②] 可见，海岛所有人与使用人是海岛生态环境修复的最主要责任主体。尽管上述主体在某些情形下存在重叠，但焦点问题不在于对其识别和分类，而在于根据不同环境问题的性质和特点进行生态修复法律义务的分配，尤其是海岛所有人、使用人的义务边界，为了保证义务性规范的有效性，应当谨慎为其他主体设定义务。

三 行政机关及相对人的责任

行政责任，是因行政法律关系主体违反行政法规范或不履行行政法义务而承担的行政法律后果。承担行政责任的主体包括海岛利用及保护行政主管机关（以下简称"主管机关"）及其执行公务的人员，以及行政相对人，就行政相对人而言，主要是海岛使用权人。一旦行为人（主管机关和海岛使用权人）不履行义务，法律将会以强制手段要求其承担责任，方可保证依法行政、合理行政。

主管机关及其执行公务的人员在海岛利用及保护管理过程中，因行政违法或者行政不当，违反其法定职责和义务，造成海岛生态环境损害，需要依法承担的否定性的法律后果。首先，责任主体是主管机关及其执行公务的人员。主管机关和被授权组织及其执行公务的人员享有行政职权和履行行政职责，虽然主管机关和执行公务人员承担行政责任的形式不同，但是二者都是行政责任的主体。海岛利用及保护的监管通常集中于自然资源（海洋）和（或）环境保护行政主管机关，在分离型监管模式和协调型监管模式下，海岛利用及保护涉及的主管机关包括交通运输、渔业、环境保护等行政机构。其次，存在行政违法或者行政不当行为。主管机关及其执

---

① 石江水、廖斌：《环境瑕疵担保责任论纲——作为 EPR 政策落实手段的视角》，《法学家》2010 年第 1 期。

② 竺效：《论生态损害综合预防与救济的立法路径》，《比较法研究》2016 年第 3 期。

行公务的人员如有违反，产生行政违法或者行政不当，则必须承担相应的责任。行政违法或者行政不当与危害后果之间不存在必然的责任关联，即便没有造成危害后果，也要承担行政责任。如我国《海岛保护法》第44条规定了主管机关及执行公务人员的渎职责任，[①] 但该条并没有对渎职行为的危害后果作出规定，在此情况下，行为即使没有造成危害后果，也要承担行政责任。再如，越南《海洋岛屿资源环境法》第78条规定，"有关综合管理海洋和海岛资源以及保护海洋和海岛环境的监察事宜依照《监察法》的规定执行"，[②] 而越南《监察法》有关农业与农村发展部、文化体育与旅游部、交通部和自然资源环境部履行海岛资源及环境保护监察责任的规定中，危害后果也非承担行政责任的必要条件。最后，行政责任必须为行政法律规范所确认。主管机关及其执行公务的人员对于违反法定义务的行为，必须依法承担否定性的法律后果，而且行政责任的内容和承担方式必须依法确定。

行政相对人违反海岛利用及保护有关规定，造成海岛生态环境损害，应承担责任的情形，主要包含两类：一类是海岛使用人未取得相应资质或超越使用权限使用海岛，造成环境污染与生态破坏的情形，行政强制主要针对这种情况；另一类是确已造成环境污染或生态破坏，但没有达到"重大污染"的程度，此时一般适用行政处罚，依法对行政相对人的违法行为，给予人身的、财产的、名誉的及其他形式的法律制裁的行政行为。相对人承担责任方式具体包括行政强制和行政处罚，海岛利用及保护中典型的行政强制措施是恢复原状，如我国《环境保护法》第64条规定，"恢复原状"作为环境损害责任方式得到认可，最高人民法院《关于审理环境民事公益诉讼案件适用法律若干问题的解释》第18条将其确立为环境民事公益诉讼核心责任方式。可以说，《环境保护法》将环境损害与侵权责任法并轨，恢复原状亦作为污染环境或破坏生态造成损害的重要救济

[①] 《海岛保护法》第44条："海洋主管部门或者其他对海岛保护负有监督管理职责的部门，发现违法行为或者接到对违法行为的举报后不依法予以查处，或者有其他未依照本法规定履行职责的行为的，由本级人民政府或者上一级人民政府有关主管部门责令改正，对直接负责的主管人员和其他直接责任人员依法给予处分。"

[②] 米良译：《越南社会主义共和国海洋和海岛资源环境法》，《南洋资料译丛》2017年第1期。

方式被确认。① 依据《行政强制法》第 12 条、第 50 条，行政强制包括责任人恢复原状和代履行。前者赋予了行政机关直接强制负有恢复原状的义务相对人履行恢复义务；后者是行政决定做出后，当事人不履行恢复原状义务，其后果已经或者将危害生态安全、造成环境污染或者破坏自然资源的，行政机关可以代履行或者委托没有利害关系的第三人代履行。行政处罚多以罚款为表现形式，不同国家相关立法内容大同小异，如克罗地亚《岛屿法》第 37 条第 2 款规定，相对人违反该法第 20 条第 1 款的规定获取海岛投资贷款的将被处以 10000 到 50000 库纳（Kuna）的罚款；② 第 38 条第 2 款规定，私人或法人违反该法第 13 条的规定，携入或试图在岛上养殖非原生动物的，处以 100000 库纳（Kuna）的罚款。③ 澳大利亚《豪勋爵岛法》第 19B 条规定，使用岛上土地的任何人以及第 19A 条规定的土地专用者，违反土地管理计划的方式使用土地的，处以不超过 50 个惩罚单位的罚金。④

四　生态环境损害责任社会化

海岛属于稀缺自然资源，其生态环境涉及社会公共利益，故其利益主体是不特定的。一方面，应当承认在海岛所有权（财产权）私有制下，海岛生态环境被特定化，并成为私权客体，在受害人遭受侵害的权益与环境损害指向同一对象时，侵权责任法在救济受害人所受损害的同时也可以间接地填补生态损害。另一方面，国家与非国家主体（自然人、法人或其他组织）在海岛生态环境保障义务之间不存在"非此即彼"式的替代

---

① 李挚萍：《环境基本法比较研究》，中国政法大学出版社 2013 年版，第 155 页。

② Fine in the amount of KN. 10,000.00 to 50,000.00 shall be imposed on a responsible person from HBOR and/or commercial bank if they approve loan contrary to the provision of article 20, paragraph 1 of this Act. See Article 37 (2) Islands Act.

③ Fine in the amount of KN. 100,000.00 shall be imposed on a private and/or legal person who contrary to the provisions of article 13 above brings and tries to breed game which does not naturally live on the island. See Article 38 (2) Islands Act.

④ 澳大利亚立法中的"犯罪"（offences）与我国刑法规定的"犯罪"不同，它不仅包括我国刑法中的犯罪，还包括一些公共错误行为、违法行为、犯法行为。Penalties 虽然译为惩罚，但既包括刑罚，也包括其他惩罚和处罚等。A person who uses any part of land the subject of a dedication in force under section 19A in a manner that contravenes the plan of management for the land is liable to a penalty not exceeding 50 penalty units. See Section 19B (1) Lord Howe Island Act.

关系。但如果自然人、法人或其他组织无法明确或者无法及时确定直接责任主体时，或无力承担海岛生态环境损害法律责任时，国家依然需要负担海岛生态环境修复义务以及时治理环境、防治恶化。在一些情形下，海岛生态环境受损是自然界自身作用的结果，当海岛为公共地或无居民海岛时，并不存在公民、法人或其他组织从中受益的情形，结合公共信托理论，政府作为全体受益公众的受托人，应该承担海岛生态环境修复义务，保障了公共利益。此时，为了解决传统环境损害责任承担模式的困境，尤其是生态环境损害赔偿、环境修复费用筹措渠道的障碍，基金与责任保险是目前被普遍采用的环境责任社会化法律机制。

海岛生态环境修复周期长、难度大、费用高，需要长期稳定的资金供应。例如，2012年以来我国中央财政直接安排财政专项资金110多亿元支持海域、海岛和海岸带整治修复工作，[①] 已获批准的海岛修复项目中，浙江省长峙岛等6个海岛修复工程总投资约1.24亿元，山东省刘公岛、镆铘岛修复项目总投资也达到1.1亿元。[②] 域外国家海岛保护及修复同样耗资糜费，如美国埃尔默岛（Elmer Island）、詹姆斯岛（James Island）和巴瑞恩岛（Barren Island）生态修复工程分别耗资2亿、15.21亿和439万美元。[③] 无论是对于海岛利用开发主体，还是对政府部门而言，海岛生态环境修复费用都是巨大的。尤其是从投入与产出的商业化效益看，将受损海岛修复至原有生态功能水平，或者寻找出替代性修复方案使海岛恢复原有生态功能，所需治理时间及成本可能要远远超过海岛实际开发利用投资成本和创造的效益。因此，在海岛生态环境保护法律机制中引入基金和责任保险制度，是目前众多国家的普遍做法。

环境修复基金，是指以保护和改善生态环境、防治污染和其他公害为目的，通过向排放污染物者强制性收取一定的排污费用、通过政府拨款、

---

① 沈跃跃：《全国人民代表大会常务委员会执法检查组关于检查〈中华人民共和国海洋环境保护法〉实施情况的报告——2018年12月24日在第十三届全国人民代表大会常务委员会第七次会议上》，中国人大网（http://www.npc.gov.cn/npc/xinwen/2018-12/25/content_2067967.htm），最后访问时间：2019年4月1日。

② 《国家海洋局发文规范 海岛整治修复现千亿商机》，新华网（http://news.xinhuanet.com/fortune/2013-10/30/c_125621271.htm），最后访问时间：2019年4月2日。

③ "Louisiana Governor helps celebrate $200 million Ecological Restoration of Island", https://revitalizationnews.com/article/louisiana-governor-help-celebrate-200-million-ecological-restoration-elmers-island/(last visited January 15, 2019).

环境资源税收等方式募集资金，专款用于去除环境介质中的污染物或使之无害化，使受损害生态系统恢复原有功能。① 此处所指的环境修复基金为政府性基金，不包括非政府组织、国际组织等其他主体设定的环境修复基金。政府性环境修复基金普遍具有较为严格设置条件，如在我国根据《政府性基金管理暂行办法》规定，政府性基金实行中央一级审批制度，未经国家批准，不得擅自设立。② 美国《综合环境应对、赔偿及责任法》成立了一项超级基金，该基金致力于对本国的有害物质、污染物质进行移除、消除，该法规定由环境保护署（EPA）在环境污染主体拒绝修复环境，以及环境污染主体不明时，负责清理污染地。在经费来源方面，环境修复基金一般依靠政府税收、行政拨款和权利金募集资金。除上述经费来源渠道外，有的国家还将违法者征收的罚款和惩罚性赔偿、从污染责任方收回的场地修复成本以及基金的利息收益纳入其中。③

环境责任保险，是指发生污染事故后，行为人以对第三人造成的损害依法应承担的赔偿责任为标的保险。④ 目前，环境责任保险有三种立法模式。一是采用强制责任保险与担保、财务保证相结合的模式。如德国《环境责任法》第19条规定，保险公司必须与设备经营主体签订保险合同，以确保经营个别特别危险设备的主体能够依法承担损害赔偿责任；第20条规定此类强制责任保险或其他财务担保方式的实施细则，由联邦政府的行政法规规定。⑤ 二是以强制责任保险为主的环境责任保险模式。如美国《综合环境反应、赔偿和责任法》规定，应该通过构建强制环保责任保险制度的方式来督促生产废弃物和有毒物质主体承担相应的环保责

---

① 沈绿野、赵春喜：《我国环境修复基金来源途径刍议——以美国超级基金制度为视角》，《西南政法大学学报》2015年第3期。

② 参见《政府性基金管理暂行办法》（财综〔2010〕80号）第3条。

③ 例如在阿纳达科石油公司（Anadarko Petroleum）环境污染案中，其所缴纳罚款份额的88%交由美国联邦政府、州政府、保留区和环境信托基金，以用于资助环境治理；其余部分赔付环境污染的受害者。See EPA, "Settlement Agreement in Anadarko Fraud Case Results in Billions for Environmental Cleanups Across the Country", https://www.epa.gov/enforcement/case-summary-settlement-agreement-anadarko-fraud-case-results-billions-environmental (last visited January 15, 2019); also see 42 USC Title 42 Subchapter I § 9609.

④ 袁雪：《论我国实行强制性环境责任保险制度的可行性——以环境责任保险制度的发展演进为视角》，《生态经济》2015年第1期。

⑤ 白江：《论德国环境责任保险制度：传统、创新与发展》，《东方法学》2015年第2期。

任；不仅如此，还有大量州立法规定要求强制性通报环境责任保险。① 三是以任意责任保险为主、强制责任保险为辅的环境责任保险模式。如法国《环境法》对适用强制责任保险的范围做了区分，对造纸、洗染、啤酒及酿造业要求投保强制责任保险，其他情况由企业自主决定是否就环境污染责任投保。② 就我国而言，《环境保护法》第52条仅仅规定国家鼓励投保环境污染责任保险，并未建立完备的环境责任保险制度。③ 从《关于开展环境污染强制责任保险试点工作的指导意见》（环发〔2013〕10号）看，④ 我国目前倾向采取法国《环境保护法》立法模式，即对涉及重点防控的重金属污染物产生和排放、高环境风险企业必须购买环境责任保险，对于其他行业，国家持鼓励投保的态度。

环境修复基金与责任保险在适用方面不存在排斥关系。环境修复基金与责任保险均是依据损害负担原则，为保护生态环境而建立的且使受害人得到及时、充分、有效法律救济的方式，但二者存在多方面差异。首先，资金来源不同。海岛环境修复基金具有多元化的资金来源，基金的资金来源呈扩展趋势，包括海岛使用金、政府拨款、排污费、环保捐款、违法行为的罚款和没收违法所得等；环境责任保险主要来源于海岛使用人的缴纳，此外并无其他来源。其次，受益主体不同。环境修复基金的受益主体是不特定的，既可能是因海岛环境污染、生态破坏而遭受损失的海岛居

---

① 美国环境责任保险包括环境损害责任保险（environmental impairment liability insurance）和自由场地治理责任保险（own site clean-up insurance）。前者承保被保险人因其破坏环境造成邻近土地上任何第三人的人身或财产损害而应当承担的赔偿责任；后者承保被保险人因污染其所有或使用的场地而依法应当支出的治理费用。

② See S. Shavell, "Minimum Asset Requirements and Compulsory Liability Insurance as Solutions to the Judgement-Proof Problem", *Rand Journal of Economics*, Vol. 36, No. 1, 2005, pp. 63-77.

③ 我国仅在个别行业经由立法规定建立了环境污染强制责任保险，如《防治船舶污染海洋环境管理条例》第51条："在中华人民共和国管辖海域内航行的船舶，其所有人应当按照国务院交通运输主管部门的规定，投保船舶油污损害民事责任保险或者取得相应的财务担保。但是，1000总吨以下载运非油类物质的船舶除外。"

④ 根据《关于开展环境污染强制责任保险试点工作的指导意见》，以下的几个行业被列为强制投保企业的范围：(1) 重有色金属矿（含伴生矿）采选业：铜矿采选、铅锌矿采选、镍钴矿采选、锡矿采选、锑矿采选和汞矿采选业等；(2) 重有色金属冶炼业：铜冶炼、铅锌冶炼、镍钴冶炼、锡冶炼、锑冶炼和汞冶炼等；(3) 铅蓄电池制造业；(4) 皮革及其制品业：皮革鞣制加工等；(5) 化学原料及化学制品制造业：基础化学原料制造和涂料、油墨、颜料及类似产品制造等。

民，也可能是不存在人为加害行为情形下不特定多数人，甚至是当事国的社会群体。而环境责任保险的收益人是具体的、有针对性的，尽管其在一定程度上突破了传统的保险契约自由原则，但是受益人只能是法律容许范围内、因被保险人（投保企业）违反保险合同规定，而造成人身伤亡和财产损失的受害人。再次，缴纳义务的平等性不同。环境修复基金的缴纳义务通常是平等的，例如只要存在海岛使用行为就需要依法缴纳使用金，违反相关海岛保护规定就需要缴纳相应的罚款；环境责任保险的缴纳主体是有选择的，并非所有的主体都有义务缴纳环境责任保险。最后，赔付内容不同。环境修复基金的用途必须体现"公益性"，包括用作海岛生态环境的修复资金、公益诉讼费用、对无财产可供执行的环境侵权案件受害人的救助费用等；环境责任保险只有当被保险人的财产或人身生命因保险标的发生保险事故或保单约定的其他保险事故而受到损失时，才会按照合同的规定履行赔偿或给付责任。因此，基于上述不同，环境修复基金与责任保险往往被立法同时规定，① 二者依据不同的适用条件，并行适用。

五 生态环境损害刑事责任

刑事责任，是指违反海岛利用及保护相关的刑事立法的规定，造成海岛生态环境损害，触犯刑律构成犯罪所应承担的刑事法律责任。② 通过对比不同国家立法对海岛生态环境损害罪状特征的描述，可以发现，海岛生态环境损害不构成独立罪状，损害海岛生态环境的行为被归入环境犯罪或自然资源犯罪。总结相关国家针对生态环境损害责任构成，③ 此类罪状特征的描述包括两种形式。一是类型化罪状模式。如德国《刑法》（StGB）单设一章（第29章）规定"环境罪"（Straftaten gegen die Umwelt），该章第324条至第330d条具体规定了危害环境罪的各种罪状，④ 包括水污染、

---

① 如法国第95—101号法令制定了《关于加强环境保护法》（又称 Barnier 法），在向污染企业征税以建立无主污染场所的公共救济基金的同时，还规定有强制责任保险。

② 高铭暄、马克昌主编：《刑法学（第七版）》，北京大学出版社、高等教育出版社2017年版，第232页。

③ 有学者在比较中外刑事责任概念及构成要件后指出，"刑事责任"一词在大陆刑法学和英美刑法学中所表达的概念基本相同，是犯罪概念的另一种表达方法，刑事责任的构成要素，基本上就是犯罪构成的要素。李居全：《刑事责任比较研究》，《法学评论》2000年第2期。

④ §§ 324~330d Neunundzwanzigster Abschnitt, Straftaten gegen die Umwelt, StGB.

土壤污染、空气污染、噪声、振动及非电离射线污染、未经授权处理废物、未经许可的安装操作、未经授权处理放射性物质和其他有害物质和物品、保护区保护、特别严重的环境犯罪、释放毒物而引起的严重危险。在该模式下,"环境罪"属于类型化罪状,至于海岛生态环境损害究竟构成"环境罪"下的哪一种犯罪,需要根据各个具体罪状的构成要件对海岛生态损害行为加以具体评价。此时,不排除某一具体的海岛生态损害行为不构成"环境罪",而构成其他犯罪。采取类似立法模式的国家还包括日本、俄罗斯联邦,如日本《刑法典》规定的环境犯罪包括有污染饮用水罪、污染水道罪、毒物混入水道罪、气体遗漏罪等。在《刑法典》之外,日本《关于处罚危害人体健康的公害犯罪法》以特别刑法的方式,规定了惩治环境犯罪的内容,对日本《刑法典》环境刑事立法做了补充和修正。1997年俄罗斯联邦《刑法典》第九编第二十六章专门规定了生态犯罪的构成及种类,[①] 该章设立"生态犯罪",共有17个条文24个罪名,其中有三个污染环境的犯罪,即污染水体罪、污染大气罪和污染海洋罪;其余的是针对森林、土地、矿产、动植物、生物栖息地、特殊的自然区域和自然客体等自然资源和生态区域的犯罪。[②] 如我国《海岛保护法》第55条第1款规定"违反本法规定,构成犯罪的,依法追究刑事责任",按照对环境危害方式的不同和犯罪手段的特性,我国《刑法》第六章第六节规定的"破坏环境资源保护罪"可以分为两类:一类是环境污染犯罪,包括非法处置进口的固体废物罪、擅自进口固体废物罪;另一类是破坏自然资源犯罪,包括非法捕捞水产品罪、盗伐林木罪等罪名。2017年最高人民法院、最高人民检察院《关于办理环境污染刑事案件适用法律若干问题的解释》将"造成生态环境严重损害",作为构成《刑法》第338条"环境污染事故罪"认定条件(严重污染环境)之一,生态环境损害包括生态环境修复费用、生态环境修复期间服务功能的损失和生态环境功能永久性损害造成的损失,以及其他必要合理费用。[③] 二是分散型罪状模式。

[①] 斯库拉托夫、列别提夫主编:《俄罗斯联邦刑法典释义》,黄道秀译,中国政法大学出版社2000年版,第666—729页;刘洪岩:《俄罗斯生态立法的价值选择及制度重构》,《俄罗斯中亚东欧市场》2009年第6期。

[②] 黄道秀,等译:《俄罗斯联邦刑法典》,中国法制出版社1996年版,第127页。

[③] 《关于办理环境污染刑事案件适用法律若干问题的解释》第1条第10项、第17条第5款。

即《刑法典》或刑事责任相关立法在保护海岛生态系统或对构成海岛生态系统的野生动植物、土地、矿产、林木等自然资源予以保护过程中，未设定诸如上述第二种模式中的类型化罪状，有关海岛生态环境损害的犯罪均规定在环境单行法律中，根据行为侵犯法益的不同，成立相应的罪状。如英国不是以统一的刑法典或者单行刑法为表现形式，而主要以各种形式的附属环境刑法为表现形式，并由最初法条的零散规定发展为现在的综合性专门法律，诸如《水资源法》《清洁空气法》等单行法中，规定的刑事罚则虽然没有明确指明是针对危害生态安全的行为，但是通过惩治这些危害环境的行为能起到保护生态安全的作用。① 采取类似罪状模式的还有美国，如《清洁空气法》《清洁水法》《有毒物质管理法》《资源回收法》《联邦杀虫剂、杀真菌剂及鼠药管理法》等都对造成严重环境危害的行为规定了刑事处罚。② 在分散型罪状模式中，损害海岛生态环境的行为，因具体行为侵犯法益的不同，又被分为环境犯罪和自然资源犯罪。

由于不同国家立法对环境犯罪或自然资源犯罪罪状描述的差异，也很难从主体、主观方面、客体、客观方面归纳出一个具有"共性"的责任构成要件。从比较法视角看，中外有关海岛生态环境损害刑事法律责任的设定有如下特征。

首先，罪状独立性不同。海岛生态环境损害是一类行为的总称，一方面，环境与自然资源的概念范畴不同，环境与自然资源的区分在一些国际法文件和一些国家的国内立法中也有所体现。③ 另一方面，由于海岛环境以海岛自然资源为其实物载体，保护海岛自然资源实际上就是保护了环境因素，损害海岛自然资源的行为客观上也损害了海岛环境。因此，海岛生

---

① 赵国青主编：《外国环境法汇编》，中新环境管理咨询有限公司编译，中国政法大学出版社 2000 年版，第 458 页。

② 杨春洗等：《危害环境罪的理论与实务》，高等教育出版社 1999 年版，第 67、79—83、85 页。

③ 有的把两者在同一条文中并列，如 1987 年《我们共同的未来》中写道："……承认人们了解和取得关于环境和自然资源现状的资料的权利……"有的则把两者分开，在不同的条文中加以规范或阐释，如我国《宪法》在第 9 条第 2 款规定了"国家保障自然资源的合理利用，保护珍贵的动物和植物。禁止任何组织和个人用任何手段侵占或破坏自然资源。"之后，又在第 26 条规定了"国家保护和改善生活环境和生态环境，防治污染和其他公害"。有的在章节的名称上把两者并列，然后再分开加以规范。参见常纪文《论环境法与自然资源法的独立性与协同统一化》，《自然资源学报》2000 年第 3 期。

态环境损害行为实际上包含了环境犯罪与自然资源犯罪两类罪状。不同国家立法对此有着不同对待方式,如俄罗斯、德国等国立法模式中"环境罪"罪状具有唯一性和独立性,针对的是环境污染行为,在"环境罪"之外并没有对自然资源犯罪单独设立一章,规定独立的罪状。我国也未将"环境罪"作为独立罪状在《刑法》单独设立一章,而是将"破坏环境资源保护罪"作为"妨害社会管理秩序罪"的组成部分,但《刑法》第六章第六节破坏环境资源保护罪实际上就是破坏环境保护罪与破坏自然资源保护罪两类罪名的总称,表明《刑法》对环境犯罪与自然资源犯罪有着明确的区分。芬兰《刑法典》(Criminal Code of Finland)则以专章的形式分别规定了"环境犯罪"(第48章)与"自然资源犯罪"(第48a章),[①]"环境犯罪"具体包括自然保全犯罪(Nature Conservation Offence)、建筑保护犯罪(Building Protection Offence)、外国船舶在专属经济区内的环境犯罪(Environmental Offence committed by a foreign vessel within the economic zone)三个具体罪名;[②] "自然资源犯罪"具体包括狩猎罪(Hunting offence)、狩猎重罪(Aggravated hunting offence)、捕鱼罪(Fishing offence)、森林罪(Forestry offence)、非法开采南极矿产资源(Unlawful exploitation of mineral resources in the Antarctic)、木材罪(Timber offence)等。[③]

其次,因果关系存在差异。海岛生态环境损害犯罪包括"结果犯"与"危险犯",自然资源犯罪基本上是"结果犯",造成危害结果才认定为犯罪的,而环境犯罪既包括"结果犯"也包括"危险犯"。[④] 环境犯罪与自然资源犯罪很大的不同在于行为的危害结果并非立即显现,但其结果一旦发生即会造成难以估量的严重损失。具体而言,"结果犯"要求海岛生态损害是一种事实状态,是指海岛全部或局部污染造成的危害,已经超过海岛生态环境的再生能力和自净能力的事实状态;或者,虽然污染造成

---

① See Chapter 48 "Environmental offences" and Chapter 48 (a) "Natural resources offences", The Criminal Code of Finland (39/1889, amendments up to 766/2015 included).

② See Sections 5, 9, 10, Chapter 48, the Criminal Code of Finland (39/1889, amendments up to 766/2015 included).

③ See Sections 1-7, Chapter 48a, the Criminal Code of Finland (39/1889, amendments up to 766/2015 included).

④ 赵秉志、陈璐:《当代中国环境犯罪刑法立法及其完善研究》,《现代法学》2011年第6期。

的危害目前尚未达到海岛环境再生能力和自净能力的最高限度,但是与其最高限度是可以比拟的。① "危险犯"要求存在特定行为,符合法定构成要件的行为成立,即可以认定行为人的行为足以发生海岛生态损害危险。《关于办理环境污染刑事案件适用法律若干问题的解释》第 1 条规定的 18 种"造成生态环境严重损害"情形,不仅包括结果犯,还包括危险犯,即一旦行为人着手实施特定行为,对环境产生现实或潜在的危害,即构成"生态环境严重损害",海岛生态环境实际损害与否,不是构成环境污染犯罪的必要条件。也有的国家将实际损害结果作为追究刑事责任的要件,如日本《关于处罚危害人体健康的公害犯罪法》第 2 条第 1、2 款及第 3 条均要求对公众的生命健康造成危害才能构成犯罪。因此,那些足以造成重大损害的行为,但并未发生损害结果,一般不构成犯罪(法律有规定的除外)。②

再次,环境法益独立价值表现不同。环境法益内容不同于人身、财产法益,其价值是不能以金钱来衡量的,侵害环境法益的样态也不同于人身、财产法益,环境犯罪的预防方法也应有别于侵害人身、财产法益的犯罪。③不同国家立法对于生态环境的价值处理方式,如俄罗斯联邦《刑法典》在刑事责任承担方面,突出特点是将"经济损害"同"生态损害"一并作为判定生态犯罪社会危害性的依据,从而保证了刑法立法与生态立法相一致。④ 我国《刑法》对"环境"本身的保护被囊括在"社会管理秩序"中,"破坏环境资源保护罪"被作为"妨害社会管理秩序罪"的组成部分。但有观点认为,2011 年《刑法修正案(八)》删除了原《刑法》第338 条"造成重大环境污染事故,致使公、私财产遭受重大损失或者人身伤亡的严重后果的"表述,表明我国污染环境犯罪的客体不再局限于人身、财产权利,一定程度上支持了环境权拥有独立价值的理论。⑤ 澳大利亚昆士兰州《北斯特拉布鲁克岛保护和可持续发展法案》第 1 部分第 1

---

① 于阜民、刘卫先:《海洋生态损害行为刑事责任论》,《当代法学》2009 年第 3 期。
② 蔡秉坤等:《两大法系环境刑法重大问题的比较与借鉴》,《兰州交通大学学报》2009 年第 2 期。
③ 张铎:《污染环境罪罪过形式探究》,《湖北警官学院学报》2014 年第 1 期。
④ 刘洪岩:《俄罗斯生态立法的价值选择及制度重构》,《俄罗斯中亚东欧市场》2009 年第 6 期。
⑤ 陈君:《对〈刑法修正案(八)〉关于污染环境罪规定的理解与探讨》,《北京理工大学学报(社会科学版)》2012 年第 6 期。

分则第 2 条（a）款则直接明确规定，"保护和恢复地区环境价值"是该法调整的客体。① 俄罗斯、澳大利亚上述立法实践表明，在海岛生态损害刑事责任构成中，环境法益具有独立性，环境利益可以直接构成环境或自然资源犯罪侵害客体。② 我国《刑法》虽然没有对环境或自然资源犯罪设立独立罪状，但《关于办理环境污染刑事案件适用法律若干问题的解释》第 17 条第 5 款对"生态环境损害"的界定也表明，环境法益与公私财产与公民健康、生命安全存在差异，环境法益可以独立存在。

最后，生态环境修复（恢复）作为刑事责任承担方式。刑事责任的承担方式主要是刑罚，各国刑法普遍设置生命刑、自由刑和财产刑。具体到海岛生态损害犯罪，一些国内法或国际公约还将环境修复（恢复）作为刑事责任承担方式加以规定。如 1998 年，欧洲理事会通过的《通过刑法保护环境公约》将环境犯罪的处罚扩展到环境恢复（Reinstatement of the Environment）③，《通过刑法保护环境公约》第 8 条规定："主管当局可以命令恢复依照本公约确立的环境犯罪导致的环境损害，但此类命令可能会受到某些条件的限制；恢复环境的命令未被遵守时，主管当局可以依照国内法规定，要求被执行人承担执行费用，或对被执行性予以或合并处以其他刑事制裁。"④ 澳大利亚新南威尔士州 1990 年修订的《环境犯罪与惩治法》第 32A 节和 1997 年《环境保护行动法》第 245 节，均规定环境修复指令，并将其作为环境刑罚辅助措施。⑤《环境保护行动法》第 245 节规定，法院可命令违法者采取指定的步骤，在指明的时间内（或在申请时法院可能允许的时间内），阻止、控制、减弱或减轻任何因对犯罪行为

---

① The object of this Act is to substantially end mining interests over land in the North Stradbroke Island Region by the end of 2019, and end mining in the region in 2025: (a) to protect and restore environmental values of the region. See Article 1 North Stradbroke Island Protection and Sustainability Bill, as introduced into Parliament on 22 March 2011 (accessed 29 September 2017).

② 刘洪岩：《俄罗斯生态立法的价值选择及制度重构》，《俄罗斯中亚东欧市场》2009 年第 6 期。

③ 张旭主编：《国际刑法：现状与展望》，清华大学出版社 2005 年版，第 68 页。

④ Article 8 Convention on the Protection of Environment through Criminal Law, ETS No. 172, adopted at 4 November 1998 (Not in force).

⑤ Section 32A Environmental Offences and Penalties (Amendment) 1990, New South Wales, Start date at 1 January 1990; Section 245, Part 8.3, Protection of the Environment Operations Act of 1997 No. 156.

造成的环境损害,或赔偿环境损失,或防止犯罪的继续或再次发生。① 在我国,恢复原状主要适用于保护自然资源方面,是作为民事责任、行政责任的形式加以规定。②

第三节 海岛生态环境跨界损害的国家责任

　　国家责任(State Responsibility)抽象而概括。有学者认为国家责任是具有高度概括性的、多层次的、完整的责任体系,包括了国家在国际法和国内法上的义务与责任,③ 还有学者从社会契约论角度将国家责任概括为政府恪守承诺、保障人权、实现社会正义,并将之作为判断国家与政府合法性之实质基础要件。④《奥本海国际法》认为不遵守一项国际义务即构成国家的国际不法行为,引起该国的国家责任,由此对该国产生某些法律后果。⑤ 在海岛生态环境损害中,当行为国实施违反国际义务的行为后,受害国有权要求行为国就其实施的不法行为承担相应的法律后果。2001年联合国大会第 56 届会议通过《关于国家对国际不法行为的责任条款草案》(以下简称《国家责任条款草案》),对一国的国际不法行为和国家责任作出规定,本文结合《国家责任条款草案》中的规定,针对海岛生态环境跨界损害中国家违反国际义务的行为,分析其中的国家责任问题。

---

　　① The court may order the offender to take such steps as are specified in the order, within such time as is so specified (or such further time as the court on application may allow): (a) to prevent, control, abate or mitigate any harm to the environment caused by the commission of the offence, or (b) to make good any resulting environmental damage, or (c) to prevent the continuance or recurrence of the offence. See Section 245, Part 8.3, Protection of the Environment Operations Act of 1997 (No. 156).

　　② 刘仁文:《环境资源保护与环境资源犯罪》,中信出版社 2004 年版,第 134 页;朱新力、金伟峰、唐明良:《行政法学》,清华大学出版社 2005 年版,第 332 页。

　　③ 石文龙:《国家责任——中国宪法学新的理论支点》,《上海师范大学学报(哲学社会科学版)》2008 年第 7 期。

　　④ 白桂梅:《国际法(第三版)》,北京大学出版社 2015 年版,第 220—223 页。

　　⑤ [英]詹宁斯、瓦茨修订:《奥本海国际法·第 1 卷第 1 分册》,王铁崖等译,中国大百科全书出版社 1995 年版,第 401 页。

一　国际法中国家责任的构成要件

国家责任基于国家具有的国际法人格产生，属于国家违反对其有约束力的国际义务的法律后果。判断一国不法行为的依据是国际法而不是其国内法，① 依《国家责任条款草案》第3条，即"在把一国行为定性为国际不法行为时须遵循国际法，这种定性不因国内法把同一行为定性为合法而受到影响"，其目的是避免任何国家以其行为符合国内法而否定该行为在国际法上的不法性。②

要追究一国所负的国家责任，就需证明该国家实施的特定行为违背了该国承担的国家义务，存在国际不法行为。国际不法行为（International Wrongful Acts），指国家违反国际法的义务，以致损害他国利益，造成承担国家责任后果的行为。国家不法行为是产生国家责任的前提，构成国际不法行为的主体要素是该行为可归因于国家而成为该国的国家行为，而认定某一行为是否属于该国的国家行为，只能按国际法而不能按国内法来判断。③《国家责任条款草案》第4条至第11条总结了七种可以归于一国的行为，④ 这些行为分为三类。第一类，国家或准国家实体自己实施的行为。即任何国家机关实施的行为，而不论该国家机关的职能、在国家组织中的地位。在不存在国家正式当局时，行使政府权力要素主体的行为同样被视为国家行为。争取独立的民族虽然不能像国家那样拥有完全的权利能力和行为能力，但是基于民族自决原则和以建立独立国家为最终目的，争取独立的民族组织具有国际法主体资格，其实施的行为同样属于国家行为。⑤ 第二类，受国家指挥、监督或控制的行为。即主体是按照国家的指示或在其实际指挥或控制下行事，其行为应视为国际法所指的一国的行为，⑥ 如在"对尼加拉瓜进行军事和准军事行动案"中，国际法院认定美

---

① James Crawford, *State Responsibility: The General Part* (Cambridge and New York: Cambridge University Press, 2013), pp. 219–220.
② 贺其治:《国家责任法及案例浅析》，法律出版社2003年版，第76页。
③ 张乃根:《试析〈国家责任条款〉的国际不法行为》，《法学家》2007年第3期。
④ 《关于国家对国际不法行为的责任条款草案》第7条，"逾越权限或违背指示"并不是一种独立的行为类型，是对第4条"一国的机关的行为"和第5条"行使政府权力要素的个人或实体的行为"的扩展。
⑤ 参见《关于国家对国际不法行为的责任条款草案》第4、9、10条。
⑥ 参见《关于国家对国际不法行为的责任条款草案》第8条。

国政府指使美国军人和其他国家国民在尼加拉瓜港口布雷的行为，属于美国策划、资助、指挥和监督下进行的行为，① 是美国的国家行为。第三类，一国承认或追认的其他主体实施的行为。即经一国法律授权而行使政府权力要素的自然人或实体，其行为应视为国际法所指的国家行为，但以该自然人或实体在特定情况下以此种资格行事者为限。一国还可以通过授权的方式，承认由他代为行使应由本国机关从事的行为，② 也可以通过追认的方式确认其他自然人或实体的行为为本国行为。③ 早在1901年侨居秘鲁意大利公民权利要求仲裁案中，国际仲裁法庭即重申，"国际法中一项普遍公认的原则指出，国家应为其代理人犯下的违反国际法行为负责"。④ 因而，国家的主体资格一旦得到国际法确认，就负有与其国际地位相联系的义务，也就满足了构成国际不法行为的主体要素。

国家特定行为必须构成行为国对其有效国际义务的违背。违背国际义务就是一国的行为不符合国际义务对它的要求，也就是一国实际采取的行为与国际义务要求该国的行为不相符合，⑤ 而不论这项义务是来源于国际习惯、条约或其他。⑥ 一国行为仅违反该国的国内法规定不能定性为国际法意义上的国际不法行为，因为，国际不法行为的定性不因国内法将同一行为定性为合法行为而受到影响，当国内法与国际法的规定存在冲突时，一国以其行为符合国内法而不应依国际法定性为国际不法行为的抗辩并不能成立，只要该行为构成对国际义务的违背，就应当被定性为国际不法行为。⑦ 就违反国际法义务的程度与性质而言，国际不法行为可分为一般国际不法行为和严重国际不法行为，且违背必须是在该义务对该国有约束力时发生。⑧ 一国可能违背只影响别的国家的义务，也可能违背影响整个国

---

① *Case concerning the Military and Paramilitary Activities in and against Nicaragua* (Nicaragua V. United State of America), Judgment, ICJ Reports 1986, p. 14.
② 《关于国家对国际不法行为的责任条款草案》第6条。
③ 《关于国家对国际不法行为的责任条款草案》第11条。
④ See United Nations. Reports of International Arbitral Awards, Vol. XV, Sentences, 30 September, 1901, pp. 399, 401, 404, 407, 408, 409, 411.
⑤ 刘文冬：《论国际不法行为的法律后果》，《南方论刊》2009年第1期。
⑥ 参见《关于国家对国际不法行为的责任条款草案》第12条。
⑦ 赵建文：《国际法上的国家责任》，博士学位论文，中国政法大学，2004年。
⑧ 参见程晓霞、余民才《国际法（第四版）》，中国人民大学出版社2011年版，第213—214页。

际社会的义务。在一国实施针对另一国的不法行为时,其对国际法的违背行为引发就其损害进行赔偿的要求。否则,就没有国家根据国际法的平等主权。①

二 跨界损害海岛生态环境的国际不法行为

国家责任起源于国家对其法定国际义务的违反,② 当行为国实施国际不法行为后,受害国有权要求行为国承担相应的法律后果。损害海岛生态环境的国际不法行为是一国特定行为,违背该国应当承担的国际法义务,损害他国海岛生态环境。结合海岛生态环境损害相关国际纠纷,以及其他业已发生的生态环境国际纠纷分析,损害海岛生态环境的国际不法行为应当包括两类。

第一,主动破坏他国海岛生态环境。主动破坏他国海岛生态环境的行为,在战时及平时均可能发生。在国际武装冲突中,交战国一方对另一方或中立国海岛生态环境的迫害不仅仅是附带性的,有时海岛环境本身也可能作为使用武力的对象,甚至被使用武力一方通过环境战(environmental warfare)的方式,将改变环境作为作战方式或方法(means or methods of combat)服务于战争,借助制造环境灾难削弱敌方势力,使海岛环境成了使用武力的牺牲品。在战时主动破坏他国海岛生态环境,构成国际不法行为,需要满足的条件,一是受损害的海岛不是军事目标。国际人道法区分民用物体和军事目标,民用物体是指所有不属于军事目标的物体,武装冲突一方只能直接攻击战斗员或军事目标,平民及民用物体不得成为攻击的对象。《日内瓦第四公约关于保护国际性武装冲突受难者的附加议定书》(《第一附加议定书》)第 52 条 "对民用物体的一般保护",确立了禁止攻击民用物体的基本原则,③ 该条第 1 款明确 "民用物体不应成为攻击或报复的对象",第 2 款没有直接给出民用物体的概念,而是先对军事目标进行狭义定义,即军事目标为 "由于其性质、位置、目的或用途对军事

---

① See William R. Slomanson, *Fundamental Perspectives on International Law*, 4th ed., Stamford: Thomson Learning Inc., 2003, p. 79.

② 余民才:《国家责任法的性质》,《法学家》2005 年第 4 期。

③ See Article 52 Protocol Additional to the Geneva Conventions of 12 August 1949, and relating to the Protection of Victims of International Armed Conflicts (Protocol Ⅰ) (hereafter "Additional Protocol I of 1977").

行动有实际贡献，而且在当时的情况下其全部或部分毁坏、缴获或失去效用提供明确的军事利益的物体"。借助排除法规定，凡不属于军事目标的物体均为民用物体。二是违反关于作战方式或方法的限制。1976年《禁止为军事或任何其他敌对目的使用改变环境的技术的公约》规定禁止故意改变环境以造成"广泛、持久或严重后果"作为摧毁、破坏或伤害其他缔约国的手段，① 即禁止将故意摧毁自然环境作为武器用于作战方式或方法。《第一附加议定书》第55条同样强调对于自然环境的保护，规定禁止使用旨在或可能对自然环境造成这种损害从而妨害居民的健康和生存的作战方法或手段，以及作为报复对自然环境的攻击。② 三是违反有关武器的限制。1980年《禁止或限制使用某些可被认为具有过分伤害力或滥杀滥伤作用的常规武器公约》③ 将1977年《第一附加议定书》第35条第3款④作为公约序言的一部分加以规定，公约禁止在武装冲突中使用可能引起过分杀伤或不必要痛苦的武器、弹药、材料。1993《关于禁止发展、生产、储存和使用化学武器及销毁此种武器的公约》禁止任何缔约国开发、生产和储存用于战争的有毒化学品，但允许军事上不依赖化学品毒性作为一种作战方法的情况下，使用某些化学制剂。⑤《禁止发展、生产、储存细菌（生物）及毒素武器和销毁此种武器公约》禁止缔约国使用利用"类型和数量不属于预防、保护或其他和平用途所正当需要的微生物剂或其他生物剂或毒素"设计的武器。⑥ 因此，即便对作为军事目标的海岛环境使用武力，也不得使用上述公约禁止的武器，否则便违反相应的国际法义务，构成国际不法行为。在和平时期，一国故意破坏他国海岛生态环境的情形几乎是不存在的，但不乏因放任或过失造成他国海岛生态环境损害的，如美国租借英属印度洋领地迪戈加西亚岛过程中，由于燃料、石

---

① See Article 1（1）Convention on the Prohibition of Military or any Hostile Use of Environmental Modification Technique.

② See Article 55 Additional Protocol I of 1977.

③ Convention on Prohibitions or Restrictions on the Use of Certain Conventional Weapons Which May be Deemed to be Excessively Injurious or to Have Indiscriminate Effects.

④ See Article 35 para. 3 Additional Protocol I of 1977.

⑤ See Article 9 para. 3 Convention on the Prohibition of the Development, Production, Stockpiling and Use of Chemical Weapons and on Their Destruction.

⑥ See Article 1 paras 1, 2, Convention on the Prohibition of the Development, Production and Stockpiling of Bacteriological（Biological）and Toxin Weapons and on Their Destruction.

油、弹药以及其他军事工业残渣的泄漏,破坏了当地环境。①

第二,跨界损害他国海岛生态环境。跨界损害(transboundary damage),指在起源国以外的另一国领土上或在该国管辖或控制下的其他地方所造成的人身、财产或环境损害。② 海岛属于自然资源,更是国家领土,领土主权必须被负责任地行使,《海洋法公约》要求各国应采取一切必要措施,确保在其管辖或控制下的活动的进行不致使其他国家及其环境遭受污染的损害,并确保在其管辖或控制范围内的事件或活动所造成的污染不致扩大到其按照本公约行使主权权利的区域之外。③ 国际环境法的发展、全世界人民环保意识的增长、环境权益的不断扩充,都制约着国家主权的行使,各国按照国际法对违反其预防义务负有责任。"国际法未加禁止的危险活动所造成的跨界损害"的含义是特定的,可理解为包含四个要素,即(1)这类活动未受国际法禁止;(2)活动具有引起重大损害的可能;(3)而且这类损害必须是跨界的;(4)跨界损害必须是由这类活动通过其有形后果而引起的。④ 国家责任又有广义与狭义之分,广义的国家责任是指国际不法行为或损害行为所应承担的国际法律责任,狭义的国家责任是国家的国际不法行为所引起的法律后果。⑤ 将引起跨界损害的活动限定为未受国际法禁止的行为,是承认对某些活动产生的有害后果进行赔偿的义务的重要性,但不包括一国在贸易、货币、社会经济或类似领域的政策所引起的跨界损害,⑥ 而受到国际法禁止的行为必然会产生国家责任。"严重损害"的确定既涉及事实和客观标准,也涉及对价值的认定,这种损害必须导致对其他国家诸如人的健康、工业、财产、环境或农业的真实的破坏作用,"严重"是引发法律求偿的临界线,⑦ 未达到"严重"

---

① 顾宸宸:《美国海外军事基地的代价》,《深圳特区报》2015年11月6日第D07版。
② 《关于危险活动造成的跨界损害案件中损失分配的原则草案》原则二"用语"(e)项。
③ 参见《联合国海洋法公约》第194条第2款。
④ *Report of the International Law Commission on the work of its fifty-third session*, UN Doc. A/56/10, 23 April-1 June and 2 July-10 August 2001, para. 98.
⑤ 张磊:《论国际法上传统国家责任的产生与构成》,《学术论坛》2012年第2期。
⑥ *Report of the International Law Commission on the work of its fifty-third session*, UN Doc. A/56/10, 23 April-1 June and 2 July-10 August 2001, para. 98.
⑦ Rudiger Wolfrum, Christine Langenfeld and Petra Minnerop, *Environmental Liability in International Law-Towards a Coherent Conception*, Berlin: Erich Schmidt Verlag, 2005, p. 501.

的水平则被认为是可容忍的。① 这一标准在特雷尔冶炼厂案、拉努湖案的裁决中均有体现。② "跨界"因素要求，引起跨界损害的活动必须在行为国本国领土上进行，在一些情况下，行为国在本国领土外、受本国管辖或控制的其他地方实施的活动，也会造成生态环境损害，如国际法院审理的"关于就停止核军备竞赛和实行核裁军进行谈判的义务"案（马绍尔群岛共和国诉美国）中，马绍尔群岛共和国指出，1946年至1958年美国在马绍尔群岛进行的67次核试验，造成严重的核辐射，也让附近太平洋海域的环境遭受了永久的破坏，但1990年12月22日联合国才正式结束美国对马绍尔群岛的托管。换言之，美国在马绍尔群岛进行核试验时，该群岛既不是无主地，也不是美国、马绍尔群岛共和国的领土。"有形后果"不仅包括人员死亡或人身伤害、财产损失或损害，也包括环境受损而引起的损失或损害。③ 将环境损害独立于人身或财产损害，是目前制定国际责任制度的趋势，④ 1999年《危险废物越境转移及其处置所造成损害的责任和赔偿问题议定书》第2条第2款C项、2003年《工业事故的越界影响对跨界水域造成损害的民事责任和赔偿议定书》第2条第4款等公约规定的损害范围，都涵盖了出于经济利益而使用环境的过程中出现的收入损失。⑤

三 海岛生态环境跨界损害国家责任的实现

责任制度的功能在于确定国际不法行为产生的法律后果。《国家责任

---

① *Report of the International Law Commission on the work of its fifty-third session*, UN Doc. A/56/10, 23 April–1 June and 2 July–10 August 2001, para. 98.

② 参见"特雷尔冶炼厂仲裁案"（Trail Smelter Arbitration）第2次裁决，《联合国国际仲裁裁决汇编》第三卷，第1965页；"拉努湖仲裁案"（Lake Lanoux Arbitration），《联合国国际仲裁裁决汇编》第十二卷，第281—317页。See Report on the work of the fifty-eighth session, "Chapter V: International liability for injurious consequences arising out of acts not prohibited by international law (international liability in case of loss from transboundary harm arising out of hazardous activities)", UN Doc. A/61/10, p. 64.

③ 《关于危险活动造成的跨界损害案件中损失分配的原则草案》原则二"用语"（a）项。

④ Louise de la Fayatte, "The Concept of Environmental Damage in International Liability Regimes", in Michael Bowman and Alan Boyle eds., *Environmental Damage in International and Comparative Law*, Oxford: Oxford University Press, 2002, pp. 149–189.

⑤ 参见1997年《修正1963年核损害民事责任维也纳公约的议定书》第1条第1款（k）项。

条款草案》提出的国家责任形式有继续履行的责任、停止并不重复该不法行为以及赔偿,其中赔偿的方式又包含恢复原状、补偿和抵偿三种实现途径。海岛生态环境损害属于环境损害,常见的环境损害国家责任为损害赔偿与停止侵害,当国家责任源于国家不作为违反有效的国际义务时,国家责任的实现途径还包括继续履行。

第一,物质损失和精神损失赔偿。赔偿义务在国家责任中常常被定义为次级义务,是违反初级义务的后果。物质损失和精神损失赔偿是承担国家责任的一种重要方式,这种形式已被公约制度化,是比较普遍的国家责任形式。[①]《国家责任条款草案》第 31 条第 2 款规定,损害包括一国国际不法行为造成的任何损害,无论是物质损害还是精神损害。《1969 年国际干预公海油污事故公约》第 6 条、经 1996 年议定书修订的《1972 年防止倾倒废物和其他物质污染海洋公约》第 15 条均规定了缔约国违反公约义务使受害国遭受损害时,受害国向行为国请求其承担国家责任,赔偿损失的权利。在国际司法中,赔偿物质损失是国家责任最常见的承担方式,如国际法院在"科孚海峡"案的判决中指出阿尔巴尼亚的严重不作为导致其国际责任,故而对英国负有赔偿义务。如在"彩虹勇士号"案中,法国政府被国际法院指令向新西兰政府支付 700 万美元,用于赔偿新西兰遭受的所有损害。[②] 以上国家公约和国际司法判例中的物质赔偿范围包括因国家实施的损害行为而导致的人员、财产及环境损害,以及预防措施的费用和预防措施造成的新的损失或损害。

第二,停止实施侵害行为。要求行为国停止实施损害的国际不法行为,即要求行为国终止其国际不法行为,停止侵害,避免使受害国享有的环境权利受到进一步的侵犯的救济措施。当国际不法行为不是某个具体行为或事件,而是一个持续不断的行为时,受害国首先关注的、最现实而急迫的是行为国停止不法行为。[③] 要求行为国停止实施损害生态环境的国际不法行为,以该国行为违反有效约束其的国际义务为前提,行为国在主观上往往存在故意或过失,[④] 不法行为的实施具有时间上的持续性或惯常

[①] 王祯军:《论国际人权法中的国家责任问题》,《法学杂志》2007 年第 5 期。

[②] See Peter Malanczuk, *Akehurst's Modern Introduction to International Law*, 7th revised ed., London: Routledge, 1997, pp. 198-999.

[③] 吴慧:《论国际责任的承担》,《国际关系学院学报》1999 年第 4 期。

[④] 李海滢:《国际犯罪与国际不法行为关系透析》,《政治与法律》2007 年第 2 期。

性。要求行为国停止实施损害生态环境的国际不法行为是单独的一项法律义务，是从影响生态环境行为的特点及国际社会的现实状况出发的，为避免损害扩大化，要求不法行为国首先停止侵害最为必要。首先，要求行为国停止侵害不以受害国存在损失为前提。要求行为国停止实施损害生态环境的国际不法行为，既包括请求除去已经产生之危害，如在"对尼加拉瓜进行军事和准军事行动案"中，国际法院要求美国应立即停止和抑制对尼加拉瓜港口的进出所作的限制、封锁或危害的行为，特别是布雷活动，[①] 也包括可能出现之危害。从国际公约规定层面看，《国际法院规约》《海洋法公约》允许行为国实施或即将实施国际不法行为时能够向法庭申请临时措施，[②] 也说明损害环境国际不法行为的认定不以受害国有损失存在为前提。其次，停止侵害主张在时间上不存在严格限制。要求行为国停止实施损害他国环境的不法行为，可以发生在当事国协商阶段，或国际诉讼、仲裁的任何阶段。最后，停止侵害不具有强制执行性。无论是当事国自行协商，还是国际司法或仲裁机构要求行为国停止实施损害生态环境的国际不法行为，最终均取决于行为国的自身行动。《国际法院规约》《海洋法公约》《国际海洋法法庭规约》没有规定如何执行要求行为国"停止侵害"的临时措施或裁判，以及当当事国不履行此类临时措施或裁判时如何应对，仅要求各缔约国应按照《海洋法公约》第 2 条第 3 项以和平方法解决它们之间有关本公约解释和适用的任何争端，并应为此目的以《联合国宪章》第 33 条第 1 项所指的方法求得解决。[③]

---

① *Case concerning the Military and Paramilitary Activities in and against Nicaragua* (Nicaragua V. United State of America), Judgment, ICJ Reports 1986, p. 14.
② 参见《国际法院规约》第 41 条第 1 款、《联合国海洋法公约》第 290 条。
③ 参见《联合国海洋法公约》第 279 条。

第七章

我国海岛利用及保护管理法制现状及完善

我国是一个海陆兼备的国家，拥有 1.8 万多千米的大陆海岸线和 1.4 万多千米的岛屿海岸线。2018 年 7 月公布的《2017 年海岛统计调查公报》显示，我国共有海岛 11000 余个（未包括香港特别行政区、澳门特别行政区、台湾省和海南岛本岛），海岛陆域总面积近 8 万平方千米，约占我国陆地面积的 0.8%。① 其中，无居民海岛占海岛总数的 94.4%，全国海岛人口约 547 万人（不包括海南岛及台湾、香港、澳门诸岛），其中 98.5%居住在市县乡中心岛上。② 海岛在加快建设海洋强国中具有重要战略作用和实际价值，2016 年《政府工作报告》提出"制定和实施国家海洋战略，维护国家海洋权益，保护海洋生态环境，拓展蓝色经济空间，建设海洋强国"。③ 2017 年党的十九大报告指出"坚持陆海统筹，加快建设海洋强国"。我国是一个海陆兼备的国家，海岛广布温带、亚热带和热带海域，生物种类繁多，不同区域海岛各具特色，形成相对独立的海岛生态系统。截至 2017 年底，我国已建成涉及海岛的各类保护区 194 个，同比增加 8 个，其中国家级保护区 70 个。④《海岛保护法》是我国唯一一部海岛利用及保护专门法，依托《海岛保护法》建立的海岛利用及保护管理法律体系面临诸多法律问题，需要加以调整和完善。

---

① 参见 2018 年 7 月《2017 年海岛统计调查公报》第 1 部分，2012 年《全国海岛保护规划》第 1.1 部分。
② 参见 2012 年《全国海岛保护规划》第 1.1 部分。
③ 李克强：《政府工作报告——2016 年 3 月 5 日在第十二届全国人民代表大会第四次会议上》，中国政府网（http://www.gov.cn/guowuyuan/2016-03/17/content_5054901.htm），最后访问时间：2019 年 4 月 3 日。
④ 自然资源部：《我国海岛逾 1.1 万个 已建成涉岛保护区 194 个》，中国政府网（http://www.gov.cn/xinwen/2018-07/30/content_5310431.htm），最后访问时间：2019 年 4 月 3 日。

第一节 我国海岛利用及保护管理法制现状

我国海岛利用及保护管理建立在自然资源公有基础上。在我国海岛权属制度中，我国《土地管理法》第 2 条将土地的社会主义公有制分为全民所有制（国家所有）[①]和集体所有制，有居民海岛土地权属制度包括国家所有制与集体所有制两类，而无居民海岛均属于国家所有，国务院代表国家行使无居民海岛所有权。[②] 无居民海岛使用权作为一类独立的使用权存在，有居民海岛则按照自然资源的种类划分，依托岛上不同自然资源分别成立土地使用权、森林使用权、水资源使用权、滩涂使用权等。在管理方面，对于有居民海岛的使用，按照使用资源的类型，采取分头管理模式，对于无居民海岛整体作为一类自然资源，其开发利用由自然资源部集中统一管理。

一 我国海岛权属制度的基本内容

我国无居民海岛与有居民海岛的权属制度存在差异。有居民海岛所有权又依据自然资源类型被分为土地所有权和其他自然资源所有权，按照自然资源所有权与使用权分离的原则，国家在保留海岛土地及其他资源所有权的前提下，通过拍卖、招标、协议等方式将各类海岛资源使用权以一定的价格、年期及用途出让给使用者，出让后的海岛资源使用权可以依法实施流转。我国《宪法》第 9 条规定"矿藏、水流、森林、山岭、草原、荒地、滩涂等自然资源，都属于国家所有，即全民所有；由法律规定属于集体所有的森林和山岭、草原、荒地、滩涂除外。国家保障自然资源的合理利用，保护珍贵的动物和植物"。《民法通则》相比于《宪法》，增加了水面分类表述。《物权法》相比于《宪法》，对野生动植物资源、海域、无线电频谱资源三种资源作了规定。《民法通则》第 80、81 条以概括性的立法方式规定自然资源使用权，《物权法》在第 118 条至第 120 条、第 122 条至第 123 条对《民法通则》所确立的自然资源使用权作了进一步的

[①] 参见《土地管理法实施条例》第 2 条。
[②] 参见《海岛保护法》第 4 条。

强调。在单行法中，例如《森林法》第3条确立了森林资源使用权制度，包括林木采伐权和林地使用权；《水法》第6、7条确立了取水权制度；《渔业法》第11、23、24条确立了基于渔业许可证制度的渔业权，具体以捕捞和养殖为内容；《矿产资源法》第3、5条确立了矿业权制度，具体包括探矿权与采矿权。海岛及其资源类型或性质不同，其权属也存在差异，相应地，使用权转让或流转也不同。

无居民海岛所有权是单一的、完整的、类型化的自然资源所有权。根据我国《宪法》第9条和《土地管理法实施条例》第2条①，海岛所有权只包括国家所有和集体所有两类。《宪法》第9条规定，"矿藏、水流、森林、山岭、草原、荒地、滩涂等自然资源都属于国家所有，即全民所有"；在《海岛保护法》起草过程中，全国人大常委会认为，无居民海岛属于宪法规定归国家所有的自然资源，而不属于由法律规定可以属于集体所有的自然资源。② 对此，2009年《海岛保护法》第4条明确规定，无居民海岛属于国家所有，无居民海岛所有权由国务院代表国家行使，也就是说集体所有的海岛只能是有居民海岛。这一点与域外国家所设定的权属制度有着显著不同，即域外国家通常不会以有、无居民作为海岛权属的分类标准，在这些国家中无居民海岛既可能为公共所有，也可能属于私人所有、租借持有等。可见，在我国立法中，无居民海岛土地及其上的矿藏、水流、森林、荒地、滩涂等自然资源，均为国家所有。

无居民海岛使用权作为独立类型的使用权。尽管2016年至今，《无居民海岛使用申请审批试行办法》③《无居民海岛使用权登记办法》④ 相继

---

① 《土地管理法实施条例》第2条："下列土地属于全民所有即国家所有：（一）城市市区的土地；（二）农村和城市郊区中已经依法没收、征收、征购为国有的土地；（三）国家依法征收的土地；（四）依法不属于集体所有的林地、草地、荒地、滩涂及其他土地；（五）农村集体经济组织全部成员转为城镇居民的，原属于其成员集体所有的土地；（六）因国家组织移民、自然灾害等原因，农民成建制地集体迁移后不再使用的原属于迁移农民集体所有的土地。"

② 汪光焘：《关于〈中华人民共和国海岛保护法（草案）〉的说明》，中国人大网（http：//www.npc.gov.cn/wxzl/gongbao/2010-03/01/content_1580426.htm），最后访问时间：2019年4月5日。

③ 参见关于废止《国家海洋局关于成立国家无居民海岛使用项目第二届专家评审委员会的通知》等4个文件的公告［国家海洋局公告2016年第8号（总第32号）］。

④ 参见《国家海洋局关于公布废止的规范性文件目录的公告》［国家海洋局公告2017年第7号（总第39号）］。

被废止，但是目前我国在海岛管理中依然将无居民海岛使用权作为独立类型的使用权。① 2010 年《无居民海岛使用金征收使用管理办法》第 3 条第 1 款规定，允许通过挂牌、拍卖、招标、申请审批的方式出让无居民海岛的使用权。其中，挂牌、拍卖、招标的出让方式适用于工业、娱乐、旅游等经营性用岛。工业等经营性用岛存在两个及以上意向主体的，出让方式只能是挂牌、拍卖、招标。赠与、继承、出租、抵押是有居民海岛土地使用权或其他自然资源使用权流转的主要方式。2018 年 3 月《关于调整海域、无居民海岛使用金征收标准的通知》（财综〔2018〕15 号）第三部分规定无居民海岛使用权出让实行最低标准限制制度，无居民海岛使用权出让由国家或省级海洋行政主管部门按照相关程序通过评估提出出让标准，作为无居民海岛市场化出让或申请审批出让的使用金征收依据，出让标准不得低于按照最低标准核算的最低出让标准。2018 年《关于海域、无居民海岛有偿使用的意见》第二部分，要求探索赋予无居民海岛使用权依法转让、抵押、出租、作价出资（入股）等权能，转让过程中改变无居民海岛开发利用类型、性质或其他显著改变开发利用具体方案的，应经原批准用岛的政府同意。

无居民海岛使用权不同于建筑用地使用权。无居民海岛使用权与建筑用地使用权的权利基础均为国家所有权，但是二者存在显著区别。首先，使用权客体不同。无居民海岛使用权的客体是海岛资源，而建筑用地使用权的客体是建设用地，尽管《海岛保护法》是将海岛作为一类自然资源，并专门规定了其开发利用和保护，但是《海岛保护法》没有对无居民海岛资源的范围予以界定，我国《宪法》及《物权法》也没有明确将无居民海岛列入自然资源范畴。《土地管理法》第 4 条第 3 款对建设用地做了定义，② 即建造建筑物、构筑物的土地。无居民海岛是复合型资源，不同

---

① 例如 2018 年 3 月《关于调整海域、无居民海岛使用金征收标准的通知》第三部分规定："无居民海岛使用权出让实行最低标准限制制度。无居民海岛使用权出让由国家或省级海洋行政主管部门按照相关程序通过评估提出出让标准，作为无居民海岛市场化出让或申请审批出让的使用金征收依据，出让标准不得低于按照最低标准核算的最低出让标准。" 2018 年 7 月《关于海域、无居民海岛有偿使用的意见》规定："探索赋予无居民海岛使用权依法转让、抵押、出租、作价出资（入股）等权能。转让过程中改变无居民海岛开发利用类型、性质或其他显著改变开发利用具体方案的，应经原批准用岛的政府同意。"

② 《土地管理法》第 4 条第 3 款："建设用地是指建造建筑物、构筑物的土地，包括城乡住宅和公共设施用地、工矿用地、交通水利设施用地、旅游用地、军事设施用地等。"

海岛的资源禀赋不尽相同，建造建筑物、构筑物只是海岛土地用途的一类，海岛其他具体用途需要"因岛而异"。此外，无居民海岛使用权是包含一定宽度海域，而建筑用地使用权是不包括海域的。其次，使用权性质存在差异。无居民海岛使用权与建设用地使用权均为国家的土地之上的物权，差异之处在于，无居民海岛使用权是多种权利的集合，主要包括土地使用权（主要是建设用地使用权）、矿业权、林业权、狩猎权、取水权、规定范围内的海域使用权，出让使用权是将集合的多种权利"打包组合"，是受到较强制约的用益物权。建筑用地使用权是基于建筑用地设定的土地使用权，是单一类型的使用权，尽管《物权法》第136条明确规定建设用地使用权可以在土地的地表、地上或者地下分别设立，① 但是，无论建设用地使用权设定空间有何不同，其性质与矿业权、林业权、狩猎权、取水权、海域使用权等存在本质区别，使用权客体也不会包括矿藏、林木、野生动植物、淡水、海域等其他资源。最后，使用权创立的前提不同。创立无居民海岛使用权不仅需要明确所使用的海岛属于符合《海岛保护法》规定的无居民海岛，而且该无居民海岛还需属于可以开发利用的海岛。具体而言，我国自2011年开始公布"无居民海岛开发名录"，非纳入名录的无居民海岛禁止开发，纳入名录的海岛及其周围海域，禁止开展与保护目的不一致的利用活动。

在我国海岛权属制度中并不存在基于有居民海岛设立的自然资源所有权，有居民海岛所有权实际上是对海岛土地等各类自然资源所有权的总称。有居民海岛所有权在制度及立法层面被土地、矿藏、水流、森林、山岭、草原、滩涂等各类自然资源所有权所分割，因此，有居民海岛所有权并非单独一类自然资源所有权，而是包括我国现行立法中具体规定的土地所有权、矿产资源所有权、水资源所有权、野生动植物资源所有权等。其中，土地所有权包括国家土地所有权和集体土地所有权，野生动植物资源所有权也涵盖这两类所有权。与此有别，矿产资源所有权、水资源所有权则仅有国家所有权，而无集体所有权。因此，虽然可以在理论层面对有居民海岛所有权加以探讨，但是在我国海岛权属制度中并不存在基于有居民海岛设立的自然资源所有权。同样，有居民海岛使用权被类型化的自然资

---

① 《物权法》第135条规定："建设用地使用权人有权对国家所有的土地占有、使用和收益，可以在该土地上建造建筑物、构筑物及一些附属设施。"

源使用权分割，在中国现行法中，包括土地承包经营权、建设用地使用权、宅基地使用权、探矿权、采矿权、取水权、养殖权以及以自然资源为物质载体的某些地役权。由于《宪法》明确规定，自然资源属于国家所有，农村土地属于集体所有。如果自然资源在有居民海岛地面以下，就形成了土地使用权和自然资源（特别是矿产资源）使用权的分离状况。

探索建立无居民海岛统一确权登记制度。2016年《自然资源统一确权登记办法（试行）》颁布前，我国采取分类登记、分散管理的海岛资源权属的登记模式，即按照海岛自然资源类型，如土地、水流、森林、荒地、探明储量的矿产资源等，对其使用权进行分别登记，由不同行政管理机构分别管理。如在我国，耕地、矿产资源的使用权登记由自然资源部门规范，2011年修订的《林木和林地权属登记管理办法》第2条规定县级以上林业主管部门依法履行林权登记职责，林权登记包括初始、变更和注销登记。[①] 根据《水法》第7条和水利部《关于开展水权试点工作的通知》（水资源〔2014〕222号），国家对水资源依法实行取水许可制度，水行政主管部门负责组织实施全国水资源有偿使用和取水许可制度。对于无居民海岛上的水资源、林地资源的使用，则分别由水利部门、林业部门管理，遵守《森林法》《水法》的规定。2016年《自然资源统一确权登记办法（试行）》第2条规定，国家建立自然资源统一确权登记制度，自然资源确权登记坚持资源公有、物权法定和统一确权登记的原则；对水流、森林以及探明储量的矿产资源等自然资源的所有权进行确权登记，界定全部国土空间各类自然资源资产的所有权主体。[②] 虽然该类赋权登记依然需要以合法的物权原因行为、国家与集体产权界别规则以及合法的权属来源文件等作为赋权登记的依据，但某项自然资源一旦被确权并登记于自然资源产权登记薄后，则将立即对权利主体产生赋权效力。目前，我国在自然资源统一确权登记试点地区主要采取两种模式确定自然资源确权登记范围。一种是以保证自然生态空间完整性的原则确定登记范围，实现国有和集体各类自然资源登记全覆盖；另一种是以适应自然资源监管便利性的原则确定登记范围，通过土地利用现状、集体土地所有权确权登记、国有土地使用权确权登记等三类方式，结合相关自然资源保护管理范围，确定

[①] 林权，是指森林、林木和林地的所有权或者使用权。参见2011年修订的《林木和林地权属登记管理办法》第1条。

[②] 参见2016年《自然资源统一确权登记办法（试行）》第3条。

自然资源确权登记范围。① 2019年《自然资源统一确权登记暂行办法》（自然资发〔2019〕116号）第3条、第17条进一步明确规定，对无居民海岛统一进行确权登记，按照"一岛一登"的原则，单独划定自然资源登记单元，进行整岛登记。与之同时公布的《自然资源统一确权登记工作方案》第2部分第5项要求所有无居民海岛确权登记应当划定登记单元界线，收集整理国土空间规划明确的用途、划定的生态保护红线等管制要求及其他特殊保护规定或者政策性文件，开展权籍调查。并且通过确权登记明确无居民海岛的名称、位置、面积、高程（最高点高程和平均高程）、类型和空间范围等自然状况，所有权主体、所有权代表行使主体以及权利内容等权属状况，并关联公共管制要求。

二 我国海岛利用及保护管理立法模式

按照我国《宪法》和《立法法》规定的立法体制，在我国法的位阶共分五级，它们从高到低依次是宪法、法律、行政法规、地方性法规与部门规章。我国立法体系内的法律法规效力等级呈金字塔形排列。除宪法以外，海岛利用及保护规范性法律文件范围涵盖了法律、行政法规、地方性法规和规章。以立法内容为标准，我国与海岛利用及保护相关立法包括一般立法和专门立法。以立法适用范围为标准，我国与海岛利用及保护相关立法可分为中央立法与地方立法。我国海岛利用及保护管理立法模式呈现下述特征。

第一，专门立法与一般立法相结合。《海岛保护法》是规范我国海岛利用及保护管理唯一一部专门性"法律"。《海岛保护法》解决了我国海岛管理无法可依的立法尴尬，为下位法制定海岛利用与保护规范提供了立法指引。该法主要就海岛规划、保护、监察、法律责任作了规定。在专门立法之外，我国存在众多与海岛利用及保护管理相关的一般性法律法规，这些法律法规以环境资源立法为主，立法内容以特定的环境资源为调整对象，包括海岛环境、土地、矿产资源、海洋、林木、野生动植物等，不同类型环境资源利用及保护管理分别受到《环境保护法》《海洋环境保护法》《土地管理法》《矿产资源法》《海域使用管理法》《森林法》《野生

---

① 《自然资源统一确权登记试点取得积极进展》，中国政府网（http://www.gov.cn/xinwen/2018-10/29/content_ 5335461.htm），最后访问时间：2019年9月5日。

动物保护法》《野生植物保护条例》《水法》等法律法规调整。

第二，中央立法与地方立法相结合。在中央立法服务全局的框架下，服务地方海岛管理及海洋经济的发展，是地方海岛管理立法的根本出发点。《海岛保护法》由中华人民共和国第十一届全国人民代表大会常务委员会第十二次会议通过，在《海岛保护法》之下，尚不存在海岛利用及保护相关的行政法规，绝大多数规范是由自然资源部制定的行业标准（例如 2018 年《无居民海岛开发利用测量规范》）和原国家海洋局制定的规范性文件（如《海岛名称管理办法》《无居民海岛开发利用测量规范》），这些行业标准和规范性文件是目前指导海岛利用及保护的具体行为准则。在上述规范性文件中，规范无居民海岛利用及保护的内容居多，且大量内容是通过技术规程的方式加以实施。2010 年 3 月《海岛保护法》生效前，我国部分沿海省市已经制定海岛管理地方性法规，例如《宁波市无居民海岛管理条例》《厦门市无居民海岛保护与利用管理办法》《青岛市无居民海岛管理条例》。2010 年 3 月后，部分沿海省市相继依据《海岛保护法》制定或修正了地方性海岛管理法规定，例如 2012 年湛江市《湛江湾海岸及海岛严格控制开发利用管理规定》、2013 年《浙江省无居民海岛开发利用管理办法》、2016 年《广西壮族自治区无居民海岛保护条例》、2016 年《山东省无居民海岛使用审批管理办法》、2019 年《珠海经济特区海域海岛保护条例》等。中央立法与地方立法相辅相成，在海岛管理法律法规的不足的背景下，地方立法机构在总结本区域海岛利用及保护的实践经验基础上进行的立法探索，为日后中央立法的出台积累了立法经验。由于中央立法原则性强，需要地方立法予以细化，因此地方立法不仅仅是中央立法的有益补充，也是我国海岛利用及保护管理法律体系中重要组成部分。

第三，国内立法与国际公约相结合。我国立法对海岛的界定属于第一类。《海岛保护法》第 2 条第 2 款的海岛定义与《海洋法公约》第 121 条第 1 款的表述相同，是对公约规定的"纳入"。但是，在立法过程中，《海岛保护法》的立法者为何直接"纳入"《海洋法公约》中的海岛定义，在《海岛保护法（草案）》说明以及相关官方解读中，并未予以说明。[①] 2010

[①] 汪光焘：《关于〈中华人民共和国海岛保护法（草案）〉的说明——2009 年 6 月 22 日在第十一届全国人民代表大会常务委员会第九次会议上》，中国人大网（http://www.npc.gov.cn/huiyi/cwh/1112/2010-03/01/content_ 1867444.htm），最后访问时间：2019 年 4 月 5 日。

年《海岛保护法》生效后,《海岛界定技术规程》等国内有关海岛利用及保护管理相关技术规程,也完全采纳了《海岛保护法》中的海岛定义。[①]可以说,《海岛保护法》不仅在我国法律层面统一了海岛的定义,而且在海岛行政管理技术层面规范了海岛的认定。《海岛保护法》第8条第2款规定,制定海岛保护规划应当遵循有利于保护和改善海岛及其周边海域生态系统,促进海岛经济社会可持续发展的原则,而可持续发展的概念是20世纪80年代后期提出,20世纪90年代被联合国正式确立的人类继续发展的思想,现在已被国际社会普遍接受,并纳入相关国际公约付诸实施,成为国际社会的共同遵守准则。《海岛保护法》将可持续发展作为编制海岛保护规划的基本原则,体现了国内法对相关国际立法理念的吸收与借鉴。

三 我国海岛利用及保护行政管理体制

利用与保护是海岛行政管理的重要内容。在2010年之前,有居民海岛已建立明确的行政隶属关系和完整的行政管理体系,各项有关法律制度已经在实施,[②] 2003年《无居民海岛保护与利用管理规定》(已失效)初步建立无居民海岛功能区划及海岛利用申请审批制度,开始了我国无居民海岛管理制度建设。2010年《海岛保护法》生效实施,标志着我国海岛利用及保护管理全面步入法制轨道,之后,原国家海洋局等又相继颁布了一系列与海岛利用及保护相关的规范性文件,我国海岛利用及保护行政管理体制基本形成。2018年3月,第十三届全国人民代表大会第一次会议批准国务院机构改革方案,我国海岛利用及保护行政管理体制面临新一轮的调整。

我国海岛利用及保护行政管理体制采取"半集中"型模式。海岛利用及保护管理以海岛类型为划分标准,根据《海岛保护法》第5条第2款规定,国务院海洋主管部门负责管理无居民海岛保护和开发工作,各行

---

① 除了法律定义外,中国国家标准《海洋学术语·海洋地质学》(GB/T 18190—2000)中将海岛定义为"散布于海洋中面积不小于500平方米的小块陆地",《海岛界定技术规程》将海岛定义为"四面环海水并在高潮时高于水面的自然形成的陆地区域"。

② 汪光焘:《关于〈中华人民共和国海岛保护法(草案)〉的说明——2009年6月22日在第十一届全国人民代表大会常务委员会第九次会议上》,中国人大网(http://www.npc.gov.cn/huiyi/cwh/1112/2010-03/01/content_ 1867444. htm),最后访问时间:2019年4月5日。

政区域内无居民海岛开发利用和保护管理工作由沿海县级以上地方人民政府负责。依据该规定，无居民海岛的利用及保护统一由国家海洋主管部门（自然资源部门）负责，管理内容包括无居民海岛使用权登记、开发利用审批等，有居民海岛资源利用及保护由多个部门分工管理。

我国采用分工管理的模式管理有居民海岛的开发和利用。有居民海岛的使用有土地使用和其他自然资源使用之分，其中土地使用又有农村集体土地使用和国有土地使用，海岛国有土地的出让由市、县人民政府土地管理部门、城市规划和建设管理部门、房产管理部门确定，土地管理部门实施。实施主体为土地管理部门。我国《民法通则》第74条规定，"村民集体拥有农村土地的所有权，农村土地的经营、管理工作由村民委员会、农业集体经济组织、村农业合作社负责开展。乡（镇）农民集体拥有已经属于乡（镇）农民集体经济组织所有的农村土地之所有权"。《农业法》第11条以及《土地管理法》第10条规定，"村民集体拥有农村土地的所有权，农村土地的经营、管理工作由村民委员会、农业集体经济组织、村农业合作社负责开展。村内集体经济组织或村民小组还要负责对属于村内两个以上农村集体经济组织的农民集体所有的土地进行管理和经营；乡（镇）农民集体拥有已经属于乡（镇）农民集体经济组织所有的农村土地之所有权"。结合这些法律规定可以得知，我国农民集体是拥有集体土地所有权的主体，也就是说，我国农村土地归村内集体经济组织（如村民小组）、村民集体、乡（镇）农民集体所有，这些土地的经营和管理工作由村民委员会、农业集体经济组织或农业合作社负责开展。有居民海岛其他自然资源使用管理，以资源类型为依据，适用相关单行法的规定，各单行自然资源法大都规定了自然资源使用权的取得需要经过相关机构的确认，主要包括自然资源部门、农业部门、生态环境部门、水利部门等。不同部门负责以适合的方式对尚未被开发和利用的有居民海岛土地进行管理，其中，农业部门可以将之作为荒地进行管理，自然资源部门可以将之作为耕地开垦的后备资源进行管理，林业部门则将其作为宜林地。有居民海岛其他自然资源包括动植物资源、森林资源、水资源、矿产资源、能源等，这些资源的开发利用受到各单行法的调整，由不同部门分头管理。

有居民海岛的保护由国务院海洋主管部门（自然资源部门）和国务

院其他有关部门依照法律和国务院规定分工管理。[1] 涉及国务院及其他主管部门及保护内容包括5点。(1) 环境保护监督管理。依据《环境保护法》第10条,国务院环境保护主管部门统一监督管理全国环境保护工作实施；县级以上本行政区域环境保护,由本级地方人民政府环境保护主管部门统一监督管理。(2) 野生动物保护管理。依据《野生动物保护法》第7条,国务院林业、渔业主管部门分别主管全国陆生、水生野生动物保护工作；县级以上地方人民政府林业、渔业主管部门分别主管本行政区域内陆生、水生野生动物保护工作。(3) 森林资源保护管理。《森林法》第10条规定,国务院林业主管部门主管全国林业工作,县级以上地方人民政府林业主管部门,主管本地区的林业工作。(4) 水资源保护管理。《水法》第12条规定,国务院水行政主管部门负责全国水资源的统一管理和监督工作,县级以上地方人民政府水行政主管部门按照规定的权限,负责本行政区域内水资源的统一管理和监督工作。(5) 矿产资源保护。依据《矿产资源法》第11条的规定,国务院地质矿产主管部门和省、自治区、直辖市人民政府地质矿产主管部门是矿产资源保护的主管部门。

第二节　我国海岛利用及保护管理立法面临的问题

我国海岛利用及保护管理面临诸多法律问题。我国以海洋综合管理为基础构建海岛利用及保护管理体系已然成为趋势,但海岛利用及保护管理层级较低,海岛综合管理制度尚未建立。海岛利用及保护管理立法模式尚不明确,立法位阶不协调,行政规范性文件不能满足海岛综合管理法制需求,相关立法内容及表述亟须修正。

一　综合管理亟须完善

我国海岛利用及保护趋向于综合管理。1994年《中国21世纪议程——中国人口、环境与发展（白皮书）》提出,"加强可持续发展能力建设,特别是……资源环境、生态综合动态监测和管理系统"。[2]《海岛保

---

[1]　《海岛保护法》第5条第1款。
[2]　《中国21世纪议程——中国人口、环境与发展（白皮书）》第2.4节（b）项。

护法》实施以来，我国已经对无居民海岛实现了综合管理，根据该法第5条第2款规定，无居民海岛的利用及保护统一由海洋主管部门负责，包括无居民海岛使用权登记、开发利用审批等，① 有居民海岛资源的利用及保护由多个部门分工管理。2016年《全国生态岛礁工程"十三五"规划》"指导思想"中提出，通过实施生态岛礁工程形成"实施基于生态系统的海岛综合管理"，同年12月30日深圳成立全国首个海洋综合管理示范区，对辖区内的海域、海岛等实施综合管理。可见，我国以海洋综合管理为基础构建海岛利用及保护管理体系已然成为趋势，但是我国在海岛利用及保护立法体系、海岛环境风险治理、涉海行政监管职能协调等方面，依然存在不足，如何进一步完善现有的海岛利用及保护管理及立法体系，是构建海岛利用及保护综合管理机制亟待解决的问题。

2018年3月国务院机构改革后，整合有居民海岛与无居民海岛利用及保护综合管理体系已经迫在眉睫。我国针对无居民海岛以及有居民海岛各自制定了配套的保护管理制度，结合相关部门的职责分工来看，我国有居民海岛周边海域生态保护工作由自然资源部门（海洋行政主管部门）负责开展，而其他部门则要尽力配合海洋行政主管部门，包括水利部门、自然资源部门、生态环境部门、农业部门，各行政区域内无居民海岛开发利用和保护管理工作由沿海县级以上地方人民政府负责。② "十二五"期间，我国初步构建了无居民海岛管理制度体系，陆续制定了无居民海岛有偿使用、无居民海岛权属管理和监督检查等配套办法，建立了国家和地方无居民海岛分级管理体系，无居民海岛开发利用秩序进一步规范，全国共颁发无居民海岛使用权证书16本。③ 在有居民海岛利用及保护管理调研中发现，有居民海岛的利用由不同部门分工负责，自然资源部门（海洋行政主管部门）对有居民海岛生态保护监督管理止于沙滩或潮间带，海岛沙滩或潮间带向内延伸部分的生态环境保护工作也由不同部门分工负责。可见，有居民海岛利用及保护管理要滞后于无居民海岛综合管理。

---

① 《无居民海岛开发利用审批办法》第4条。
② 汪光焘：《关于〈中华人民共和国海岛保护法（草案）〉的说明——2009年6月22日在第十一届全国人民代表大会常务委员会第九次会议上》，中国人大网（http://www.npc.gov.cn/huiyi/cwh/1112/2010-03/01/content_1867444.htm），最后访问时间：2019年4月6日。
③ 《全国海岛保护工作"十三五"规划》第1部分第1节。

二　立法模式需要明确

海岛利用及保护管理立法模式，是指在立法技术上如何处理利用与保护行政监督管理之间的关系。海岛利用及保护管理立法属于自然资源管理立法，我国现有自然资源管理立法存在两种立法模式。一种以海域立法为代表，即对海域利用管理与生态环境保护分别立法，海域利用由《海域使用管理法》调整，海域生态环境保护由《海洋环境保护法》调整；前者以加强海域使用管理、维护国家海域所有权和海域使用权人的合法权益、促进海域的合理开发和可持续利用为立法目的，① 后者以保护和改善海洋环境、保护海洋资源、防治污染损害、维护生态平衡、保障人体健康为立法目的。② 海域利用与保护被不同立法加以规范。另一种以渔业立法为代表，即《渔业法》作为"母法"系统规范"渔业资源的保护、增殖、开发和合理利用"，③ 在该法之下有关渔业使用、保护则分别由《渔业资源增殖保护费征收使用办法》《水产资源繁殖保护条例》等"子法"调整，采取此类立法模式的还包括森林立法、淡水资源立法、草原资源立法等。

我国海岛管理立法模式与上述海域立法和渔业立法模式均不相同。名称与内容"名实相符"是立法的基本要求，中文语境中的"保护"有尽力照顾，使不受损害的意思，英文语境中的"保护"（protection）强调的是安全的施与，侧重于行为、规制层面，"保全"（conservation）涵盖"保护"的同时，还强调通过主动干预的手段来达到避免对象衰败的要求。④ 从字面意思解释角度看，《海岛保护法》名称所表达的含义与其立法目的是不完全对称的。虽然《海岛保护法》以"保护"为名，但从立法目的⑤和立法内容看，该法既调整海岛及其周边海域生态系统保护，也

---

① 《海域使用管理法》第1条。
② 《海洋环境保护法》第1条。
③ 《渔业法》第1条。
④ protection 内涵更为宽泛些，是一个泛名词；conservation 的意味更为适切文化遗产对象，作为一种主动干预，conservation 不仅要采取适当措施防止对象的衰败、损坏，而且还有在出现衰败、损坏情况下采取措施恢复健康状况的考虑。See Bryan A. Garner ed.，*Black's Law Dictionary*, 8th ed.，Eagan：West Group Pub.，2004，pp. 3861-3862.
⑤ 《海岛保护法》第1条。

规范海岛自然资源开发利用,① 立法调整范围涵盖了海岛的保护、开发利用及相关管理活动,②《海岛保护法》一些条文中"保护"与"利用"的表达并列存在。③ 在《海岛保护法》之外，既不存在相应实施条例，也不存在子法规，而是分别制定《海岛名称管理办法》《无居民海岛开发利用测量规范》等规范性文件，对海岛利用及保护不同内容加以规范，这些内容既包括《海岛保护法》中原则性规定内容，也包括《海岛保护法》未明确规定的内容（如无居民海岛使用权），由此形成"上位法滞后、下位法先行"的模式特征。从总体上看，以《海岛保护法》为"龙头法"构建的海岛利用及保护管理立法模式，既不同于海域立法模式，也不同于渔业立法模式。

立法模式不完善影响海岛利用及保护管理立法体系构建。立法体系作为由不同规范所构成的相互联系的统一体，涉及立法机关、调整的社会关系和立法效力位阶三个层面，并由此决定海岛利用及保护管理立法的内涵和外延。海岛利用及保护管理立法体系主要调整围绕着海岛所发生的静态和动态法律关系，立法机关的职责与权限范围在很大程度上是由社会关系决定的，而社会关系则又被立法体系所调整，故而有关海岛利用及保护管理的立法也要从社会关系入手，才能确立一个相对完善、科学的立法体系。立法体系内的法律位阶排列，决定着各类海岛管理规范性法律文件在国家立法体系中的地位和各种规范性法律文件间的效力序位。因此，立法模式不完善既影响海岛利用及保护管理立法体系的构建，也影响海岛立法与其他涉海立法之间的界限，以及不同主管机关之间监督管理权限的分配。

三　立法确立的基本原则有待完善

《海岛保护法》第3条第1款规定，国家对海岛开发利用施行科学规划、保护优先、合理开发、永续利用四项原则。科学规划、保护优先、合理开发三项基本原则的表述具有鲜明的"中国特色"，永续利用更接近于国际社会倡导的自然资源及生物多样性可持续性利用（Sustainable Use of

---

① 《海岛保护法》第4条，第30条第2、3、4款，第31条。
② 《海岛保护法》第2条。
③ 例如《海岛保护法》第15条："国家建立海岛管理信息系统，开展海岛自然资源的调查评估，对海岛的保护与利用等状况实施监视、监测。"

Natural Resources and Biodiversity)。① 科学规划、保护优先、合理开发贯穿于海岛利用与保护，是海岛资源开发利用与海岛生态环境保护共同遵循的基本原则，是海岛"保护性利用"的立法体现。永续利用是对海岛的"利用性保护"，如 2002 年西班牙在加那利群岛中的拉帕尔玛岛（La Palma）建立生态保护区，西班牙政府认为，传统农业和可持续旅游业发展模式保证了拉帕尔玛岛珍贵的生态环境得以完好保存，这也是此地被命名为生态保护区的重要原因。② 概言之，《海岛保护法》第 3 条第 1 款规定的基本原则同时适用于海岛利用与保护管理。

海岛属于非耗竭性资源，由环境要素构成，在合理开发利用限度内，人类可以永续利用。从逻辑上看，"合理开发"与"永续利用"的含义存在重叠，即都包括海岛自然资源应以经济效益和生态效益协调统一为目标，按照不同的资源类型、区域和禀赋，统一规划配置、综合利用的含义。而且将"合理开发"与"永续利用"并列作为自然资源管理基本原则的立法，唯此一例，③ 其他国内自然资源管理立法表述中一般仅使用"永续利用"或"合理利用"。④ 因此，将"合理开发"与"永续利用"并列作为海岛利用及保护管理立法基本原则是不恰当的。

---

① United Nations. Conservation, sustainable use of biodiversity essential for adapting to climate change, secretary-general says in message for international day. SG/SM/10994-ENV/DEV/939, 14 May 2007, https://www.un.org/press/en/2007/sgsm10994.doc.htm (last visited January 15, 2019).

② See Spain's official tourism portal, Santa Cruz de La Palma, http://www.spain.info/zh/quequieres/naturaleza/espacios-naturales/reserva_de_la_biosfera_la_palma.html (last visited January 15, 2019).

③ 将"合理开发"与"可持续利用"并列规定的立法还有《海域使用管理法》，该法第 1 条规定："为了加强海域使用管理，维护国家海域所有权和海域使用权人的合法权益，促进海域的合理开发和可持续利用，制定本法。"但是，合理开发和可持续利用是属于立法目的，而非基本原则。

④ 例如，《森林法》第 5 条："林业建设实行以营林为基础，普遍护林，大力造林，采育结合，永续利用的方针。"《渔业法》第 1 条："为了加强渔业资源的保护、增殖、开发和合理利用，发展人工养殖，保障渔业生产者的合法权益，促进渔业生产的发展，适应社会主义建设和人民生活的需要，特制定本法。"《草原法》第 3 条："国家对草原实行科学规划、全面保护、重点建设、合理利用的方针，促进草原的可持续利用和生态、经济、社会的协调发展。"《土地管理法》第 3 条："十分珍惜、合理利用土地和切实保护耕地是我国的基本国策。各级人民政府应当采取措施，全面规划，严格管理，保护、开发土地资源，制止非法占用土地的行为。"

四 海岛定义中的潮汐标准不明晰

海岛与海域之间的界限是海岛使用管理和海域使用管理的基础条件，不同技术规范对于海岸线的认定不一致，直接影响到海岛及海域使用权客体范围的厘定。《海域使用管理法》《海岛保护法》等法律法规中，未明确海岛和海域的使用权边界，《海域使用测量管理办法》《无居民海岛使用测量规范》等技术规范中也缺少精细化分。第二次全国土地调查中，部分地区将水深零米线认定为海岸线，海岛零米线以上的滩涂区域，被认定为陆地。[①] 而在现行的地形图图式国家标准中，海岸线是平均大潮高潮的痕迹所形成的水陆分界线；在现行的海图图式国家标准中确定，海岸线是指平均大潮高潮时水陆分界的痕迹线。[②]

潮汐标准是定义海岛的核心标准，也是划分海岛与海域使用管理范围的边界线。在《海岛保护法》第 2 条第 2 款定义海岛后，其他相关法律、行政法规、部门规范和地方法规在定义海岛时，无一例外地遵循了上述定义。从文字表述看，《海岛保护法》对海岛的定义实际上是对《海洋法公约》第 121 条第 1 款的整体"纳入"。由于公约第 121 条第 1 款的定义本就是一项概括性规定，《海岛保护法》第 2 条第 2 款纳入公约上述定义，仅指明界定海岛的潮汐标准为"高潮时高于水面"，缺少可执行性。各国通行的界定低潮、高潮的依据主要是以"潮汐基准面"作为参照的标准。根据国际水文组织（IHO）等权威机构提供的国家实践信息，各国最常用的潮汐基准面包括最低低潮面、最低天文潮面、平均大潮低低潮面、平均大潮低潮面、平均较高低潮面、平均低潮面、平均低低潮面、平均小潮低潮面，以及这些低潮面相对应的高潮面，包括最高高潮面、最高天文潮面等 8 种，另外还有平均海平面，总共多达 17 种。[③]《无居民海岛开发利用审批办法》第 18 条规定"无居民海岛确权面积，应当按照无居民海岛开发利用审批的界址核算"，第 22 条第 2 款规定"无居民海岛开发利用技术标准和规范由国家海洋局制定"。《无居民海岛开发利用测量规范》第 2

[①] 胡灯进，等：《海域使用管理的若干问题探讨》，《海洋开发与管理》2013 年第 10 期。

[②] 青岛市人民政府：《〈中华人民共和国海域使用管理法〉释义·海域使用管理的法律依据》，青岛市人民政府网（http://www.qingdao.gov.cn/n172/n24624151/n24627375/n24627389/n27207614/151117203318652521.html），最后访问时间：2019 年 4 月 6 日。

[③] 包毅楠：《南海仲裁案中有关低潮高地问题的评析》，《国际法研究》2016 年第 3 期。

部分第7、8、9项分别界定了"用岛区块面积"、用岛面积和海岛投影面面积,但也没有明确说明海岛与海域的分界线。因此,《海岛保护法》第2条第2款仅仅指明界定海岛的潮汐标准为"高潮",显然没有说清楚究竟适用何种潮汐基准面。由此,存在三方面不利影响。

一是影响相关技术规定的表述。《海岛界定技术规程》对于海岛的定义,完全采纳了《海岛保护法》第2条第2款的规定。可以说,《海岛保护法》的规定不仅在国内法层面统一了海岛的定义,而且在技术层面规范了海岛的认定。故《海岛保护法》定义海岛时适用潮汐标准不准确问题,既影响其下位法的规定,也影响相关岛礁技术规程的制定。

二是海岛与海域使用管理的边界不清晰。海岛、海域使用及管理立法在我国分立并行,在产权性质上,海域完全为国家所有(全民所有),海岛既可能为国家所有(如无居民海岛),也可能为集体所有。立法定义海岛适用潮汐标准的不明确,直接影响潮间带及海岛邻接海域的产权性质,造成海岛与海域使用管理权冲突。

三是影响填海造地建设性质的判定。国际法主流观点认为,海岛建设属于一国主权范畴,不影响既有的、基于海岛可主张的海洋权利。对非海岛性质的海洋地物(如领海外的低潮高地、水下暗沙)进行填埋、加高等建设,不改变该海洋地物原有性质及其权利主张。从国内法角度看,海岸线向海一侧属于海域,向陆一侧属于陆地,在海域与陆地之间还存在潮间带。当海洋地物性质不明确时,也无法判定相应填海造地行为的权利依据究竟为《海域使用管理法》规范的海域使用权,还是《海岛保护法》调整的海岛使用权。

五 无居民海岛使用权设定存在瑕疵

无居民海岛使用权设定缺少上位法依据。根据物权法定原则,只有法律才能明确规定无居民海岛使用权作为独立类型的使用权。[①] 我国《物权法》第46条对国家所有与集体所有的自然资源种类做了规定,但不包括海岛。《海岛保护法》第3节仅有的八个条文,成为规范无居民海岛的重要法律依据,更多有关无居民海岛使用管理的规定只有国家海洋局颁布的

---

① 例如,已失效的《无居民海岛使用申请审批试行办法》和《无居民海岛使用权登记办法》均由原国家海洋局制定颁布,在效力层级上仅为规范性文件,规范性文件能否确立某一类自然资源使用权是否合理、合法,是值得商榷的。

一系列行政规范性文件。

《海岛保护法》并未明确规定海岛使用权制度。《海岛保护法》第 4 条规定，无居民海岛属于国家所有，国务院代表国家行使无居民海岛所有权；① 第 30 条第 4 款规定，无居民海岛开发利用审查批准的具体办法，由国务院规定。上述规定一方面表明无居民海岛所有权主体是国家，国务院代表国家享有无居民海岛使用权，另一方面表明无居民海岛是可以被利用的，但是《海岛保护法》并没有回答哪些主体能够申请利用？以何种权利行使利用？依托无居民海岛的土地及其他自然资源，既可以在私法上设定土地使用权、矿产资源使用权等资源型权利，也可以以无居民海岛为整体设定使用权，但是无论设定哪一种资源型权利，其在《物权法》中均具有准物权的性质，需要依照物权法定原则，由法律设定。尽管 2016 年至今，《无居民海岛使用申请审批试行办法》②《无居民海岛使用权登记办法》③ 相继被废止，但是目前我国在海岛管理中依然将无居民海岛使用权作为独立类型的使用权，④ 且仍规定在行政规范性文件中，例如 2010 年《无居民海岛使用金征收使用管理办法》等。在《宪法》《物权法》未规定无居民海岛使用权、《海岛保护法》未规定国务院行使无居民海岛所有权方式及条件的前提下，行政规范性文件径行规定无居民海岛使用权，是违反物权法定原则的。

无居民海岛使用权出让行为的性质尚未明晰。政府以发展海岛经济为目的，主动介入海岛开发利用活动，不仅仅拥有行政者的身份，同时也具

---

① 《海岛保护法》第 4 条："无居民海岛属于国家所有，国务院代表国家行使无居民海岛所有权。"

② 参见关于废止《国家海洋局关于成立国家无居民海岛使用项目第二届专家评审委员会的通知》等 4 个文件的公告［国家海洋局公告 2016 年第 8 号（总第 32 号）］。

③ 参见《国家海洋局关于公布废止的规范性文件目录的公告》［国家海洋局公告 2017 年第 7 号（总第 39 号）］。

④ 例如 2018 年 3 月《关于调整海域、无居民海岛使用金征收标准的通知》第三部分规定："无居民海岛使用权出让实行最低标准限制制度。无居民海岛使用权出让由国家或省级海洋行政主管部门按照相关程序通过评估提出出让标准，作为无居民海岛市场化出让或申请审批出让的使用金征收依据，出让标准不得低于按照最低标准核算的最低出让标准。" 2018 年 7 月《关于海域、无居民海岛有偿使用的意见》规定："探索赋予无居民海岛使用权依法转让、抵押、出租、作价出资（入股）等权能。转让过程中改变无居民海岛开发利用类型、性质或其他显著改变开发利用具体方案的，应经原批准用岛的政府同意。"

备民事主体的特征,但行政主体能否以平等的民事主体的身份承担民事责任,则需要进一步讨论。无居民海岛均为国家所有,《城镇国有土地使用权出让和转让暂行条例》第8、19条的规定,① 无居民海岛使用权有出让和转让两种市场化配置方式。无居民海岛使用权转让是民事主体之间权利的合法流转,海岛主管部门与二级市场的海岛土地使用权人之间是行政监督管理关系,因该行为产生的责任属于行政责任。而无居民海岛使用权出让合同究竟属于民事合同或行政合同,一直存在争议。② 一种观点认为,根据最高人民法院《关于审理涉及国有土地使用权合同纠纷案件适用法律问题的解释》规定,"审理涉及国有土地使用权合同纠纷案件"属于民事审判,将国有土地使用权出让合同视为民事合同进行审理;最高人民法院2011年发布的《民事案件案由规定》中,也将建设用地使用权合同纠纷作为民事合同纠纷进行处理。另一种观点认为,《最高人民法院行政审判庭关于拍卖出让国有建设用地使用权的土地行政主管部门与竞得人签署成交确认书行为的性质问题请示的答复》明确土地行政主管部门通过拍卖出让国有建设用地使用权,与竞得人签署成交确认书的行为,属于具体行政行为。根据《行政诉讼法》第12条第11项规定,③ 从不履行行为后果看,国有土地出让合同应该属于行政协议,其履行争议属于行政诉讼,产生的责任为行政责任。有行为能力则意味着责任能力,行为也必须有救济才能保证行为受体的合法权益,无居民海岛使用权出让行为性质的差异,直接影响受让人寻求法律救济的路径。

六 海岛生态环境管制立法内容不健全

《海岛保护法》第二章"海岛保护规划"和第三章"海岛的保护"已经规定了部分环境管制措施。例如,《海岛保护法》第33条已经考虑

---

① 《城镇国有土地使用权出让和转让暂行条例》第8条:"土地使用权出让是指国家以土地所有者的身份将土地使用权在一定年限内让与土地使用者,并由土地使用者向国家支付土地使用权出让金的行为。"第19条:"土地使用权转让是指土地使用者将土地使用权再转移的行为,包括出售、交换和赠与。"

② 《土地出让合同内容能否纳入公开信息》,自然资源部网(http://www.mlr.gov.cn/bsfw/cjwtjd/yw/201511/t20151124_1389291.htm),最后访问时间:2019年4月7日。

③ 《行政诉讼法》第12条第11项:"认为行政机关不依法履行、未按照约定履行或者违法变更、解除政府特许经营协议、土地房屋征收补偿协议等协议的。"

无居民海岛利用过程中的污染排放问题，但是仅宏观规定了排污主体处理废水、固体废物，以及禁止在无居民海岛弃置或者向其周边海域倾倒的义务。从资源使用管理看，以禁止性规范、命令性规范实现海岛保护，即通过行政监督、行政审批、行政处罚以及刑事制裁等公法规范预防和惩治破坏环境资源的不法行为，通常均为直接管制，属于事后救济，不能有效解决海岛保护面临的困境。在既有立法基础上，直接管制与间接管制手段应相互补充，海岛生态环境管制内容仍存在完善空间。

第一，预防性管制内容仍需要完善。预防性管制内容主要针对的无法明确造成环境风险的因素，以及在正常情况下无法预见环境风险的危害情形，对此，立法需要设定防范这种具有潜在环境风险之行为，或规定对此负起预防及制止义务的主体。《海岛保护法》中的预防性管制内容体现在海岛保护规划、环境影响评价和无居民海岛开发利用审查批准三方面，以上措施在应对外来生物入侵等威胁海岛生态系统、物种自身及栖息地等风险因素方面，显然具有滞后性。在对海岛生态功能、物种分布的认知还有一定的局限性和不确定性的情形下，不应把缺乏充分的科学确定性作为理由，推迟采取具有成本效益的措施来解决这一问题。贯彻风险防范原则，需要立法明确设立相应的预防性措施，如登岛限制、预防和控制来自海洋废弃物（包括塑料和塑料微粒）的污染。

第二，调整间接管制手段的内容。间接管制手段，利用市场调节机制，从影响成本效益入手引导经济当事人进行选择，最终促进环境资源的有效利用和合理配置的一种手段。[①]《环境保护法》确立的环境保护税制度和排污收费制度，均属于间接管制手段，《海岛保护法》不仅需要因应海岛利用及保护的特殊需要，与有关税费征收主体、额度标准等立法内容相衔接，也需要根据海岛生态环境修复或保护需求，增加财政补贴等间接管制手段，激发行为主体以较低的成本获得较高的生态环境保护效果。

七　海岛生态环境修复立法措施不完善

《海岛保护法》第 25 条第 2 款规定，进行工程建设造成生态破坏的，应当负责修复；无力修复的，由县级以上人民政府责令停止建设，并可以指定有关部门组织修复，修复费用由造成生态破坏的单位、个人承担。

---

① 王曦：《国际环境法》，法律出版社 1998 年版，第 137—138 页。

《最高人民法院关于审理环境民事公益诉讼案件适用法律若干问题的解释》第20条第2款规定："人民法院可以在判决被告修复生态环境的同时，确定被告不履行修复义务时应承担的生态环境修复费用；也可以直接判决被告承担生态环境修复费用。"第3款规定："生态环境修复费用包括制定、实施修复方案的费用和监测、监管等费用。"上述规定实际是"损害负担"原则的体现，目的在于明确破坏者的预防、控制和治理等方面的责任，解决环境保护资金筹集问题，在公平解决环境问题的理念下，推动经济社会可持续发展。

我国自2010年起由中央财政从海域使用金中拨付专项资金用于海岛生态环境修复和保护，2010年至2013年国家海洋主管部门相继组织地方开展了70个海岛的整治修复，共投入资金约13亿元，[①] 平均每修复一个海岛需要投入近1900万元。受到技术水平和检验监测局限性影响，当一些影响海岛生态环境危险因素未能被及时发现，待到环境监测系统发现环境损害时，回溯追查责任人并要求其承担民事责任，往往已不具备可行性。即使确定了具体的损害人，由于海岛生态环境修复耗资靡费，面对巨大的经济、生态损失，责任人也无力承担巨额赔偿。因此，《海岛保护法》仅规定修复费用由损害人承担是不充分的，有必要拓展资金来源解决这一困境。

第三节　完善我国海岛利用及保护管理立法的思路

海岛综合管理体现系统治理和依法治理。在既有海岛利用及保护管理立法基础上，我国应当通过综合立法，以生态系统为基础整合有居民海岛与无居民海岛综合管理体系，调整海岛利用及保护管理适用的法律原则，完善相应的立法内容。

一　以生态系统为基础推进海岛管理立法

《全国海岛保护工作"十三五"规划》指出"以生态系统为基础的海岛综合管理正成为当今全球海岛保护管理的发展趋势"，"将'生态+'的

[①] 王中建：《我国海岛生态修复工作初见成效》，《中国海洋报》2013年2月5日第A1版。

思想贯穿于海岛保护全过程，建立健全基于生态系统的海岛综合管理体系"。基于生态系统的管理原则，是当前国际海洋管理战略思想的新发展。以生态系统为基础提升海岛管理立法的层次和水平，可以从以下方面入手。

第一，管理模式由社会管理向社会治理过渡。海岛自然资源具有系统性、基础性等特征，鉴于海岛综合管理的复杂性，需要加强海岛系统管理或者一体化管理，进一步提高海岛管理的一体化水平，保持海岛土地、森林、矿产、野生动植物等各类资源管理的协调，增进管理的系统性和有效性。在沿海国家对海岛管理方面，部分国家基本上是通过适用于全国所有区域的一般法律制度对岛屿进行管理，本国有关土地利用、资源开发、环境保护等的法规同样适用于海岛及其沿岸海域。但是由于一般法律制度不能充分考虑海岛特点，在海岛上实施这类法规既困难又难免会出现矛盾或冲突。而传统由政府主导的线性管理模式不能对复杂海岛管理问题给出有效的解释和应对方案，增加海岛综合管理系统协调度和协同效应，[1] 就必须推行合作治理，实现多元主体的合作共治，以法治方式进行海岛治理，推动公开制度、社会协商制度和责任制度等制度的建构。[2]

第二，在顶层设计层面建立国家级海岛综合管理协调机构。2013年，为加强海洋事务的统筹规划和综合协调，国务院机构改革和职能转变方案提出，设立高层次议事协调机构国家海洋委员会，负责研究制定国家海洋发展战略，统筹协调海洋重大事项。基于此，本文建议在国家海洋委员会下增设海岛综合管理工作组，工作组的设置应采用科层协调机制，内部联系应以自治协调机制为基础。在工作组成员内部协调方面，应运用自治协调机制，通过建立信息共享平台的方式，实现政府部门之间以及政府与科研机构之间信息共享机制，通过增进信息交换形成电子信息网络治理，促进达成海岛综合管理的共识和有效地避免信息的重复性收集与行政资源的浪费。在海岛综合管理组织协调方面，建立以目标为导向的部门分工与协作。其一，协商制定共同目标。在共同目标的制定阶段，发挥各职能部门主观能动性，在政府领导机构或制度规则引导下，通过交流磋商的方式，以真诚合作为基础，从事务的全局出发，制定共同管理目标和监管策略，防止一些职能部门打着管理事务的旗号谋求部门特殊利益。其二，以共同

---

[1] 范如国：《复杂网络结构范型下的社会治理协同创新》，《中国社会科学》2014年第4期。
[2] 江必新、李沫：《论社会治理创新》，《新疆师范大学学报（哲学社会科学版）》2014年第2期。

目标为中心来进行监管活动。在目标实施阶段，所有相关的职能部门应通过建立多种形式的协作机制，从具体权限范围接洽、工作流程衔接、信息交流和共享、技术措施互补等具体方面开展协作。其三，厘定具体事项管理权。通过职能部门业务处理流程检讨，改变了各职能管理机构重叠、中间层次多的状况，使每项职能只有一个职能机构管理，做到机构不重叠、业务不重复。而某职能部门的行为有可能影响事务共同目标时，必须征求协调组织的意见，以达到统筹兼顾。

第三，提升海岛集中统一管理的范围及层次。《自然保护区条例》第8条明确规定"国家对自然保护区实行综合管理与分部门管理相结合的管理体制"，自然资源部门、农业部门、水利部门负责管理各有关类型的自然保护区。根据《自然保护区条例》，综合管理部门（环境保护部门）的职责包括：协调自然保护区设立申请并提出审批建议（第12条）、拟定自然保护区发展规划（第17条）、制定自然保护区管理技术规范和标准（第19条）、对各种类型自然保护区管理进行监督检查（第20条）、对自然保护区污染设施依法监督其限期治理（第32条）、对违法行为实施行政处罚（第36条）等。上述规定与《海洋环境保护法》第5条第2款①、第14条第1款②有关海洋主管部门责权的规定存在交叉和重叠。从海岛生态属性而言，海岛是否有无居民，与海岛生态系统的完整性、跨行政区域性和使用的多元性等不具有直接关系，对海岛资源的何种使用都涉及对资源的保护与管理问题。部门分治和行政区划分隔，使完整的海岛生态系统被人为分割，交叉重叠和碎片化现象明显，影响了保护功能的发挥。③因此，依据森林、地质遗迹、古生物遗迹、野生动物、野生植物等环境要素对有居民海岛环境保护进行拆分式管理，既不科学也不合理，故有居民海岛自然保护区也应当纳入海洋主管部门负责范围，以改进由于不同部门

---

① 《海洋环境保护法》第5条第2款："国家海洋行政主管部门负责海洋环境的监督管理，组织海洋环境的调查、监测、监视、评价和科学研究，负责全国防治海洋工程建设项目和海洋倾倒废弃物对海洋污染损害的环境保护工作。"

② 《海洋环境保护法》第14条第1款："国家海洋行政主管部门按照国家环境监测、监视规范和标准，管理全国海洋环境的调查、监测、监视，制定具体的实施办法，会同有关部门组织全国海洋环境监测、监视网络，定期评价海洋环境质量，发布海洋巡航监视通报。"

③ 朱敏：《国外资源型城市生态环境整治及对我国的启示》，国家信息中心网（http://www.sic.gov.cn/News/456/5076.htm），最后访问时间：2019年4月1日。

针对不同领域进行管理导致的各自为政、权力冲突的局面。

第四，对特殊用途或类型的海岛进行集中管理。由于海岛用途的多元化和国家用岛需求的差异化，国内立法很难对特殊用途或非特殊用途给出一个明确的定义，而且也不可能就何谓特殊用途海岛，形成一个国际社会普遍认可的立法标准。国内法区分特殊用途海岛与非特殊用途海岛的目的在于，特殊用途的海岛往往需要立法给予特殊保护，此类海岛的管理、使用通常由专门机关负责，或者需要履行特别程序。非特殊用途海岛的使用管理、保护借由一般土地、环境、矿产等立法，或海岛立法中的一般规定，即可加以调整实现。无居民海岛与特殊用途海岛现实中存在重叠，即领海基点所在海岛、国防用途海岛和位于自然保护区的海岛等特殊用途海岛中，绝大多数为无居民海岛，对无居民海岛实施集中管理也是目前各国的趋势，如在英美法下，无居民海岛通常被视为公地（Public Land），2006年美国北马里亚纳群岛自由联邦通过第10—57号《公共土地法》（Public Lands Act），改变了传统的公共土地的管理体制，建立一个相对独立的公地委员会，以强化对无居民海岛的管理和融资。①

二 制定综合立法统摄海岛利用及保护管理

立法是具有强制力和普遍性的社会规范。② 原国家环境保护总局2005年12月印发的《"十一五"全国环境保护法规建设规划》（环发〔2005〕131号）指出，"环境保护基本法律的出现，表明环境保护立法经历了从单项立法到综合立法的发展过程。它要求国家从对单个环境要素的法律保护，发展到将环境作为一个整体加以保护。这是法律体系发展的基本规律和趋势"。③ 在2010年《海岛保护法》实施前，有学者建议制定《海岛法》，④对海岛资源开发利用和生态系统保护系统调整。从目前看来，该建议是可

---

① House of Representatives, "Fifteenth Northern Marianas Commonwealth Legislature. First Regular Session（Law No.15-2）", http://www.dpl.gov.mp/DPL/Public%20Laws/Public%20Land%20Acts%20of%202006%20（PL15-02）.pdf（last visited January 15, 2019）.

② 参见〔美〕博登海默《法理学——法律哲学与法律方法》，邓正来译，中国政法大学出版社1999年版，第487页。

③ 参见2005年12月《"十一五"全国环境保护法规建设规划》（环发〔2005〕131号）。

④ 相关论述参见谭柏平《论我国"海岛法"的基本制度》，《法学杂志》2007年第1期；薛桂芳、马英杰、胡增祥《论中国海岛立法的必要性》，《中国海洋法学评论》2005年第2期。

行的，在《海岛保护法》修改过程中，有必要将其定位为海岛综合管理法，综合规定海岛利用及保护管理实体性内容，并对法规名称进行调整，协调与其他涉海立法的衔接关系。进一步而言，制定统摄海岛利用及保护管理的综合立法，需要明确两个问题：一是为什么需要一部综合立法？二是需要一部什么样的综合立法？前者涉及立法必要性，而后者聚焦立法内容设计。

制定综合立法统摄海岛利用及保护管理的主要理由包括四方面。一是使用与保护在海岛综合管理中具有统一性。在寻求海岛利用与保护和谐相洽的过程中，利用与保护在行为模式上呈现价值变量的关系，即海岛的利用是"有条件"的利用，海岛的保护不等于极端化环境价值优先，海岛利用与保护不存在恒定的价值序位。即便在海岛所有权私有制下，利用与保护的价值取舍也无法逾越海岛作为国家领土的法律地位，故海岛利用与保护的协调关系，实则是在实现国家海洋战略过程中，海岛价值的动态排序，而非实施海岛利用与保护管理分立立法模式的法理依据。二是现有《海岛保护法》内容本就具有综合立法倾向。该法虽名为"海岛保护"，但内容还涉及海岛开发利用管理，具有综合海岛资源利用与生态环境保护的立法倾向。《海岛保护法》生效实施以来，国家海洋行政主管部门不断出台海岛利用及保护管理规范性文件，海岛综合管理被不断强化，海岛利用及保护管理综合立法模式已经具备相应的制度基础。对海岛利用及保护管理制定单行法的方式，已经不符合我国积极推进海洋及自然资源综合管理的大趋势，制定一部海岛管理综合法，实际可行。三是为海岛综合管理规范性文件创设上位法依据。依照惯常的立法逻辑，应先进行高位阶立法（上位法），在上位法的立法授权下制定实施细则（下位法），我国当前海岛管理立法实践恰恰相反，尤其是在无居民海岛使用权等问题上，呈现"上位法滞后、下位法先行"的现象。尽管造成这一现象的原因包括立法资源紧张、立法周期长等，但从法律制度构建和体系完善角度看，上位法长期缺位与下位法不断出台，是不可能构建一个稳定有序、合乎法治逻辑的海岛综合管理法律体系的。无论是从系统论的观点出发，着眼于立法整体与部分、各单行法相互联系和相互作用，还是求得整体最佳功能的立法模式，目前海岛管理立法中"上位法滞后、下位法先行"的现状都不应当持续下去，为此，有必要通过制定一部综合性法规，提升海岛综合管理法制化水平。四是借助综合立法衔接与规范海岛管理部门职能。目前我国行政法体系由多个部门从不同角度参与海岛利用及保护监管,在综合立法模式下,往往通过明确一个具体监管部门、数个协作部门的方式,完成海岛管理的部门职能衔接工作,不涉及行政主管部门机构改革和角色调整,立法在各部门之间关系的协调上相对容易。目前与海岛管理相关的行政机关,大多通过内部业务联系或者部门协商的方式,协调彼此在海岛利用及保护中的监管序位,而通过综合立法调整海岛管理,是在诸多行政机关传统业务协作的基础上,以法制化的形式将部门职能协作予以规范化,于需要追究行政责任时,就不会产生有法不依的遁词和部分问题无法可依的盲点。

如前所述,海岛利用及保护管理综合立法属于自然资源管理立法,具有行政法属性。基于此,海岛利用及保护管理综合立法是一部怎样的立法,至少需要明确三方面的内容。

一是对"综合立法"含义的理解。"综合立法"的表述在国内学者涉及立法模式的研究中比较常见,但是不同学者对于"综合立法"含义的理解存在较大差异,有的学者将综合立法表述为中央立法与地方立法、基本法与部门法、制定法与习惯法的综合,[1] 有的学者从立法任务、外部关系、方法层面、目的层面来界定综合立法的含义,[2] 也有学者从实体和程序两部分来表述综合立法。[3] 从 2009 年至今,我国全国人大常委会相关工作文件中也多次提到推进综合立法,[4] 但并没有界定何谓综合立法。在欧美国家及我国台湾地区,综合立法又被称为"包裹立法"(packaging legislation)、"综合法案"(omnibus bills) 或"公交车式立法"(omnibus legislation),即为了整体达到一个立法目的,将原本散布在不同法律法规

---

[1] 参见郭武、党惠娟《从理念到立法:综合生态系统管理与综合立法模式》,《中国人口·资源与环境》2009 年第 3 期。

[2] 参见王小钢《论湿地保护综合立法及其主要内容》,《林业调查规划》2005 年第 6 期。

[3] 参见秦天宝、虞楚箫《基因隐私的法律保护限度》,《江西社会科学》2015 年第 9 期。

[4] 例如,2016 年 12 月 21 日《全国人民代表大会教育科学文化卫生委员会关于第十二届全国人民代表大会第四次会议主席团交付审议的代表提出的议案审议结果的报告》"希望有关方面在研究制定互联网商品流通、电子商务等方面综合立法过程中,认真研究吸纳代表意见、建议,统筹衔接食品、药品等特殊商品的监管措施,做好食品、药品网络经销监管制度的具体落实";《全国人民代表大会环境与资源保护委员会关于第十二届全国人民代表大会第四次会议主席团交付审议的代表提出的议案审议结果的报告》"系统解决流域管理中存在的各种矛盾和问题,迫切需要推进长江流域综合立法"。

内的相关条文集中至一部立法内,即便这些条文在性质上并不一致,例如有的是实体法,有的是组织法,也有可能是救济法性质的规定,立法机关在审议时一次性予以修改或增订。① 比较国内外对于综合立法的理解,可以发现,共同点是各方均将综合立法作为一种立法技术或模式来看待,不同点在于"综合立法"一词在我国立法体系和学界研究中,不存在一个"唯一性"的定义,国内学者界定综合立法时倾向于对相关实体规则的整合,注重规则设计的一体化,与所谓"包裹立法"含义不完全相同,而不是主张"凡有关之活动,不论其为组织、作用、程序,抑或救济,皆一起提出规范或修正"。② 可见,国内外有关"综合立法"的界定是"同词"而"不同意"。

二是综合立法模式的选择。《海岛保护法》调整海岛保护、开发利用及相关管理活动,③ 该法的条款可以分为三类,即(1)海岛保护条款④;(2)海岛利用条款⑤;(3)适用于海岛利用与保护的共性条款⑥。立法内容既调整海岛及其周边海域生态系统保护,也规范海岛资源开发利用,可以说,《海岛保护法》已经具备了综合立法的雏形。从我国现有自然资源管理立法模式出发,如果海岛管理立法采用前述"海域立法"模式,不仅需要另行制定一部"海岛使用管理法",还需要对现有《海岛保护法》予以修正,确保两部立法在内容上不存在重复或交叉。如果海岛管理立法采用前述"渔业立法"模式,可以考虑在《海岛保护法》基础上,将适用于海岛利用与保护的共性条款集中规定,修正立法名称、完善海岛保护条款,补充海岛开发利用条款,通过对现有立法的"修补",实现海岛利用及保护管理综合立法的目的。《海岛保护法》是由全国人民代表大会常务委员会通过的,制定"海岛使用管理法"和修改《海岛保护法》也必然经由全国人民代表大会常务委员会实施。一项立法动议最终成为颁布生效的规范性法律文件,需要从形成草案、列入全国人民代表大会常务委员

---

① 参见陈新民《一个新的立法方法——论"综合立法"的制度问题》,《法令月刊》2000年第10期。

② 罗传贤:《立法程序与技术》,台湾五南图书出版股份有限公司2014年版,第326页。

③ 《海岛保护法》第2条。

④ 例如《海岛保护法》第2(3)、9、12、13、16、17、19、21、36、37条等。

⑤ 例如《海岛保护法》第23、24、25、31条等。

⑥ 例如《海岛保护法》第2(2)、8、14、15、42条等。

立法规划，再经由反复审议，直至表决通过，短则需要数年，长则耗费十几年。从 2003 年 11 月全国人大环境与资源保护委员会成立海岛保护法立法起草领导小组，① 直至 2010 年 3 月 1 日《海岛保护法》生效施行，耗时六年余。如果采取"海域立法"模式推进海岛利用及保护管理综合立法，不仅需要修改旧法，还需要制定新法，其难度可想而知。相比之下，争取有限的立法资源，通过修改既有立法推动海岛综合管理，更具有可行性。

三是综合立法内容的界定。《海岛保护法》从 2010 年生效实施以来，在海岛资源利用及生态保护方面法治成效显著，围绕《海岛保护法》构建的海岛管理体制已经形成比较稳定的架构，尤其是 2018 年 3 月国务院机构改革后，自然资源综合管理职能进一步集中，在此背景下，制定海岛利用及保护管理综合立法必然需要以现有《海岛保护法》为基础，而非抛开现有立法另行制定一部海岛管理法。就内容设计而言，海岛利用及保护管理综合立法绝不是所谓的"包裹立法"（packaging legislation），无论是着眼于现实、从我国法制国情出发，还是立足于法理、从立法可行性论证出发，海岛利用及保护管理综合立法既不可能将所有涉及海岛利用和保护的实体性与程序性规范、公法与私法规范纳入一部立法中，也不可能将森林立法、野生动植物立法、矿产立法、海域立法、土地立法等部门中涉及海岛保护及利用的规则抽出纳入海岛管理综合立法。因此，海岛利用及保护管理综合立法需要整理的内容仅仅是海岛管理实体性规范，"综合"表现海岛保护与合理利用的一体化，规定集中统一管理、跨部门（区域）管理等管理机制，维护海岛生态系统结构和功能的完整性。对于海岛利用及保护管理综合立法可能涉及的无居民海岛使用权等私法内容，以及野生动植物、矿产资源等其他类型自然资源管理问题，一方面，可以通过指引性规定由其他有关法律法规具体调整，而不是由综合立法重复规定，避免破坏法的安定性原则和价值秩序。② 另一方面，在《立法法》第 92 条确

---

① 王逸吟：《在海岛保护与开发中寻求平衡》，《光明日报》2009 年 7 月 30 日第 09 版。

② 有观点认为，现代行政在其目的、手段、内容上均呈现出极其复杂性的特征，这给传统的行政法尤其是基于公私法二元论的行政法学理论带来了挑战，进而有学者将传统行政法视为行政公法。从公法出发，以法律社会化为目的的公法私法化，主要体现在由私的社会组织完成公法目的这种情形中。参见鲁鹏宇《论行政法的观念革新——以公私法二元论的批判为视角》，《当代法学》2010 年第 5 期；于柏华《公私法混合、公法私法化与私法公法化辨析》，《黑龙江省政法管理干部学院学报》2010 年第 1 期。

立的"特别法优于一般法"法律适用原则基础上，可以采取"提取公因式"的方式处理，如果野生动植物、矿产资源等类型自然资源的利用及保护因为与海岛耦合而具有特殊性，则需要海岛利用及保护管理综合立法加以具体规定，反之，则应当适用《野生动物保护法》《森林法》等其他自然资源管理立法的规定。

三 完善海岛综合管理立法适用的基本原则

对"合理开发"与"永续利用"原则进行合并。"合理开发"与"永续利用"原则均有使海岛资源保值，抑制海岛资源生产力下降，防止海岛环境及资源的破坏与流失，确保其永续利用的基本含义。合理开发原则与永续利用原则的核心均为适用利用海岛环境资源，既发挥海岛环境资源最大的效益，又不损害其再生和永续能力，在完善海岛综合管理立法过程中，可以将合理开发原则与永续利用原则合并，一种方式是参照《渔业法》《草原法》等立法中已有的表述，将二者合并为"合理利用"原则。另一种是删除合理开发原则，仅保留永续利用原则或可持续利用原则。其理由在于，早在1994年《中国21世纪议程》已经将实施可持续发展战略作为一项基本国策，良好的生态环境和资源永续利用是实现可持续发展的重要标志。可持续发展的思想理念、行为导向已被国际社会所承认，并成为全球追求的目标。从相关国际文件、司法判决及仲裁裁决看，永续利用原则或可持续利用的表述更为常见。世贸组织上诉机构1998年关于美国——禁止进口特定虾类和虾类制品案的决定指出，"回顾世贸组织成员在《世贸组织协定》序言中明确确认了可持续发展的目标，已经不能再认为1994年《关税与贸易总协定》第20条（g）款可解释为只包括对可用尽的矿物或其他非生物资源的保护"。[①] 在2005年莱茵铁路公司仲裁案（比利时诉荷兰）中，仲裁庭认为"在环境法领域中……新出现的原则，不论其当前地位如何，均提到……可持续发展。……重要的是，这些新出现的原则现在使环境保护成为了发展进程的一部分。环境法与发展法不是相互替代的关系，而是相互增强的一体的概念，要求是，若发展可能对环境造成显著危害，则有义务防止或至少减缓这种危害。……本庭

[①] *The WTO Shrimp-Turtle Case* (*United States-Import Prohibition of Certain Shrimp and Shrimp Products*), Report of the Appellate Body, WT/DS58/AB/R, 6 November 1998, paras. 131, 129, 153.

认为，这一义务已成为了一项一般国际法原则"。① 因此，立法仅保留永续利用原则或可持续利用原则，也足以表达以可持续方式管理自然资源的必要性，而且更接近国际文件中的表述。

立法应当增加风险防范原则。风险防范原则是为风险因素对海岛生态环境造成的破坏，保障人体健康，维护生物多样性和生态平衡，促进社会和经济的可持续发展而设计的。它体现了以生态系统良性循环为前提的立法理念，并通过预防措施的建立来实现立法目的。在风险分布和来源方面，依据调研反馈和资料梳理的结果，我国海岛生态环境风险来源多样。风险分布与来源的不均衡性意味着明确每个海岛区域主要生态环境存在的问题及后果，并据此制定相应的治理措施，只能是"亡羊补牢"式的救济手段，一旦海岛生态环境风险变迁或者是由于利用超过其环境承载限度，人工难以恢复。"亡羊补牢"总不如"未雨绸缪"更为有效，在海岛生态系统服务功能重要性与生态敏感性空间分异规律基础上，有必要确立风险防范原则，以监督和管理海岛生态环境可能遭遇的风险，尽量减轻或避免由此带来的损害。目前，国际环境法文件几乎均接受了风险防范原则，② 保护优先不等于风险防范。《全国海岛保护工作"十三五"规划》在规定"保护优先"原则时指出，"按照尊重自然、顺应自然、保护自然的要求，以自然修复为主，推进生态修复与整治，加强特殊用途海岛的保护，维护海岛生态系统的完整性和安全性"。《全国海岛保护工作"十三五"规划》是对《全国海岛保护规划》和《海岛保护法》的落实，规划中对保护优先原则的解读反映了《海岛保护法》中保护优先原则的含义。针对可在科学上确定的环境损害以"预防为主"，原则针对暂时无法在科学上确定的环境风险以"保护优先"。因此，实际上这里的"保护优先"原则并不能完全涵盖风险预防，整理"预防为主"与"保护优先"原则的内涵，应当在立法中补充增加风险防范原则，作为规范海岛利用及保护综合管理的基本原则。

增加多元参与基本原则。即在《海岛保护法》第 3 条规定基础上，增加多元参与原则，一方面，借此明确参与海岛综合管理是公众的权利，

---

① Award in the Arbitration regarding the Iron Rhine ("Ijzeren Rijn") Railway between the Kingdom of Belgium and the Kingdom of the Netherlands, decision of 24 May 2005, paras. 58-59, pp. 66-67.

② [法] 亚历山大·基斯：《国际环境法》，张若思编译，法律出版社 2000 年版，第 93 页。

通过公布相关信息,借用公众舆论和公众监督,增加公众与政府部门间的信息互动;认可公众对海岛管理的知情权和批评权,借助于公众参与推动海岛保护决策民主化;通过举行论证会、听证会等形式,征求有关单位、专家和公众对海岛管理的意见,拓展改进海岛综合管理法律机制的信息来源。另一方面,改进与非政府组织的关系,对参与海岛综合管理的非政府组织,尤其是民间环保组织,予以支持引导,搭建海岛利用及保护主管部门与公众的对话平台,就重要的公共政策进行专门的解释与沟通。

四 协调海岛管理中央立法与地方立法的关系

海岛利用及保护管理立法属于我国海洋法律体系的一部分。海洋法律体系,是指由全部现行有效的海洋规范性法律文件,按照一定的原则组合成若干位阶和部门,形成一个相互协调一致、完整统一的法律系统。目前,我国已形成由宪法相关法、法律及行政法规、部门规章和地方性法规等多层次的法律规范构成的中国特色海洋法律体系,体系内的法律法规之间有一定的分工,但仍处于分而治之的局面。[①] 海洋法律体系包括纵向构成与横向构成,纵向构成体现在由不同效力层次的海洋规范性法律文件组成等级有序的纵向关系,包括宪法相关法、法律、行政法规、部门规章及地方性法规。宪法相关法在海洋法律体系中具有基础性、根本性的建设和规范作用,《中国特色社会主义法律体系》白皮书将《领海及毗连区法》《专属经济区和大陆架法》归为宪法相关法。[②] 法律是海洋法律体系的主干,国务院制定的行政法规、国务院下属各部门颁发的部门规章及地方性法规,为海洋法律体系的重要组成部分。横向构成,由调整海洋活动中不同形式的各类法律规范组成,按所调整海洋活动中社会关系构成要素的不同或社会关系性质的差异,而划分出若干处于同一位阶的部门法,一般而言,横向构成依据调整范围包括海域制度立法、海洋资源立法、海洋生态环境立法、海上交通立法、海岛管理立法等。协调海岛管理中央立法与地方立法的关系,主要侧重于协调海洋法律体系中的纵向构成。

协调中央立法与地方立法的关系,鼓励地方立法"先试先行"。在我

[①] 马明飞:《我国〈海洋基本法〉立法的若干问题探讨》,《江苏社会科学》2016年第5期。

[②] 参见《中国特色社会主义法律体系》白皮书第2部分第2节,中国政府网(http://www.gov.cn/jrzg/2011-10/27/content_ 1979498.htm),最后访问时间:2019年4月3日。

国海洋法律体系中，地方立法既是中央立法的有益补充，也是我国海洋法律体系中重要组成部分，地方立法在我国海洋法律体系构建过程中发挥了"先行先试"的作用，许多中央立法的出台都始于地方立法的经验摸索。[①]我国海岸线漫长，沿海岛屿分布期间，北至辽宁，南抵海南，不同省份、不同地理纬度海岛的生态结构、社会经济活动、周边海域状况、开发价值及用途，以及在实现国家海洋战略中发挥的作用，各不相同。地方立法在制定之初，即根据本地海岛的实际情况，既需要与上位法相呼应、使立法适应本地海岛管理的具体情况，又需要结合本地的实际情况及海岛管理需求，在法律框架内对于中央立法予以细化、补充和完善。尤其是面对中央立法原则性强、修改程序繁杂的问题，[②]甚至在中央立法存在空白的情况下，地方立法往往需充分发挥"地方智慧"和能动性，解决法律适用空白同时，为中央立法积累地方法制经验。如2009年《海岛保护法》出台之前，《宁波市无居民海岛管理条例》（2004）、《厦门市无居民海岛保护与利用管理办法》（2004）等地方性海岛管理立法已经生效实施，为《海岛保护法》出台积累了宝贵的立法经验。地方立法先于中央立法出台并促进中央立法，已经成为构建我国海洋法律体系的一项特色。在协调中央立法与地方立法的关系中，应当在法律行政法规框架内，发挥地方立法的能动性，鼓励地方立法对地区海洋活动中的新问题"先试先行"。

第四节 完善我国海岛利用及保护管理立法的路径

《海岛保护法》生效实施为强化对海岛的生态保护，促进海岛自然资源的合理开发利用，维护国际海洋权益，促进经济社会可持续发展奠定重要的法律基础。2018年3月国务院机构改革后，部门职能整合提升了海岛资源开发利用和保护统筹监管水平。值此时机，应当通过立法整合我国有居民海岛与无居民海岛管理机制，以科学立法为基础，在法制层面落实机构改革成果，强化海岛综合管理，健全海岛利用及保护法治体系，全面建立海岛资源高效利用制度，推进国家治理体系和治理能力现代化。

[①] 钱大军：《当代中国法律体系构建模式之探究》，《法商研究》2015年第2期。
[②] 施向红：《加强地方立法，完善海事法规体系》，《水运管理》2008年第10期。

一 立法应明确海岛定义中的潮汐标准

潮汐标准是立法界定海岛的核心标准之一。从理顺我国海岛及海域使用管理、维护国家海洋权益出发,需要在既有立法表述基础上,明确海岛定义中的潮汐标准,以平均大潮高潮面作为界定海岛的潮汐标准。平均大潮高潮面,是相对于其他类型的参考基准表示的、大潮期间高潮水位的平均值,其参考基准通常可选为当地多年平均海面(水位)或深度基准面。① 根据特征值的数值范围,海潮大体可以分为半日潮、混合的不正规半日潮、混合的不正规全日潮和全日潮四种类型,② 四种类型的海潮中均存在高潮和低潮的变化,但是日节律变化是不同的,大潮时海水能到达陆地的最高界面也存在差异。

平均大潮高潮面在海洋潮汐学中被描述为"半日潮大潮期间高潮位的平均值"。③ 然而就海洋测绘应用而言,一方面,平均大潮高潮面作为一种类型的基准面,其定义应覆盖所有潮汐类型的海域。④ 因此,即使对于我国南沙等其他管辖海域存在的正规日潮区和不正规日潮区,⑤ 平均大潮高潮面同样能够作为测定海洋地物是否在高潮时高于潮面的标准。另一方面,《海洋法公约》第121条第1款规定地物在"高潮时高于水面",也就意味着该地物具有海岸线,而无论其周遭长短。我国《地形图图式》(GB/T 20257.2—2006)⑥、《海道测量规范》(GB 12327—1998)⑦、《中国

---

① 暴景阳、许军、关海波:《平均大潮高潮面的计算方法与比较》,《海洋测绘》2013年第4期。

② 石雪冬、钟焕良:《短期潮汐观测深度基准面确定研究》,《测绘科学》2014年第1期。

③ 孟德润、田光耀、刘雁春:《海洋潮汐学》,海潮出版社1993年版,第3—7页。

④ 在日潮(含不规则日潮)海域,也存在潮汐的强弱变化规律,只是最高潮位和最低潮位的变化规律不再决定于月相,而是取决于月赤纬的变化情况,且与月赤纬的极值(最大或最小)相对应。因此,日潮海域的回归潮与半日潮海域的大潮具有等同含义的极值。暴景阳、许军、关海波:《平均大潮高潮面的计算方法与比较》,《海洋测绘》2013年第4期。

⑤ 南沙海域环境质量研究专题组:《南沙群岛及其邻近海域环境质量研究》,海洋出版社1996年版,第10页。

⑥ 海岸线,是平均大潮高潮的痕迹所形成的水陆分界线。一般可根据当地的海蚀阶地、海滩堆积物或海滨植被确定。《国家基本比例尺地图图式第2部分1∶5000 1∶10000地形图图式》(GB/T 20257.2—2006)第4.2.19项。

⑦ 海岸线以平均大潮高潮时所形成的实际痕迹进行测绘。灯塔、灯桩的灯光中心高度从平均大潮高潮面起算。《海道测量规范》(GB 12327—1998)第3.3.3项。

海图图式》(GB 12319—1998)①分别对海岸线的概念做了界定,且均采用"平均大潮高潮"标准测量海岸线,由此证明,以平均大潮高潮面作为潮汐基准面不仅在技术上可行,而且也符合我国现行的国家标准。但需要注意的是,有些用于航海的海图及航行指南(Navigation Direction)上显示的潮位信息与海岛周围的实际潮位信息仍存在差异,这些海图或航行指南采用的是海图基准面,出于航行安全的考虑,图上所示的水深是"海图基准面以下的水深"。从测算时间标准看,国际水道测量组织(IHO)推荐由19年的潮汐平均值来测算平均大潮高潮面。

综上,明确海岛定义中的潮汐标准,可以考虑将我国《海岛保护法》第2条第2款修改为"本法所称海岛,是指四面环海水并在平均大潮高潮面时高于水面的自然形成的陆地区域,包括有居民海岛和无居民海岛",也可以在《海岛保护法》实施细则或相关行政法规及部门规章中加以明确。

二 完善无居民海岛使用权的立法规定

无居民海岛使用权本质上属于财产性权利,规范海岛无居民使用管理的规范应以授权性规范为主、以禁止性规范和命令性规范为辅,授权性规范一般存在于普遍禁止但有条件开放,即行政许可的领域,属于规定行政作为义务的法律规范,授权允许主体作一定行为或要求他人为或不为一定行为。②《海岛保护法》第三节关于无居民海岛规定部分以禁止性规范为主要内容,条文表述中反复出现"禁止""应当""不得"等类似表述。但是,无居民海岛使用权需要申请登记才能取得权利,法律并不设定普遍性的禁止,因此,即便以《海岛保护法》第三节的规定作为构建无居民海岛使用权的上位法依据,这些规定在规范性质上也无法为规范无居民海岛使用管理提供有效指引。因此,在修订《海岛保护法》或制定海岛综合管理立法时,除继续申明无居民海岛属于国家所有,国务院代表国家行使无居民海岛所有权外,还应当明确规定"任何单位或者个人不得侵占、买卖或者以其他形式非法转让无居民海岛;单位和个人使用海岛,必须依

---

① 海岸线,是指平均大潮高潮时水陆分界的痕迹线;明礁,是指平均大潮高潮面时露出的孤立岩石。《中国海图图式》(GB 12319—1998)第6.1.1项、第13.3.1项。

② 朱新力、金伟峰、唐明良:《行政法学》,清华大学出版社2005年版,第102页。

法取得海岛使用权"。借此，为制定无居民海岛使用权管理下位法提供上位法依据。

明确无居民海岛准物权的法律性质。从权利的性质角度讲，无居民海岛使用权属于自然资源使用权，是自然人、法人等民事主体在自然资源开发利用与流转过程中产生的相关权利的集合，属于准物权。因无居民海岛使用权与所有权分属于不同主体，无居民海岛使用权的出让与转让时，使用权让与人并不仅仅是民法意义上的权利主体，而更多是作为海岛管理者来行使其管理权，在海岛主管机关与权利受让人之间仅产生行政责任，故无居民海岛使用权不是完全的物权，而是一种具有生态属性的定限无权，所以要对其进行严格的控制，以免权利的滥用。在权利取得及行使过程中，要通过市场准入、用途管制、定量控制等方式加以限制。其具体表现为：无居民海岛使用应当编制功能区划，无居民海岛使用权申请获得的方式包括授予或者确定取得、拍卖取得、开发利用取得和卖买取得，通常情况下需要向国家缴纳海岛使用金，使用金包括因使用权人在开发利用海岛时可能对海岛生态环境造成的损害，以及由此产生的无居民海岛资源生态补偿价值。

三 立法应完善排污收费及风险管理制度

在现有涉海立法中，《海洋环境保护法》第 11 条明确规定，直接向海洋排放污染物的单位和个人，必须按照国家规定缴纳排污费，而《海岛保护法》在排污收费方面则存在空白。我国对排污收费实行国家统一管理，根据 2003 年《排污费征收使用管理条例》第 3 条，排污费征收的主体包括县级以上人民政府环境保护行政主管部门、财政部门、价格主管部门。《海岛保护法》不宜直接规定排污费的标准，可以通过指向性规定，将排污费计算和征收的具体标准交由 2003 年《排污费征收标准管理办法》规定。主管部门对污染物数量与种类核定时，宜采取三种方式。一是书面形式审查。即对海岛使用权人报告单文本记载内容进行全面审核、分析，重点审查：填写内容是否齐全合理，申报时限是否符合要求等。二是利用相关资料对申报单进行审核。包括利用主管机关掌握的监测数据、海岛用途衡算数据及其他相关部门资料，对海岛使用权人提交报告中的内容进行对比性审核。三是现场监督监察核定。即主管机关在对海岛使用权人申报的内容进行核定后，如果认为申报内容存在异议，应予以现场复核，包括对海岛实际用途的核定，对污染物处理设施和排放去向、排放量的核定等进行全面调查。

风险管理是预防海岛生态危机、规范海岛使用的重要制度，《海岛保护法》内容没有涉及风险管理。在不确定性自然因素和人为因素的影响下，海岛保护存在一定的安全风险。作为海岛保护领域的"龙头法"，《海岛保护法》需要纳入风险管理规定，通过风险管理设计的一系列评价指标，综合考量分析影响海岛生态安全的诸多因素，进而通过风险评价，提出合理有效的风险控制措施。海岛风险管理基本内容包括风险分析、风险评价和风险控制，立法应明确风险监测范围，对其生存环境、发展速度以及对海岛生态环境的影响程度等实施监测，根据实时监测数据、风险种类及其重要性，修订和补充海岛风险信息的数据库，评估风险因素的危害性以及潜在的影响，在风险因素形成的初期采取遏制措施，为法律责任的承担提供量化标准。同时，在已有海洋监测预警体系的基础上，进一步建设国家级海岛使用风险监测预警中心和地方海岛使用风险监测预警站，形成监测预警的网络体系。

四 立法应规定海岛生态环境修复基金

海岛生态环境修复基金应定位于政府性基金。用于满足特定公共基础设施建设和公共事业发展资金需求，由各级人民政府及其所属部门按照现行法律法规、政策文件所成立的面向全体公民、法人和其他组织的财政资金即政府性基金。[①] 政府性基金的性质是财政性基金，属于预算外基金的范畴。根据2009年《财政部关于进一步加强地方政府性基金预算管理的意见》（财预〔2009〕376号）和1996年国务院《预算外资金管理实施办法》的规定，未纳入国家预算管理体系的财政性资金即预算外资金，该部分资金由具有行政管理职能的企业主管部门或政府授权的其他机构根据现行法律法规统一进行提取、收取、募集和使用。可见，政府性基金是以履行政府职能为目的，由政府职能部门具体负责，以征收方式设立的，具有专门用途的财政资金。

海岛生态环境修复基金的首要目的是为恢复我国海岛生态环境提供经济支持，海岛生态环境修复基金具有下述特征：一是海岛生态环境修复基

---

① 2010年《政府性基金管理暂行办法》第2条。

金属于非税收入。海岛生态环境修复基金单独统计，2015年《生态环境损害赔偿制度改革试点方案》规定，当义务人造成生态环境损害无法修复时，其赔偿资金作为政府非税收入，全额上缴地方国库，由地方预算管理。由此可见，在海岛生态损害赔偿中，无论是经过司法、仲裁等方式取得的赔偿金，还是通过磋商确定的赔偿金，均应归入政府财政账户，由财政部门统一管理和支出。二是海岛生态环境修复基金征收标准具有浮动性和差异性。在征收过程中允许有一定的变动空间，而税收在全国实行统一税制，税目、税率、纳税期限都有明确规定，企业按照规定缴纳的，由国务院或财政部批准设立的政府性基金后，准予在计算应纳税所得额时扣除。三是海岛生态环境修复基金依法向特定群体无偿征收。海岛生态环境修复基金的课征群体限定于在我国管辖范围内取得无居民海岛使用权的主体，以及从事有居民海岛自然资源开发和从事排放性生产的主体。四是海岛生态环境修复基金具有专款专用性和非对待给付性。专款专用性，指海岛生态环境修复基金的使用建立在负担群体的整体利益之上，以实现特定经济社会政策为目的。非对待给付性，是指鉴于环境损害范围的广泛性，海岛生态环境修复基金在负担群体外存在更为广泛的受惠群体，尚未达到对待给付程度，基金所产生的利益在分配过程中未被完全具体化和特定化。在使用层面，海岛生态环境修复基金必须用于实现海岛修复所指向的特定用途，不得用于支应一般的财政需求。

可见，海岛生态环境修复基金制度不仅能解决修复资金的筹集问题，使海岛生态修复费用得以社会化，减轻国家的负担，还能够促使海岛使用者恪守注意义务，减少海岛生态环境损害的可能性。

结 论

海岛利用及保护是一个国内法与国际法相互交融的问题，在自然资源综合管理与海洋综合管理理论及国家实践推动下，对海岛利用及保护实施综合管理是必然趋势，立法对海岛综合管理法治化建设和国家海洋权益的维护发挥着重要作用，我国海岛利用及保护管理立法需要适应形势的发展做出适度的调整。

国际法中的岛屿制度赋予了海岛以不同于一般国家领土的法律地位。国际法中的岛屿制度将国家领土制度与海域制度有机结合，赋予海岛以延展国家海洋权利的"资格"，《海洋法公约》第121条构建的岛屿制度是国家开发利用及保护海岛的国际法依据。其中，《海洋法公约》定义的海岛存在普遍的国家实践，具有成为习惯国际法规则的趋势，界定海岛的各项法律标准对海岛利用及保护管理国内立法具有约束作用，国内法不得赋予不符合《海洋法公约》海岛界定标准的海洋地位以海岛的法律地位，换言之，海岛利用及保护管理国内法适用的海岛，只能是《海洋法公约》第121条第1款界定的海岛。由于领土概念的抽象化特征，海岛利用及保护需要借助于国家主权内部自主性，通过国内立法加以实现。

自然资源是海岛的国内法属性。海岛利用及保护管理法律制度的设计都要围绕其自然资源的基本属性，海岛资源具有物权属性，属于复合型自然资源，与传统民法中"特定物"的内涵并不一致，将海岛作为物权客体面临权能与归属不契合的问题。海岛权属制度需要视土地及其他自然资源所有权制度的国别差异，以及海岛与其他地物在国家行政地理区划上的位置关系等个案实际情况加以确定，能不能依托海岛（主要是无居民海岛）资源设定物权，主要取决于当事国立法。从既有的国内法实践看，明确认可海岛作为自然资源的国内法有之，但将其作为独立一类自然资源的立法却鲜见。在管理海岛利用及保护时，许多国家均以类型化立法模式，将其纳入土地和（或）其他自然资源管理立法中，而我国则将无居民海岛作为单独一类自然资源，并以其为客体设立使用权。但无论是类型化立法模式抑或我国立法模式，以海岛（主要是无居民海岛）为客体的所有权或使用权，均非完整意义上的物权，权利内容与权利性行使，均受到社会公共利益的限制。

海岛利用与保护相克相生催生综合管理立法。海岛属于稀缺的自然资源，具有资源与环境的一体化属性，从域外国家自然资源管理来看，统一立法、综合管理正成为一个趋势，利用与保护在海岛管理法律制度中相互融合。"功能区域—有偿使用—环境管制—风险监管—法律救济及责任"是以自然资源综合管理及海洋综合管理指导海岛利用与保护管理立法的轴线，上述立法轴线中，功能区划是分类管理的基础，有偿使用是确保在市场条件下充分实现海岛资源价值、保障代际公平的手段，生态环境管制与风险监管体现了保护优先，法律救济及责任意味着国家对违法行为的否定性反应和谴责。

坚持以综合立法为统领，建立海岛利用及保护统筹管理制度。完善我国海岛利用及保护管理立法，从法律上保障海岛资源管理的协同性、统一性和有序性，需要以生态系统为基础构建海岛综合管理综合立法模式，以综合立法作为海岛利用及保护管理的"龙头法"。在"龙头法"之下，构建涵盖行政法规、部门规章的法规系统，形成组合有序、位阶协调的立法体系。并且，通过立法明确一个具体监管部门、数个协作部门的管理方式，调整海岛利用及保护管理适用的法律原则。完善相应的立法内容，弥补立法空白，综合管理和安排海岛资源开发和空间利用的布局、比重和次序，从而实现海岛资源的可持续利用，提高海岛综合管理法治化水平。

附 录

一 我国海岛利用及保护管理相关立法

(一) 法律

1982 年《海洋环境保护法》(2017 年修订)
1985 年《森林法》(2019 年修订)
1986 年《矿产资源法》(2009 年修订)
1986 年《民法通则》(2009 年修订)
1986 年《渔业法》(2013 年修订)
1989 年《环境保护法》(2017 年修订)
1989 年《野生动物保护法》(2018 年修订)
1991 年《水土保持法》(2010 年修订)
1994 年《国家赔偿法》(2012 年修订)
1997 年《节约能源法》(2018 年修订)
1997 年《刑法》(2017 年修订)
1999 年《土地管理法》(2019 年修订)
2000 年《立法法》(2015 年修订)
2001 年《海域使用管理法》
2002 年《环境影响评价法》(2018 年修订)
2002 年《水法》(2016 年修订)
2007 年《物权法》
2009 年《海岛保护法》
2011 年《行政强制法》
2016 年《环境保护税法》(2018 年修订)
2017 年《民法总则》

(二) 行政法规

1958年《户口登记条例》

1979年《水产资源繁殖保护条例》

1983年《海洋石油勘探开发环境保护管理条例》

1985年《海洋倾废管理条例》（2017年修订）

1990年《城镇国有土地使用权出让和转让暂行条例》

1992年《陆生野生动物保护实施条例》（2016年修订）

1994年《矿产资源法实施细则》

1994年《自然保护区条例》（2017年修订）

1995年《航标条例》（2011年修订）

1998年《土地管理法实施条例》（2014年修订）

2000年《森林法实施条例》（2018年修订）

2017年《环境保护税法实施条例》

(三) 部门规章及规范性行政文件

1989年《渔业资源增殖保护费征收使用办法》（2011年修订）

2000年《林木和林地权属登记管理办法》（2011年修订）

2002年《海域勘界管理办法》

2002年《海域使用测量管理办法》

2010年《无居民海岛使用金征收使用管理办法》

2010年《政府性基金管理暂行办法》

2010年《中国海监海岛保护与利用执法工作实施办法》

2011年《关于开展环境污染损害鉴定评估工作的若干意见》

2011年《无居民海岛保护和利用指导意见》

2012年《领海基点保护范围选划与保护办法》

2013年《关于开展环境污染强制责任保险试点工作的指导意见》

2014年《环境损害鉴定评估推荐方法（第Ⅱ版）》

2015年《生态文明体制改革总体方案》

2015年《中共中央、国务院关于加快推进生态文明建设的意见》

2016年《"十三五"生态环境保护规划》

2016年《无居民海岛开发利用审批办法》

2017 年《无居民海岛开发利用测量规范》
2017 年《无居民海岛名称管理办法》
2017 年《国务院关于全民所有自然资源资产有偿使用制度改革的指导意见》
2018 年《海岛统计调查制度》
2019 年《自然资源统一确权登记暂行办法》

二　域外国家海岛利用及保护管理相关立法

爱沙尼亚《经常居住型小岛法》(Permanently Inhabited Small Islands Act)

澳大利亚《大堡礁海洋公园法》(Great Barrier Reef Marine Park Act)

澳大利亚《调查法》(Surveys Act)

澳大利亚《国家公园法》(National Parks Act)

澳大利亚《诺福克岛法》(Norfolk Island Act)

澳大利亚《豪勋爵岛法》(Lord Howe Island Act)

澳大利亚《环境保护行动法》(Protection of the Environment Operations Act)

澳大利亚《环境与生物多样性保护法》(Environment Protection and Biodiversity Conservation Act)

澳大利亚《罗特尼斯岛授权法》(Rottnest Island Authority Act)

澳大利亚《罗特尼斯岛条例》(Rottnest Island Regulations)

澳大利亚昆士兰州《北斯特拉布鲁克岛保护和可持续发展法案》(North Stradbroke Island, North Stradbroke Island Protection and Sustainability Bill)

澳大利亚新南威尔士州《环境犯罪与惩治法》(Environmental Offences and Penalties Act)

澳大利亚西澳大利亚州《渔业资源管理法》(Fish Resources Management Act)

保加利亚《环境保护法》(Environmental Protection Act)

伯利兹《海洋区域法》(Maritime Areas Act)

丹麦《土地污染法》(Soil Contamination Act)

德国《环境责任法》(Gesetz über die Umweltverträglichkeitsprüfung)

德国《民法典》（Bürgerliches Gesetzbuch）

德国《刑法》（Strafgesetzbuch）

俄罗斯《关于外资向对国家国防和安全具有战略意义的经营公司进行投资之程序的联邦法》（О порядке осуществления иностранных инвестиций в хозяйственные общества, имеющие стратегическое значение для обеспечения обороны страны и безопасности государства）

俄罗斯《刑法典》（Federal Criminal Code）

法国《环境法》（droit de l'environnement）

斐济《海洋空间法》（Marine Spaces Act）

芬兰《刑法典》（Criminal Code of Finland）

格鲁吉亚《环境保护法》（Law of Georgia on Environmental Protection.）

韩国《无居民海岛保护及管理法》（Act on the Conservation and Management of Uninhabited Islands）

韩国《自然环境保护法》（Natural Environment Conservation Act）

加拿大《公共土地法案》（Public Lands Act）

加拿大《国家公园法》（National Parks Act）

加拿大《海洋法》（Oceans Act）

加拿大《环境评估法》（Environmental Assessment Act）

加拿大《塔糖群岛海洋保护区法》（Sugar Loaf Islands Marine Protected Area Act）

加拿大《野生动物法》（Wildlife Act）

加拿大马尼托巴省《矿业法》（Mines and Minerals Act）

克罗地亚《岛屿法》（Islands Act）

克罗地亚《宪法》（Constitution of the Republic of Croatia）

肯尼亚《宪法》（Constitution of Kenya）

美国《阿拉斯加国家利益土地保护法》（The Alaska National Interest Lands Conservation Act）

美国《濒危物种法》（Endangered Species Act）

美国《海岸屏障资源法》（Coastal Barrier Resources Act）

美国《岛屿保护法》（Island Protection Act）

美国《固体废物处置法》（Solid Waste Disposal Act）

美国《国家公园系统保护及资源管理法》(National Park System Protection and Resources Management Act)

美国《国家环境政策法》(National Environmental Policy Act)

美国《国家环境政策法实施条例》(Regulations for Implementing the Procedural Provisions of the National Environmental Policy Act)

美国《海岸带管理法》(Costal Zone Management Act)

美国《环境政策法》(National Environmental Policy Act)

美国《康涅狄格州法典》(Connecticut Code, Connecticut)

美国《美国联邦法规》(Code of Federal Regulations, CFR)

美国《鸟粪岛法》(Guano Islands Act)

美国《清洁空气法》(Clean Air Act)

美国《清洁水法》(Clean Water Act)

美国《水下土地法》(Submerged Lands Act)

美国《特许经营法》(Franchise Act)

美国《土地和水资源保护基金法》(Land and Water Conservation Fund Act)

美国《油污法》(Oil Pollution Act)

美国《综合环境反应、赔偿和责任法》(Comprehensive Environmental Response, Compensation, and Liability Act)

美国《综合自然资源法》(Consolidated Natural Resources Act)

美国《资源保护和回收法》(Resource Conservation and Recovery Act)

美国北马里亚纳群岛自由联邦《公共土地法》(Public Lands Act)

美国华盛顿州《行政法典》(Washington Administrative Code)

密克罗尼西亚《联邦法典》(Code of the Federated States of Micronesia)

密克罗尼西亚波恩佩州《渔业保护法》(Fisheries Protection Act)

马尔代夫《旅游法》(Tourism Act Law)

南非《鸟类和海豹保护法》(Sea Birds and Seals Protection Act)

南非《综合海岸管理法》(Integrated Coastal Management Act)

挪威《海洋资源法》(Marine Resources Act)

挪威《自然保护法》(Nature Conservation Act)

挪威《自然多样性法》(Nature Diversity Act)

挪威《斯瓦尔巴环境保护法》(Svalbard Environmental Protection Act)

欧盟《关于预防和补救环境损害的环境责任指令》(European Parliament and of the Council on Environmental Liability with Regard to the Prevention and Remedying of Environmental Damage)

日本《海洋基本法》(Basic Act on Ocean Policy)

日本《离岛振兴法》(Remote Islands Development Act)

日本《土地污染对策法》(Soil Contamination Countermeasures Act)

日本《刑法典》(Criminal Code)

日本《自然公园法》(Natural Park Act)

日本《自然环境保全法》(Nature Conservation Act)

所罗门群岛《海域划界法》(Delimitation of Marine Waters Act)

所罗门群岛《习惯土地记录法》(Customary Land Records Act)

特立尼达和多巴哥《领海法》(Territorial Sea Act)

西萨摩亚《领海法》(Territorial Sea Act)

新西兰《保护法》(Reserves Act)

新西兰《国家公园法》(National Parks Act)

新西兰《领海、毗连区和专属经济区法》(Territorial Sea, Contiguous Zone, and Exclusive Economic Zone Act)

新西兰《领海及渔区法》(Territorial Sea and Fishing Zone Act)

新西兰《亚南极群岛海洋保护法》(Subantarctic Islands Marine Reserves Act)

新西兰《资源管理法》(Resource Management Act)

印度尼西亚《海岸带及小岛管理法》(Management of Coastal Areas and Small Islands Act)

英国《冲积地法案》(Alluvion Bill)

英国《福克兰群岛(领海)规则》[The Falkland Islands (Territorial Sea) Order]

英国《建立不列颠直线基线体系的枢密令》(Establishing the British straight baseline system)

英国《清洁空气法》(Clean Air Act)

英国《水资源法》(Water Resources Act)

英国《特克斯和凯科斯群岛(领海)法令》[Turks and Caicos Islands

(Territorial Sea) Order]

越南《海洋岛屿资源环境法》(Law on Natural Resources and Environment of Sea and Islands)

越南《海洋法》(Oceans Act)

越南《监察法》(Supervision Act)

三 国际条约及国际文件

(一) 国际条约

1875年日本与俄罗斯《库页岛千岛群岛交换条约》(樺太・千島交換条約/からふと・ちしまこうかんじょうやく)

1945年《国际法院规约》(Statute of the International Court of Justice)

1945年《联合国宪章》(Charter of the United Nations)

1958年《领海及毗连区公约》(Convention on the Territorial Sea and the Contiguous Zone)

1963年《核损害民事责任维也纳公约的议定书》(the Vienna Convention on Civil Liability for Nuclear Damage)

1969年《国际干预公海油污事故公约》(International Convention Relating to Intervention in the High Seas in Cases of Oil Pollution Casualties)

1969年《维也纳条约法公约》(Vienna Convention on the Law of Treaty)

1971年《禁止发展、生产、储存细菌(生物)及毒素武器和销毁此种武器公约》[Convention on the Prohibition of the Development, Production and Stockpiling of Bacteriological (Biological) and Toxin Weapons and on Their Destruction]

1971年《国际重要湿地特别是水禽栖息地公约》(Convention on Wetlands of Importance Especially as Waterfowl Habitat)

1972年《保护世界文化和自然遗产公约》(Convention Concerning the Protection of the World Cultural and Natural Heritage)

1972年《防止倾倒废物和其他物质污染海洋公约》(Convention on the Prevention of Maritime Pollution by Dumping of Wastes and Other Matters)

1976年《禁止为军事或任何其他敌对目的使用改变环境的技术的公

约》（Convention on the Prohibition of Military or any Hostile Use of Environmental Modification Technique）

1977年《日内瓦第四公约关于保护国际性武装冲突受难者的附加议定书》（Protocol Additional to the Geneva Conventions of 12 August 1949 and Relating to the Protection of Victims of International Armed Conflicts, Protocol I）

1980年《禁止或限制使用某些可被认为具有过分伤害力或滥杀滥伤作用的常规武器公约》（Convention on Prohibitions or Restrictions on the Use of Certain Conventional Weapons Which May be Deemed to be Excessively Injurious or to Have Indiscriminate Effects）

1982年《国际海洋法法庭规约》（Statute of the International Tribunal for the Law of the Sea）

1982年《联合国海洋法公约》（United Nations Convention on the Law of the Sea）

1988年《制止危及大陆架固定平台安全非法行为议定书》（Protocol for the Suppression of Unlawful Acts against the Safety of Fixed Platforms Located on the Continental Shelf）

1992年《生物多样性公约》（Convention on Biological Diversity）

1993年《关于禁止发展、生产、储存和使用化学武器及销毁此种武器的公约》（Convention on the Prohibition of the Development, Production, Stockpiling and Use of Chemical Weapons and on Their Destruction（hereafter in Chemical Weapons Convention）

1996年《国际海上运输有害有毒物质的损害责任和赔偿公约》（Convention on Liability and Compensation for Damage in Connection with the Carriage of Hazardous and Noxious Substances by Sea）

1998年《通过刑法保护环境公约》（Convention on the Protection of Environment through Criminal Law）

1999年《危险废物越境转移及其处置所造成损害的责任和赔偿问题议定书》（Basel Convention on the Control of Transboundary Movements of Hazardous Wastes and Their Disposal）

2000年《卡塔赫纳生物安全议定书》（Cartagena Protocol on Biosafety to the Convention on Biological Diversity）

2003年《因工业事故对跨界水道的跨界影响而造成的损害的民事责

任和赔偿议定书》(The Protocol on Civil Liability and Compensation for Damage Caused by the Transboundary Effects of Industrial Accidents on Transboundary Waters)

2009 年《地中海海岸带综合管理的巴塞罗那公约议定书》(Protocol on Integrated Coastal Zone Management in the Mediterranean)

(二) 国际文件

1962 年《关于自然资源的永久主权宣言》(Permanent Sovereignty over Natural Resources)

1972 年《人类环境宣言》(Declaration of the United Nations Conference on the Human Environment)

1974 年《各国经济权利和义务宪章》(Charter of Economic Rights and Duties of States)

1974 年《建立新的国际经济秩序宣言》(Declaration on the Establishment of a New International Economic Order)

1987 年《我们共同的未来》(Our Common Future)

1992 年《里约宣言》(Rio Declaration on Environment and Development)

1992 年《21 世纪议程》(Agenda 21)

1994 年《小岛屿国家可持续发展行动纲领》(Barbados Programme of Action for the Sustainable Development of Small Island States)

1995 年《关于保护和持久使用海洋和沿海生物多样性的第 Ⅱ/10 号决定》(Decision Ⅱ/10, on Conservation and Sustainable Use of Marine and Coastal Biological Diversity)

1995 年《雅加达委托方案》(Jakarta Mandate)

1996 年《人居议程》(the Habitat Agenda)

1999 年《彼尔德伯格共识》(Bilderberg Consensus)

2000 年《预防外来入侵物种造成生物多样性丧失的指南》(Guidelines for the Prevention of Biodiversity Loss Caused by Alien Invasive Species)

2001 年《关于国家对国际不法行为的责任条款草案》(Draft Articles on Responsibility of States for Internationally Wrongful Acts)

2002年《可持续发展问题世界首脑会议执行计划》(Plan of Implementation of the World Summit on Sustainable Development)

2007年联合国粮食及农业组织《土地及水讨论报告》(Land and Water Discussion Paper)

2014年《外来入侵物种：审查工作和今后工作的考虑》(Invasive Alien Species: Review of Work and Considerations for Future Work)

历年联合国秘书长关于《海洋和海洋法》的报告 (UN General Assembly-Report on Oceans and the Law of the Sea)

参考文献

一 中文著作（含译著）

［英］A. J. M. 米尔恩：《人的权利与人的多样性》，中国大百科全书出版社1995年版。

［德］阿尔夫雷德·赫特纳：《地理学——它的历史、性质和方法》，王兰生译，商务印书馆1983年版。

白桂梅：《国际法（第三版）》，北京大学出版社2015年版。

蔡守秋主编：《环境资源法教程（第三版）》，高等教育出版社2017年版。

曹明德、黄锡生主编：《环境资源法》，中信出版社2004年版。

陈德恭：《现代国际海洋法》，海洋出版社2009年版。

陈健：《中国土地使用权制度》，机械工业出版社2003年版。

程晓霞、余民才：《国际法（第四版）》，中国人民大学出版社2011年版。

楚树龙、耿秦：《世界、美国和中国：新世纪国际关系和国际战略理论探索》，清华大学出版社2003年版。

崔建远：《准物权研究》，法律出版社2003年版。

［英］F. H. 劳森、B. 拉登：《财产法》，施天涛等译，中国大百科全书出版社1998年版。

［英］F. H. 劳森、伯纳德·冉得著：《英国财产法导论》，曹培译，法律出版社2009年版。

高健军：《国际海洋划界论——有关等距离特殊情况规则的研究》，北京大学出版社2005年版。

高铭暄、马克昌主编：《刑法学（第七版）》，北京大学出版社、高等教育出版社2017年版。

葛洪义：《法理学》，中国政法大学出版社 2002 年版。

贺其治：《国家责任法及案例浅析》，法律出版社 2003 年版。

黄道秀：《俄罗斯联邦刑法典》，中国法制出版社 1996 年版。

黄茂荣：《法学方法与现代民法》，中国政法大学出版社 2001 年版。

[澳] J. R. V. 普雷斯科特：《海洋政治地理》，王铁崖、邵津译，商务印书馆 1978 年版。

姜明安：《行政法与行政诉讼法》，北京大学出版社、高等教育出版社 2007 年版。

[奥] 凯尔森：《法与国家的一般理论》，沈宗灵译，中国大百科全书出版社 1996 年版。

[美] 拉塞尔·M. 林登：《无缝隙政府——公共部门再造指南》，汪大海译，中国人民大学出版社 2002 年版。

李广民、欧斌主编：《国际法》，清华大学出版社 2006 年版。

李浩培：《国际法的概念和渊源》，贵州人民出版社 1994 年版。

李挚萍：《环境基本法比较研究》，中国政法大学出版社 2013 年版。

林灿铃：《国际环境法（修订版）》，人民出版社 2011 年版。

刘楠来主编：《国际海洋法》，海洋出版社 1986 年版。

刘仁文：《环境资源保护与环境资源犯罪》，中信出版社 2004 年版。

刘少康：《环境与环境保护导论》，清华大学出版社 2002 年版。

刘锡清：《海底地貌》，山东教育出版社 2004 年版。

[美] 罗伯特·考特、托马斯·尤伦：《法和经济学》，史晋川、董雪冰等译，上海人民出版社 2012 年版。

罗豪才主编：《现代行政法的平衡理论》，北京大学出版社 1997 年版。

孟德润、田光耀、刘雁春：《海洋潮汐学》，海潮出版社 1993 年版。

孟勤国：《物权二元结构论——中国物权制度的理论重构》，人民法院出版社 2002 年版。

漆多俊：《经济法基础理论（第 3 版）》，武汉大学出版社 2000 年版。

全永波：《海岛资源开发利用法律问题研究》，海洋出版社 2016 年版。

[斐济] 萨切雅·南丹、[以] 沙卜泰·罗森主编：《1982 年〈联合

国海洋法公约〉评注》（第三卷），毛彬、吕文正主编（中译本），海洋出版社 2016 年版。

［日］山本草二：《海洋法》，三省堂 1992 年版。

史学瀛主编：《环境法学》，清华大学出版社 2006 年版。

寿嘉华主编：《国土资源与经济社会可持续发展》，地质出版社 2001 年版。

［俄］斯库拉托夫、列别提夫主编：《俄罗斯联邦刑法典释义》，黄道秀译，中国政法大学出版社 2000 年版。

孙国华主编：《法理学教程》，中国人民大学出版社 1994 年版。

汪劲：《环境法学》，北京大学出版社 2006 年版。

王利明、于青松主编：《物权法视野中的海域物权制度：海域物权制度研讨会论文集》，法律出版社 2008 年版。

王明中：《民法文化与中国民法法典化》，台湾元华文创出版社 2015 年版。

王铁崖等编著：《国际法》，王人杰校订，台北五南图书出版公司 1992 年版。

王铁崖主编：《国际法》，法律出版社 1995 年版。

谢在全：《民法物权论（上册）》，中国政法大学出版社 2011 年版。

［法］亚历山大·基斯：《国际环境法》，张若思编译，法律出版社 2000 年版。

杨春洗等：《危害环境罪的理论与实务》，高等教育出版社 1999 年版。

［英］伊恩·布朗利：《国际公法原理》，曾令良、余敏友等译，法律出版社 2003 年版。

应晓丽、崔旺来：《国外海岛管理研究》，海洋出版社 2017 年版。

［英］詹宁斯、瓦茨修订：《奥本海国际法（第 1 卷第 1 分册）》，王铁崖等译，中国大百科全书出版社 1995 年版。

张国庆主编：《行政管理学概论》，北京大学出版社 2000 年版。

张辉：《美国环境法研究》，中国民主法制出版社 2015 年版。

张旭主编：《国际刑法：现状与展望》，清华大学出版社 2005 年版。

赵国青主编：《外国环境法汇编》，中新环境管理咨询有限公司编译，中国政法大学出版社 2000 年版。

周鲠生：《国际法（下册）》，商务印书馆1983年版。

周学锋：《中国海岛法律制度》，海洋出版社2018年版。

朱文泉：《岛屿战争论·上卷》，军事科学出版社2014年版。

朱新力、金伟峰、唐明良：《行政法学》，清华大学出版社2005年版。

二　中文论文（含译文）

艾晓荣、张华、王方雄：《海岸带资源价值评价方法研究进展》，《海洋开发与管理》2012年第7期。

白江：《论德国环境责任保险制度：传统、创新与发展》，《东方法学》2015年第2期。

包万超：《行政法平衡理论比较研究》，《中国法学》1999年第2期。

包毅楠：《南海仲裁案中有关低潮高地问题的评析》，《国际法研究》2016年第3期。

暴景阳、许军、关海波：《平均大潮高潮面的计算方法与比较》，《海洋测绘》2013年第4期。

薄晓波：《可持续发展的法律定位再思考——法律原则识别标准探析》，《甘肃政法学院学报》2014年第3期。

蔡保全：《晚玉木冰期台湾海峡成陆的证据》，《海洋科学》2002年第6期。

蔡秉坤等：《两大法系环境刑法重大问题的比较与借鉴》，《兰州交通大学学报》2009年第2期。

蔡立辉、龚鸣：《整体政府：分割模式的一场管理革命》，《学术研究》2010年第5期。

曹宇峰等：《浅谈领海基点岛的调查与保护——以福建大柑山为例》，《海洋开发与管理》2013年第7期。

常纪文：《论环境法与自然资源法的独立性与协同统一化》，《自然资源学报》2000年第3期。

陈洪全：《县域海洋功能区划的思考——以东台市为例》，《海洋科学》2004年第12期。

陈君：《对〈刑法修正案（八）〉关于污染环境罪规定的理解与探讨》，《北京理工大学学报（社会科学版）》2012年第6期。

陈丽萍等：《国外自然资源登记制度及对我国启示》，《国土资源情报》2016年第5期。

陈其荣：《现代哲学的转向：人与自然的伦理关系——关于环境伦理学的解读》，《华南理工大学学报（社会科学版）》2001年第4期。

程晓勇：《东南亚国家跨境烟霾治理评析》，《东南亚研究》2015年第3期。

池源等：《海岛生态脆弱性的内涵、特征及成因探析》，《海洋学报》2015年第12期。

崔建远：《准物权的理论问题》，《中国法学》2003年第3期。

戴宗翰、姚仕帆：《析论太平岛法律地位对南海仲裁案之影响》，《国际法研究》2016年第4期。

单飞跃：《论行政权限结构与国家所有权》，《法学评论》1998年第6期。

丁翔宇、陈晓慧、吴瑞等：《大洲岛海洋生态国家级自然保护区的保护探讨》，《海洋开发与管理》2014年第10期。

董波、相建海：《生物信息学现状及我国海洋生物信息学应用展望》，《海洋科学》2004年第1期。

杜群：《环境法与自然资源法的融合》，《法学研究》2000年第6期。

范如国：《复杂网络结构范型下的社会治理协同创新》，《中国社会科学》2014年第4期。

傅崐成、郑凡：《群岛的整体性与航行自由——关于中国在南海适用群岛制度的思考》，《上海交通大学学报（哲学社会科学版）》2015年第6期。

高健军：《从卡塔尔诉巴林案看海洋划界习惯法的发展趋势》，《北大国际法与比较法评论》2002年第1期。

高兰：《日本海洋战略的发展及其国际影响》，《外交评论》2012年第6期。

葛斌：《中国东海北部近陆岛屿植物资源科学考察》，《自然杂志》2016年第2期。

郭院：《论中国海洋环境保护法的理论和实践》，《中国海洋大学学报》2008年第1期。

国土资源部信息中心课题组：《国外自然资源管理的基本特点和主要内容》，《中国机构改革与管理》2016年第5期。

韩念勇：《中国自然保护区可持续管理政策研究》，《自然资源学报》2000年第3期。

胡灯进等：《海域使用管理的若干问题探讨》，《海洋开发与管理》2013年第10期。

胡望舒、寇铁军：《区域性国际公共产品研究评述》，《地方财政研究》2016年第9期。

胡卫：《民法中恢复原状类型与规范意义》，《行政与法》2015年第5期。

黄瑶、廖雪霞：《国际海洋划界司法实践的新动向——2012年孟加拉湾划界案评析》，《法学》2012年第12期。

霍哲、石振武：《市场比较法的改进研究》，《工程管理学报》2010年第4期。

纪雅宁等：《福建省海洋经济的海域使用需求评估》，《海洋开发与管理》2013年第8期。

贾宝金、娄成武：《海岛保护优先原则的立法反思》，《生态经济（学术版）》2014年第1期。

江必新、李沫：《论社会治理创新》，《新疆师范大学学报（哲学社会科学版）》2014年第2期。

姜玉环、方珑杰：《中国海岸带管理法的完善思路：以美国为借鉴》，《中国海洋法学评论》2009年第2期。

金永明：《岛屿与岩礁的法律要件论析——以冲之鸟问题为研究视角》，《政治与法律》2010年第12期。

金永明：《日本海洋立法新动向》，《现代国际关系》2010年第3期。

康婧等：《澳大利亚赫德岛与麦克唐纳群岛海岛保护区功能分区对我国海岛管理的启示》，《海洋开发与管理》2011年第7期。

柯坚：《环境行政管制困局的立法破解——以新修订的〈环境保护法〉为中心的解读》，《西南民族大学学报（人文社会科学版）》2015年第5期。

柯坚：《建立我国生态环境损害多元化法律救济机制》，《甘肃政法学院学报》2012年第1期。

李海滢：《国际犯罪与国际不法行为关系透析》，《政治与法律》2007年第2期。

李家成、李普前:《马汉"海权论"及其对中国海权发展战略的启示》,《太平洋学报》2013年第10期。

李金克、王广成:《海岛可持续发展评价指标体系的建立与探讨》,《海洋环境科学》2004年第1期。

李静等:《美国关岛的生态保护管理及其对我国的借鉴研究》,《国际海洋合作》2016年第3期。

李居全:《刑事责任比较研究》,《法学评论》2000年第2期。

李嵩誉:《无居民海岛立法的生态保护优先原则与制度设计》,经济科学出版社2016年版。

李晓冬、吴姗姗:《试论无居民海岛使用权二级流转市场管理制度设计》,《海洋开发与管理》2016年第S2期。

李晓冬等:《日本和越南边远海岛管理政策探析》,《海洋开发与管理》2016年第2期。

李亚红:《农村资源环境法律管制的局限性与变革》,《人民论坛》2013年第26期。

廉思、孙国华:《台湾"公投"的法理学辨析》,《中国人民大学学报》2008年第2期。

梁慧星:《如何理解物权法》,《河南社会科学》2006年第4期。

梁淑英:《论国家领土主权》,《法律适用》1997年第5期。

林坚、骆逸玲、吴佳雨:《自然资源监管运行机制的逻辑分析》,《中国土地》2016年第3期。

林来梵:《针对国家享有的财产权——从比较法角度的一个考察》,《法商研究》2003年第1期。

刘洪岩:《俄罗斯生态立法的价值选择及制度重构》,《俄罗斯中亚东欧市场》2009年第6期。

刘丽、陈丽萍、吴初国:《国际自然资源资产管理体制概览》,《国土资源情报》2015年第2期。

刘文冬:《论国际不法行为的法律后果》,《南方论刊》2009年第1期。

刘中民:《领海制度形成与发展的国际关系分析》,《太平洋学报》2008年第3期。

栾维新、阿东:《中国海洋功能区划的基本方案》,《人文地理》2002

年第3期。

罗吉:《完善我国排污许可证制度的探讨》,《河海大学学报(哲学社会科学版)》2008年第3期。

马得懿:《美国无居民海岛集中管理机制及中国的选择》,《财经问题研究》2013年第9期。

马金星:《南海仲裁案裁决中有关岛礁法律地位问题的评介》,《国际法研究》2017年第1期。

梅夏英:《特许物权的性质与立法模式的选择》,《人大法律评论》2001年第2期。

孟庆武、任成森:《论山东半岛蓝色经济区建设过程中海洋资源的科学开发》,《海洋开发与管理》2011年第1期。

米良译:《越南社会主义共和国海洋和海岛资源环境法》,《南洋资料译丛》2017年第1期。

穆治霖:《从海岛生态系统和自然资源的特殊性谈海岛立法的必要性》,《海洋开发与管理》2007年第2期。

欧俊:《论我国能源矿产的立法监管》,《西南石油大学学报(社会科学版)》2016年第1期。

彭诚信:《自然资源上的权利层次》,《法学研究》2013年第4期。

钱大军:《法律义务的逻辑分析》,《法制与社会发展》2003年第2期。

钱明星:《论用益物权的特征及其社会作用》,《法制与社会发展》1998年第3期。

屈茂辉:《物权公示方式研究》,《中国法学》2004年第5期。

申键等:《不同类型海岛规划之间编制的差异分析》,《海洋开发与管理》2014年第1期。

沈绿野、赵春喜:《我国环境修复基金来源途径刍议——以美国超级基金制度为视角》,《西南政法大学学报》2015年第3期。

石洪华等:《北长山岛森林乔木层碳储量及其影响因子》,《生态学报》2013年第19期。

石江水、廖斌:《环境瑕疵担保责任论纲——作为EPR政策落实手段的视角》,《法学家》2010年第1期。

石谦:《风暴潮叠加天文大潮下的沙滩循环与海岸侵蚀》,《厦门理工学院学报》2010 年第 4 期。

石文龙：《国家责任——中国宪法学新的理论支点》，《上海师范大学学报（哲学社会科学版）》2008 年第 7 期。

石雪冬、钟焕良：《短期潮汐观测深度基准面确定研究》，《测绘科学》2014 年第 1 期。

宋华琳：《论政府规制中的合作治理》，《政治与法律》2016 年第 8 期。

宋玉双、臧秀强：《松材线虫在我国的适生性分析及检疫对策初探》，《中国森林病虫》1989 年第 4 期。

孙宪忠：《我国物权法中所有权体系的应然结构》，《法商研究》2002 年第 5 期。

孙元敏等：《海岛资源开发活动的生态环境影响及保护对策研究》，《海洋开发与管理》2010 年第 6 期。

谭柏平：《论我国"海岛法"的基本制度》，《法学杂志》2007 年第 1 期。

汤芳：《自然资源的价值与有偿使用研究》，《经济论坛》2004 年第 20 期。

汤坤贤等：《国家海岛整治修复及保护项目申报材料编制的建议》，《海洋开发与管理》2013 年第 10 期。

田毓振：《加拿大海洋管理特征及对我国的启示》，《海洋开发与管理》2013 年第 4 期。

王春晖：《互联网治理四项原则基于国际法理应成全球准则——"领网权"是国家主权在网络空间的继承与延伸》，《南京邮电大学学报（自然科学版）》2016 年第 1 期。

王灿发：《论生态文明建设法律保障体系的构建》，《中国法学》2014 年第 3 期。

王辉等：《旅游型海岛文化保护与传承的思路探讨——以大连广鹿岛为例》，《海洋开发与管理》2012 年第 11 期。

王继恒：《论生态环境保护优先原则》，《河南省政法管理干部学院学报》2011 年第 6 期。

王继军：《矿产资源有偿取得法律问题研究——以山西煤炭资源有偿使用为例》，《政法论坛》2008 年第 6 期。

王克稳：《论我国环境管制制度的革新》，《政治与法律》2006 年第 6 期。

王立新等：《环境资源案件中恢复原状的责任方式》，《人民司法》2015 年第 9 期。

王利明：《国家所有权与管理权》，《中国法学》1985 年第 4 期。

王孟本：《"生态环境"概念的起源与内涵》，《生态学报》2003 年第 9 期。

王明国：《国际授权与国际合作——国际关系学与国际法学关联研究的新探索》，《国际政治科学》2012 年第 1 期。

王泉斌：《韩国无人岛开发、保护、管理及对我国的借鉴》，《海洋开发与管理》2015 年第 10 期。

王社坤：《环境法的正当性探源——〈环境法的哲学基础：财产、权利与自然〉介评》，《清华法治论衡》2010 年第 1 期。

王威：《美国资源战略特点及借鉴意义》，《国土资源情报》2010 年第 11 期。

王伟：《保护优先原则：一个亟待厘清的概念》，《法学杂志》2015 年第 12 期。

王旭：《论价值权衡方法在行政法适用中的展开》，《行政法学研究》2010 年第 3 期。

王旭：《论自然资源国家所有权的宪法规制功能》，《中国法学》2013 年 6 期。

王学辉：《对行政法学基础理论的思考》，《西南政法大学学报》2002 年第 3 期。

王祯军：《论国际人权法中的国家责任问题》，《法学杂志》2007 年第 5 期。

魏迎悦：《环境污染侵权中恢复原状的理论与实证考察》，《黑龙江省政法管理干部学院学报》2017 年第 1 期。

吴慧：《论国际责任的承担》，《国际关系学院学报》1999 年第 4 期。

吴晓秋：《公法上领土概念的形成与建构》，《环球法律评论》2015 年第 2 期。

咸鸿昌：《英国土地自由继承地产的内涵及其法律规范》，《南京大学法律评论》2009 年第 2 期。

肖建红等:《海岛旅游绿色发展生态补偿标准研究——以浙江舟山普陀旅游金三角为例》,《长江流域资源与环境》2016年第8期。

肖锦成:《美国不动产登记制度研究与借鉴》,《中国房地产》2015年第12期。

谢鸿飞:《通过解释民法文本回应自然资源所有权的特殊性》,《法学研究》2013年第4期。

谢剑、王金南、葛察忠:《面向市场经济的环境与资源保护政策》,《环境保护》1999年第11期。

徐蓝:《关于1940年美英"驱逐舰换基地"协定的历史考察》,《历史研究》2000年第4期。

徐祥民:《自然资源国家所有权之国家所有制说》,《法学研究》2013年第4期。

徐祥民、李海清、李懋宁:《生态保护优先:制定海岛法应贯彻的基本原则》,《海洋开发与管理》2006年第2期。

许莉:《国外海洋空间规划编制技术方法对海洋功能区划的启示》,《海洋开发与管理》2015年第9期。

许学工、许诺安:《美国海岸带管理和环境评估的框架及启示》,《环境科学与技术》2010年第1期。

薛桂芳、马英杰、胡增祥:《论中国海岛立法的必要性》,《中国海洋法学评论》2005年第2期。

鄢斌、吕忠梅:《论环境诉讼中的环境损害请求权》,《法律适用》2016年第2期。

晏智杰:《自然资源价值刍议》,《北京大学学报(哲学社会科学版)》2004年第6期。

杨杰:《加拿大不列颠哥伦比亚省和阿尔伯塔省的自然资源确权登记》,《国土资源情报》2016年第6期。

杨立新:《论自然力的物权客体属性及法律规则》,《法学家》2007年第6期。

叶金强:《公信力与物权行为无因原则》,《清华法学》2005年第6辑。

叶榅平:《自然资源国家所有权的双重权能结构》,《法学研究》2016年第3期。

尹田:《民法基本原则与调整对象立法研究》,《法学家》2016 年第 5 期。

应松年:《行政权与物权之关系研究——主要以〈物权法〉文本为分析对象》,《中国法学》2007 年第 5 期。

于阜民、刘卫先:《海洋生态损害行为刑事责任论》,《当代法学》2009 年第 3 期。

余民才:《国家责任法的性质》,《法学家》2005 年第 4 期。

虞阳、申立、武祥琦:《海洋功能区划与海域生态环境:空间关联与难局破解》,《生态经济》2015 年第 3 期。

袁雪:《论我国实行强制性环境责任保险制度的可行性——以环境责任保险制度的发展演进为视角》,《生态经济》2015 年第 1 期。

张东亮:《大洋深处的"天堂岛"》,《绿色视野》2010 年第 1 期。

张铎:《污染环境罪罪过形式探究》,《湖北警官学院学报》2014 年第 1 期。

张磊:《论国际法上传统国家责任的产生与构成》,《学术论坛》2012 年第 2 期。

张立荣:《行政制度的涵义、特征及功能探析》,《社会主义研究》2002 年第 3 期。

张灵杰:《美国海岸带综合管理及其对我国的借鉴意义》,《世界地理研究》2001 年第 2 期。

张乃根:《试析〈国家责任条款〉的国际不法行为》,《法学家》2007 年第 3 期。

张伟、刘毅、刘洋:《国外空间规划研究与实践的新动向及对我国的启示》,《地理科学进展》2015 年第 3 期。

张一鸣:《自然资源国家所有权及其实现》,《人民论坛》2014 年第 2 期。

张宇飞:《财产权的性质及其保护的两条路径——兼论宪法与物权法的关系》,《山东警察学院学报》2007 年第 6 期。

赵秉志、陈璐:《当代中国环境犯罪刑法立法及其完善研究》,《现代法学》2011 年第 6 期。

赵红:《外部性、交易成本与环境管制——环境管制政策工具的演变与发展》,《山东财政学院学报》2004 年第 6 期。

赵世义:《论财产权的宪法保障与制约》,《法学评论》1993年第3期。

赵迅:《社会契约视域下的国家责任》,《河北法学》2008年第3期。

郑成思:《关于法律用语、法律名称的建议》,《中国社会科学院要报·信息专版》2001年7月6日。

朱冰:《自然资源物权立法的逻辑基础——资源与物的比较分析》,《资源科学》2012年第10期。

朱康对:《无居民海岛历史遗留产权问题的处置——以温州无居民海岛为例》,《中共浙江省委党校学报》2012年第3期。

朱晓燕:《国外海岛生态环境保护立法模式比较研究》,《中国法学会环境资源法学研究会2007年会论文集(第四册)》,兰州,2007年。

竺效:《基本原则条款不能孤立解读》,《环境经济》2014年第8期。

竺效:《论公众参与基本原则入环境基本法》,《法学》2012年第12期。

竺效:《论环境侵权原因行为的立法拓展》,《中国法学》2015年第2期。

竺效:《论生态损害综合预防与救济的立法路径》,《比较法研究》2016年第3期。

邹克渊:《岛礁建设对南海领土争端的影响:国际法上的挑战》,《亚太安全与海洋研究》2015年第3期。

三 中文学位论文及研究报告

黄萍:《自然资源使用权制度》,博士学位论文,复旦大学,2010年。

穆治霖:《海岛权属制度研究》,硕士学位论文,中国政法大学,2009年。

王资锋:《中国流域水环境管理体制研究》,博士学位论文,中国人民大学,2010年。

赵建文:《国际法上的国家责任》,博士学位论文,中国政法大学,2004年。

中国清洁空气联盟能源基金会:《美国和欧盟的排放源排污许可证制度:中国可借鉴的经验》研究报告,2016年7月。

四、中文网络资料

《2015年中国对外贸易发展情况》，商务部网，http://zhs.mofcom.gov.cn/article/Nocategory/201605/20160501314688.shtml。

《2016国际海岛旅游大会领航舟山旅游蝶变之路》，浙江省人民政府网，http://www.zj.gov.cn/art/2016/9/28/art_37136_2183253.html。

《2016年5月6日外交部发言人洪磊主持例行记者会》，外交部，http://www.fmprc.gov.cn/web/fyrbt_673021/jzhsl_673025/t1361181.shtml。

《21世纪海上丝绸之路国际研讨会在泉州开幕》，国务院新闻办公室网，http://www.scio.gov.cn/zxbd/tt/zdgz/Document/1455103/1455103.htm。

安徽省人民政府法制办公室：《强化规范性文件前置审查完善行政监督机制》，国务院法制办公室，http://www.chinalaw.gov.cn/article/fzjd/bagz/200603/20060300056876.shtml。

陈建军：《日本国交省开始在冲之鸟礁建港口码头抢夺资源》，人民网，http://japan.people.com.cn/35469/8179556.html。

《大连市地震遥测通讯站》，中国地震信息网，http://www.csi.ac.cn/manage/eqDown/09JianCeZhi/LN/05diwuzhang/04.htm。

单之蔷：《三沙市版图的历史记忆》，环球网，http://old.globalview.cn/ReadNews.asp?NewsID=34154。

《国家海洋局发文规范海岛整治修复现千亿商机》，新华网，http://news.xinhuanet.com/fortune/2013-10/30/c_125621271.htm。

国家发展改革委、外交部、商务部：《推动共建丝绸之路经济带和21世纪海上丝绸之路的愿景与行动》，商务部网，http://zhs.mofcom.gov.cn/article/xxfb/201503/20150300926644.shtml。

国家发展和改革委员会、国家海洋局：《"一带一路"建设海上合作设想》，中国政府网，http://www.gov.cn/xinwen/2017-06/20/content_5203985.htm。

国家海洋局：《关于建立县级以上常态化海岛监视监测体系的指导意见》，国家海洋局南海分局，http://www.scsb.gov.cn/scsb/zcygh/201607/c754c4fd55dd4faabcca8660d2c0c1c3.shtml。

国家海洋局：《关于印发〈无居民海岛保护和利用指导意见〉的通知》，http://www.soa.gov.cn/bmzz/jgbmzz2/zcfzydyqys/201211/t2012

1107_ 14314. html。

国家海洋局：《海岛管理公报》，中国海洋信息网，http：//www.coi.gov.cn/gongbao/haidao/。

国家海洋局：《海岛统计调查公报》，http：//www.soa.gov.cn/zwgk/hygb/hdtjdc/201612/t20161227_ 54241. html。

《海岛淘宝1元起拍，中国土豪500万拍下一岛》，文汇网，http：//news.wenweipo.com/2015/03/04/IN1503040010. htm。

《昏果岛》，越南之声网，http：//vovworld.vn/。

交通运输部：《中国海上搜救中心救助多艘越南渔船及渔民》，中国政府网，http：//www.gov.cn/gzdt/2006-05/26/content_ 291851. htm。

孔志国：《中国海上崛起之路》，国务院新闻办公室网，http：//www.scio.gov.cn/ztk/wh/slxy/31215/document/1377598/1377598. htm。

李克强：《政府工作报告——2016年3月5日在第十二届全国人民代表大会第四次会议上》，中国政府网，http：//www.gov.cn/guowuyuan/2016-03/17/content_ 5054901. htm。

李唐：《接力护航助力"中国梦"——写在中国海军赴亚丁湾、索马里海域护航四周年之际》，中国网，http：//guoqing.china.com.cn/zwxx/2013-01/06/content_ 27597865. htm。

联合国粮食及农业组织：《粮农组织土地权属研究（九）：土地权属及行政管理中的完善治理》，http：//www.fao.org/3/a-a1179c.pdf。

林洪熙、施云娟：《探访南斯拉夫的海岛上的废弃监狱》，人民网，http：//fj.people.com.cn/n/2014/0915/c181466-22314090. html。

凌朔：《南沙两座新机场为南海公益服务再添新支点》，新华网，http：//news.xinhuanet.com/world/2016-07/13/c_ 129143129. htm。

刘燕萍：《"四统一"勾勒不动产统一登记实现路径》，国土资源部网，http：//www.mlr.gov.cn/tdzt/zdxc/qt/bdcdj/pl/201603/t2016 0315_ 1399182.htm。

《梦幻的海洋之旅——长海县海洋岛》，中国网，http：//ocean.china.com.cn/2012-12/17/content_ 27438293. htm。

《婆罗"洲之心"计划》，商务部网，http：//bn.mofcom.gov.cn/article/ztdy/200709/20070905149587. shtml。

钱春弦：《我国居民出境海岛游今年有望突破4000万人次》，新华网，http：//travel. news. cn/2017-07/31/c_1121407815. htm。

青岛市人民政府：《〈中华人民共和国海域使用管理法〉释义·海域使用管理的法律依据》，http：//www. qingdao. gov. cn/n172/n24624151/n24627375/n24627389/n27207614/151117203318652521. html。

阮传胜：《公权力与私权利的边界》，人民网，http：//theory. people. com. cn/n/2012/1112/c49152-19553545. html。

《蛇岛老铁山国家级自然保护区》，环境保护部网，http：//www. mep. gov. cn/stbh/zrbhq/qgzrbhqml/201605/t20160522_342493. shtml。

施歌：《巴基斯坦地震为何"震"出小岛》，新华网，http：//news. xinhuanet. com/photo/2013-09-26/c_125451617. htm。

宋宗宇、胡海容：《自然资源物权制度研究》，武汉大学环境法研究所网，http：//www. riel. whu. edu. cn/show. asp? ID=1700。

台湾东北角海岸国家风景区管理处：《龟山岛登岛须知》，http：//www. easytravel. com. tw/action/turtle/。

《土地出让合同内容能否纳入公开信息》，国土资源部网，http：//www. mlr. gov. cn/bsfw/cjwtjd/yw/201511/t20151124_1389291. htm。

《推进"一带一路"建设工作领导小组办公室负责人就"一带一路"建设有关问题答记者问》，国家发展和改革委员会网，http：//www. sdpc. gov. cn/gzdt/201503/t20150330_669135. html。

汪光焘：《关于〈中华人民共和国海岛保护法（草案）〉的说明——2009年6月22日在第十一届全国人民代表大会常务委员会第九次会议上》，中国人大网，http：//www. npc. gov. cn/huiyi/cwh/1112/2010-03/01/content_1867444. htm。

王飞、张宗堂：《我国立法严格限制填海连岛工程等破坏海岛生态的行为》，中国人大网，http：//www. npc. gov. cn/huiyi/cwh/1109/2009-06/22/content_1506732. htm。

《王宏副局长率团出席"蓝色经济峰会"》，国家海洋局网，http：//www. soa. gov. cn/xw/hyyw_90/2014hyyw/201401/t20140126_30370. html。

王俊禄：《世界海岛旅游发展报告：海岛旅游游客年均增长逾两成》，新华网，http：//news. xinhuanet. com/fortune/2015-10/13/c_1116812528.htm。

王毅：《"一带一路"构想是中国向世界提供的公共产品》，新华网，

http：//news.xinhuanet.com/politics/2015-03/23/c_127611758.htm。

《王毅在东盟地区论坛上谈南海问题》，外交部网，http：//www.fmprc.gov.cn/web/wjbzhd/t1286976.shtml。

《习近平主席特使、外交部副部长张业遂在第三届小岛屿发展中国家国际会议上的讲话》，外交部网，http：//www.mfa.gov.cn/chn//gxh/zlb/ldzyjh/t1187498.htm。

《想当"岛主"不容易，"无人岛"开发面临诸多难题》，新华网，http：//www.sd.xinhuanet.com/house/2011-04-25/content_22608348.htm。

《新喀里多尼亚考虑取消镍矿出口限令》，国土资源部网，http：//www.geoglobal.mlr.gov.cn/zx/kczygl/zcdt/201603/t20160311_5355424.htm。

英国森林协会：《木材合法性国家指南：中国》，英国森林协会网，http：//www.tft-earth.org/。

于胜楠、赵叶苹、梁嘉文：《南海海盗袭击仅次于索马里海域，中国深受其害》，新华网，http：//news.xinhuanet.com/mil/2010-07/05/content_13810713.htm。

《越南政府颁布〈海洋岛屿自然资源与环境法〉实施细则》，越南人民报网，http：//cn.nhandan.com.vn。

越南通讯社：《〈海洋岛屿资源环境法〉为发展海洋经济创造法律框架》，http：//zh.biendao.vietnamplus.vn/。

张杰：《海洋文化资源要开发与保护并重》，中国社会科学网，http：//www.cssn.cn/zx/bwyc/201404/t20140419_1076732.shtml。

赵宁、马骁骏：《国家海洋局有关部门开展全国海岛物种登记前期论证工作》，国家海洋局网，http：//www.soa.gov.cn/xw/dfdwdt/jgbm_155/201405/t20140523_31865.html。

《中国的对外援助（2014）白皮书》，中国政府网，http：//www.gov.cn/zhengce/2014-07/10/content_2715467.htm。

《中国海警3411船9日抵达马航客机可能出事海域》，中国政府网，http：//www.gov.cn/xinwen/2014-03/08/content_2633787.htm。

《中国海洋事业的发展》第五部分"实施海洋综合管理"，人民网，http：//www.people.com.cn/GB/channel1/10/20000910/226229.html。

《中国领陆》，国家测绘地理信息网，http：//chzt16.sbsm.gov.cn/fzxcr/gcdtgltl/gjbtzs/201608/t20160811_302545.html。

中国驻俄使馆经商参处：《俄罗斯限制外资进入战略性产业法》，http://ekaterinburg.mofcom.gov.cn/article/ddfg/201008/20100807079930.shtml。

朱敏：《国外资源型城市生态环境整治及对我国的启示》，国家信息中心网，http://www.sic.gov.cn/News/456/5076.htm。

朱璇：《推进中国—小岛屿国家海洋领域合作研讨会在京召开》，国家海洋局海洋发展战略研究所网，http://www.cima.gov.cn/_d276828621.htm。

《自然资源管理当定位大资源大体制》，中国网，http://news.china.com.cn/2014lianghui/2014-02/28/content_31631040.htm。

五　中文报纸文献

付元宾：《保护独特的海岛生态系统》，《中国海洋报》2016年7月13日版。

高国荣：《三次浪潮催生美国环境管制》，《中国社会科学报》2016年6月20日版。

顾宸宸：《美国海外军事基地的代价》，《深圳特区报》2015年11月6日版。

胡念飞等：《炸岛取石　高山变深渊》，《南方日报》2010年7月2日版。

李禾：《功能区划：让生态环境"各司其职"——记"全国生态功能区划"课题组》，《科技日报》2006年11月9日版。

田东霖：《发达国家海洋环境监测与评价特点》，《中国海洋报》2007年8月14日版。

王振宇：《法院审查"红头文件"，行政机关咋应诉？》，《中国国土资源报》2015年8月15日版。

王中建：《我国海岛生态修复工作初见成效》，《中国海洋报》2013年2月5日版。

袁国华、席晶：《综合管理期待统一立法——从美国〈能源和自然资源法2017〉草案看自然资源管理新趋势》，《中国国土资源报》2017年9月2日版。

张滢：《加拿大安大略省城市与土地利用规划概览》，《中国国土资源报》2016 年 10 月 24 日版。

张志文等：《南沙岛礁建设属中国合法权利》，《人民日报》2016 年 7 月 25 日版。

六 外文专著

Aileen McHarg, Property and the Law in Energy and Natural Resources (Oxford: Oxford University Press, 2010).

Anastasia Telesetsky, an Cliquet and Afshin Akhtar-Khavari, Ecological Restoration in International Environmental Law (London and New York: Routledge, 2016).

Antony M. Honoré, "Ownership", in A. G. Guest ed., Oxford Essays in Jurisprudence (Oxford: Clarendon Press, 1961).

Arie Trouwborst, Precautionary Rights and Duties of States (Leiden: Martinus Nijhoff Pub., 2006).

Bhaskar Nath, Environmental Regulations and Standard Setting (EOLSS Publications, 2009).

Bryan A. Garner ed., Black's Law Dictionary (Eagan: West Group Publishing, 8th ed., 2004).

Carlos Espósito *et al.* eds., Ocean Law and Policy: Twenty Years of Development Under the UNCLOS Regime (Boston: BRILL, 2016).

Chris J. Magoc and David Bernstein eds., Imperialism and Expansionism in American History: A Social, Political, and Cultural Encyclopedia and Document Collection (Santa Barbara: ABC-CLIO, 2015).

Clive Ralph Symmons, the Maritime Zones of Islands in International Law (Leiden and Boston: BRILL, 1979).

Daniel Bodansky, Jutta Brunnée and Ellen Hey eds., The Oxford Handbook of International Environmental Law (Oxford: Oxford University Press, 2007) p. 632.

David Attard, Malgosia Fitzmaurice and Norman A. Martinez Gutierrez eds., The IMLI Manual on International Maritime Law: Volume I: The Law of the Sea (Oxford: Oxford University Press, 2014).

David Freestone, Ellen Hey eds., The Precautionary Principle and International Law: The Challenge of Implementation (Kluwer Law International, 1996)

David Freestone, Ellen Hey eds., International Law and Global Climate Change (London and Dordrecht: Graham & Trotman/Martinus Nijhoff, 1991).

David Waugh, Geography: An Integrated Approach (Cheltenham: Nelson Thornes, 2000).

Derek W. Bowett, the Legal Regime of Islands in International Law (New York: Oceana Publications, 1979).

Donald R. Rothwell et al. eds., The Oxford Handbook of the Law of the Sea (Oxford: OUP, 2015).

Dorinda G. Dallmeyer, Louis De Jr. Vorsey eds., Rights to Oceanic Resources: Deciding and Drawing Maritime Boundaries (London: Kluwer Academic Pub., 1989).

Edward Duncan Brown, the International Law of the Sea: Introductory Manual: Documents, Cases and Tables Vol.1 (Brookfield: Dartmouth, 1994).

Elizabeth Cooke ed., Modern Studies in Property Law (Oxford and Portland: Hart Pub., Vol. II, 2003).

Erich Hoyt, Marine Protected Areas for Whales, Dolphins and Porpoises: A World Handbook for Cetacean Habitat Conservation and Planning (New York: Earthscan, 2011).

Ewan W. Anderson, International Boundaries: A Geopolitical Atlas (London and New York: Routledge, 2003).

Francesco Francioni, Environment, Human Rights and International Trade (Hart Publishing, 2001).

Geoffrey Till, Patrick Bratton, Sea Power and the Asia-Pacific: The Triumph of Neptune? (London and New York: Routledge, 2012).

Gilbert C. Gidel, Le droit international public de la mer: le temps de paix Vol. 3 (Mellottée, 1932).

G. Shabbir Cheema and Dennis A. Rondinelli, Decentralizing Governance: Emerging Concepts and Practices (Washington, D.C.: Brookings Institution

Press/Ash Center, 2007).

Harry N. Scheiber, James Kraska and Moon-Sang Kwon. Science, Technology, and New Challenges to Ocean Law (Leiden and Boston: Brill, 2015).

Hiran Wasantha Jayewardene, the Regime of Islands in International Law (Leiden and Boston: Martinus Nijhoff Pub., 1990).

Ian Brownlie, Principles of Public International Law (Oxford: Clarendon Press, 4th Edition, 1991).

Jack Carlsen and Richard Butler eds., Island Tourism: Sustainable Perspectives (Wallingford: Centre for Agriculture and Biosciences International, 2011).

Jacqueline Peel, the Precautionary Principle in Practice: Environmental Decision-making and Scientific Uncertainty (Federation Press, 2005).

James Crawford, State Responsibility: The General Part (Cambridge and New York: Cambridge University Press, 2013).

Jen Green, Islands Around the World (New York: Rosen Publishing Group, 2009).

John Robert Victor Prescott, Clive Schofield, the Maritime Political Boundaries of the World (Brill Academic Pub., 2nd Edition, 2005).

Jonathan Adams, Species Richness: Patterns in the Diversity of Life (Berlin and New York: Springer Science & Business Media, 2010).

Jonathan I. Charney, Lewis M. Alexander eds., International maritime boundaries Vols. I and II (The Hague: Martinus Nijhoff, 1993).

Jonathan I. Charney, Robert W. Smith eds., American Society of International Law: International Maritime Boundaries Vol. IV (Leiden and Boston: Martinus Nijhoff Pub., 2002).

Jonathan M. Harris and Brian Roach, Environmental and Natural Resource Economics: A Contemporary Approach (London and New York: Routledge, 2016).

Joyce C. H. Liu, Nick Vaughan-Williams. European-East Asian Borders in Translation (London and New York: Routledge, 2014).

J. Peyton Doub, the Endangered Species Act: History, Implementation,

Successes, and Controversies (CRC Press, 2016).

Kathy Wilson Peacock, Natural Resources and Sustainable Development (Infobase Publishing, 2008).

Luigi Boitani and Roger A. Powell eds., Carnivore Ecology and Conservation: A Handbook of Techniques (Oxford: Oxford Universiy Press, 2012).

Malcolm Nathan Shaw, International Law (Cambridge and New York: Cambridge University Press, 2003).

Malcolm Nathan Show, Malcolm. International Law (Cambridge and New York: Cambridge University Press, 1997).

Malgosia Fitzmaurice, David M Ong and Panos Merkouris eds., Research Handbook on International Environmental Law (Cheltenham: Edward Elgar Pub., 2010).

Malgosia Fitzmaurice, Norman A. Martínez Gutiérrezthe eds., IMLI Manual on International Maritime Law (Oxford: Oxford University Press, 2014).

Marael Johnson, Andrew Hempstead, Moon Handbooks Australia (Avalon Travel Pub., 2005).

Mark A. Senn, State-By-State Guide to Commercial Real Estate Leases (New York: Aspen Pub., 2012).

Marq de Villiers, Sheila Hirtle, Sable Island: The Strange Origins and Curious History of a Dune Adrift in the Atlantic (London: Bloomsbury Pub., 2009).

Martti Koskenniemic, From Apology to Utopia: The Structure of International Legal Argument (Cambridge and New York: Cambridge University Press, 2006).

Masahide Ishihara et al., Self-determinable Development of Small Islands (Berlin and New York: Springer, 2016).

Masahiro Igarashi, Associated Statehood in International Law (Leiden and Boston: Martinus Nijhoff Pub., 2002).

Maurice Schwartz, Encyclopedia of Coastal Science (Berlin and New York: Springer Science & Business Media, 2006).

Michael Bowman and Alan Boyle eds., Environmental Damage in International and Comparative Law (Oxford: Oxford University Press, 2002).

Michael Dean McGinnis, Polycentric Governance and Development: Readings from the Workshop in Political Theory and Policy Analysis (Michigan: University of Michigan Press, 1999).

Michael J. Green, by more than Providence: Grand Strategy and American Power in the Asia Pacific Since 1783 (New York: Columbia University Press, 2017).

Michael Scoullos, Gerrit H. Vonkeman and I. Thornton, Mercury – Cadmium–Lead: Handbook for Sustainable Heavy Metals Policy and Regulation (Berlin and New York: Springer Science & Business Media, 2012).

Ministry of Tourism Arts & Culture, Fourth Tourism Masterplan 2013 – 2017 Vol. II: Background and Analysis (Male: M7 Print Pvt Ltd, 2013).

Myron H. Nordquist, John Norton Moore and Ronán Long eds., International Marine Economy: Law and Policy (Leiden and Boston: BRILL, 2017).

Myron Nordquist, Satya Nandan, Shabtai Rosenne eds., United Nations Convention on the Law of the Sea 1982: A Commentary Vol. II (Dordrecht: Martinus Nijhoff Pub., 1993).

Natalie Klein, Dispute Settlement in the UN Convention on the Law of the Sea (Cambridge and New York: Cambridge University Press, 2005).

Nico Schrijver, Sovereignty over Natural Resources: Balancing Rights and Duties (Cambridge and New York: Cambridge University Press, 2008).

Nikos Papadakis, the International Legal Regime of Artificial Islands (Leiden: Sijthoff International Pub., 1977).

Organization for Economic Co-operation and Development, The Development Dimension Succeeding with Trade Reforms: the Role of Aid for Trade: The Role of Aid for Trade (OECD Pub., 2013).

Paul Rainbird, the Archaeology of Islands (Cambridge and New York: Cambridge University Press, 2007).

Peter Malanczuk, Akehurst's Modern Introduction to International Law (London: Routledge, 7th revised ed., 1997).

Piotr Eberhardt amd Jan Owsinski, Ethnic Groups and Population Changes in Twentieth Century Eastern Europe: History, Data and Analysis (London and New York: Routledge, 2015).

Ratana Chuenpagdee ed., World Small-scale Fisheries: Contemporary Visions (Delft: Eburon Uitgeverij B. V., 2011).

Robert H. MacArthur, Edward O. Wilson, The Theory of Island Biogeography (Princeton: Princeton University Press, 2016).

Robert Jennings and Arthur Watts eds., Oppenheim's International Law Vol. II (London: Longman, 9nd ed. 1992).

Robin Paul Malloy and Michael R. Diamond eds., The Public Nature of Private Property (London and New York: Routledge, 2016).

Ronnie Harding, Elizabeth Fisher eds., Perspectives on the Precautionary Principle (Sydney: The Federation Press, 1999).

Rudiger Wolfrum, Christine Langenfeld and Petra Minnerop, Environmental Liability in International Law–Towards a Coherent Conception (Berlin: Erich Schmidt Verlag, 2005).

Rudolf L. Bindschedler *et al.* eds., Encyclopeida of International Law (Amsterdam: North-Holland Publishing and Company, 1987).

S-Y Hong and J. M. Van Dyke eds., Maritime Boundary Disputes, Settlement Processes, and the Law of the Sea (Hague: Martinus Nijhoff, 2009).

Shunmugam Jayakumar, Tommy Koh and Robert Beckman, The South China Sea Disputes and Law of the Sea (Cheltenham: Edward Elgar Pub., 2014).

Simon Marr, the Precautionary Principle in the Law of the Sea: Modern Decision Making in International Law (Hague: Kluwer Law International, 2003)

Stephen J. Pyne, Vestal Fire: An Environmental History, Told through Fire, of Europe and Europe's Encounter with the World (University of Washington Press, 2012).

The Rottnest Island Authority Board, Rottnest Island Management Plan 2014-19: A 20 Year Vision (RIA Pub., 2014).

Timothy O'Riordan, James Cameron, Interpreting the Precautionary Principle (London and New York: Routledge, 2013).

Trudy Ring, Noelle Watson and Paul Schellinger, Northern Europe: International Dictionary of Historic Places (London and New York: Routledge, 2013).

United Nations, Forest Products Annual Market Review 2008-2009 (New York: United Nations Publications, 2009).

William R. Slomanson, Fundamental Perspectives on International Law (Thomson Learning Inc., 4th ed., 2003).

Yoshifumi Tanaka, Predictability and Flexibility in the Law of Maritime Delimitation (Oxford and Portland: Hart Pub., 2006).

七 外文期刊

A M. Haren, "Reducing noise pollution from commercial shipping in the Channel Islands National Marine Sanctuary: a case study in marine protected area management of underwater noise", *Journal of International Wildlife Law and Policy*, Vol. 10, No. 2, 2007.

Andrey Giljov *et al.*, "First record of limb preferences in monotremes (Zaglossus spp.)", Australian Journal of Zoology, Vol. 63, Iss. 5, 2016.

A. G. Oude Elferink, "Clarifying Article 121 (3) of the Law of the Sea Convention: The Limits Set by the Nature of International Legal Processes", Boundary and Security Bulletin, Vol. 6, 1998.

Ben Boer, Stefan Gruber, "Legal Framework for Protected Areas: Australia", IUCN-EPLP No. 81, 6 May 2010.

Bill Hayton, "When Good Lawyers Write Bad History: Unreliable Evidence and the South China Sea Territorial Dispute", Ocean Development and International Law, Vol. 48, No. 1, 2017.

Bruce Campbell *et al.*, "Assessing the performance of natural resource systems", Conservation Ecolog, Vol. 5. No. 2, 2001.

Dag Anckar, "Islandness or Smallness? A Comparative Look at Political Institutions in Small Island States", Island Studies Journal, Vol. 1, No. 1, 2006.

Daniel W. Bromley, "Environmental regulations and the problem of sustainability: Moving beyond 'market failure'", Ecological Economics, Vol. 63, Iss. 4, 2007.

David Freestone, "The Road from Rio: International Environmental Law after the Earth Summit", Journal of Environmental Law, Vol. 6, 1994.

Denise E. Antolini, "National Park Law in the US: Conservation, Conflict, and Centennial Values", William & Mary Environmental Law and Policy Review, Vol. 33, Iss. 3, 2009.

Dianne Brown, Lynn Baker, "The Lord Howe Island Biodiversity Management Plan: An Integrated Approach to Recovery Planning", Ecological Management & Restoration, Vol. 10, Iss. 1, 2009.

D. Armstrong et al., "International Law and International Relations", Cambridge: Cambridge University Press, 2012.

Edella Schlager, Elinor Ostrom, "Property-Rights Regimes and Natural Resources", Land Economics, Vol. 68, No. 3, 1992.

Edwin Egede, "The Nigerian Territorial Waters Legislation and the 1982 Law of the Sea Convention", International Journal of Marine and Coastal Law, Vol. 19, No. 2, 2004.

Forest Reinhardt, "Market Failure and the Environmental Policies of Firms: Economic Rationales for 'Beyond Compliance' Behavior", Journal of Industrial Ecology, Vol. 3, Iss. 1, 1999.

Gerard C. Boere, Theunis Piersma, "Flyway protection and the predicament of our migrant birds: A critical look at international conservation policies and the Dutch Wadden Sea", Ocean and Coastal Management, Vol. 68, 2012.

Joseph D. Foukona, "Legal aspects of Customary land administration in Solomon Islands", Journal of South Pacific Law, Vol. 11, Iss. 1, 2007.

J. Gupta, "Normative Issues in Global Environmental Governance: Connecting Climate Change, Water and Forests", Journal of Agricultural & Environmental Ethics, Vol. 28, Iss. 3, 2015.

Katrina Brown et al., "Environmental carrying capacity and tourism development in the Maldives and Nepal", Environmental Conservation, Vol. 24, Iss. 4, 1997.

Kevin R. Gray, "The Nunavut Land Claims Agreement and the Future of the Eastern Arctic: The Unchanged Path to Effective Self-Government", University of Toronto Faculty of Law Review, Vol. 52, No. 2, 1993.

Llewelyn Hughes, Austin Long, "Is there an oil weapon: Security implications of changes in the structure of the international oil market", International Security, Vol. 39, No. 3, 2015.

M. Fitzmaurice, "Dynamic (Evolutive) Interpretation of Treaties Part I", Hague Yearbook of International Law, Vol. 21, 2008.

M. Nakashima, "A recent trend over the soil remediation technology of the workplace", Journal of High Pressure Gas Safety Institute of Japan, Vol. 46, No. 3, 2009.

Nuno Marques Antunes, "The Importance of the tidal datum in the definition of maritime limits and boundaries", Maritime Briefing, Vol. 2, No. 7.

Paul R. Lachapelle and Stephen F. McCool, "Exploring the Concept of Ownership in Natural Resource Planning", Society and Natural Resources, Vol. 18, 2005.

P. J. VanMantgem, N. L. Stephenson, "Apparent climatically induced increase of tree mortality rates in a temperate forest", Ecology Letters, Vol. 10.

Sir Humphrey Waldock, "Disputed Sovereignty in the Falklandb Islands Dependencies", British Yearbook of International Law, Vol. 24, 1948.

S. Shavell, "Minimum Asset Requirements and Compulsory Liability Insurance as Solutions to the Judgement-Proof Problem", Rand Journal of Economics, Vol. 36, No. 1, 2005.

S. Villéger, N. W. Mason, D. Mouillot, "New multidimensional functional diversity indices for a multifaceted framework in functional ecology", Ecology, Vol. 89, Iss. 8.

Tirton Nefianto et al., "Implementation of Policy of Outpost Island Managemnet in National Resilience Perspective" (Case Study in Sebatik Island North Kalimantan Province), Public Policy andAdministration Research, Vol. 4, No. 9, 2014.

Tom Patten, "The First Twenty Years of Oil and Gas Development Offshore UK—An Engineer Reflects", Journal of Power and Energy, Vol. 199,

Iss. 3, 1985.

V. Batanjski, et al., "Critical legal and environmental view on the Ramsar Convention in protection from invasive plant species: an example of the Southern Pannonia region", International Environmental Agreements Politics Law & Economics, Vol. 16, Iss. 6, 2016.

八 外文学位论文

David Stiefel Vine, Empire's Footprint: Expulsion and the United States Military Base on Diego Garcia, City University of New York Dissertation, 2006.

Sun Choon Park, The legal status of Dokdo under article 121 of the 1982 UNCLOS: Is Dokdo entitled to generate EEZ or continental shelf?, World Maritime University Dissertations, 2009.

九 外文研究报告及国际文件

Boston Support Office of the Northeast Region, "Boston Harbor Islands General Management Plan: Environmental Impact Statement", Boston, April 2000.

Bruce Campbell et al., "Empowering forest dwellers and managing forests more sustainably in the landscapes of Borneo", in R. R. Harwood and A. H. Kassam eds., Research Towards Integrated Natural Resources Management, FAO, Rome, Italy, 2003.

Bureau of Public Lands, "A Study of Submerged Land Leasing Policies: A Report to the Maine Legislature as Directed by P. L. 765", Enacted 4/22/88, 1989.

CGIAR Center Directors Committee, "Integrated Natural Resources Management (INRM) -The Bilderberg Consensus", 17 Septermber 1999, Washington D. C, ICW/99/09.

China-Measures Affecting Trading Rights and Distribution Services for Certain Publications and Audiovisual Entertainment Products, WT/DS363/AB/R, 21 December 2009.

Committee on Ocean Policy, U. S. Ocean Action Plan, the Bush

Administration's Response to the U. S. Commission on Ocean Policy, September 2004.

Conservation, sustainable use of biodiversity essential for adapting to climate change, SG/SM/10994-ENV/DEV/939, 14 May 2007.

Decisions adopted by the Conference of the Parties to the Convention on Biological Diversity at its Seventh Meeting, UNEP/CBD/COP/7/2, 19-20 February 2004.

Don Evans, C. Conrad and W. Richard Spinrad et al., Computational Techniques for Tidal Datums Handbook. NOAA Special Publication NOS CO-OPS 2. Silver Spring, Maryland, September 2003.

Fitrian Ardiansyah et al., Forest and land-use governance in a decentralized Indonesia: A legal and policy review, CIFOR, 2015.

Food and Agriculture Organization of the United Nations, "Land and Water Discussion Paper VI: Land Evaluation-Towards a revised Framework", Rome, 2007.

Geronimo Silvestre, The Coastal Resources of Brunei Darussalam: Status, Utilization and Management, World Fish, 1992.

Guy Trébuil, Suan Pheng Kam, "From Cropping and Farming Systems Research to Ecoregional Approaches for Integrated Natural Resources Management: Developing the Agricultural System Concept", Agricultural Systems for Sustainable Resources Management and Community Organization Development Proceedings of the First Thailand National Agricultural Systems Seminar, Bangkok, 16-17 November 2000.

Hugh A. Robertson et al., "Conservation status of New Zealand birds 2012", New Zealand Threat Classification Series 4, 2013.

Hugh Govan, Anne-Maree Schwarz and Delvene Boso, "Towards Integrated Island Management: Lessons from Lau, Malaita, for the implementation of a national approach to resource management in Solomon Islands", World Fish Center Report to SPREP, 2011.

Impact Assessment and Minimizing Adverse impacts: Implementation of Article 14, UNEP/CBD/COP/4/20, 11 March 1998.

Jens Evensen, "Certain Legal Aspects Concerning the Delimitation of the

Territorial Waters of Archipelagos", U. N. Doc. A/CONF. 13/18, 1957.

Jerome K Vanclay, "Models for Integrated Natural Resource Management: An illustration with FLORES, the Forest Land Resource Oriented Resource Envisioning System", Paper to workshop on Integrated Natural Resource Management in the CGIAR, Penang, Malaysia, 21-25 August 2000.

K. Von Moltke, "The Vorsorgeprinzip in West German Environmental Policy", Royal Commission on Environmental Pollution, 12th Report, Best Practicable Environmental Option, Appendix 3, HMSO, London, 1988.

Ministry for the Environment New Zealand, A New Marine Protected Areas Act: Consultation Document, Ministry for the Environment, Wellington, 2016.

Oceans and Environment Branch of Department of Fisheries and Oceans, "Canadian Technical Report of Fisheries and Aquatic Sciences", No. 2443, January 2003.

P. Ryan and J. P. Glass, "Inaccessible Island Nature Reserve Management Plan", Edinburgh, Tristan da Cunha: Government of Tristan da Cunha, 2001.

Report of International Arbitral Awards, "Trail Smelter Case" (United States v. Canada), United Nations, International Law Report, Vol. III, 1941.

Report of the International Law Commission, Discussion on the Study on the interpretation oftreaties in the light of "any relevant rules of international law applicable in the relations between the parties" (article 31 (3) (c) of the Vienna Convention on the Law of Treaties), in the context of general developments in international law and concerns of the international community, A/60/10, 2005.

Report of the International Law Commission, Subsequent agreements and subsequent practice in relation to the interpretation of treaties, A/68/10, 2013.

Report of the International Law Commission, UN Doc. A/56/10.

Report of the Mission of Consultation of the UN Council for Namibia to the Netherlands, UN Doc. A/AC. 131/L. 225, 25 June 1981.

Report of the Second Meeting of the Conference of the Parties to the Convention on Biological Diversity, UNEP/CBD/COP/2/19, 30 November 1995.

Report of the Secretary-General, UN Doc. A/44/653, 1 November 1989.

Report of the Secretary-General, UN Doc. A/68/71/Add. 1/Corr. 1, 9 September 2013.

Report of the seventh meeting of the Conference of the Parties to the Convention on Biological Diversity, UNEP/CBD/COP/7/21.

Report of the Study Group of the International Law Commission Finalized by Martti Koskenniemi, Fragmentation of International Law: Difficulties Arising from the Diversification and Expansion of International Law, A/CN. 4/L. 682 and Corr. 1, 2006.

Report of the World Commission on Environment and Development, GA Res. 42/187, 11 December 1987.

Reports of International Arbitral Awards, Vol. XV, Sentences, 30 September, 1901.

South Korean National Statistics Office, Explore Korea through Statistics 2014, UDB 2014.

Stepanus Djuweng, "Indigenous Peoples and Land-use Policy in Indonesia: A Dayak Showcase", Institute of Dayakology Research and Development, 1997.

Summary Record of the 260th Meeting: Law of the Sea-Régime of the Territorial Sea, UN Doc. A/CN. 4/SR. 260.

S. N. Stuart, Richard J. Adams and Martin Jenkins, Biodiversity in Sub-Saharan Africa and Its Islands: Conservation, Management, and Sustainable Use, Gland, International Union for Conservation of Nature, 1990.

Te'o Fairbairn, Island Economies: Studies from the South Pacific, Institute of Pacific Studies of the University of the South Pacific, 1985.

Third United Nations Conference on the Law of the Sea, Revised Single Negotiating Text, UN Doc. A/CONF. 62/WP. 8, 7 May 1975.

U. S. Commission on Ocean Policy, An Ocean Blueprint for the 21st Century, Washington, D. C., 2004.

White House Council on Environmental Quality, Interim Report of the Interagency Ocean Policy Task Force, September 2009.

十 外文网址

Andrew A. Burbidge ed., "Australian and New Zealand Islands: Nature

Conservation Values and Management: Proceedings of a Technical Workshop, Barrow Island, Western Australia", http://trove.nla.gov.au/work/17991498? selectedversion = NBD7037933.

Blue "Economy Concept Paper", United Nations, http://sustainabledevelopment.un.org/content/documents/2978BEconcept.pdf.

Bureau of Parks and Lands, "Submerged Lands", http://www.maine.gov/dacf/parks/about/submerged_lands.shtml.

Cabinet Public Relations Office, "The 15th meeting of the Headquarters for Ocean Policy", http://japan.kantei.go.jp/97_abe/actions/201607/26article1.html.

David "Copperfield's Caribbean Island", http://www.departures.com/travel/travel/david-copperfields-caribbean-island.

Department of Conservation New Zealand, "Stewart Island/Rakiura Conservation Management Strategy and Rakiura National Park Management Plan 2011-2021", http://www.doc.org.nz/about-us/our-policies-and-plans/statutory-plans/statutory-plan-publications/conservation-management-strategies/stewart-island-rakiura/section-two/part-six-uses-requiring-authorisation-not-covered-elsewhere/6_6-customary-use/.

Department of Conservation, Kapiti Island Nature Reserve, http://www.doc.govt.nz/parks-and-recreation/places-to-go/wellington-kapiti/places/kapiti-island-nature-reserve/.

Department of Natural Resources Nova Scotia, "Geoscience & Mines Branch", https://novascotia.ca/natr/thedepartment/minerals.asp.

Department of the Environment and Energy, "Marine reserve", http://heardisland.antarctica.gov.au/protection-and-management/marine-reserve.

Dorethea Pio, "Report: Borneo's Lost World: Newly Discovered Species on Borneo", Rebecca D'Cruz eds., http://d2ouvy59p0dg6k.cloudfront.net/downloads/newlydiscoveredspeciesonborneo25042005.pdf.

Elk Island National Park, "2011 Elk Island National Park Management Plan", http://www.pc.gc.ca/en/pn-np/ab/elkisland.

EPA, "Settlement Agreement in Anadarko Fraud Case Results in Billions for Environmental Cleanups Across the Country", https://www.epa.gov/enforcement/case-summary-settlement-agreement-anadarko-fraud-case-results-billions-environmental.

Erica Martinson, "Environment Supreme Court won't hear Alaska's challenge to Forest Service 'roadless rule'", Alaska Dispatch News, https://www.adn.com/environment/article/supreme-court-wont-hear-alaskas-roadless-rule-challenge/2016/03/28/.

Gillian Cambers et al., "Coastal Land Tenure: A Small-Islands' Perspective", United Nations Educational, Scientific and Cultural Organization, http://www.unesco.org/csi/wise/tenure.htm.

Gillian Cambers, "Annette Muehlig-Hofmann and Dirk Troost, Coastal Land Tenure: a Small-islands' Perspective", United Nations Educational, Scientific and Cultural Organization, http://www.unesco.org/csi/wise/tenure.htm.

Gillian Cambers, "Annette Muehlig-Hofmann, Dirk Troost, Coastal Land Tenure: A Small-Islands' Perspective", http://www.unesco.org/csi/wise/tenure.htm.

Government of Canada, "Canada's Oceans Strategy", http://www.dfo-mpo.gc.ca/oceans/publications/cos-soc/index-eng.html.

Government of the Pitcairn Islands, "Relocating to Pitcairn", http://www.immigration.gov.pn/.

Government of Western Australia, "Expressions of Interest for Development of Rottnest Resort and Marina", http://www.tourism.wa.gov.au/About%20Us/News_and_media/Article/Expressions_of_Interest_for_development_of_Rottnest_resort_and_marina/180.

GST Distribution Review, "State mineral royalties and the Commonwealth's resource tax reforms", http://www.gstdistributionreview.gov.au/content/Content.aspx?doc=reports/interimjune2012/07 Chapter4.htm.

Island "Management: Demonstration case jointly prepared with the GBRMPA", https://www.statedevelopment.qld.gov.au/resources/report/gbr/island-management-demonstration-case.pdf.

Jeremy Clarkson, "Orkney Islands generate more than 100% electricity from renewable", http://www.scottishenergynews.com/orkney-islands-generate-more-than-100-electricity-from-renewables/.

Louisi"ana Governor helps celebrate $200 million Ecological Restoration of Island", https：//revitalizationnews. com/article/louisiana-governor-help-celebrate-200-million-ecological-restoration-elmers-island/；http：//www. bayjournal. com/article/dredge_ islands_ in_ bay_ giving_ way_ to_ projects_ on_ shore.

Ministry for the Environment New Zealand, "A New Marine Protected Areas Act：Consultation Document", http：//www.mfe.govt. nz/publications/marine/new-marine-protected-areas-act-consultation-document.

Ministry for the Environment New Zealand, "A New Marine Protected Areas Act：Consultation Document", http：//www.mfe.govt. nz/publications/marine/new-marine-protected-areas-act-consultation-document.

NASA, "New Island in the Ring of Fire：Natural Hazards", http：//earthobservatory. nasa.gov/NaturalHazards/view. php？ id=82607.

Orkney Islands Council Area, "Demographic Factsheet", http：//www. nrscotland.gov. uk/files/statistics/council-area-data-sheets/orkney-islands-factsheet. pdf.

Pham Thi Gam, "Coastal and Insland Governance in Viet Nam. United Nations-Nippon Foundation of Japan Fellowship Programme", http：//www. un. org/depts/los/nippon/unnff_ programme_ home/fellows_ pages/fellows_ papers/Pham_ 1314_ VietNam. pdf.

"Putting the Public Trust Doctrine to Work", Coastal States Organization, http：//www.shoreline. noaa.gov/docs/8d5885. pdf.

"Remote Islands Development Act", http：//www. japaneselawtranslation. go. jp/law/detail/？ vm=04&re=01&id=644。

"Seafriends-Threatened species of New Zealand", http：//www. seafriends. org. nz/enviro/reddata. htm.

"Spain's official tourism portal, Santa Cruz de La Palma", http：//www. spain. info/zh/que-quieres/naturaleza/espacios-naturales/reserva_ de_ la_ biosfera_ la_ palma. html.

"Special Use Land" (11 AAC 96. 014), State of Alaska Department of Natural Resources, http：//www.dnr. state. ak. us/mlw/sua.

"The essential guide to buying & selling private lands", https://www.privateislandsonline.com/images/island-buyers-guide.pdf.

"The Jakarta Mandate--from Global Consensus to Global Work", https://www.cbd.int/doc/publications/jm-brochure-en.pdf.

Tony Klein, "House approves energy siting bill", http://vtdigger.org/2016/04/26/house-approves-energy-siting-bill/.

"UN environment summit opens with focus on sustainable use of natural resources and a pollution free planet", http://www.unep.org/newscentre/un-environment-summit-opens-focus-sustainable-use-natural-resources-and-pollution-free-planet.

U.S. Department of the Interior, "Interagency Group on Insular Areas", https://www.doi.gov/oia/igia/index2.

《離島振興法の概要》，日本国土交通省网，http://www.soumu.go.jp/main_content/000166444.pdf。

十一 外文案例

Award in the Arbitration regarding the Iron Rhine ("Ijzeren Rijn") Railway between the Kingdom of Belgium and the Kingdom of the Netherlands, decision of 24 May 2005.

Continental Shelf (Libyan Arab Jamahiriya/Malta), Judgment, ICJ Reports 1985.

Corfu Channel Case (UK v. Albania), Judgment (Merit), ICJ Reports 1949.

David H. Lucas v. South Carolina Coastal Council, 505 US 1015 (1992).

Dispute Concerning Delimitation of the Maritime Boundary between Bangladesh and Myanmar in the Bay of Bengal (Bangladesh v. Myanmar), Judgement, ITLOS Reports 2012.

Dispute regarding Navigational and Related Rights (Costa Rica v. Nicaragua), Judgment, ICJ Reports 2009, Declaration of Judge ad hoc Guillaume.

In the matter of the south China sea arbitration before an Arbitral Tribunal

Constituted under Annex Ⅶ to the 1982 United Nations Convention of the Law of the Sea between the Republic of the Philippines and the People's Republic of China (PCA Case No. 2013-2019), Award, 12 July 2016.

Kaiser Aluminum & Chemical Corp. v. Catellus Development Corp., (976 F. 2d 1338), 9th Cir., 1992.

Maritime Delimitation and Territorial Questions between Qatar and Bahrain (Qatar v. Bahrain), Judgment, ICJ Reports 2001.

Military and Paramilitary Activities in and against Nicaragua (Nicaragua V. United State of America), Judgment, ICJ Reports 1986.

Roberts v. Wentworth, 5 Cush. 193, 1849.

Territorial and Maritime Dispute between Nicaragua and Honduras in the Caribbean Sea (Nicaragua v. Honduras), Judgment, ICJ Reports 2007.

Territorial and Maritime Dispute (Nicaragua v. Colombia), Merits Judgment, ICJ Reports 2012.

Territorial Dispute (Libyan Arab Jamahiriya v. Chad), Judgment, ICJ Reports 1994, Separate Opinion of Judge Ajibola.

US v. Bestfoods, 524 US 51, 1998.

Western Sahara, Advisory Opinion, ICJ Reports 1975.